Anna Ornstein und Paul H. Ornstein
Empathie und therapeutischer Dialog

Das Anliegen der Buchreihe BIBLIOTHEK DER PSYCHOANALYSE besteht darin, ein Forum der Auseinandersetzung zu schaffen, das der Psychoanalyse als Grundlagenwissenschaft, als Human- und Kulturwissenschaft und als klinische Theorie und Praxis neue Impulse verleiht. Die verschiedenen Strömungen innerhalb der Psychoanalyse sollen zu Wort kommen, und der kritische Dialog mit den Nachbarwissenschaften soll intensiviert werden. Bislang haben sich folgende Themenschwerpunkte herauskristallisiert:

Die Wiederentdeckung lange vergriffener Klassiker der Psychoanalyse – wie beispielsweise der Werke von Otto Fenichel, Karl Abraham, W. R. D. Fairbairn und Otto Rank – soll die gemeinsamen Wurzeln der von Zersplitterung bedrohten psychoanalytischen Bewegung stärken. Einen weiteren Baustein psychoanalytischer Identität bildet die Beschäftigung mit dem Werk und der Person Sigmund Freuds und den Diskussionen und Konflikten in der Frühgeschichte der psychoanalytischen Bewegung.

Im Zuge ihrer Etablierung als medizinisch-psychologisches Heilverfahren hat die Psychoanalyse ihre geisteswissenschaftlichen, kulturanalytischen und politischen Ansätze vernachlässigt. Indem der Dialog mit den Nachbarwissenschaften wiederaufgenommen wird, soll das kultur- und gesellschaftskritische Erbe der Psychoanalyse wiederbelebt und weiterentwickelt werden.

Stärker als früher steht die Psychoanalyse in Konkurrenz zu benachbarten Psychotherapieverfahren und der biologischen Psychiatrie. Als das anspruchsvollste unter den psychotherapeutischen Verfahren sollte sich die Psychoanalyse der Überprüfung ihrer Verfahrensweisen und ihrer Therapie-Erfolge durch die empirischen Wissenschaften stellen, aber auch eigene Kriterien und Konzepte zur Erfolgskontrolle entwickeln. In diesen Zusammenhang gehört auch die Wiederaufnahme der Diskussion über den besonderen wissenschaftstheoretischen Status der Psychoanalyse.

Hundert Jahre nach ihrer Schöpfung durch Sigmund Freud sieht sich die Psychoanalyse vor neue Herausforderungen gestellt, die sie nur bewältigen kann, wenn sie sich auf ihr kritisches Potential besinnt.

BIBLIOTHEK DER PSYCHOANALYSE
HERAUSGEGEBEN VON HANS-JÜRGEN WIRTH

Anna Ornstein und Paul H. Ornstein

Empathie und therapeutischer Dialog

Beiträge zur klinischen Praxis der psychoanalytischen Selbstpsychologie

Herausgegeben von Hans-Peter Hartmann
Aus dem Amerikanischen übersetzt
von Elisabeth Vorspohl

Psychosozial-Verlag

Die Übersetzungen der Kapitel 1., 2., 7., 8., 9., 10. und 12.
sind durch die finanzielle Unterstützung der Köhlerstiftung, Darmstadt
und des Münchener Forums für neuere Entwicklungen
in der Psychoanalyse e. V. gefördert.

Die Deutsche Bibliothek - CIP-Einheitsaufnahme

Empathie und therapeutischer Dialog : Beiträge zur klinischen Praxis der
psychoanalytischen Selbstpsychologie /
Anna und Paul H. Ornstein.
Hrsg. von Hans-Peter Hartmann. Aus dem Amerikan. übers.
von Elisabeth Vorspohl. -
Gießen : Psychosozial-Verl., 2001
(Bibliothek der Psychoanalyse)
ISBN 978-3-89806-047-9

Inhaltsverzeichnis

Einleitung

Hans-Peter Hartmann

»Was können wir tun, daß unsere Kinder nicht mehr Opfer der Verfolgung werden?
Diese Frage stellte eine Frau dem bekannten Amsterdamer Advokaten und brilli-
anten Schriftsteller Abel Herzberg, der Bergen-Belsen überlebt hatte. Herzberg sah
die Frau einige Zeit schweigend an. Dann sagte er, gefasst und voller Überzeugung:
Die Frage ist falsch gestellt. Sie muß lauten ›Was können wir tun, daß Kinder nicht
mehr zu Brandstiftern, Henkern und Henkersknechten erzogen werden.‹ Und
damit bin ich an den Schluß meiner Ausführungen gekommen. Ich gedenke meiner
Eltern, sie sahen die brennenden Synagogen in Berlin. Ihr Leben wurde in
Ausschwitz beendet. In ihrem Tode ist mir der gewalttätige Tod aller Juden gegenwärtig. Und in deren Tode gedenke ich zugleich aller anderen, die umkamen. Aber
ich gedenke heute auch meiner Freunde in den Niederlanden, die mich retteten, ich
gedenke auch meiner Freunde im vormaligen Deutschland, die mich warnten, noch
bevor die Synagogen brannten. Und ich frage zum Schluß, welche Sehnsucht lebt
in unserem gemeinsamen Gedenken? Welches Verlangen treibt uns an?«« (zit. n.:
Hans Keilson 1999 »Zerstörung und Erinnerung«, S. 14-15)

Nachdem bereits einige Bücher selbstpsychologischer Autoren ins Deutsche
übertragen wurden (z. B. Lichtenberg 1983, 1992, 1996; Stolorow u. a. 1996;
Wolf 1996) liegt nunmehr auch eine Zusammenstellung wichtiger Publikationen von Anna und Paul Ornstein in deutscher Sprache vor. Diese Zusammenstellung berücksichtigt in besonderem Maße den klinischen Verstehens- und
Deutungsprozeß, was sich in vielen ausführlichen Falldarstellungen nieder-
schlägt. Auf diese Weise wird das konkrete Vorgehen in der Behandlung unter
der Voraussetzung einiger theoretischer Grundannahmen, die zuvor dargestellt
werden, äußerst plastisch. Dies ist einer der besonderen Vorzüge dieses Buches.
Ebenfalls von großer Bedeutung ist, daß das Menschenbild, wie es in der selbstpsychologischen Literatur vertreten wird, nicht nur implizit, sondern explizit
ausgearbeitet und dargestellt wird. Ich glaube, auch dies gelingt gerade durch
den klinischen Bezug der hier versammelten Aufsätze, in denen man anschau-
lich etwas vom Umgang zwischen Psychotherapeut bzw. Psychoanalytiker
und Patient spüren kann.

Die Sichtweisen von Anna und Paul Ornstein sind – wie sollte es anders sein
– eng mit ihrem eigenen beruflichen und persönlichen Entwicklungshinter-
grund verbunden. Beide sind Opfer der nationalsozialistischen Judenverfol-

gung. Anna Ornstein war in Auschwitz interniert und verlor ihren Vater und ihre beiden Brüder, während Paul Ornstein den Verlust seiner Mutter, seiner drei jüngeren Brüder und seiner Schwester erlitt.

Trotz dieser schrecklichen Verluste vieler ihrer nahen Familienangehörigen ist es beiden gelungen, eine zutiefst bejahende Haltung zum Leben zu behalten, die sich auch in ihren Konzeptionen therapeutischer Veränderungen niedergeschlagen hat. Die Orientierung an Balint, der den Neubeginn für bedeutsam gehalten hat, macht dies ebenso deutlich wie die von beiden für wichtig erachteten kurativen Phantasien der Patienten in der Behandlung. Kohuts Konzept der jedem Menschen innewohnenden Tendenz zur Realisierung seines inneren Kernprogramms unterstreicht diese Einstellung. Anna und Paul Ornstein hatten gerade auf dem Hintergrund ihrer eigenen Erfahrungen den Eindruck, daß Kohuts Konzeption des in ein Kernselbst eingebetteten Kernprogramms des Selbst für sie einen Sinn macht (Interview mit Paul Ornstein. In: Hartmann und Milch 2001).

Der berufliche Werdegang von Anna und Paul Ornstein hat in Deutschland begonnen und sie in den letzten mehr als zehn Jahren über die Supervisions-Workshops in Konstanz und die Internationalen Selbstpsychologie-Symposien in Dreieich immer wieder hierher geführt. Anna Ornstein studierte ebenso wie Paul Ornstein in München und Heidelberg Medizin. 1951 verließen beide Deutschland, um in den USA ihre psychiatrische und psychoanalytische Ausbildung zu machen.

Anna Ornstein erhielt ihre psychiatrische und kinderpsychiatrische Ausbildung in Cincinnati. Ihre psychoanalytische Ausbildung absolvierte sie in Chicago. Seit 1976 war sie Professorin für Kinderpsychiatrie (jetzt emeritiert) an der Universität von Cincinnati. Seit 1999 ist sie an der Harvard Medical School als Lehrbeauftragte im Fachgebiet Psychiatrie tätig. Zugleich ist sie Lehr- und Kontrollanalytikerin des psychoanalytischen Instituts in Cincinnati sowie Mitglied des psychoanalytischen Instituts in Boston. Zusammen mit Paul Ornstein leitet sie das Internationale Zentrum für das Studium psychoanalytischer Selbstpsychologie. Neben der Mitgliedschaft in vielen wissenschaftlichen Beiräten psychiatrischer und psychoanalytischer Zeitschriften (u. a. International Journal of Psychoanalysis, Psychoanalytic Inquiry, Bulletin of the Menninger Clinic, Progress in Self Psychology) hat Anna Ornstein über 60 Originalarbeiten, häufig zusammen mit Paul Ornstein, publiziert, die sich überwiegend mit der Thematik des interpretativen Prozesses in der Psycho-

analyse, der psychoanalytischen Psychotherapie, Entwicklungspsychopatho-
logie, Behandlung von Kindern und Familien sowie dem Genesungsprozeß
nach Extremtraumatisierung beschäftigen.

Paul Ornstein wurde psychiatrisch ebenfalls in Cincinnati ausgebildet. Seine
psychoanalytische Ausbildung erhielt er in Chicago und war währenddessen u.
a. bei Heinz Kohut in Supervision. Später gehörte er mit Anna Ornstein neben
anderen zum engeren Arbeitskreis um Kohut. Er war bis 1997 Professor für
Psychiatrie und Psychoanalyse an der Universität von Cincinnati. Gegenwärtig
ist er ebenfalls Lehrbeauftragter für Psychiatrie an der Harvard Medical School
und Mitglied des psychoanalytischen Instituts in Boston, außerdem Lehr- und
Kontrollanalytiker des psychoanalytischen Instituts Cincinnati. Neben seiner
wissenschaftlichen Beiratstätigkeit (gegenwärtig noch beim Progress in Self
Psychology) hat Paul Ornstein fast 100 Originalarbeiten, teilweise gemeinsam
mit Anna Ornstein, u. a. über psychoanalytische Psychotherapie, den interpretativen Prozeß in der Psychoanalyse und anderen selbstpsychologischen
Themenbereichen veröffentlicht. Zusammen mit Michael und Enid Balint hat er
ein Buch über Fokaltherapie geschrieben und die vierbändige Ausgabe von ausgewählten Schriften Kohuts mit einer ausführlichen Einleitung herausgegeben.

Ausgangspunkt der in diesem Buch versammelten Arbeiten zur Selbstpsychologie ist – bezeichnend für Anna und Paul Ornstein – der empathisch geführ-
te therapeutische Dialog mit seiner Bewegung vom Verstehen zum Erklären. Die
selbstpsychologisch informierte psychoanalytische Psychotherapie, die als
Behandlungsform dargestellt wird, konzentriert sich ganz auf die subjektiven
Erfahrungen des Patienten und den damit verbundenen Deutungsprozeß. Die
genuine emotionale Präsens der Therapeutin ist sicherlich auch in anderen
psychoanalytischen Richtungen realisiert, aber nicht in dieser Art und Weise wie
sie in der Selbstpsychologie theoretisch konzipiert wird. Das bei der Therapeutin verankerte Verständnis der subjektiven Erfahrung des Patienten schafft die
Voraussetzungen für die Deutung (Verstehen und Erklären). Der therapeutische
Dialog wird durch die Responsivität der Therapeutin in Gang gesetzt, nicht
durch passiv-rezeptives Warten. Darüber hinaus befindet sich die Therapeutin
nicht im alleinigen Wahrheitsbesitz.

Neben wichtigen Themen, wie ödipale Selbstobjekt-Übertragung, Angst
vor Wiederholung, dem selbstpsychologischen Verständnis von Aggression
und der kurativen Phantasie kommen immer wieder die basalen Prinzipien
selbstpsychologisch geführter psychoanalytischer Psychotherapie, also Fragen

zur Konzeptualisierung des therapeutischen Prozesses, zur Sprache. Ausgehend von der empathischen Perspektive des Zuhörens werden die Selbstobjektbedürfnisse des Patienten deutlich, deren Verstehen vom Patienten als Anerkennung derselben erlebt wird und im Zusammenhang mit den deutenden Reaktionen des Analytikers eine größere Selbstkohäsion herbeiführt. Diese Verbindung mit dem anderen in einer Selbst-Selbstobjekt-Matrix ist die Voraussetzung für die Aufrechterhaltung, Integrität und Vitalität eines kohäsiven Selbst. Auf diese Weise kann über strukturelle Veränderungen ein Wachstumsprozeß stattfinden, bei dem archaische in reife Selbstobjektbedürfnisse verwandelt werden können. Der diesem Prozeß zugrunde liegende Dialog zwischen Patient und Analytiker wird als »Sprechen im Deutungsmodus« konzipiert, wodurch neben der Abwehr zugleich auch deren Motiv angesprochen wird.

Schließlich wird die Grundlage des therapeutischen Handelns im letzten Kapitel deutlich, wo die anthropologischen Grundannahmen der psychoanalytischen Selbstpsychologie im Unterschied zu denjenigen der Freudschen Psychoanalyse diskutiert werden. Hier wird nicht nur der »schuldige« vom »tragischen« Menschen unterschieden, sondern vor allem die unterschiedlich konzipierten Entwicklungsbedingungen. Während Freud von vornherein einen Gegensatz zwischen Säugling und Kultur annimmt, der nur durch eine Art Zwangszivilisierung verbunden mit Triebverzicht gelöst werden, geht Kohut von einem auf den Säugling abgestimmten Milieu aus, was seinen Erwartungen gerecht wird. Bei ihm kommt der Säugling mit Fähigkeiten auf die Welt, die es ihm erlauben, die benötigte Reaktion von seiner Umgebung auszulösen, er ist präadaptiert. Der Säugling erwartet sozusagen selbstverständlich Responsivität (oder Bindung) und keine antagonistische, zwangszivilisierende Umgebung (P. Ornstein, 1993b). Es gibt also keinen von Anfang an bestehenden Widerspruch zwischen Ich und Welt, also keinen unvermeidlichen krankheitsverursachenden Konflikt. Dennoch kann die Umgebung niemals perfekt auf die Bedürfnisse des Kindes reagieren. Ob daraus ein pathologischer Konflikt wird ist jedoch abhängig davon, wie responsiv das Selbstobjektmilieu reagiert bzw. die Entwicklung und Konsolidierung eines Selbstgefühls hemmt. Der krankheitsverursachende Konflikt wird also als sekundär gesehen.

Mit ihrer klinischen Klarheit und überzeugenden Verbindung von Theorie und Praxis schaffen die Beiträge von Anna und Paul Ornstein die Voraussetzungen für ein grundlegendes Verständnis der psychoanalytischen Selbstpsychologie.

Literatur

Hartmann, H.-P., und Milch, W. E. (2001): Übertragung und Gegenübertragung. Weiterentwicklungen der psychoanalytischen Selbstpsychologie. Gießen (Psychosozial-Verlag) (In Druck).

Lichtenberg, J. D. (1983): Psychoanalyse und Säuglingsforschung. Berlin/Heidelberg (Springer) 1991.

Lichtenberg, J. D., Lachmann, F. M., und Fosshage, J. L. (1992): Das Selbst und die motivationalen Systeme. Frankfurt a. M. (Brandes und Apsel) 2000.

Lichtenberg, J. D., Lachmann, F. M., und Fosshage, J. L. (1996): Zehn Prinzipien psychoanalytischer Behandlungstechnik. München (Pfeiffer) 2000.

Keilson, H. (1999): Zerstörung und Erinnerung. Gießen (Edition Literarischer Salon).

Stolorow, R. D., Brandchaft, B., und Atwood, G. E. (1987): Psychoanalytische Behandlung. Ein intersubjektiver Ansatz. Frankfurt a. M. 1996.

Wolf, E. S. (1996): Theorie und Praxis der Psychoanalytischen Selbstpsychologie. Frankfurt a. M. (Suhrkamp).

Empathie und therapeutischer Dialog

Anna Ornstein und Paul H. Ornstein

Einleitung

Jede Darstellung der psychoanalytischen Psychotherapie muß sich mit der Frage auseinandersetzen, was der Patient in die Behandlung einbringt, was der Therapeut in sie einbringt und welche Art der Beziehung sich daraufhin zwischen beiden Beteiligten entwickelt. Der spezifische Charakter dieser Beziehung, der auf der Art des Kontaktes beruht, der sich zwischen Patient und Therapeut herausbildet, konstituiert die Matrix des psychotherapeutischen Prozesses. Dieser Prozeß ist für das Resultat der Behandlung wichtiger als die Psychopathologie des Patienten selbst. Das, was jeder der beiden Beteiligten im anderen evoziert, wird zum zentralen Aspekt des Behandlungsprozesses – zum Organisator der therapeutischen Erfahrung. In dieser Beziehung, durch diesen Prozeß, wird der Patient im Hier und Jetzt Aspekte seiner aktuellen und seiner lebenslang vorhandenen Probleme ausleben, inszenieren und wahrneh-men. Nur jene Elemente seiner Probleme, die in dieser Beziehung aktiviert werden, können im therapeutischen Prozeß Bedeutung erlangen. Natürlich können Patient und Therapeut über alles sprechen – aber nicht alles, worüber sie sprechen, wird wirklich auf einer Ebene aufgegriffen, auf der sich die kura-tiven Faktoren entfalten.

Was ist gemeint, wenn wir einen Behandlungsprozeß als »psychoanaly-tisch« bezeichnen? Unsere Definition psychoanalytischer Psychotherapie soll hier als Hintergrund dienen, vor dem wir untersuchen, was die »optimale empathische Responsivität« ausmacht und wie diese Responsivität dann tatsächlich einen therapeutischen Dialog hervorbringt. Daran anschließend können wir beschreiben, was einen solchen Dialog konstituiert und welche spezifischen Ziele und Resultate es sind, die ihn zu einem Sine qua non für unseren Ansatz der psychoanalytischen Psychotherapie machen.

a) Was ist psychoanalytische Psychotherapie? Es ist eine Behandlungsform, die sich ganz auf die subjektiven Erfahrungen des Patienten konzentriert, die in der Therapeut-Patient-Beziehung mobilisiert werden und Ausdruck finden, und sich im Rahmen eines Deutungsprozesses mit ihnen auseinandersetzt. Diese breite Definition trägt der Tatsache Rechnung, daß sowohl der Patient als auch der Therapeut einen Beitrag zu dem leistet, was zwischen ihnen und in jedem von ihnen auftaucht, während sie einander erleben. Der Patient erwartet vom Therapeuten und vom Behandlungssetting, daß ihm geholfen werden wird, und diese Erwartungen bringt er mehr oder weniger direkt zum Ausdruck. Neben diesen Erwartungen offenbart er auch seine verborgenen Motive, die ihn veranlaßt haben, den Therapeuten aufzusuchen. Der Therapeut wiederum begegnet dem Patienten und dem Behandlungssetting mit einer Reihe impliziter und expliziter Vorstellungen, die den Charakter der Psychopathologie und des Heilungsprozesses in der Psychotherapie betreffen und auf der Theorie oder den Theorien beruhen, die er vertritt. Er bringt diese Vorstellungen ebenfalls direkt oder indirekt in der Art und Weise zum Ausdruck, wie er sich dem Patienten gegenüber verhält und die Behandlung durchführt. Abgesehen von diesen Überlegungen, Theorien und der Art, wie er dem Patienten begegnet, bringt der Therapeut auch seine verborgenen Motive zum Ausdruck, die ihn veranlassen, sich an dem Behandlungsprozeß so zu beteiligen, wie er es tatsächlich tut.

Psychoanalytische Psychotherapie ist demnach, kurz gesagt, eine Begegnung, die 1. ein Klima erzeugt, in dem sich der Patient und der Therapeut optimal aufeinander einlassen können, so daß die tiefer verborgenen Schichten ihrer jeweiligen Persönlichkeiten im Behandlungsprozeß aktiviert werden; und 2. verfolgt das therapeutische Gespräch das Ziel, immer größere Anteile dessen zu erfassen, was der Patient auf einer Ebene erlebt, die seinem Bewußtsein nicht so unmittelbar zugänglich ist, daß er es mitteilen könnte. Die Fähigkeit, ein geeignetes Klima für ein solches Sich-Einlassen zu schaffen, ist somit eine Voraussetzung dafür, daß das, was andernfalls unerlebt und unausgesprochen bliebe, umfassender erlebt, ins Bewußtsein gehoben und zum Bestandteil des Gesprächs gemacht werden kann.

b) Was konstituiert die optimale empathische Responsivität des Therapeuten? In einem solchen Behandlungsprozeß kann der Therapeut (im Gegensatz zu einem früher weit verbreiteten Mißverständnis) seine eigenen emotionalen Reaktionen auf den Patienten niemals restlos zugunsten einer lediglich wohldurchdachten, »objektiven« dynamischen und genetischen Erklärung ausschalten. Die Responsivität des Therapeuten beginnt mit seinem – vielleicht nie vollständig zu realisierenden – Versuch, unvoreingenommen, ohne zu urteilen oder zu verdammen, das anzunehmen und zu akzeptieren, was der Patient zu ihm bringt. Auf der Grundlage authentischer Akzeptanz bewahrt der Therapeut seine Responsivität, indem er sich in seiner Vorstellung ins Zentrum der inneren Welt seines Patienten hineinversetzt. Diese empathische Beobachtungsperspektive gewährt ihm Zugang zu den subjektiven Erfahrungen des Patienten und hilft ihm, die dabei (in ihm selbst oder im Patienten) auftauchenden Hindernisse zu überwinden. Wenn er mit diesen subjektiven Erfahrungen in Berührung kommt und das, was er verstanden zu haben glaubt, immer wieder überdenkt, hat der Therapeut den Schlüssel gefunden, der es dem Patienten ermöglicht, sich auf den Behandlungsprozeß einzulassen. Dessen Mitteilungen werden daraufhin mit Leben erfüllt: Der Patient nimmt das, was er berichtet, als etwas Eigenes wahr, und spricht über diese Erfahrungen nicht mehr so, als hätten sie für ihn keine emotionale Bedeutung. Eine solche lebendige, affektgeladene Schilderung des eigenen Erlebens ist somit Resultat und gleichzeitig Ausdruck des therapeutischen Engagements. Da die Selbsterfahrungen des Patienten auch sein Erleben des Therapeuten als Teil seiner inneren Welt beinhalten, findet die psychoanalytische Psychotherapie in einer, wie wir es formulieren, Selbst-Selbstobjekt-Matrix statt. Ausgehend von einem solchen Engagement, können Patient und Therapeut dann innerhalb dieser Matrix zu einem immer umfassenderen Verständnis der Kommunikation des Patienten gelangen. Die Bemühungen des Therapeuten um Verständnis erfordern eine genuine emotionale Präsenz in der Behandlungssituation, keine distanzierte Haltung. Nur von der Plattform eines sicher verankerten Verständnisses der subjektiven Erfahrungen des Patienten aus kann der Therapeut dazu übergehen, die dynamische Wechselwirkung und den genetischen Kontext dieser Erfahrungen zu erklären. Aus diesen Gründen sprechen wir von den zwei Schritten des Deutungsprozesses: Verstehen und Erklären.

c) Was konstituiert einen therapeutischen Dialog? Die Responsivität des Therapeuten, das heißt seine aktive Beteiligung im Gegensatz zu einem passivrezeptiven Warten auf die freien Assoziationen des Patienten setzt den therapeutischen Dialog in Gang. Um jedes Mißverständnis zu vermeiden, möchten wir hinzufügen, daß sich der Prozeß, durch den ein therapeutischer Dialog hergestellt wird und den wir hier in linearer Form beschreiben, vom Anfang bis zum Ende des Behandlungsprozesses verwickelter gestaltet. Um es noch einmal festzuhalten: Die Herstellung eines Dialogs beruht 1. auf der empathischen Beobachtungsperspektive und 2. auf dem wiederholten, gemeinsamen Gespräch über das Verständnis, das der Therapeut erworben zu haben glaubt; 3. beide Elemente fördern das Engagement und bewirken 4. eine Konsolidierung und Vertiefung des therapeutischen Dialogs. Diese spiralförmige Entwicklung setzt sich fort. Verstehen und Erklären sind von Anfang an Teil dieser Entwicklungsspirale und werden natürlich mit jedem Fortschritt des therapeutischen Dialogs vertieft und erweitert.

d) Welche kurativen Eigenschaften kennzeichnen den therapeutischen Dialog? Was hier als empathische Responsivität bezeichnet wird, ist nur *innerhalb* der Matrix einer Therapeut-Patient-Beziehung möglich – »von außen« kann man nicht empathisch sein. Der therapeutische Dialog, der sich innerhalb dieser Beziehungsmatrix beständig vertieft, schafft gleichzeitig auch die Grundlage, auf der die Probleme, mit denen Patienten ihre Therapeuten aufsuchen, gelöst werden können. Anders formuliert: Die kurativen Prozesse gehen aus der therapeutischen Beziehung hervor, die ihrerseits durch den therapeutischen Dialog aktiviert wird. Dieser Dialog wiederum hält die Beziehung zwischen Therapeut und Patient aufrecht und verleiht ihr den Inhalt.

Im folgenden wollen wir die einzelnen Bestandteile der soeben skizzierten Sequenz systematisch definieren und im Anschluß daran an einem klinischen Beispiel erläutern.

Empathische Responsivität, therapeutischer Dialog, Verstehen und Erklären

Die einzigartige Form der Intimität, die sich in der therapeutischen Beziehung entwickelt, gibt dem Patienten die Möglichkeit, Aspekte seiner selbst zu erforschen, die unter anderen Bedingungen nicht ins Bewußtsein gelangen, nicht anerkannt und deshalb auch nicht integriert werden können. Das Sicherheitsgefühl, das die empathische Responsivität vermittelt, ermöglicht es, daß bislang nicht anerkannte und deshalb verborgen gebliebene Aspekte des Selbst nun dem Anderen mitgeteilt werden können. Der intensive Wunsch, vom Anderen genau gekannt und geschätzt zu werden, trotz und mitsamt aller eigenen Schwächen, kann diese tiefgehende Erforschung nachhaltig fördern. Wenn der Therapeut die subjektiven Erfahrungen des Patienten detailliert kennenlernen kann, vertieft dies nicht nur sein Verständnis, sondern erleichtert es ihm auch, den empathischen Kontakt zum Patienten aufrechtzuerhalten. Wenn wir unsere Haltung des Zuhörens im Zentrum der subjektiven Welt des Patienten (dezentriert von unserer eigenen) lokalisieren und versuchen, die Bedeutung der Gedanken und Gefühle des Patienten wahrzunehmen, sie anzuerkennen, zu verstehen, zu erklären und ihm unser Verständnis mitzuteilen, sind wir »empathisch responsiv«.

Die häufige, vorsichtig formulierte Mitteilung dessen, was wir hören und wie wir es verstehen, konstituiert den therapeutischen Dialog. Wir beziehen den Patienten in diesen Dialog mit ein, so daß er unsere Wahrnehmung korrigieren kann, die Authentizität unserer Akzeptanz und die Exaktheit unseres Verstehens in Frage stellen und sich auf diese Weise über seine eigenen Gedanken und Gefühle eingehender äußern kann. Um den sondierenden Charakter seiner Äußerungen vermitteln zu können, muß der Therapeut sie so formulieren, daß dem Patienten die Möglichkeit bleibt, das Verständnis des Therapeuten auch zu korrigieren. Der Therapeut könnte zum Beispiel sagen: »Lassen Sie mich sehen, ob ich Sie richtig verstanden habe...«, oder: »Ich habe Sie so und so verstanden, wollten Sie das sagen?« In der zweiten Sitzung des Behandlungsprozesses, über den wir berichten werden, erzählt der Patient eine verwirrende Geschichte. Der Therapeutin ist klar, daß der Patient sich selbst davon zu überzeugen versucht, daß ihn seine Freundin nicht deshalb verlassen hat, weil sie ihn nicht mehr liebte, sondern weil »der andere Mann« sie dazu drängte. Der Patient selbst hörte nicht, daß er dies sagte, weil er das Gefühl, betrogen zu werden, noch nicht ertragen konnte. Als ihm die Therapeutin jedoch mitteilte, was sie gehört hatte, dachte er darüber nach und konnte schließlich anerkennen, wie groß seine Angst davor war, sich mit den Gründen für die Zurückweisung durch seine Freundin auseinanderzusetzen. Dies ist ein Beispiel für einen therapeutischen Dialog, in dem die Therapeutin dem Patienten ohne Konfrontation half, sein Selbst-Gewahrsein zu erweitern; ein schmerzhafter Affekt verschaffte sich vorsichtig und ansatzweise Zutritt ins Bewußtsein. Das Konzept des therapeutischen Dialogs geht davon aus, daß wir Therapeuten die subjektiven Erfahrungen des Patienten nicht a priori – unabhängig davon, ob der Patient unser Verständnis verifiziert oder nicht – genau kennen. Unser Verständnis und unsere anschließende Erklärung werden somit gemeinsam in jener Begegnung hervorgebracht, die durch den therapeutischen Dialog charakterisiert ist. Dies unterscheidet sich erheblich von der Auffassung, daß sich allein der Therapeut im Besitz der durch seine Theorie (die er natürlich aus dem Material des Patienten extrahieren zu können hofft) verkörperten Wahrheiten befindet und sie in Form einer »fix und fertigen« Deutung weitergibt. Ob der Patient eine solche Deutung akzeptiert oder nicht, hängt diesem engen Blickwinkel zufolge einzig von der Intensität seines Widerstandes und der Stärke des therapeutischen Bündnisses ab. Wenn man die Annehmbarkeit von Deutungen mit diesem sogenannten therapeutischen Bündnis rechtfertigt, wird man deren intrinsische Validität in der Behandlungssituation nur selten in Frage stellen.

Zur Unterscheidung zwischen einem therapeutischen Sich-Einlassen und einem therapeutischen Bündnis tragen darüber hinaus weitere wichtige Merkmale bei. Empathische Responsivität und therapeutischer Dialog bilden Aktivitäten innerhalb der Patient-Therapeut-Matrix; das therapeutische Bündnis aber und sein Substrat, das Grundvertrauen, werden ausschließlich als Anteile des Patienten begriffen, die von der Aktivität des Therapeuten praktisch unabhängig sind (auch wenn sie indirekt durch sie beeinflußt werden können).

Wie also sehen die entscheidenden und charakteristischen Schritte des therapeutischen Dialogs aus? Die Metapher der gemeinsamen Bergwanderung hilft vielleicht, sich ein Bild vom therapeutischen Dialog zu machen. Patient und Therapeut unternehmen gemeinsam eine Klettertour. Einer der beiden geht voraus, während der andere (im günstigeren Fall ist dies der Therapeut) ihm nachfolgt. Indem sie zusammen wandern, ihr Tempo finden usw., lernt jeder das Temperament des anderen und seine Vorgehensweise kennen, seine Art, sich zu orientieren, seine Äußerungs- und Kommunikationsformen und die charakteristischen Elemente seines Umgangsstils. Somit sind sie während der gesamten Klettertour ständig auf der Suche nach einander: Dies ist der Dialog auf der Ebene des Verstehens – die Aufrechterhaltung des Kontakts, das Gewahrsein dafür, wo sich der Patient gerade befindet, welchen Weg er eingeschlagen hat, welche Hindernisse er bewältigen muß und wie er sich fühlt, während er voranzukommen versucht. Nach vielen Schwierigkeiten (sie straucheln immer wieder über Geröll und stürzen, verirren sich auf Seitenpfaden) erreichen sie von Zeit zu Zeit eine Ebene, auf der sie rasten und zurückblicken können, um zu sehen, wie weit sie gekommen sind. Daß sie sich auf einem Plateau befinden und gemeinsam zurückschauen können, bedeutet, daß sie durch eine gemeinsame, koordinierte Anstrengung einen Punkt erreicht haben, der ihnen diesen Ausblick ermöglicht. Sie können sich gegenseitig Meilensteine zeigen, die sie gemeinsam passiert haben. Sie wollen ihre Tour unbedingt fortsetzen. Auf einem Plateau angelangt, finden sie einen Punkt, an dem sie genug erfassen, um ihr Verständnis in einen größeren Rahmen einordnen zu können: Das ist der Dialog auf der Ebene des Erklärens.

Die eigene Vergangenheit (und das gegenwärtige Erleben) in eine solche Perspektive zu rücken, indem man Vergangenheit und Gegenwart bedeutungsvoll miteinander verbindet, ist eine lebenslange Aufgabe, mit der sich die Menschen (bewußt oder unbewußt) innerhalb und außerhalb psychoanalytischer Psychotherapie beschäftigen. Wir müssen dieser Tendenz in höherem Maß als bislang Rechnung tragen und auf ihr aufbauen (statt uns lediglich auf die Widerstände zu konzentrieren, die ihr entgegenwirken), um den Patienten zu einer optimalen Beteiligung an der therapeutischen Arbeit zu motivieren. Der Versuch des Therapeuten, zu verstehen, und das Gefühl des Patienten, verstanden zu werden, schließen sich im therapeutischen Dialog zusammen, so daß eine Vertiefung des Behandlungsprozesses möglich wird. Diese Vertiefung zeigt sich zuerst in einer verbesserten Introspektionsfähigkeit des Patienten. Die empathische Responsivität des Therapeuten wird vom Patienten als Akzeptanz seines ganzen Selbst, mit all seinen Ängsten und den individuellen Besonderheiten seiner Abwehrmechanismen, erlebt. Empathische Responsivität schafft eine Atmosphäre und ein Gefühl der Sicherheit, die es dem Patienten ermöglichen, sich mitzuteilen und schließlich Aspekte seiner selbst zu erforschen, vor deren Untersuchung er bislang zurückschreckte.

Die verbesserte Introspektion stellt zwar bereits das Resultat eines therapeutischen Dialogs dar, aber der Patient hat gleichwohl noch einen weiten Weg vor sich, bevor er zu seinen unbewußten Wünschen, Ängsten, Phantasien und jenen lebenslangen Abwehroperationen, die ihnen gegenüber errichtet worden sind, eine bedeutsame Verbindung aufnehmen kann. Wie kann der Therapeut eine weitere Vertiefung des Prozesses ermöglichen, ohne den Patienten mit der Fehlangepaßtheit seiner Abwehroperationen zu konfrontieren? Wenn der Therapeut den empathischen Kontakt zu dem sich verändernden Selbsterleben des Patienten aufrechterhalten und ihm sein Verständnis dessen, was er wahrnimmt, mitteilen kann, wird sich der Patient unserer Meinung nach verstanden fühlen. Das Gefühl, verstanden zu werden, übt, so einfach dies klingen mag, tatsächlich einen tiefgreifenden Einfluß auf den Zustand des Selbst aus. Sich-verstanden-Fühlen ist die erwachsene Entsprechung zum Gehalten-Werden, das auf der Ebene des Selbsterlebens eine Stärkung oder Konsolidierung des Selbst bewirkt. Ebendiese Konsolidierung des Selbst ermöglicht – zunächst vorübergehend, später längerfristig – die Wahrnehmung wie auch die Äußerung von Affekten, die aufgrund ihrer Intensität und/oder ihres spezifischen Inhalts zuvor als nicht erträglich empfunden wurden. Was die Abwehrmechanismen betrifft, so ermöglicht die innerhalb der Selbst-Selbstobjekt-Matrix stattfindende Konsolidierung des Selbst eine zunächst vorsichtige und später ausdauerndere Suspendierung habitueller Abwehrmethoden. Ein solcher Umgang mit der Abwehrdeutung vermeidet den iatrogenen Effekt, Widerstände zu verstärken – ein Effekt, der sich immer dann einzustellen scheint, wenn sich der Therapeut darauf verläßt, Abwehrmechanismen unter dem Blickwinkel des äußeren Beobachters zu deuten.

Der Leser könnte nun fragen: An welcher Stelle paßt die Wut in dieses Deutungsschema hinein? Da sämtliche Selbst-Erfahrungen des Patienten im Kontext der therapeutischen Beziehung und unter dem Blickwinkel des empathischen Beobachters verstanden werden müssen, läßt sich auch Wut am besten begreifen, wenn man ihr Auftauchen nicht lediglich (oder ausschließlich) als Ausdruck der Psychopathologie des Patienten betrachtet. Wenn man die Wut innerhalb der therapeutischen Beziehung sieht, ist ihr Auftauchen oder ihre Äußerung tatsächlich zu begrüßen, nämlich als Hinweis auf eine Konsolidierung des Selbst, die es nun erlaubt, daß die Wut, die der Patient in seiner Kindheit aus Angst vor Vergeltung oder aus Angst, von ihr überwältigt zu werden, verdrängen oder verleugnen mußte, nun zum Ausdruck kommen darf. Genau darauf bezog sich unsere frühere Aussage, daß die Sicherheit der therapeutischen Beziehung und die verbesserte Selbstkohäsion eine vorübergehende »Suspendierung« habitueller Abwehroperationen ermöglichen.

Wir hoffen, mit unseren bisherigen Ausführungen nicht den Eindruck vermittelt zu haben, daß das Verstehen durch empathische Responsivität die Deutungen ersetzen solle. Durch tiefes Verstehen findet der Therapeuten das Material, das er benötigt, um Erklärungen anbieten zu können und den zweiten Schritt im Deutungsprozeß zurückzulegen.

Um die Art und Weise, wie verdrängte oder verleugnete Affekte (einschließlich Wut) und unbewußte Abwehrmechanismen in den therapeutischen Prozeß eingehen, näher zu erläutern, sollten wir noch einmal die Tatsache betonen, daß wir all diese Phänomene als etwas betrachten, das aus der Therapeut-Patient-Beziehung im allgemeinen und aus der Übertragung im engeren Sinn hervorgeht.

Wut zeigt sich in vielerlei Gestalt, Form und Verkleidungen; über Wut läßt sich distanziert und ruhig sprechen, so als gehörte der Affekt zu einer dritten Person. Wut kann ganz akut empfunden werden, wenn man ein Ereignis schildert, das den Wutaffekt ausgelöst hat. Und Wut kann tief in ein komplexes Muster von Zwangsritualen eingebettet sein. Im allgemeinen wird Wut als ein destruktiver Affekt betrachtet – destruktiv in dem Sinn, daß sie entweder den Kern dieser oder jener Psychopathologie darstellt oder auf destruktive Weise agiert (gegen Personen oder indirekt gegen Beziehungen gerichtet) wird. Aber Wut muß nicht zwangsläufig eine destruktive Kraft darstellen. Aus unserer Perspektive betrachtet, kann Wut auch wichtige Schutzfunktionen erfüllen. Da sie ein Gefühl der Stärke vermittelt (was in narzißtischen Wutphantasien besonders deutlich erkennbar wird), kann sie dazu dienen, die Selbstkohärenz zu erhalten, statt sie zu zerstören. Wir haben bereits den Dialog im ersten Teil der zweiten Sitzung von Herrn Pratt erwähnt, in dem der Patient mit starkem Affekt »das Drängen« des Mannes beschrieb, der ihm die Freundin weggenommen hatte. Aus den Details seiner Geschichte aber wurde klar, daß jener Mann zwar durchaus Druck ausgeübt haben mochte, die Frau Herrn Pratt aber aktiv betrog. Da sich der Patient das Gefühl, betrogen worden zu sein, keinesfalls bewußt machen wollte, war der Therapeutin klar, daß dies ein verstörenderer und potentiell stärker desorganisierender Affekt gewesen wäre als die Wut auf seinen Rivalen.

In der therapeutischen Situation ist es nützlich, die Wut, die bewußt erlebt und deren Ursache gemeinsam mit dem Therapeuten erforscht wird, von solchen Wutreaktionen zu unterscheiden, die eine stumme Verschmelzungsübertragung unterbrechen oder zu unterbrechen drohen. Unter diesen Umständen besteht das Ziel des Therapeuten darin, es dem Patienten zu ermöglichen, »ihn zu benutzen«, um seine innere Kontrolle und Ruhe wiederzuerlangen. Erst wenn die Wut nachgelassen hat, können ihre Ursache und Entstehung erforscht und in der Übertragung gedeutet werden. Diese Art von Unterbrechung zeigt, daß die Vertiefung der Übertragung das Gefühl des Patienten, in der therapeutischen Situation verwundbar zu sein, unvermeidlich und regelmäßig verstärkt, und zwar relativ unabhängig vom Charakter seiner prätherapeutischen psychischen Organisation. Wenngleich sowohl qualitative als auch quantitative Aspekte seiner Verwundbarkeit ihre spezifischen genetischen Vorläufer haben, führt ebendiese zunehmende Verwundbarkeit angesichts des Therapeuten als Selbstobjekt zu den häufigen und schmerzvollen Unterbrechungen der Übertragung, die zu Angelpunkten der Rekonstruktionsdeutungen des Therapeuten werden.

Anna und Paul H. Ornstein

Der therapeutische Dialog mit Herrn Pratt in der Fokal-Psychotherapie

Die mikroskopischen Details eines therapeutischen Dialogs, seine verbalen und nonverbalen Komponenten, lassen sich mühelos an jedem kleineren oder größeren Ausschnitt eines therapeutischen Prozesses untersuchen. Wir haben für die vorliegende Studie die Behandlung eines Mannes gewählt, dessen Fokaltherapie innerhalb von dreizehn Sitzungen zum Abschluß gebracht wurde. Die Behandlung soll verschiedene Aspekte des therapeutischen Dialogs illustrieren: a) den konsequenten Versuch der Therapeutin, den empathischen Kontakt zu den Selbst-Erfahrungen des Patienten aufrechtzuerhalten; b) die Reaktion des Patienten auf die Versuche der Therapeutin, ihn zu verstehen, indem er ihr weitere Details über sein Erleben mitteilte; c) das frühe, aus dem Dialog resultierende Sich-Einlassen, das an der Lebhaftigkeit und Lebendigkeit der Beschreibung seines Erlebens wahrnehmbar wird; d) der Prozeß des Durcharbeitens der wichtigsten Ursachen für die Angst des Patienten und seine habituelle Art und Weise, sich gegen sie zu schützen kam – trotz der Kürze der Behandlung – erfolgreich in Gang; e) die Behandlung konnte nur einen schmalen Ausschnitt der Persönlichkeit und der Probleme des Patienten berücksichtigen (so schmal dieser Ausschnitt war, reichte er doch in eine basale und chronische Angstquelle hinein: die Angst, zurückgewiesen und im Stich gelassen zu werden). Die Auswahl dieses Beispiels folgt unserer Überlegung, daß Fokaltherapie, intensive psychoanalytische Psychotherapie und Psychoanalyse ein Kontinuum bilden, solange die Beteiligung des Therapeuten an all diesen drei Behandlungsformen grundlegend dieselbe bleibt, das heißt, unter dem empathischen Blickwinkel erfolgt und sich von Verstehen und Erklären, den zwei entscheidenden Schritten des Deutungsprozesses, leiten läßt.

Der Patient, Herr Pratt, ist 34 Jahre alt, geschieden und Vater einer achtjährigen Tochter. Als er die Behandlung aufnahm, war er in einem Zustand der Verzweiflung, weil seine letzte Freundin sich von ihm getrennt hatte. Für ihn war dies der vierte traumatische Beziehungsabbruch in vier Jahren. Er litt unter einer Reihe quälender psycho-physiologischer Symptome, ähnlich jenen, die wir in traumatischen Streßsituationen beobachten: Gewichtsverlust, Schlaflosigkeit, Konzentrationsunfähigkeit und zunehmendem Konsum von angstlindernden Medikamenten. Diese Symptome waren soweit eskaliert, daß er die Schule, an der er einen Weiterbildungskurs belegt hatte, verlassen mußte. Schließlich verlor er auch seine Arbeitsstelle.

Als die Therapeutin (A. O.) Herrn Pratt anrief, um einen Termin zu vereinbaren, klang seine Stimme ängstlich. Tatsächlich mußte er später noch einmal
zurückrufen, weil er den verabredeten Termin wieder vergessen hatte. Er nahm
zu diesem Zeitpunkt 4mg Tavor (Lorazepam) und konnte trotzdem nicht
schlafen.

Herr Pratt ist ein relativ kleiner, schmal gebauter Mann mit lockigem
schwarzen Haar, einem Schnurrbart und regelmäßigen, sympathischen
Gesichtszügen. In der ersten Sitzung sprach er über seine Symptome; Schlaflosigkeit, Gewichtsverlust und die ständige Beschäftigung mit Überlegungen,
wie er mit dem Mann, der ihm seine Freundin weggenommen hatte, am besten
abrechnen könnte. In dem Gespräch, das sich entspann, klärten die Therapeutin und der Patient, daß Herr Pratt Hilfe benötigte, 1. um seine gegenwärtige,
lähmende Depression zu überwinden, und 2. um die Gründe zu erfahren,
weshalb ihn Frauen wiederholt verlassen hatten. Diesen ursprünglichen Hoffnungen gesellte sich später ein dritter, ebenso dringender Wunsch hinzu: Hilfe
zu finden, seine Unfähigkeit zu überwinden, sich auf langfristige Lebensziele
festzulegen, damit er etwas würde erreichen können, worauf er stolz sein könnte. Er betrachtete sich als einen chronisch verängstigten Menschen, der andere
brauchte, die ihn motivierten und ihm dabei halfen, »auf Kurs« zu bleiben.

Es gab einige interessante Details, die der Therapeutin in der ersten Sitzung
auffielen und die sie für wichtig hielt; tatsächlich erwiesen sie sich als zentrale
Aspekte von Herrn Pratts Problemen, da sie seine habituelle Art, sich Frauen
gegenüber zu verhalten, illustrierten. Was seine Freundin betraf, so schilderte
er zwei Episoden. In einer dieser Episoden sah er, während er mit ihr an einem
Strand spazierenging, eine Frau in einem schicken Badeanzug. Er machte eine
Bemerkung darüber, in der Hoffnung, seiner Freundin eine »vehemente Reaktion« zu entlocken – die er in der Tat erhielt, was ihm vorübergehend ein sehr
gutes Gefühl vermittelte. Die andere Episode spielte sich in einer Bar ab. Seine
Freundin nahm gerade einen Drink mit ihrer Schwester, als er eintraf. Die
beiden Frauen begrüßten ihn eher beiläufig und verließen dann schnell die Bar.
Sofort lud er ein anderes Mädchen zu einem Drink ein, und als seine Freundin
unvermutet zurückkam, nahm er keinerlei Notiz von ihr.

Die Therapeutin erkundigte sich eingehend nach den Details dieser beiden
Episoden. Was Herrn Pratts Bemerkung über die Frau in dem schicken Badeanzug betraf, so war die Therapeutin verblüfft, als der Patient sagte, er habe sich
eine »negative Reaktion« gewünscht. Herr Pratt erklärte: » [...] sie würde

wütend werden; je wütender sie würde, desto besser würde ich mich fühlen.« Durch diese Art, Frauen zu testen, hatte er seine liebste Freundin, Marylin, verloren. Als er mit ihr zusammen war, hatte er es soweit getrieben, eine Affäre anzufangen; ihre Wut und ihre Eifersucht vermittelten ihm ein größeres Sicherheitsgefühl als alles andere.

Was die Episode in der Bar betrifft, so bot die Therapeutin Herrn Pratt ihr vorsichtiges Verständnis der Bedeutung seines Verhaltens an: Indem er augenblicklich eine andere Frau zu einem Drink einlud und seine Freundin bei ihrer anschließenden Rückkehr ignorierte, habe er ihr die Beiläufigkeit heimzahlen wollen, mit der sie ihn zuvor begrüßt hatte. Herr Pratt dachte eine Weile darüber nach und sagte: »Das macht Sinn. Ich wußte nicht, weshalb ich sofort jemanden finden mußte, aber solche Dinge mache ich sehr oft.« In den anschließenden Sitzungen bezogen sich die Therapeutin und Herr Pratt auf die »Badeanzug-Episode« als Vorfall, der Herrn Pratts Bedürfnis erkennen ließ, sich der Liebe der Frau zu vergewissern, um seine allgegenwärtige Angst, von ihr im Stich gelassen oder zurückgewiesen zu werden, zu lindern. »Der Vorfall in der Bar« hingegen brachte seine narzißtische Verwundbarkeit zum Ausdruck sowie das Bedürfnis nach Wiederherstellung seines Selbstgefühls durch Rache an den Frauen, die ihn beiläufig behandelten.

Diese Verständnisebene zu einem frühen Zeitpunkt der Behandlung ermöglichte es Herrn Pratt, sich intensiv einzulassen, und gegen Ende der zweiten Sitzung waren die Voraussetzungen für eine kurze, fokale Psychotherapie geschaffen. Der Fokus betraf a) die Gründe für Herrn Pratts gegenwärtige Probleme und zeigte b) ihre Beziehung zu einem größeren, lebenslang bestehenden Muster auf. (Unser Ansatz ist dadurch charakterisiert, daß ein gut formulierter Fokus das vorliegende Problem sowohl erklären als auch demonstrieren muß, daß es einen Abkömmling einer umfassenderen Persönlichkeitsstörung darstellt. Nur so kann der Behandlungsprozeß mehr erreichen als lediglich eine Wiederherstellung des Status quo, des Gleichgewichts, das vor der Krise bestanden hat.)

Unser Interesse gilt in diesem Kontext jedoch nicht der Wahl des Fokus an sich oder dem Maß an Effektivität einer Fokaltherapie, sondern dem therapeutischen Dialog und seinen Konsequenzen. Das rasche, klare Auftauchen des Fokus ist nur ein wichtiges Zeichen dafür, daß ein therapeutischer Dialog in Gang gekommen ist. Die nicht-selbstzentrierte, aktive, aber nicht intrusive Gegenwart der Therapeutin, die das Interview als »normales Gespräch« führte, veranlaßten den Patienten rasch zu einer ehrlichen, selbst-reflexiven Kommunikation. Die Therapeutin beschränkte sich konsequent darauf, nach dem zu forschen, was die verbale und nonverbale Sprache des Patienten zum Ausdruck brachte, und nicht nach dem, was sie verbarg – auch wenn Gedanken und Gefühle sowohl geäußert als auch verborgen wurden. Dieses Vorgehen schuf ein Klima urteilsfreier Akzeptanz und ermöglichte einen bedeutungsvollen therapeutischen Dialog. Indem sie auf das tatsächliche Erleben des Patienten einging, konnte die Therapeutin unnötige Konfrontationen und deren Folge, nämlich iatrogene Widerstände, vermeiden. Die Art, wie sie den Dialog führte, erweiterte den Bereich der Themen, die in den Dialog aufgenommen wurden, und führte bereits in den ersten Behandlungsphasen zu Einsichten.

Wenden wir uns nun noch einmal der Episode in der zweiten Sitzung zu, auf die wir in anderen Zusammenhängen bereits hingewiesen haben. Diesmal möchten wir zeigen, wie die Mitteilung des tentativen Verständnisses der Therapeutin (daß der Patient das Gefühl, betrogen worden zu sein, aus seinem Bewußtsein verbannen wollte) den Behandlungsprozeß in Gang setzte, indem sie Herrn Pratts Introspektion förderte und sein Gefühl, verstanden zu werden, stärkte.

Zusammenfassend formuliert, äußerte sich die Therapeutin im wesentlichen folgendermaßen: »Sie sagen, daß sie wütend auf den anderen Mann gewesen seien, aber nicht auf ihre Freundin... Daß Sie sich nicht betrogen fühlten.« Der Patient dachte darüber nach und beschrieb das Drängen des Mannes mit neuerlichem Nachdruck, so als wolle er die Abwehr verstärken, die ihn vor einer weiteren Fragmentierung am wirksamsten schützte. Die Therapeutin spürte, wie wichtig es für Herrn Pratt war, die Zurückweisung durch die Frau nicht wahrzunehmen. Sie vermutete, daß er möglicherweise in diesem Bereich, in dem sowohl seine augenblickliche Depression als auch einige seiner lebenslangen Schwierigkeiten mit Frauen wurzelten, am verletzlichsten war. Als sie zu einem späteren Zeitpunkt der Sitzung seine Angst, die Frauen, die er liebte, zu verlieren, mit dem Umstand in Verbindung brachte, daß seine Mutter ihre Familie wegen eines anderen Mannes verlassen hatte, wollte Herr Pratt von diesem Zusammenhang zunächst nicht viel wissen. Er vermochte nicht einzusehen, wie ein solches Ereignis aus seiner Kindheit die Verletzlichkeit erklären könnte, die er nun, als Erwachsener, empfand. Allerdings machten die Äußerungen der Therapeutin den Patienten neugierig, so daß er seine Mutter noch in derselben Woche fragte, wie er als Kind gewesen sei. Die Mutter beschrieb ihn als anklammernd und ängstlich; er habe geweint, wenn sie ihn der Obhut des Babysitters überließ, und sich lange nicht beruhigen können. Bei dieser Gelegenheit erfuhr Herr Pratt auch, daß seine Mutter ihn wochenweise bei einem Babysitter unterzubringen pflegte. Als er in der 11. Sitzung meinte, es gäbe Dinge, die er wohl niemals vollständig durcharbeiten würde, stimmte er mit der Therapeutin überein, daß dies seine Befürchtung zum Ausdruck brachte, die Angst, zurückgewiesen und im Stich gelassen zu werden, nie loszuwerden.

In den ersten vier bis fünf Sitzungen beschäftigte sich Herr Pratt ausschließlich damit zu schildern, wie es ihm nach dem Bruch seiner Beziehung ergangen war. Er beschrieb jedes kleine Detail, in einer Art, wie man sie gewöhnlich beim Durcharbeiten einer traumatischen Neurose beobachtet. Während dieser Phase blieb die Therapeutin in engem empathischen Kontakt mit den Stimmungsumschwüngen des Patienten. Dies ermöglichte es ihm, den Schmerz des Verlusts und seine Bedeutung ohne weitere Fragmentierung und ohne Flucht in sein bisheriges Abwehrverhalten wirklich zu empfinden.

Dieser erste Behandlungsabschnitt führte zu einer wichtigen Einsicht, die bei Beendigung der Therapie gut integriert zu sein schien. Herr Pratt konnte anerkennen, daß seine (bis zu diesem Zeitpunkt unbewußt gebliebene) Angst die Ursache für sein herausforderndes Benehmen sein könnte – für seine Angewohnheit, Frauen auf die Probe zu stellen, indem er sie eifersüchtig machte – und daß letztlich ebendieses Verhalten der Grund dafür war, daß sie ihn verließen. Lächelnd, aber durchaus ernstgemeint, sagte er einmal: »Ich wünschte, diese Mädchen hätten mich für, sagen wir, zwei Wochen verlassen; damit hätten sie mir die Angst bewußt gemacht.« Sobald die gefürchtete Zurückweisung eintraf, erlebte er intensive Angst, Panik und Depression.

Ein wichtiges Merkmal des therapeutischen Dialogs ist die charakteristische Sprache, die Therapeut und Patient gemeinsam entwickeln: knappe Bezugnahmen auf sehr komplexe Angelegenheiten, die in vorangegangenen Sitzungen bereits besprochen wurden. Während Herr Pratt die traumatischen Aspekte der Beziehungsabbrüche durcharbeitete und sein Appetit, Schlaf und allgemeines Wohlbefinden sich stetig verbesserten, faßte er den Entschluß, sich nun auf seine »fundamentaleren Probleme« zu konzentrieren: auf seine Unfähigkeit, in seinem Leben eine Position zu erreichen, auf die er hätte stolz sein können, und auf die Tatsache, daß er nicht imstande war, langfristige Pläne zu entwickeln und konsequent zu verfolgen. Herr Pratt selbst meinte zu seiner Bereitschaft, sich mit diesen Problemen auseinanderzusetzen, er habe nun »die Kurve gekriegt«. Er hatte das Gefühl, daß seine Schwierigkeiten mit Frauen

»die Spitze des Eisbergs« seien. Nachdem diese Spitze zertrümmert war, wurde ihm die Schwäche der darunter liegenden Struktur bewußt. Er war entschlossen, seine kostbare Zeit in der Behandlung nicht länger mit weiteren Erörterungen über das Scheitern seiner Beziehung zu verschwenden.

In der sechsten Sitzung wurde vereinbart, die Behandlung Mitte Juni (bis dahin blieben noch sieben Sitzungen) zu beenden. Das Bewußtsein für die zeitliche Begrenzung beeinflußte den Prozeß: Der Patient wollte unbedingt alle erdenkliche Hilfe, die er zu benötigen glaubte, um mit seinen lebenslangen Problemen fertig zu werden, bekommen, aber gleichzeitig war das Verlusttrauma noch nicht überwunden, und er kämpfte beständig darum, sich von »negativen Gedanken« freizuhalten – von Assoziationen, die mit dem Scheitern der Beziehung zusammenhingen. Daß er den mit dem Betrug zusammenhängenden Schmerz mittlerweile tolerieren konnte, ohne sich in seine habituellen Abwehrformen zu flüchten, war ein Zeichen für die stetige Verbesserung seiner Selbstkohäsion. Auch wenn es nur hypothetisch ist, kann man mit Sicherheit annehmen, daß die Therapeutin von Anfang an eine »stabilisierende« Selbstobjekt-Funktion erfüllte und daß sich eine stumme Verschmelzungsübertragung in diesem kurzen Behandlungsprozeß entfaltete.

In der sechsten, siebten und achten Sitzung konzentrierte sich Herr Pratt beinahe ausschließlich auf seine lebenslangen Schwierigkeiten. Eine herausragende Bedeutung kam dabei seiner Unfähigkeit zu, sich langfristige Ziele zu stecken. Er untersuchte recht eingehend, in welcher Weise ihm seine chronische Angst und Unsicherheit Schwierigkeiten bei der Arbeit beschert hatten, und zwar sowohl in bezug auf seine Leistungen als auch im Zusammenhang mit seinen beruflichen Beziehungen. Die Reaktionen der Therapeutin waren in Anbetracht der Tatsache, daß für das Durcharbeiten dieser Probleme keine Zeit blieb, überwiegend explorierend. Allerdings hatte der Prozeß zu diesem Zeitpunkt bereits genügend Schwung entwickelt, so daß der Patient über seine infantilen Grandiositätsphantasien sprechen konnte, hinter denen sich ein tiefes Gefühl der Unzulänglichkeit verbarg. Wir werden sehen, wie er in der 11. Sitzung eine »Lösung« für diese »vertikale Spaltung« in der Psyche fand. Diese Lösung bestand darin, daß er sich mit »Überfliegern« zusammentat, mit Personen, die er und andere respektierten und von denen er sich selbst respektiert fühlen konnte. Wann immer es ihm gelang, eine solche Beziehung aufzubauen, fühlte er sich gut, tatkräftig, aktiv und produktiv.

Diese Behandlungsrichtung (das erfolgreiche »Die-Kurve-Kriegen«) wurde unterbrochen, als ihn seine ehemalige Freundin anrief, seine Hoffnung auf eine Versöhnung entfachte und ihn dann erneut abrupt fallenließ. Herr Pratt verbrachte die neunte Stunde damit, diese Erfahrung zu verarbeiten. Nun begrüßte er sie sogar. Es gefiel ihm zu sehen, daß er diese »Re-traumatisierung« nun ganz anders erlebte als zuvor und anders auf sie reagierte.

Die elfte Sitzung stand im Zeichen der Integration verschiedener Behandlungsaspekte: a) der Fokus wurde verschärft, indem die Therapeutin ihre Deutungen ausführlicher formulierte; b) die Bedeutung der Beendigung wurde erörtert; c) seine Zukunftspläne wurden schärfer fokussiert; d) ein kurzer Austausch zwischen Therapeutin und Patient ließ erkennen, daß in Herrn Pratt der Wunsch mobilisiert war, in der zögerlichen Äußerung seines Zieles (Anästhesist zu werden) anerkannt zu werden. Mit diesem kurzen Austausch schien sich für ihn ein Kreis zu schließen – ihm wurde der enge Zusammenhang zwischen der Fähigkeit, eine Beziehung aufzubauen, in der er sich geschätzt fühlte, und der Fähigkeit bewußt, idealisierte Lebensziele zu verfolgen. Herr Pratt konnte nun sehen, daß die zwei getrennten Themen seiner Behandlung, 1. die Angst in bezug auf seine »Liebenswürdigkeit« oder die Angst, im Stich gelassen zu werden, und 2. seine Schwierigkeit, sein Ziel zu verfolgen, eine respektierte Stellung im Leben zu erreichen, im Grunde eng miteinander zusammenhingen.

In diesem Kontext sind nur wenige Worte zur Beendigungsphase vonnöten. Der Vorteil, eine kurze Fokaltherapie zu erläutern, besteht darin, daß der fokussierte Bereich all die signifikanten Charakteristika eines intensiven therapeutischen Prozesses enthält, auch wenn das Durcharbeiten nicht die gesamte Psychopathologie des Patienten erfaßt.

Bei ihrem ersten Besuch in der Klinik werden die Patienten über die zeitliche, in die Fokaltherapie eingebaute Grenze informiert. Als Patient und Therapeutin bei ihrem sechsten Termin eine Gesamtdauer von 12 bis 15 Sitzungen vereinbarten, seufzte Herr Pratt ein wenig resigniert. Er sagte, daß er mit allem, was er bekäme, zufrieden sein müsse, wenngleich er gerade jetzt gehofft habe, sich seinen grundlegenderen Problemen zuwenden zu können, nachdem er sich von seiner akuten Krise ein wenig erholt habe. Die erste ernsthafte Diskussion über die möglichen Folgen der Beendigung entwickelte sich in der elften Sitzung. Herr Pratt rechnete mit einem gewissen »Rückfall«, war aber der Ansicht, daß die Therapeutin sich um seine Reaktion auf die Beendigung größere Sorgen mache als er selbst. Wenn er überlege, mit welchen Problemen er angefangen habe, dann verstehe er, weshalb die Therapeutin besorgt sei. In dieser Hinsicht war es bemerkenswert, daß er seine Selbsterforschung bis zur letzten Stunde fortsetzte; er blieb introspektiv, und die Therapeutin blieb konsequent deutend.

In der allerletzten (13.) Sitzung blickte Herr Pratt während einer Gesprächspause zu seiner Therapeutin hinüber und sagte lächelnd: »Es hat funktioniert. Ich habe nicht geglaubt, daß es klappen würde.« Er sprach über seine Zweifel, die er hinsichtlich der Behandlung gehegt hatte, als er die Klinik zum erstenmal aufsuchte. Nun aber war er zuversichtlich, daß das Verständnis, das er über sich selbst gewonnen hatte, ihn davor »schützen« würde, sich je wieder so vernichtet zu fühlen wie nach dem Scheitern seiner Beziehung. Subjektiv fühlte er sich gut. Sein Vertrauen wurde durch einen neuen Job gestärkt, der zunächst nur vorübergehend war, aber vermutlich in eine feste Stelle umgewandelt werden würde. Er fühlte sich von seinen Mitarbeitern anerkannt und begann, sich mit einer Frau zu treffen, die von ihren Mitarbeitern ebenfalls sehr geachtet wurde.

Abschließende Bemerkungen

In diesem Beitrag definieren und illustrieren wir den therapeutischen Dialog im Rahmen einer breitgefaßten Definition psychoanalytischer Psychotherapie. Wir beschreiben, wie dieser Dialog durch die empathische Responsivität der Therapeutin und ihre aktive Einbeziehung des Patienten in die Selbsterforschung hergestellt wird, damit die Bedeutung seines Erlebens verstanden und erklärt werden kann. Wir zitieren das Beispiel von Herrn Pratts Fokaltherapie, um den Einfluß des therapeutischen Dialogs auf den kurativen Prozeß zu veranschaulichen.

In diesen abschließenden Bemerkungen möchten wir uns noch einmal auf die methodologischen Probleme konzentrieren, die unserer Ansicht nach eine drastische Revision unserer Konzeption des therapeutischen Dialogs und damit einhergehend des gesamten psychoanalytisch-psychotherapeutischen Behandlungsprozesses erfordern. Im Grunde können weder die Psychopathologie noch ihre Behandlung im Rahmen einer »Ein-Personen-Psychologie«, um eine alte Formulierung zu verwenden, wirklich verstanden werden. Um dem Abhilfe zu schaffen, haben Psychoanalytiker recht lange von einer »Zwei-Personen-Psychologie« und einer »Drei-Personen-Psychologie« als

Bezugsrahmen für ein besseres Verständnis der Art der Psychopathologie gesprochen. Bedauerlicherweise ließ sich diese Verbesserung der »Diagnose« nicht ohne weiteres auf ein besseres Verständnis des Behandlungsprozesses erweitern, da es die notwendige Revision der Art des Zuhörens nicht berücksichtigte.

Diese früheren Bemühungen lassen sich nun weiter verbessern, und zwar auf der Grundlage des wegweisenden Beitrags, den Heinz Kohut zur psychoanalytischen Methode geleistet hat, indem er Introspektion und Empathie (stellvertretende Introspektion) beschrieb und diese Methode anschließend systematisch auf die klinische Situation anwandte. Sie beruht auf dem konsequenten Versuch, Kontakt zur inneren Welt des Patienten herzustellen und sie stellvertretend, vom Standpunkt des Patienten aus, wahrzunehmen. In dieser zuhörenden Haltung ist der analytische Beobachter somit immer im intrapsychischen Bereich »verortet«. Statt sich auf das interpersonale Feld zu konzentrieren, auf das, was zwischen ihm selbst und dem Patienten stattfindet, kann er beobachten, wie der Patient ihn erlebt (und vice versa), welche spezifische Rolle und Funktion er in der Selbst-Selbstobjekt-Matrix wahrnimmt und welche spezifische Rolle und Funktion die »Abwehrmechanismen« und »Widerstände« des Patienten unter seinem eigenen, und nicht unter dem Blickwinkel des äußeren Beobachters, erfüllen.

Diese und andere Lehren, die aus der weiterzuführenden, unvoreingenommenen Erforschung des therapeutischen Dialogs noch zu ziehen sind, werden die therapeutische Wirkung der psychoanalytischen Psychotherapie zweifellos zusätzlich verbessern.

Klinisches Verstehen und Erklären: der empathische Blickwinkel

Paul H. Ornstein und Anna Ornstein

Einleitung

Vor etlichen Jahrhunderten stellte Francis Bacon fest, daß Menschen nicht länger unvoreingenommen denken können, sobald sie sich einer bestimmten Idee oder Sichtweise verschrieben haben. Sie suchen unaufhörlich nach Beweisen, so dünn diese sein mögen, um ihre vorgefaßten Meinungen zu untermauern, und lehnen alles ab, was ihrem Standpunkt widerspricht.

Bacons Überlegung ist von einer umfassenden Gültigkeit. Sie hat sich praktisch als eines der »Grundgesetze« jeder tiefenpsychologisch orientierten Sozialpsychologie erwiesen, da sie auf jeden Menschen und auf sämtliche menschlichen Bestrebungen einschließlich der Psychoanalyse zutrifft. Auf den ersten Blick sollte uns dies auch nicht überraschen, da die Psychoanalyse als ein Weg zur Selbsterkenntnis und Selbstheilung auf natürliche Weise aus angeborenen Gaben und Neigungen hervorgegangen ist, die den psychischen Strukturen des Menschen innewohnen. Die alltägliche, überall anzutreffende Gabe und Neigung zu Empathie und Introspektion mußte sich zwangsläufig früher oder später zu einer Methode entwickeln: zum wissenschaftlichen Projekt der Psychoanalyse. Gleichwohl ist die Tatsache, daß Bacons Urteil offenkundig auch für Psychoanalytiker gilt, bei genauerem Hinsehen durchaus überraschend. Haben Psychoanalytiker denn nicht eine Methode entwickelt, mit deren Hilfe ihre eigene Verschreibung an eine Idee, ein Konzept, eine Phantasie oder vorgefaßte Meinung rückgängig gemacht werden soll? Soll nicht die Psychoanalyse im allgemeinen – und die Lehranalyse des Psychoanalytikers im besonderen – diesen menschlichen Hang zur ideologischen Versklavung in jenes Fünkchen kognitiv-emotionaler Freiheit verwandeln, das angeblich eine Errungenschaft des »analysierten Menschen« darstellt?

Die Erfolge, die Psychoanalytiker in dieser Hinsicht aufzuweisen haben, waren bislang sehr enttäuschend, obwohl Analytiker tatsächlich eine Methode besitzen, um die ideologische Versklavung zu mildern. Diese Polarität zwischen der ideo-

logischen Versklavung von Psychoanalytikern einerseits und ihrer ideologischen
Freiheit andererseits ist auch ein Ergebnis der sozialpsychologischen Matrix, in die
das psychoanalytische Abenteuer eingebettet ist.

Die analytisch erworbene Offenheit oder ideologische Freiheit sollte uns
auf eine zuhörende Haltung vorbereiten, für die unsere Theorien im wesentlichen als »Beobachtungsinstrumente« dienen (Kohut 1973). Wenn Theorien als
Beobachtungsinstrumente benutzt werden, besitzen sie eine recht begrenzte
Halbwertzeit, die davon abhängt, wie lange sie sich ihr heuristisches Potential
und ihren Erklärungswert bewahren können. Wenn wir als Psychoanalytiker
eine solche Haltung erwerben und bewahren könnten, hätte Bacons »Grund-
gesetz« für uns möglicherweise keine Gültigkeit mehr. Gleichzeitig wäre auch
der begehrte wissenschaftliche Status, nach dem die Psychoanalyse strebt,
besser gesichert.

Wir werden darauf verzichten, dieses umfassendere Bild vom wissenschaftlichen Status der Psychoanalyse in allen Einzelheiten auf die uns hier
verfügbare Leinwand zu malen, so verlockend diese Aufgabe und so nützlich
ein vollständigeres Bild auch sein mögen. Die Frage der Offenheit für neue
Konfigurationen des inneren Erlebens ist jedoch im Deutungsprozeß von
besonderer Bedeutung, und deshalb sollte diese kurze Einleitung den allgemeinen Rahmen abstecken, innerhalb dessen wir bestimmte Aspekte der
zentralen Wirkelemente der Psychoanalyse, nämlich die Elemente des Verstehens und Erklärens, näher untersuchen möchten.

Verstehen und Erklären:
Zwei Schritte im Deutungsprozeß

Aus einer Vielzahl historischer Gründe hat man das Verstehen, das neben dem
Erklären einen der beiden charakteristischen Schritte des Deutungsprozesses
darstellen sollte, in der Psychoanalyse entweder als selbstverständlich vorausgesetzt oder als spezifische und notwendige Intervention bagatellisiert – sowohl in
klinischen als auch in theoretischen Diskussionen und Schriften. Hartmann
(1927) und Eissler (1968) haben das Verstehen als signifikanten, eigenständigen
Schritt des Deutungsprozesses explizit ausgeschlossen – und zwar offenbar aus
ideologischen Gründen. Sie betrachteten die Psychoanalyse als »erklärende
Psychologie«, die konsequent gegen die »verstehende Psychologie«, die sie für
nicht-analytisch hielten und mit einem gewissen Mißtrauen betrachteten, abge-

grenzt werden müsse. Um ihren Anspruch zu untermauern, mußten sie die Deutung (die sie mit Erklärung gleichsetzten) als das einzige analytische Werkzeug überhaupt betrachten, so daß sie es sich nicht leisten konnten, dem Verstehen einen eigenständigen klinischen oder theoretischen Stellenwert einzuräumen. Loewenstein (1951) und Kris (1951) gehen in ihrer umfangreichen und einflußreichen Arbeit über die Deutung auf diese künstliche und ungerechtfertigte Aufteilung in verstehende Psychologie und erklärende Psychologie nicht ein. Aber sie definieren die Deutung und den Deutungsprozeß in einem derart breiten und umfassenden Sinn, daß sie das, was wir als Verstehen bezeichnen, indirekt – allerdings unter anderen Etikettierungen – mit einbeziehen. Indem sie jedoch das Verstehen als separaten und klar definierten Schritt nicht explizit in den Deutungsprozeß einfügten, ließen sie eine Reihe signifikanter und obligatorischer Funktionen, in denen es sich vom Erklären unterscheidet, unberücksichtigt.

Erst als Kohut (1973) Verstehen und Erklären (die Deutung im engeren Sinn) nebeneinander stellte und dem Verstehen einen systematischen, klinischen und theoretischen Platz innerhalb des breiter definierten Deutungsprozesses zuwies, wurde dieser Widerspruch korrigiert.

Wie an anderer Stelle (P. H. Ornstein und A. Ornstein 1980) beschrieben, zeigte Kohut (1973, 1977), daß sich die Psychoanalyse als wissenschaftliche Psychologie aus zwei aufeinander bezogenen Ebenen aufbaut: 1. Die verstehende Psychologie – deren Methoden Introspektion und Empathie sind – erfaßt Bedeutungen, Motive und Beziehungen. 2. Die erklärende Psychologie – deren Methoden Rückschluß, Konzeptbildung und Theorieentwicklung sind – sucht nach Kausalzusammenhängen. Wir haben Kohuts These, daß die beiden Ebenen gemeinsam und in einer spezifischen Beziehung zueinander die Psychoanalyse der Gegenwart konstituieren, bereits zustimmend erwähnt. Kohut verband die beiden Ebenen miteinander, indem er sagte, daß »Psychoanalyse *erklärt*, was sie vorher *verstanden* hat«. Diese Aussage verzichtet auf eine scharfe Trennung zwischen den beiden Ebenen der Psychoanalyse. Eine begriffliche Unterscheidung aber ist in klinischer wie auch theoretischer Hinsicht von Nutzen.

Bevor diese Korrektur vorgenommen wurde, hat man allein die Deutung (das heißt, das Erklären) als die zentrale, wenn nicht gar einzige Aktivität in der Psychoanalyse betrachtet. Nichts veranschaulicht den ambiguösen epistemologischen Status der psychoanalytischen Deutung besser, als wenn Analytiker berichten, sie hätten »dem Patienten gedeutet« oder ihm »eine Deutung gegeben«, ohne auf die Form und den Inhalt der Deutung näher einzugehen. Daraus spricht die Vorstellung, daß das Deuten an sich etwas »Magisches« an sich habe, das dann aber als überhaupt nicht magisch betrachtet, sondern einzig auf die Form und den Inhalt der expliziten, verbalen Aussage des Analytikers zurückgeführt wird. Der Inhalt jedoch wird für selbstevident und richtig gehalten, als allgemein bekannt und der Norm entsprechend angesehen. Es scheint, als ob die Aktivität des Deutens oder des Gebens einer Deutung eine Kraft und Macht in sich berge, die andere Formen der mündlichen Kommunikation – die nicht als Deutungen bezeichnet werden – nicht besitzen oder nicht besitzen können.

Der Begriff Deutung selbst vermittelt weder die Präzision noch die Macht, die eine solche Einstellung ihm zuschreibt. Die Macht, die Deutungen entfalten können, ist vom Gesamtkontext der analytischen Beziehung und Erfahrung abhängig und besser zu erfassen, wenn man den Deutungsvorgang und das Gesamtsetting, in dem dieser stattfindet, breiter definiert. Außerdem ist eine weitere Schwierigkeit zu berücksichtigen, die entsteht, wenn man davon ausgeht, daß die verbalen – als Deutungen bezeichneten – Mitteilungen des Analytikers etwas ganz anderes darstellen als die verbalen Mitteilungen des Patienten, die als freie Assoziationen bezeichnet werden. Der Analytiker hört in diesem Prozeß auf die unweigerlich vorhandene latente Bedeutung, auf die Metabotschaft der Mitteilungen seines Patienten. Vom Patienten erwartet er jedoch, daß dieser seine eigene explizite, manifeste und beabsichtigte Botschaft so hören wird, als berge sie keinerlei Metabotschaften in sich. Falls nun der Patient die explizite, beabsichtigte Botschaft nicht hört – oder, genauer, sich nie auf sie konzentriert, sondern die Metabotschaften entdeckt und auf sie reagiert –, tauchen Kommunikationsprobleme auf. Die Lösungen dieser Kommunikationsprobleme sind für die angemessene Durchführung einer Analyse von herausragender Bedeutung. Die Reaktion des Analytikers auf die Art und Weise, wie der Patient seine Deutungen behandelt, bestimmt, welche analytische Erfahrung dem Patienten zugestanden wird. Da die Mitteilungen beider Beteiligter so auffallend unterschiedlich behandelt werden, wollen wir einen Blick auf den spezifischen Einfluß werfen, den dieser Unterschied für die analytische Erfahrung des Patienten mit sich bringt.

Der Patient kann die Deutungen des Analytikers zum Beispiel als Ausdruck der Liebe, des Lobes, der Bewunderung oder Zurückweisung behandeln, als Kritik oder Forderung, als Nahrung, mit der er sich füllen kann, als etwas

Tröstendes oder Beruhigendes, das er genießen kann, als schmerzhaftes Eindringen, gegen das er sich schützen muß, als Halten, als Liebkosung, als sexuell erregend usw. Hier gibt es zahllose Möglichkeiten, die jeder kennt.

Die Reaktionen des Analytikers auf die Art und Weise, wie der Patient mit seinen Deutungen umgeht, lassen sich in zwei gegensätzliche Gruppen einteilen, von denen es zusätzlich eine dritte Reaktionsform abzugrenzen gilt, die diese beiden Extreme zu kombinieren versucht.

1. Aus einer bestimmten zuhörenden Perspektive und von einer bestimmten theoretischen Position aus wird der Analytiker im wesentlichen vermitteln, daß der Umgang des Patienten mit seinen Deutungen von der »Norm« abweiche und den Gewinn von Einsicht verhindere. Der Analytiker wird den Patienten daran erinnern, daß dieser seine Worte nicht essen (oder als Lob oder sexuelle Penetration usw. auffassen) soll und daß derartige Reaktionen Versuche darstellen, die Ziele des Analytikers zu vereiteln und die eigenen Triebe weiterhin regressiv zu befriedigen. Mit einer solchen Reaktion – sei sie auch taktvoll und freundlich und mit Erklärungen versehen, die scheinbar die Objektivität wahren – zeigt der Analytiker dem Patienten, daß er mit dessen subjektivem Erleben seiner Deutungen nichts zu tun haben will. Welche Folgen diese implizite Ablehnung oder Mißbilligung auch immer haben mag – der Analytiker hält es für gerechtfertigt, an seiner Deutungshaltung nichts zu ändern, weil er glaubt, nur auf diese Weise die notwendige Abwehranalyse durchführen zu können. Dies tut er im Dienst seines langfristigen analytischen Zieles, nämlich der Konfliktlösung durch Einsicht. Dabei ignoriert er, daß der Patient seine Worte subjektiv als Mißbilligung erlebt hat – obwohl Trieb- und Abwehrdeutungen unweigerlich Mißbilligung zum Ausdruck bringen.

Da die Mißbilligung, die der Patient hört, nicht beabsichtigt war, nimmt der Analytiker wie selbstverständlich an, daß sie in seinen Interventionen auch nicht zum Ausdruck gekommen ist. Falls der Patient darauf besteht, sie aus seinen Worten herausgehört zu haben, wird dies in einem nächsten Schritt als Entstellung gedeutet. Natürlich wurde das, was der Analytiker bewußt, explizit und mit Bedacht beabsichtigt hatte, »entstellt«, aber das ist nicht der springende Punkt. Entscheidend ist vielmehr, daß unter dem Blickwinkel des Patienten, in seinem Selbsterleben in der Übertragung, von Entstellung nicht die Rede sein kann: Der Patient nimmt die unbeabsichtigte Botschaft wahr, die den Kern der Wahrheit bildet, um den sich seine Übertragungsreaktionen formieren. Indem der Analytiker behauptet, neutral zu sein, hofft er, die genetischdynamische Entstehung und Bedeutung der Reaktionen, die der Patient auf seine Deutungen zeigt, aufdecken zu können. Da er diese Reaktionen aber für »regressiv« hält, verfolgt er mit seinen anschließenden Deutungen das Ziel, den Patienten aus der Regression herauszuholen, ihn auf eine höhere Funktionsebene zu bringen, von der aus sich dessen Reaktion, seine Wahrnehmungs- und Kommunikationsweise als Rückzug zu erkennen geben.

Betrachten wir dies an einem Beispiel: Ein sechsunddreißigjähriger Patient schilderte im fünften Jahr seiner Analyse die Phantasie, auf dem Schoß der Analytikerin zu sitzen, langsam ihre Bluse aufzuknüpfen und an ihren Brüsten zu saugen. Er empfand die Phantasie als beruhigend und benutzte sie, um einschlafen zu können. Er fügte hinzu, er könne sich nicht vorstellen, daß seine Mutter ihn jemals so gehalten habe, daß er sich in ihren Armen hätte entspannen können. Sie sei immer hektisch und nervös gewesen.

Die Analytikerin verstand diese Phantasie als eine »regressive (prägenitale) Vermeidung« der ödipalen sexuellen Wünsche des Patienten. Sie deutete dies mit den Worten, der Patient weigere sich nach wie vor anzuerkennen, daß er die Analytikerin-Mutter sexuell besitzen wolle. Diese Deutung sollte dem Patienten helfen, die präödipale Bindung an die Mutter aufzugeben und sich in die ödipale Phase hineinzubegeben, in der die Analytikerin – wie sie in ihrem Bericht erklärte – »die Realität repräsentieren würde, die dem Patienten die Notwendigkeit der adaptiven Autonomie vorschreibe«. (Die Übertragung wurde hier offenkundig als Wiederholung des Infantilen betrachtet, obwohl der Patient erklärte, daß er lediglich die Sehnsucht nach einem Erleben habe ausdrücken wollen, das ihm seiner Erinnerung zufolge bei seiner Mutter gefehlt hatte.)

Diese Art des Zuhörens und Reagierens scheint sich auf den Standpunkt zu beschränken, daß jede Psychopathologie analysierbarer Patienten auf der Grundlage des Trieb-Abwehr-Modells verstanden und behandelt werden könnte, ungeachtet der Entwicklungsebene, auf der sie ihren Ursprung hat. In diesem Kontext ist es auch wichtig, zwischen »Regression« und »Fixierung« als Grundlage der Psychopathologie zu unterscheiden, da Patienten mit (prä-ödipalen) Fixierungen angeblich nicht günstig auf analytische Versuche der Trieb-Abwehr-Deutung reagieren.

In einer klinischen Situation wie der soeben beschriebenen wird die Psychopathologie in erster Linie auf eine Regression zurückgeführt. Die Analytikerin versucht, durch ihre Mitteilung eine Spaltung im Ich des Patienten herbeizuführen. Solche Mitteilungen stellen einen fortgesetzten Appell an das beobachtende Ich dar, stärken das therapeutische Bündnis, das sekundärprozeßhafte Denken usw. – alles mit dem Ziel, die Regression rückgängig zu machen und das analytische Bemühen um Einsicht in die pathogenen Konflikte fortzusetzen. Diese Betonung scheint jene Aspekte des archaischen Selbsterlebens des Patienten zu ignorieren (und ihr Auftauchen auf diese Weise oft zu verhindern), die nicht als Vermeidung spezifischer (ödipaler) Konflikte oder als Zurückweichen vor reiferen Objektbeziehungen verstanden werden können. Entscheidend ist hier, daß die Anerkennung der präödipalen Übertragungskomponenten das ihrer Deutung zugrunde liegende Trieb-Abwehr-Modell nicht verändert hat.

Um diesen Punkt noch einmal zu betonen: Wenn der Analytiker an seinen Trieb-Abwehr-Deutungen festhält, obwohl der Patient die unbeabsichtigte Entwertung seiner archaischen Sehnsüchte (ihre Deutung als Abwehr) wahrnimmt und entsprechend reagiert, unterbindet er die bewußten und unbewußten Übertragungswünsche, statt sie, bildlich gesprochen, als Wasser auf der analytischen Mühle des Verstehens und Erklärens zu begrüßen. Deutlicher formuliert: Die Kommunikation des Patienten in der Übertragung ist per definitionem archaisch – in dem Sinne nämlich, daß sie wiederbelebte, ungelöste, frühkindliche und kindliche Konflikte sowie die Lösung, die er in der Kindheit für diese Konflikte gefunden hat, zum Ausdruck bringt. Appelle an das sogenannte therapeutische Bündnis, das der beobachtende Teil des erwachsenen Ichs herstellen soll, bringen unserer Meinung nach eine Ablehnung der infantilen Anteile, eine Zurückweisung des Kindes im Patienten, zum Ausdruck. Patienten werden dies unweigerlich so empfinden. Es steht außer Frage, daß derartige Appelle vom erwachsenen Ich eine Neubewertung der infantilen Triebe und Abwehrmethoden fordern und den Verzicht auf sie verlangen. Wie sollte der Patient angesichts eines derartigen Anspruchs nicht den Schluß ziehen, daß der Analytiker jene archaischen Sehnsüchte mißbilligt? Wir sind der Meinung, daß die Übertragungsanalyse genau das Gegenteil erfordert: Allein die empathische Akzeptanz, das Verstehen und Erklären frühkindlicher und kindlicher Wünsche kann deren allmähliche Umwandlung und letztlich ihre Integration in die erwachsene Psyche herbeiführen.

2. Unter einem anderen zuhörenden und theoretischen Blickwinkel akzeptiert der Analytiker die Reaktionsweise des Patienten vorbehaltlos als Ausdruck der archaischen Ebene seines Erlebens. Er versucht nun nicht, zu klären, was der Patient abwehrt oder entstellt, indem er so und nicht anders auf seine Interventionen reagiert, sondern was in dieser Reaktion (in der Übertragung und gene-

tisch) zum Ausdruck kommt.[1] Unter diesem Blickwinkel gibt die Kommunikationsweise des Patienten seine Versuche zu erkennen, eine emotionale Verbundenheit zum Analytiker aufrechtzuerhalten, um die Kohäsion seines Selbst zu entwickeln oder zu bewahren. Damit stehen diese Versuche letztlich im Dienste eines nachträglichen Reifungs- und Entwicklungsprozesses, das heißt im Dienste der Strukturbildung. Sie lassen nicht nur die spezifischen strukturellen Defizite erkennbar werden, die den Patienten in der Übertragung zu solchen Bemühungen veranlassen, sondern offenbaren auch seine charakteristische Art und Weise, unzulängliche psychische Strukturen zu vervollständigen oder zu ersetzen.

Das bereits angeführte klinische Beispiel zeigt uns, daß der Patient, der mit der Phantasie schlafen geht, an den Brüsten der Analytikerin zu saugen, sein »vereiteltes Wachstumsbedürfnis« wiederbelebt hat. Diese Phantasie ist zweifellos als Übertragungsausdruck der Sehnsucht des Patienten zu verstehen, in Gegenwart der Analytikerin die Fähigkeit zu erlangen, sich zu trösten und zu beruhigen. Mit anderen Worten: Statt die Phantasie als einen »Widerstand gegen das Erwachsenwerden« zu betrachten, verstehen wir sie als Zeichen dafür, daß der Analysand seine Scham – die als Widerstand diente – überwunden hat und vor sich selbst und der Analytikerin nun seine tiefsten Wünsche und Sehnsüchte in Worte fassen kann. Statt sie als Widerstand zu begreifen, verstehen wir diese Phantasie und ihre Äußerung als Zeichen für einen Fortschritt in der Analyse.

Diese Art des Zuhörens und Reagierens bedeutet, daß der Analytiker ohne Einschränkung anerkennt, daß Patienten mit einer auf Entwicklungsdefiziten oder -entgleisungen (sogenannten Fixierungen) beruhenden Psychopathologie analysierbar sind, sobald sie jene Übertragungen mobilisieren können, die ihrer spezifischen Form der Psychopathologie entsprechen. Die Anerkennung dieser Übertragungen – das heißt der Selbstobjekt-Übertragungen (Spiegelübertragung, idealisierende Übertragung und Alter-Ego- oder Zwillingsübertragung) – in ihrer archaischen wie auch in ihrer reiferen Form ermöglicht es dem Analytiker, verstehend und erklärend zu reagieren – und folglich konsequent innerhalb des Deutungsprozesses, auf jener Ebene der psychischen Organisation, auf welcher der Patient in der Übertragung funktioniert. Hierbei geht es nicht darum, die Regression oder Fixierung direkt rückgängig zu machen oder den Patienten auf eine höhere Ebene des psychischen Funktionierens zu »heben«, sondern mit all dem, was er dem Analytiker – in welcher Form und auf welcher

Ebene auch immer – bringt, in Berührung zu kommen und es zu akzeptieren, um durch Verstehen und Erklären in einer Atmosphäre der optimalen Versagung oder, wie wir es heute formulieren würden, eines Höchstmaßes an analytischer Responsivität eine Strukturbildung zu ermöglichen. Strukturbildung wird hier, im Gegensatz zu Veränderung durch Anpassung, als ein Prozeß nachträglicher Reifung und Entwicklung verstanden.

3. Eine dritte Position, die gewissermaßen einen Kompromiß darstellt (und klinisch wie auch theoretisch schwerlich zu rechtfertigen ist), bezieht der Analytiker, der die beiden beschriebenen gegensätzlichen Ansätze zu kombinieren und in einen kohärenten Behandlungsprozeß zu integrieren versucht. In der Praxis bedeutet dies, daß der Analytiker den Patienten mit der mutmaßlich regressiv-defensiven Bedeutung seines Verhaltens und Erlebens eine Zeitlang überhaupt nicht konfrontiert. Statt dessen akzeptiert der Analytiker zumindest vorübergehend und aus taktischen Erwägungen die archaischere Kommunikationsweise und behält seine Ansicht, daß es sich um eine Regression im Dienste der Abwehr handelt, für sich (als ob derartige persönliche Ansichten keinen Eingang in seine Mitteilungen fänden!). Der Analytiker hofft, durch dieses lange Zurückhalten einer korrekten Deutung Zeit zu gewinnen, in der das Ich des Patienten (durch Identifizierungen?) gestärkt und infolgedessen auch das therapeutische Bündnis stabilisiert werden können.

Die oben beschriebenen zwei Schritte sind natürlich nur ein theoretischer Entwurf. Tatsache ist, daß in der Analyse die archaischeren und die weniger archaischen Kommunikationsebenen im Auf und Ab des analytischen Erlebens oszillieren oder abwechseln. Diesem Auf und Ab in der beschriebenen Weise zu folgen, setzt unserer Meinung nach voraus, daß der Analytiker oft und abrupt zwischen widersprüchlichen Haltungen schwankt, nämlich zwischen Trieb-Abwehr-Deutungen und nicht-deutenden Interventionen, das heißt zwischen der Nichtakzeptanz archaischer Wünsche und ihrer Anerkennung. Auf diese Weise verstärkt er das chaotische Auf und Ab, das sich in solch einem analytischen Prozeß beobachten läßt. Daher können die beiden gegensätzlichen Haltungen nur unter grober Mißachtung der Tendenz des Patienten, eine dauerhafte und kohärente Übertragung zu entwickeln, und durch eine übertriebene Konzentration auf den Inhalt seiner Mitteilungen miteinander kombiniert werden. Denn wie kann der Analytiker »die archaischen Erlebensweisen als eigenständiges, berechtigtes Erleben akzeptieren«, wenn er gleichzeitig »die archaischen Erlebensweisen als triebbedingte Regressionen im Dienste der Abwehr betrachtet«? Tatsache ist, daß der Analytiker, der einen solchen kombinierten Ansatz verfolgt, die Mitteilungen des Patienten als Beweise für eine regressive Abwehr begreift, die als solche weder berechtigt noch analytisch legitim ist: Sie müßte nämlich als »Fixierung« verstanden und folglich als nicht analysierbar angesehen werden. Der Analytiker hält die »korrekte« Deutung zurück, um den Patienten nicht zu konfrontieren, wenn er der Meinung ist, daß dessen Ich einer derartigen Konfrontation nicht standhielte. Es ist also nicht etwa Aufgabe des Analytikers, seine Deutung genauer zu formulieren, damit der Patient von ihr profitieren kann – vielmehr muß dieser zuerst ein stärkeres Ich entwickeln.

Wir werden diese vergleichende Gegenüberstellung der drei soeben beschriebenen Vorgehensweisen im analytischen Prozeß hier nicht weiterverfolgen. Statt dessen möchten wir unsere Überlegungen hinsichtlich des Deutungsprozesses aktualisieren, das heißt mit der Methode der prolongierten empathisch-introspektiven Einfühlung in das Selbsterleben des Patienten und mit den daraus hergeleiteten Erkenntnissen und Theorien in Einklang bringen.

Der Deutungsprozeß in der Selbst-Selbstobjekt-Matrix

Da wir unsere Aufmerksamkeit auf die Aktivitäten des Analytikers und den Einfluß konzentrieren, den diese auf das subjektive Erleben des Patienten ausüben, möchten wir noch einmal betonen, daß das, was letztlich über den analytischen Prozeß entscheidet, *nicht* das ist, was der Analytiker sagt oder zu sagen glaubt, sondern das, was der Patient im Zusammenhang mit dem, was der Analytiker sagt, erlebt. Anders formuliert: Der Analytiker kann es sich nicht leisten, den Einfluß, den er selbst auf das Erleben des Patienten und damit auf den Prozeß der Analyse ausübt, aus dem Blick zu verlieren. In diesem Zusammenhang ist auch festzuhalten, daß die Effizienz der gemeinsamen Arbeit der analytischen Dyade – der Arbeit, die ein bestimmtes Patient-Analytiker-Paar gemeinsam vollbringen kann – für den Verlauf und das Ergebnis einer Analyse eine wichtigere Rolle spielt als die Ebene der psychischen Organisation des Patienten.

Das bedeutet, daß der psychoanalytische Prozeß durch das, was der Patient dem Analytiker bringt, und durch dessen Reaktionen in Gang gesetzt oder, genauer: gemeinsam erzeugt wird. Damit wird auch deutlich, daß eine Analyse nicht automatisch die gesamte Psychopathologie des Patienten aktiviert; was tatsächlich aktiviert wird, hängt gleichermaßen von den Reaktionen des Analytikers ab.

Um unsere Erläuterungen auf den analytischen Prozeß zu konzentrieren, sollten wir einigen signifikanten Elementen dieses Prozesses besondere Aufmerksamkeit widmen: 1. dem Austausch zwischen Patient und Analytiker, der es beiden Beteiligten ermöglicht, einen Eindruck vom inneren Leben des Patienten zu gewinnen; 2. der zunehmenden Konzentration des Innenlebens des Patienten auf den Analytiker als Selbstobjekt; 3. dem sich vertiefenden Verständnis, zu dem Patient und Analytiker im Laufe der Analyse in bezug auf die Bedeutung des Verhaltens und der Erlebensweise des Patienten gelangen; 4. der Art und Weise, wie dieses vertiefte Verständnis den Austausch zwischen Patient und Analytiker – und damit auch die Art und Weise, wie der Patient das Analytiker-Selbstobjekt erlebt – unablässig beeinflußt.

Das wichtigste Charakteristikum dieses gesamten Prozesses – der weniger einer linearen als vielmehr einer spiralförmigen Bewegung folgt – besteht darin, daß alles, was in seinem Verlauf zutage tritt, innerhalb der Selbst-Selbstobjekt-Matrix auftaucht und allein in bezug auf diese Matrix oder, um es genauer zu formulieren, unter dem empathischen Blickwinkel innerhalb dieser Matrix verstanden werden kann.

Verstehen und Sich-verstanden-Fühlen

Wenn wir annehmen, daß die Aktivität des Analytikers eine bestimmte Ebene des Verstehens zum Ausdruck bringt, erkennen wir an, daß allein der Patient – derjenige, den der Analytiker zu verstehen versucht – uns zeigen kann, ob er tatsächlich verstanden wurde oder nicht. Die Reaktion, durch die er zu erkennen gibt, daß er sich verstanden fühlt, gewinnt daher im Deutungsprozeß ein besonderes Gewicht: Die Bemühungen des Analytikers, die subjektiven Erfahrungen des Patienten korrekt zu erfassen, und die Reaktion des Patienten auf das Gefühl, verstanden worden zu sein, sind von entscheidender Bedeutung für die Erfahrungsnähe und die emotionale Bedeutsamkeit der anschließend auftauchenden Erklärungen.

Ein kleiner Ausschnitt aus einer Interaktion, in der sich der Analytiker um Verstehen bemühte und der Patient das Gefühl signalisierte, verstanden zu werden (beziehungsweise nicht verstanden zu werden), soll dies illustrieren.

Herr K., seit einiger Zeit (bei P. H. O.) in Analyse, schilderte kurz nach einer längeren Behandlungspause den folgenden Traum: Mit zweien seiner Brüder, die ihm halfen, rannte er auf ein Flugzeug zu, mit dem er wegfliegen wollte. Die Szene erinnerte an die letzten Minuten der Evakuierung aus der Umgebung von Saigon, Vietnam. Um rechtzeitig zum Flugzeug zu kommen, mußte er zwei Hindernisse überwinden. Er schaffte es. T. R. war am Flugzeug und hatte die Organisation im Griff.

In seinen Assoziationen betonte der Patient die Schrecken seines »inneren Saigons«, vor denen er wegrannte, ohne der Tatsache, daß er es (zumindest manifest) tatsächlich geschafft hatte, ein sonderliches Gewicht beizumessen. Der Analytiker wollte das, was beide Beteiligte bislang gesagt hatten, zusammenfassen und stellte in diesem Zusammenhang auch die Frage: »Letztlich wurden Sie aber doch gerettet, oder nicht?« Der Patient war tief verletzt und fühlte sich vollkommen mißverstanden. Wie sich herausstellte, hatte er mit der Schilderung des Traumes zeigen wollen, daß er trotz seines inneren Aufruhrs während der Analyseferien eine »Einheit« in sich verspürte (daß ihm seine beiden Brüder hilfreich und einmütig beistanden, zeige, wie er es formulierte, daß die abgespalten Teile seiner selbst mittlerweile in besserem Einklang mit seinem Kernselbst standen und stärker mit ihm verbunden waren). Dieses Gefühl sollte auch der Analytiker anerkennen. Er habe Hindernisse überwunden, das Flugzeug rechtzeitig erreicht und sei *entkommen*. Als der Analytiker sagte, er sei »*gerettet*« worden, hatte der Patient den Eindruck, als nehme ihn der Analytiker als passiv und abhängig, angewiesen auf einen Erretter, wahr. Ja, ihm schien sogar, als sähe sich der Analytiker womöglich selbst in der Rolle eines Erretters, während er in Wirklichkeit dank seiner eigenen Aktivität und Stärke, die er in Abwesenheit des Analytikers bewiesen hatte, entkommen war.

Hier war das Wort »entkommen« (das eine Aktivität aus eigener Kraft nahelegt) von entscheidender Bedeutung, da es den Selbstzustand des Patienten am treffendsten beschrieb. Auf dieser Ebene bedeutet Verstehen also, eine Kommunikation herzustellen, in der das Finden derjenigen Ausdrücke, die das subjektive Erleben des Patienten am genauesten beschreiben, das Ziel ist. Verstehen in diesem Sinn ist ein Entwicklungsschritt im analytischen Dialog, der durch die konsequente Konzentration auf das Selbsterleben des Patienten ermöglicht wird. Der von Augenblick zu Augenblick erfolgende Austausch zwischen Patient und Analytiker besteht aus solchen Bemühungen, zu verstehen.

Erklären und das Gefühl, tiefer verstanden zu werden

Wann und in welcher Form aber erfaßt der analytische Dialog mehr als das von Augenblick zu Augenblick veränderliche Erleben? Entspricht es dem empathischen Zuhören und Deuten, Erklärungen anzubieten, die der Analysand innerlich nicht nachempfinden kann, auch wenn er sie letztlich vielleicht akzeptiert? Mit anderen Worten: Wie erweitern der empathische Blickwinkel und die empathische Deutungsweise das Selbstgewahrsein des Patienten? Wie und wann bringt der Analytiker in seinen Deutungen die unbewußten, abgespaltenen und verdrängten Aspekte des Selbst zur Sprache? Auch der Frage, wie der Analytiker unter Wahrung einer empathischen Position in seinen Deutungen eine Aussage über die Abwehrmanöver des Patienten unterbringen kann, müssen wir uns zuwenden.

Im Zusammenhang mit dieser letzten Frage ist es von besonderer Bedeutung, daß die Deutung unter dem empathischen Blickwinkel erfolgt. Bestimmte Abwehrmaßnahmen sind selbst unbewußt (verleugnet oder verdrängt), und defensive Persönlichkeitszüge verursachen qualvolle Probleme, die von den Patienten und/oder ihrer Umgebung ertragen werden müssen. Wenn der Analytiker sie zu verstehen versucht, muß er auch ihren genetischen Ursprung berücksichtigen, um sie unter dem Blickwinkel des Erlebens seines Patienten deuten zu können. Er kann dieses Bemühen zum Beispiel durch folgende Formulierungen zum Ausdruck bringen:»Wenn ich Ihnen zuhöre, fällt es mir schwer herauszufinden, was Sie mir sagen wollen, so als könnten Sie Ihre Wünsche nur ganz unbestimmt, fast ohne sie auch nur anzudeuten, äußern.« Sobald der Analytiker den Patienten auch auf einer tieferen Ebene versteht, kann er eine genetische »Erklärung« hinzufügen:»Ich glaube, daß ich Sie nun besser verstehe und daß ich spüre, woher das Unbestimmte in Ihrer Art zu sprechen kommen könnte. Aufgrund spezifischer Erfahrungen [die an dieser Stelle im einzelnen genannt werden sollten] haben Sie eine sehr zurückhaltende Art der Kommunikation entwickelt, so als könnten Sie nie sicher sein, wie andere auf das, was sie sagen wollen, reagieren werden – vor allem dann, wenn es um etwas geht, das Sie sich für sich selbst wünschen.«

Mit der Einführung genetischer Erklärungen kommen allerdings auch die theoretischen Voreingenommenheiten des Analytikers stärker ins Spiel. Rekonstruktionen sind nicht in erster Linie Entdeckungen bereits vorhandener Wahrheiten, sondern erzeugen die spezifische, unverwechselbare analytische Erfahrung. Damit eine solche rekonstruierende Deutung den analytischen Prozeß voranbringen und den Gewinn von Einsicht ermöglichen kann, muß das Erleben des Patienten selbst einen Widerhall in ihr finden; sie muß im Patienten das Gefühl hervorrufen können, daß der Analytiker etwas von seiner Vergangenheit verstanden hat, das Aufschluß über seine Gegenwart gibt – daß all dies mit dem sich wandelnden und erweiternden Selbstbild des Patienten im Längs- und Querschnitt im Einklang steht. Diese Rekonstruktionen betreffen nicht lediglich Ereignisse aus der Vergangenheit, sondern infantile und kindliche Selbstzustände. Wenn sie gemeinsam erarbeitet werden, so daß der Patient das Gefühl haben kann, an ihrer Formulierung beteiligt gewesen zu sein, werden seine Reaktionen beweisen, wie nachhaltig sie den analytischen Prozeß voranbringen.

Einige der Reaktionen, die den Prozeß fördern, bringen nicht nur die Gefühlszustände zum Ausdruck, die sich in jedem einzelnen Augenblick der gemeinsamen Kommunikation entwickeln, sondern betreffen das Gefühl, wirklich *tief* verstanden worden zu sein. Sie werden durch diese rekonstruierenden Deutungen ausgelöst, die das Verständnis des Analytikers und das Gefühl des Patienten, verstanden zu werden, um diese neue Dimension erweitern. Auf bedeutsame Rekonstruktionen reagieren Patienten oft folgendermaßen: 1. »Jetzt wird mir allmählich klar, woher ich komme, wer ich war und wie meine Gefühle und Erlebensweisen zu erklären sind.« 2. Sie zeigen ein Gefühl der Bemeisterung [mastery] und geben eine Vereinheitlichung disparater, widersprüchlicher oder konfligierender Gefühle und Strebungen zu erkennen: »Jetzt erkenne ich, inwiefern all diese Gefühle zu mir gehören – ich bleibe derselbe Mensch, gleichgültig, wie ich mich gerade fühle.« 3. Das Gefühl, verstanden zu werden und sich daher selbst besser zu verstehen, wird auch durch die aktive Beteiligung des Patienten an der Erarbeitung von Erklärungen verstärkt. Aufschlußreich ist der Vergleich mit dem Patienten, der ein wenig irritiert und verblüfft reagiert, wenn der Analytiker ihm Erklärungen anbietet, die nicht auf dem detaillierten Austausch des analytischen Dialogs beruhen.[2]

Hinweise auf ein Voranschreiten und eine Vertiefung des analytischen Prozesses geben sich also dadurch zu erkennen, daß das Bedürfnis des Patienten nach defensiver Verdrängung und Verleugnung nachläßt. Damit einhergehend werden die abgespaltenen Selbstanteile zunehmend als Teil des gesamten, sich erweiternden und nun stärker vereinheitlichten Selbst erlebt. Die Folge ist eine Verbesserung und Stabilisierung der Selbstkohäsion, die es nun auch ermöglicht, daß zuvor verdrängte und/oder verleugnete (horizontale oder vertikale Spaltung) Aspekte in den Bereich des Bewußtseins gelangen können. Selbstverständlich kommt es hierbei nicht darauf an, daß der Analytiker dem Patienten diese Aspekte bewußt macht, sondern daß dieser selbst sie sich bewußt macht – ebendies ist ein Resultat der gestärkten Selbstkohäsion.

Wenn sich der Patient so, wie er ist (mit seinen Symptomen, Selbstanklagen, Wutausbrüchen usw.), vom Analytiker akzeptiert fühlt, wird ihm eine Selbstobjekt-Funktion zur Verfügung gestellt (der in der frühen Entwicklung der Glanz in den Augen der Mutter entspricht), die er umwandelnd verinnerlichen kann. Anders formuliert: Wenn der Analytiker das frühkindliche und kindliche Selbst des Patienten akzeptiert, kann dieser seine eigenen frühkindlichen und kindlichen Sehnsüchte irgendwann auch selbst akzeptieren. Genau dies ist das zentrale Ziel des analytischen Verstehens und Erklärens.

Jeder Patient aber reagiert auf seine infantilen Bedürfnisse mit mannigfachen Selbstanklagen und Selbstbestrafungen. Wenn der Analytiker die infantilen Anteile des Patienten mit seinen Deutungen ebenfalls zurückweist, nimmt er solchen Selbstanklagen und -bestrafungen nicht etwa ihre Schärfe, sondern verstärkt sie noch. Freud verstand dies als Resultat des Wiederholungszwangs und des unbewußten Schuldgefühls (als negative therapeutische Reaktion), das den Kern des Widerstandes bilde.

Wenn man Freuds Sichtweise des Widerstandes als Ausdruck von Wiederholungszwang und unbewußtem Schuldgefühl (Über-Ich) in eine Deutung übersetzte, müßte der Analytiker sagen: »Sie leisten Widerstand, um an Ihren Schuldgefühlen (und ihren Selbstanklagen und Selbstbestrafungen) festhalten und auf diese Weise Ihren Wunsch maskieren zu können, sich Ihre infantilen Sehnsüchte und Gratifikationen (die in Ihren sado-masochistischen Aktivitäten Ausdruck finden) bewahren zu können.« Wann immer der Patient aus einer Trieb-Abwehr-Deutung eine solche Aussage heraushört, verstärkt dies unserer Meinung nach seinen Widerstand. Die Analyse wird auf diese Weise unnötig verlängert. Im besten Fall wird der Analysand zu einer oberflächlichen Anpassung an die indirekten Forderungen des Analytikers veranlaßt, keineswegs aber zu emotionalem Wachstum durch Strukturbildung.

Paul H. und Anna Ornstein

Der analytische Dialog und die Vertiefung des Behandlungsprozesses

Die Metapher einer gemeinsamen Bergbesteigung kann den analytischen Dialog und die Rolle, welche die genetischen rekonstruierenden Deutungen in ihm spielen, veranschaulichen. Patient und Analytiker unternehmen gemeinsam eine Bergwanderung. Gelegentlich hat einer der beiden einen Vorsprung, während der andere (im günstigeren Fall ist dies der Analytiker) ihm nachfolgt. Indem sie zusammen wandern, ihr Tempo finden usw., lernt einer des anderen Temperament und seine Vorgehensweise kennen, seine Art, sich zu orientieren, seine Ausdrucks- und Kommunikationsformen und die charakteristischen Elemente seines Umgangsstils. Somit sind sie während der gesamten Klettertour ständig auf der Suche nach einander: Dies ist der Dialog auf der Ebene des Verstehens – die Aufrechterhaltung des Kontakts, das Gewahrsein dafür, wo sich der Patient gerade befindet, welchen Weg er einschlägt, welche Hindernisse er überwinden muß und wie er sich fühlt, während er sich vorankämpft. Nach vielen Schwierigkeiten (sie straucheln immer wieder über Geröll, stürzen, verirren sich auf Nebenwegen) erreichen sie von Zeit zu Zeit eine Ebene, auf der sie rasten und zurückblicken können, um zu sehen, wie weit sie gekommen sind. Gemeinsam auf dem Plateau zu stehen und zurückzublicken bedeutet, daß sie dank einer gemeinsamen, koordinierten Anstrengung einen Punkt erreicht haben, der ihnen diesen Ausblick ermöglicht. Sie können sich gegenseitig Meilensteine zeigen, die sie gemeinsam passiert haben. Während der Klettertour können sie diese Perspektive nicht einnehmen; sie sind allzu intensiv damit beschäftigt, weiter zu wandern. Auf einer Ebene angekommen, finden sie einen Punkt, an dem sie genug verstehen, um ihr Verständnis in einen größeren Rahmen einzupassen. Das ist der Dialog auf der Ebene des Erklärens.

Die eigenen vergangenen (und gegenwärtigen) Erfahrungen durch eine bedeutsame Verbindung von Vergangenheit und Gegenwart in eine solche Perspektive zu rücken ist eine Aufgabe, mit der sich die Menschen (bewußt oder unbewußt) lebenslang beschäftigen – gleichgültig, ob sie gerade eine Psychoanalyse machen oder auch nicht. Psychoanalytiker müssen diese Tendenz in höherem Maße anerkennen, als sie es bislang getan haben, und sie als Grundlage der analytischen Arbeit betrachten (statt ihre Aufmerksamkeit und Konzentration auf die Widerstände zu richten, die ihr entgegenwirken), um den Patienten zu einer bestmöglichen Beteiligung an der analytischen Arbeit zu motivieren.

Im analytischen Dialog werden der Versuch des Analytikers, zu verstehen, und das Gefühl des Patienten, verstanden zu werden, koordiniert, so daß eine Vertiefung des Behandlungsprozesses möglich wird. Diese Vertiefung zeigt sich in der Erweiterung der Bedürfnisse, Forderungen, Wünsche, Ängste, Erwartungen und Phantasien des Patienten, die sich nun einen ungehinderteren Zugang zum Bewußtsein verschaffen und in der Übertragung ihren Ausdruck finden. Diese Entwicklung beweist sehr eindrucksvoll die Vorteile eines Ansatzes, der die Widerstände nicht durch direkte, konfrontierende Deutungen anspricht. Eine solche »Vertiefung« der Übertragung wird die Verletzbarkeit des Patienten in der analytischen Situation unweigerlich und regelmäßig verstärken – relativ unabhängig davon, wie seine psychische Organisation vor der Analyse beschaffen war. Wenngleich sowohl die qualitativen als auch die quantitativen Aspekte dieser Verletzbarkeit ihre spezifischen genetischen Vorläufer haben, führt gerade diese wachsende Verwundbarkeit gegenüber dem Analytiker-Selbstobjekt zu den häufigen und schmerzhaften Unterbrechungen der Übertragung, die zu den Angelpunkten der rekonstruierenden Deutungen des Analytikers werden.

Selbstkohäsion und der Prozeß des Verstehens und Erklärens

Wie wir zu Beginn dieser Darstellung andeuteten, zeigt eine Durchsicht der einschlägigen psychoanalytischen Literatur sehr rasch, wie breit, umfassend und gleichzeitig unpräzise der Begriff Deutung definiert ist. Ja, ein Großteil der Debatte darüber, was eine psychoanalytische Behandlung wirklich ausmacht, dreht sich um die Bedeutung, die man dem Begriff zuschreibt, und um die Annahme, daß »Deutung« eine eindeutige und präzise Bedeutung habe.

In unseren früheren Beiträgen haben wir diese Schwierigkeit ansatzweise zu lösen versucht, indem wir vom »Deutungsprozeß« sprachen. Unter diesen Begriff faßten wir verschiedene Formen der verbalen Kommunikationen des Analytikers als Komponenten der Deutung, die kumulativ zum Gewinn von Einsicht beitragen. Bereits damals schien uns, daß es weniger wichtiger sei, sich auf eine bestimmte Form der verbalen Kommunikation des Analytikers zu konzentrieren, als vielmehr auf das, was der Patient aus ihr macht: Von »Verstehen« können wir nur dann sprechen, wenn der Patient sich verstanden fühlt, das heißt, wenn etwas, das zu ihm gehört, wirklich erklärt wurde und er sich infolgedessen tatsächlich tiefer verstanden fühlen kann. Somit hängt grundsätzlich alles vom Verstehen und Verstanden-Werden ab.

Die begriffliche Unterscheidung zwischen Verstehen und Erklären ist aber nach wie vor notwendig und theoretisch absolut sinnvoll – auch wenn beide Elemente in der Praxis fast immer ineinander übergehen und sich, von den extremen oder »reinen« Formen einmal abgesehen, oft ununterscheidbar miteinander verbinden. Bei einem natürlichen Kommunikationsfluß zwischen Patient und Analytiker, der in jedem Augenblick auf das Erleben des Patienten konzentriert bleibt, können während der gemeinsamen Klettertour hin zum Plateau Bruchstücke des Verstehens und Bruchstücke des Erklärens nicht voneinander unterschieden werden, wenn man allein die Form und den Inhalt der Beiträge des Analytikers analysiert. Darüber hinaus entwickeln sich Verstehen und Erklärung kumulativ. Und was an einem bestimmten Punkt Verstehen ist, erweist sich an einem anderen als Teil des Erklärungsvorgangs. In ähnlicher Weise kann das, was wie eine Erklärung wirkt, an einem anderen Punkt ein Schritt zu tieferem Verstehen sein.

Was konstituiert das Verstehen in der Psychoanalyse?

Kein Versuch, das eigene innere Erleben oder das eines anderen zu erfassen, ist von Theorie völlig frei. Im Gegensatz zu Erklärungen aber, die auf der Grundlage von explizit formulierten offiziellen Theorien angeboten werden, die wir über Gesundheit und Krankheit vertreten, ist das Verstehen relativ theoriefrei. Die Theorien, an denen sich unser empathisches, introspektives Verstehen der Natur und Bedeutung des Erlebens eines anderen orientiert, sind unsere Selbstkenntnis und das akkumulierte allgemeine Wissen über die Natur des Menschen – und sie liegen jeder Form der Kommunikation zugrunde.

Analytische Empathie und Introspektion beruhen zweifellos nicht nur auf allgemeiner Menschen- und Selbstkenntnis, die man sich durch Lebenserfahrung (und nicht durch einen psychoanalytischen Behandlungsprozeß) erwirbt. Wenn sich die empathisch-introspektiven Beobachtungen des Analytikers an einer vorangegangenen psychoanalytischen Erfahrung und Ausbildung orientieren, fällt es ihm vielleicht schwerer, sein empathisches Verstehen von seinen theoriegestützten Erklärungen zu trennen. Nur wenn sich der Analytiker selbst in seiner eigenen Analyse verstanden gefühlt hat oder wenn er das Trauma, lediglich »erklärt«, aber nicht wirklich verstanden zu werden, erfolgreich bewältigt hat, kann er sein theoretisch fundiertes Zuhören empathisch auf das Erleben des Patienten zentrieren, um es unter dessen Blickwinkel zu betrachten, ohne etwas erklären zu wollen, das er noch nicht verstanden hat. Patienten erleben das Erklärungsbedürfnis des Analytikers häufig als intrusiv, besonders wenn es übereilt zum Ausdruck kommt oder den notwendigen ersten Schritt des Verstehens überspringt.

In dem Sinn, in dem wir den Begriff »Verstehen« benutzen, ist es also wesentlich, sich ganz auf das Erleben des Patienten einzustellen und zunächst einmal darauf zu verzichten, es begreifen zu wollen. Das bedeutet für den Analytiker, Kontakt herzustellen und aufrechtzuerhalten, noch einmal zu überdenken, was er gehört hat, und dem Patienten zu signalisieren, daß er es wirklich gehört hat; sein Da-Sein in solchen Momenten zu bestätigen, in denen der Patient wissen muß, daß der Analytiker ihm dichtauf folgt und ihn auf der gemeinsamen Wanderung nicht aus den Augen verloren hat. Manche Patienten können ihr eigenes Da-Sein und ihre bedeutungsvolle Teilnahme am analytischen Prozeß nur dann wirklich fühlen, wenn ihnen der Analytiker durch den Verstehensprozeß immer wieder solche Bestätigungen und Bekräftigungen vermittelt hat.

Was konstituiert das Erklären in der Psychoanalyse?

Verstehen (in dem Sinne, daß der Analytiker mit dem Gefühlszustand und der Erlebensweise des Patienten »synchron« ist und ihre Bedeutung versteht) geht traditionell an jenem Punkt in Erklären über, an dem vom Analytiker (oder vom Patienten) Kausalzusammenhänge in den analytischen Dialog eingeführt werden. In der Psychoanalyse wurde der epistemologische Stellenwert des Erklärens lange (und in den vergangenen Jahren sehr nachdrücklich) von jenen Theoretikern in Frage gestellt, die in der Psychoanalyse vorrangig eine hermeneutische Disziplin sehen, die Bedeutung zu ergründen versucht und sich nicht um kausale Erklärungen bemüht.

Wir vertreten die Auffassung, daß der zweite Schritt des Deutungsprozesses mit dem Begriff »Erklären« zutreffend charakterisiert werden kann, wenn wir seine Anwendung genauer definieren. Erklären bedeutet für uns, das vom Patienten und Analytiker entwickelte Verständnis in einen entwicklungsgeschichtlich-genetischen Kontext einzuordnen und diese Erfahrungen mit Hilfe der spezifischen Beobachtungswerkzeuge des Analytikers zu begreifen. In diesem Sinn verstanden, zielt Erklären darauf, die Bedeutung der Erfahrungen des Patienten in bezug auf Motivation und Zweck zu erfassen, und zwar im Kontext der Selbst-Selbstobjekt-Einheit. Erklärung ist hier lediglich insofern »kausal«, als sie vorangegangene Zustände erhellt, deren Entdeckung dem Erleben in der Gegenwart Bedeutung verleiht.

Webster's New International Dictionary (3. Auflage) trifft keine strikte Unterscheidung zwischen Verstehen und Erklären und zeigt, daß sich die Bedeutung beider Begriffe in vielerlei Weise überschneidet. Unsere Verwendung von Verstehen und Erklären in der Psychoanalyse entspricht also dem herkömmlichen Sprachgebrauch. Unser Beharren auf der begrifflichen Unterscheidung (vgl. Kohut 1977) hat, wie bereits erwähnt, gleichwohl triftige klinische und theoretische Gründe, denen wir uns im Anschluß an ein klinisches Beispiel, das die kombinierte Verwendung von Verstehen und Erklären illustriert, zuwenden werden.

Trieb-Abwehr-Deutung versus Verstehen und Erklären des »vereitelten Wachstumsbedürfnisses«

Die folgende klinische Vignette demonstriert die kombinierte Anwendung des Verstehens und Erklärens in Form einer umfassenden Rekonstruktion und deren Auswirkungen auf den Analyseprozeß.

Die Patientin begann im dritten Jahr ihrer Analyse (bei A. O.), sehr detailliert eine sexuelle Phantasie zu beschreiben. Plötzlich unterbrach sie ihre Schilderung und sagte: »Genau jetzt habe ich das deutliche Gefühl, daß Sie sich im Moment nicht wirklich mit mir beschäftigen. Ich würde am liebsten sterben.« Sie fügte hinzu: »Ich möchte Ihnen entkommen und Sie zutiefst beleidigen, Sie schockieren oder aus der Fassung bringen. Jetzt einfach zu gehen, mitten in der Sitzung, das wäre ein starkes Stück, ein wirklich dramatischer, unerhörter Abgang. Es ist demütigend, Sie um eine Reaktion anbetteln zu müssen. Mir geht es gut, wenn ich nicht bei Ihnen bin. Aber was geschieht hier mit mir, bei Ihnen? Ich begreife es nicht...«

Die Analytikerin vermutete, daß die Patientin die detaillierte Schilderung ihrer Phantasie unterbrochen hatte, weil sie sich plötzlich schämte. Es schien, als habe sie zu ihrer eigenen Verblüffung mehr offenbart, als ihr lieb war. Die Vorstellung, daß sich die Patientin möglicherweise bloßgestellt gefühlt hatte, erinnerte die Analytikerin an eine Geschichte, die diese ihr einige Zeit zuvor erzählt hatte. Als kleines, drei- oder vierjähriges Mädchen zerriß sie sich bei einer Familienfeier ihr T-Shirt. Sie wurde von Scham überwältigt und hatte das Gefühl, daß ihre Familie, vor allem ihre Mutter, ihren nackten Körper mißbilligend betrachtete. Die Analytikerin benutzte diese Erinnerung, um ihr Verständnis dessen zu vermitteln, was die Patientin nun auf der Couch erlebte: Sie stellte sich bloß, indem sie ihre Phantasie schilderte, und hatte das Gefühl, nackt vor der Analytikerin zu stehen. Ihre Angst vor deren Reaktion war überwältigend, und sie wäre am liebsten gestorben.

Aber die Episode auf der Couch gab mehr als lediglich ein Wiederaufleben der Scham zu erkennen. Die Kindheitserinnerung an die Scham über ihren nackten Körper war eine Deckerinnerung und hing mit einem Gefühl zusammen, das sie während ihrer gesamten Kindheit empfunden hatte – mit dem Gefühl nämlich, daß die Mutter ihren Körper nicht mit freudigem Wohlgefallen betrachtete, sondern mit Verachtung und Mißbilligung. Angesichts der Wichtigkeit, die dieser Deckerinnerung für die aktuelle Selbstwahrnehmung der Patientin (sie hielt sich für unattraktiv) zukam, griff die Analytikerin die *Dringlichkeit* auf, mit der sich die Patientin »bloßgestellt« hatte, indem sie ihre sexuelle Phantasie in allen Einzelheiten schilderte. Diese Dringlichkeit, so die Analytikerin, zeige ihr, daß die Patientin den Wunsch habe, eine Situation zu schaffen, in der sie nackt vor der Analytikerin stehen könnte. Gleichzeitig aber sei dies mit einem hohen Risiko verbunden: Würde ihr nackter (durch die sexuelle Phantasie repräsentierter) Körper *heute* als schön empfunden werden?

Auf diese Überlegungen der Analytikerin erwiderte die Patientin: »Ich wünsche mir sehr, daß Sie mich ansehen – aber ich möchte auch Sie ansehen können, um zu erfahren, was Ihre Augen sagen – sagen sie mir, daß ich schön bin?« Die Analytikerin fuhr fort: »Es war die Angst, daß meine Augen (meine Stimme) das nicht sagen würden; Sie würden lieber sterben, als das noch einmal zu erleben. Und dann kam der Wunsch, einfach zu gehen, um mich zu schockieren und unmöglich zu behandeln. Das klingt wie Ihre Reaktion auf die erwartete Enttäuschung, daß ich Ihren nackten Körper nicht schön fände. Indem Sie das Behandlungszimmer verließen, könnten Sie mir zeigen, wie wütend Sie darüber sind, daß ich Sie auf diese Weise im Stich lasse. Dann würde auch ich diese schmerzhafte Demütigung zu spüren bekommen. Und die dramatische Art und Weise dieses Abgangs würde mich auf jeden Fall zu *irgendeiner Reaktion* veranlassen. Da Sie sich einer positiven Reaktion nicht sicher waren, hätte Ihr ›unverschämtes‹ Verhalten zumindest eine intensive negative Reaktion ausgelöst. Es klingt, als sei überhaupt nichts wichtiger, als daß ich Sie wirklich wahrnehme und intensiv auf Sie eingehe.«

Mit dieser Feststellung deutete die Analytikerin die Art und Weise, wie sich die Patientin ihr Leben lang vor dem Gefühl der Demütigung geschützt hatte, das sie immer dann überwältigte, wenn sie gegen intensive exhibitionistische Wünsche ankämpfte. Diese Wünsche, und sei es in völlig verschleierter Form, zu äußern, weckten augenblicklich intensive Schamgefühle, so daß sie dieses Bedürfnis wieder verdrängen mußte: Indem sie etwas Unverschämtes tat, konnte sie den Exhibitionismus zum Ausdruck bringen und den Wunsch, bewundert zu werden, gleichzeitig erfolgreich verdrängen. Die Reaktion der Patientin zeigte, daß sie sich durch diese Deutung verstanden fühlte; statt sich in ihre lebenslang bewährte Abwehr zu flüchten und sich provozierend oder »unverschämt« zu verhalten, sprach sie offen über ihren Wunsch, von der Analytikerin zustimmend und bewundernd betrachtet zu werden.

Diese klinische Vignette ist ein Beispiel dafür, wie das »vereitelte Wachstumsbedürfnis« in der Analyse wiederbelebt werden kann. Entscheidend an den Äußerungen der Analytikerin war die Tatsache, daß sie die Bedeutung der Dringlichkeit anerkannte, mit der die Patientin sich »bloßstellte«, indem sie ihre sexuelle Phantasie detailliert schilderte; eine Dringlichkeit, die keinen überwältigenden Trieb zum Ausdruck brachte, den es zu zähmen oder zurückzuweisen galt, sondern der als legitimer Kindheitswunsch, der nun in den Vordergrund getreten war, anerkannt wurde.

Um diese Erfahrung zusammenzufassen, können wir sagen, daß die Patientin als erwachsener Mensch in der Analyse etwas erlebte, das ihrer Kindheitserfahrung entsprach, aber nun einen anderen Ausgang nahm. Die Patientin sagt gewissermaßen: »Als Erwachsene ist es für mich unmöglich, hier eine Erfahrung zu machen, die mir zeigt, daß Sie meinen Körper bewundern. Aber genau das brauche ich, um gesund werden zu können. Ihnen eine Geschichte zu erzählen und das so zu erleben, als betrachteten Sie meinen nackten Körper, kommt dieser Erfahrung am nächsten. Sie sehen, weshalb ich mich vor Ihrer Reaktion fürchten mußte – es hängt so vieles davon ab. Zuerst war es die Angst vor einer Wiederholung… daß meine Nacktheit auch auf Sie unattraktiv wirken könnte. Aber dann zeigten Sie mir, daß Sie verstanden hatten, was ich mit dem Erzählen der Geschichte erreichen wollte, und Ihr Verständnis half mir, meinen Wunsch zu erkennen, daß Sie mich schön finden.«

In diesem Augenblick hatten die Patientin und die Analytikerin auf ihrer gemeinsamen Klettertour ein neues, bequemes Plateau erreicht. Die Patientin empfand in bezug auf die Analyse wachsende Zuversicht und meinte: »Ich spüre, daß ich hier bei Ihnen etwas zusammenbringe. Es war merkwürdig, Ihre Deutung löste eine Menge Assoziationen aus... vor allem Erinnerungen an die Zeit, als ich ein kleines Mädchen war... Es war ein trauriges Gefühl... Vieles, was Sie sagten, hat mich verblüfft, am wichtigsten aber war es, daß Sie wußten, wie intensiv all das gewesen ist. Daß Sie wußten, daß ich auf eine intensive Reaktion von Ihnen angewiesen war. All dies hätten Sie mit Ihren Worten zerstören können, aber das ist nicht passiert. Jetzt fühle ich mich fest mit ihnen verbunden. Es ist, als würden Sie mich einfach mögen – es ist nicht nötig, daß Sie mich mehr mögen als jemand anderen!«

Ähnliche Episoden folgten. Die Schilderung von Phantasien und Träumen mußte schockierend wirken, sie mußte die Analytikerin erregen und eine intensive Reaktion in ihr auslösen. Viele dieser Episoden waren für die Patientin disruptiv und einer jeden von ihnen schloß sich eine neue Ebene der Integration an.

Die analytischen Auswirkungen des Verstehens und Erklärens

Die soeben beschriebene klinische Vignette illustriert, daß die Analytikerin durch ihr Verständnis (das durch eine Erinnerung an eine Deckerinnerung erleichtert wurde, die ihr früher einmal geschildert worden war) vermittelte, daß sie das Erleben der Patientin auf der Couch akzeptierte. Alarmiert durch die Dringlichkeit, mit der diese ihre sexuelle Phantasie schilderte, sowie durch den Inhalt der Deckerinnerung, erklärte die Analytikerin die Bedeutung und die Motive, die dem unmittelbaren Erleben der Patientin zugrunde lagen – das heißt, sie verstand es auf einer tieferen und umfassenderen Ebene, weil sie es in einen genetischen Kontext einordnete. Indem die Analytikerin den Wunsch der Patientin begriff, für ihre körperliche Schönheit intensiv bewundert zu werden, und dieses Thema erweiterte, indem sie erklärte, was die »Offenbarung« dieses Wunsches und seine unverhohlene Äußerung so gefährlich machte, ermöglichte sie es der Patientin, den Wunsch, angesehen und in ihrer Schönheit wahrgenommen zu werden, direkter und weniger gehemmt zum Ausdruck zu bringen.

Die Analytikerin konnte daraufhin ihr Verständnis und ihre Erklärung in einer umfassenden rekonstruierenden Deutung kombinieren, die das unmit-

telbare Erleben der Patientin auf der Couch (den Wunsch, bewundert zu
werden, die dadurch ausgelöste intensive Scham und Demütigung und – als
Kompromißbildung – die Umwandlung dieses Wunsches in die Phantasie, sich
»unverschämt zu verhalten«) mit ihrer lebenslangen, habituellen Form der
Abwehr dieses intensiven Wunsches nach Bewunderung verband, der nun mit
einem Gefühl der Scham und Demütigung assoziiert war.

Dank dieses weitergehenden Verständnisses mußte die Patientin nicht
länger an ihrer Kompromißlösung festhalten, so daß sie nun offener und ohne
Scham über ihren Wunsch sprach, von der Analytikerin zustimmend und
bewundernd wahrgenommen zu werden – ihr bislang »vereiteltes Wachstumsbedürfnis« war auf diese Weise aktiviert oder freigesetzt worden. Wenn
diese angeborene Tendenz, die zuvor unterbrochene, entgleiste oder arretierte
Entwicklung zu vervollständigen – in welch archaischer Form dies zunächst
auch geschehen mag –, als legitimer Kindheitswunsch anerkannt und akzeptiert, verstanden und erklärt wird, unterstützt die Analyse den nachträglichen
Reifungs- und Entwicklungsprozeß. Wenn diese Tendenz jedoch bekämpft
wird, indem der Analytiker sie als einen unwiderstehlichen Trieb betrachtet,
der kontrolliert, gezähmt oder aufgegeben werden muß, kann diese Nichtakzeptanz die Strukturbildung und ein positives Analyseergebnis erschweren und
häufig sogar verhindern.

Im folgenden möchten wir unsere Erläuterungen und Illustrationen der
getrennten und kombinierten Funktionen des Verstehens und Erklärens noch
einmal zusammenfassen, um diese klinischen Aktivitäten in den Rahmen der
psychoanalytischen Selbstpsychologie zu stellen.

1. Der Prozeß des Verstehens schmiedet zu den Bedingungen des Patienten
   einen analytischen Kontakt mit dessen Gefühlen, Gedanken, Wünschen,
   Bedürfnissen, Phantasien und Forderungen sowie vielfältigen Methoden,
   mit deren Hilfe all diese Aspekte aktuell (das heißt in der Übertragung) und
   habituell (das heißt, dem Charakter des Patienten entsprechend) verarbeitet
   werden. Er stellt somit eine Bestätigung des Patienten und keine Infragestellung seiner Persönlichkeit dar – eine Bestätigung, die auch die unbewußten Motive mit einschließt sowie die spezifische Abwehrmethode,
   durch die sich der Patient vor ihnen geschützt hat. Die Akzeptanz und das
   Verstehen der infantilen (verdrängten oder verleugneten) Wünsche und der
   gegen sie mobilisierten Abwehrmaßnahmen haben zur Folge, daß sich der
   Patient wirklich tief verstanden fühlen kann.

Das Gefühl, verstanden zu werden, hilft dem Patienten, eine Selbst-Selbst-objekt-Matrix (die verschiedenen Formen der Selbstobjekt-Übertragung) aufzubauen, in der das Verstehen kontinuierlich die Stabilität und Kohäsion des Selbst stärkt. Die Selbstkohäsion verbessert sich, wenn immer mehr abgespaltene Selbstanteile in den gefestigten Selbstkern integriert werden. Indirekt ermöglicht die verbesserte und stabile Selbstkohäsion auch ein verbessertes Funktionieren in vielen Bereichen. Dazu zählen Selbstgewahrsein und Einsicht, die im wesentlichen ein Resultat der progressiven Strukturbildung darstellen. Weil das Verstehen des Analytikers grundsätzlich auf die verbale Kommunikation beschränkt bleibt, reagiert der Patient auf optimale empathische Responsivität selbst im besten Fall weiterhin mit Frustration, gleichgültig, wie gratifizierend das Gefühl, verstanden zu werden, sein mag. Auch auf diese Weise wird der Prozeß der Strukturbildung gefördert.

2. Der Prozeß des Erklärens vertieft den analytischen Dialog, indem er die Vergangenheit mit der Gegenwart verbindet und so eine Längsschnittperspektive eröffnet. Indem er Erfahrungen aus verschiedenen Epochen der Entwicklung und des Erwachsenenalters des Patienten zusammenbringt, verbessert der Erklärungsprozeß die Selbstkohäsion. Er bewirkt, daß sich das, was zuvor verstanden wurde, fester verankern kann. Hier bietet sich eine zusätzliche Gelegenheit, um frühkindliche und kindliche Sehnsüchte und ihre umwandelnde Verinnerlichung empathisch zu akzeptieren und zu verstehen. Verstehen und Erklären ermöglichen es, daß diese Wünsche schließlich in der Atmosphäre bedingungsloser Akzeptanz offener geäußert werden können – die Voraussetzung für ihre anschließende Umwandlung und Internalisierung. Dies steht in krassem Gegensatz zu dem Erleben, in dem der Patient den kranken Anteil seiner Persönlichkeit ablehnt. Diese Ablehnung nämlich führt zu Selbstanklagen und verstärkt die Symptombildung. Jedes indirekte oder subtile Anzeichen für eine ablehnende Haltung des Analytikers ist daher für den Patienten gleichbedeutend mit der Forderung, seine infantilen Wünsche auch selbst abzulehnen, und erzeugt so weitere Spaltungen in der Psyche.

Anmerkungen

1 Wir räumen ein, daß die Reaktion des Patienten auf die Deutungen des Analytikers unter dem Blickwinkel des äußeren Beobachters durchaus als »defensiv« und »entstellend« betrachtet werden können. Wir zweifeln hier nicht an der Validität dieser Beobachtungen, sondern behaupten lediglich, daß für unsere analytischen Zwecke die Beobachtungen, zu denen man unter dem empathischen Blickwinkel gelangt, die einzig entscheidenden sind. Daher konzentrieren wir unser Verstehen und Erklären ausschließlich auf sie (vgl. Schwaber 1983).

2 Selbstverständlich plädiert niemand dafür, solche irritierenden, abstrakten, erfahrungsfernen rekonstruierenden Deutungen in den psychoanalytischen Prozeß einzubringen – Deutungen, die als private Assoziation und Erklärung des Analytikers ganz in dessen theoretischen System wurzeln und die Assoziationen des Patienten nicht wirklich berücksichtigen. Gleichwohl sind die gemeinsamen Bemühungen und die unmittelbaren wie auch langfristigen Reaktionen des Patienten von entscheidender Bedeutung. Ein wunderschönes Beispiel ist in Kohuts (1979) Beschreibung der zwei Analysen des Herrn Z. enthalten. Ein bestimmter Aspekt eines Beendigungstraumes wurde in der ersten Analyse als defensive Weigerung des Patienten gedeutet, den Vater, der mit Geschenken beladen vor der angelehnten Haustür steht, hereinzulassen, weil er sich die regressiv getönte, im wesentlichen aber ödipale Beziehung zur Mutter nicht nehmen lassen wollte. Dasselbe Traumdetail wird in der zweiten Analyse als Versuch des Patienten verstanden, gewissermaßen das Tempo zu drosseln, um von den verzweifelt ersehnten väterlichen Geschenken (der fehlenden männlichen Substanz) nicht überwältigt zu werden. Beide rekonstruierenden Deutungen versuchten, die Erlebensweise des Patienten unter dem Blickwinkel seines inneren Zustandes zu erfassen. Beide fügten sich in den Gesamtzusammenhang des umfassenderen Bildes, das zuvor in der Analyse gewonnen worden war. Dennoch zeigte die Reaktion von Herr Z. auf die erste Deutung, daß er sie offenbar eher als einen Fremdkörper empfand, während die zweite Deutung weit besser erfaßte, wie er selbst die Bedeutung seiner Erlebensweise verstand.

Literatur

Hartmann, H. (1927): Understanding and explanation. In: Hartmann, H.: Essays on Ego Psychology. New York (International Universities Press) 1964, S. 369-403.

Eissler, Kr. R. (1968): The relation of explaining and understanding in psychoanalysis: Demonstrated by one aspect of Freud's approach to literature. Psychoanalytic Study of the Child 23: S. 141-177.

Kohut, H. (1973): Psychoanalysis in a troubled World. In: P. H. Ornstein (Hg.). The Search for the Self. New York (International Universities Press) 1978, S. 511-546.

Kohut, H. (1977): The Restoration of the Self. New York (International Universities Press). (1979) Die Heilung des Selbst. Frankfurt am Main (Suhrkamp).

Kohut, H. (1979): The two analyses of Mr. Z. International Journal of Psycho-Analysis 60: 3-27. Die zwei Analysen von Herrn Z. – Gedanken zur Theorie. In: Kohut, H.: Die Heilung des Selbst, S. 216-229.

Kris, E. (1951): Ego psychology and interpretation in psychoanalytic therapy. Psychoanalytic Quarterly 20:15-30. (1968) Ich-Psychologie und Deutung in der psychoanalytischen Therapie. Psyche 22: 173-186.

Loewenstein, R. M. (1951): The problem of interpretation. Psychoanalytic Quarterly 20: 1-14. (1968) Das Problem der Deutung. Psyche 22: 187-198.

Ornstein, P. H., und Ornstein, A. (1980). Formulating interpretations in clinical psychoanalysis. International Journal of Psycho-Analysis 61: 203-211.

Schwaber, E. (1983). Psychoanalytic listening and psychic reality. International Review of Psycho-Analysis 10: 379-392.

Ödipale Selbstobjekt-Übertragungen

Ein klinisches Fallbeispiel[1]

Anna Ornstein

Einleitung

Die Entwicklung der Psychoanalyse als tiefenpsychologischer Wissenschaft ist auf die kontinuierliche Interaktion zwischen klinischer Beobachtung und der Entwicklung neuer Theorien angewiesen, die – zum jeweiligen Zeitpunkt in der Geschichte der Psychoanalyse – optimale Werkzeuge zur Erklärung dessen bereitstellen, was wir an unseren Patienten empathisch verstehen können. Wenn wir uns einmal einer bestimmten Theorie verpflichtet haben, dann hilft uns diese Theorie, unsere klinischen Daten ziemlich konsistent zu organisieren.

Seit Kohut seine Konzeption des Selbst verändert hat, das Selbst nicht mehr als Inhalt eines psychischen Apparats (1971) sieht, sondern vom bipolaren Selbst als einer übergeordneten Konstellation (1977) spricht, müssen wir verschiedene theoretische und technische Aspekte der Psychoanalyse neu überdenken und neu formulieren. Eine ähnliche Neuformulierung erwies sich für Freud selbst als notwendig, als er das dreiteilige strukturelle Modell an die Stelle des topographischen Modells der Psyche setzte.

Was die Theorie des bipolaren Selbst betrifft, so wird hier die Notwendigkeit, allgemein akzeptierte Annahmen der klassischen Theorie neu zu überprüfen, besonders deutlich, wenn die Frage nach dem Stellenwert des Ödipuskomplexes innerhalb der Selbstpsychologie aufgeworfen wird.

Die Frage nach dem Ödipuskomplex verweist auf theoretische, genetische und technische Anliegen, z. B. auf folgende: Wie passen sexuelle Identifikation und sexuelle Konflikte in die Selbstpsychologie? Wie konzeptualisiert die Selbstpsychologie die Entwicklung des Gewissens? Kann man klinisch den »schuldigen Menschen« vom »tragischen Menschen« unterscheiden? Da die Selbstpsychologie die Bedeutung der Selbst-Selbstobjektmatrix für die Entwicklung und Entfaltung der Übertragung betont, stellen sich die Fragen: Haben Eltern auch während der ödipalen Phase Selbstobjekt-Funktionen, und wie sind die Übertragungen beschaffen, die aus dem Versagen der Eltern herrühren?

Diese Fragen bedürfen gründlicher und sorgfältiger Antworten. Die Antworten werden aus Beiträgen von Analytikern kommen, die dazu bereit sind, die klinischen und theoretischen Implikationen *aller Übertragungsformen* zu prüfen und zu überprüfen, seien diese nun ödipaler oder präödipaler Art, ödipalen oder präödipalen Ursprungs. Unsere Aufgabe hier ist in ihrem Umfang beschränkt, aber ich hoffe, daß sie doch einen bescheidenen Versuch darstellt, einen klinischen Kontext herzustellen, in dem die zuvor erwähnten Fragen angemessener untersucht werden können.

Ich möchte hier die Bedeutung des klinischen Kontexts unterstreichen, weil – wie ich glaube – es nicht so einfach möglich sein wird, die Befunde der Selbstpsychologie in die klassische Theorie zu »integrieren«, wie das wünschenswert zu sein scheint. Was zum Beispiel den Ödipuskomplex angeht, müssen wir beachten, daß sein Verständnis und seine Erklärung innerhalb eines theoretischen Bezugsrahmens entwickelt wurden, der sich in seinen Grundannahmen von der Selbstpsychologie unterscheidet. Jeder Aspekt der ödipalen Erfahrung, die Bereitschaft des Kindes, in die ödipale Phase einzutreten, das aktuelle Erleben der ödipalen Leidenschaften und die Lösung der mit ihnen verbundenen Konflikte, all das ist in der Theorie daran geknüpft, daß phasenspezifische unbewußte Phantasien auftauchen, die ihrerseits an die Reifung der sexuellen und aggressiven Triebe gebunden sind. In der klassischen Theorie wird die Bedeutung der Persönlichkeit der Eltern für die Entwicklung des Kindes auf die letzte Subphase des Ödipuskomplexes beschränkt, nämlich auf die Identifikation mit dem gleichgeschlechtlichen Elternteil. Es wird davon ausgegangen, daß der gleichgeschlechtliche Elternteil in der Zeit des eigentlichen ödipalen Engagements, dann, wenn die ödipalen Leidenschaften hohe Wellen schlagen, nur im Sinne der Konflikte erlebt wird, die aus den triebdeterminierten rivalisierenden und feindseligen Gefühlen herrühren.

Was z. B. den kleinen Hans angeht, so schreibt Freud:

> »Daß er nun diesen selben Vater, den er als Konkurrenten hassen mußte, seit jeher geliebt hatte und weiter lieben mußte, daß er ihm Vorbild war, sein erster Spielgenosse und gleichfalls sein Pfleger aus den ersten Jahren, das ergab den ersten Gefühlskonflikt. Wie Hansens Natur sich entwickelt hatte, mußte die Liebe vorläufig die Oberhand behalten und den Haß unterdrücken, ohne ihn aufheben zu können.« (Freud 1909, GW 7, S. 365)

Die *wirkliche* Haltung und das wirkliche Verhalten der Eltern gegenüber dem Kind während dieser Entwicklungsphase wird im Vergleich zur Bedeutung der triebbezogenen Phantasien vernachlässigt.

Betrachtet man den Ödipuskomplex hingegen im Lichte der Theorie des bipolaren Selbst, so müßte man sagen, daß die ödipale Phase, genauso wie Erfahrungen auf anderen Entwicklungsstufen, nur dann ganz verstanden werden kann, wenn sie im Kontext des emotionalen Milieus des Kindes gesehen wird.

> »Ebenso wie bei früheren Entwicklungsphasen werden auch die Erfahrungen, die das Kind in der ödipalen Phase macht, nur verständlich, wenn man sie innerhalb der Matrix der empathischen, teilweise empathischen oder unempathischen Reaktionen von Seiten der Selbstobjekt-Aspekte seiner Umgebung betrachtet.« (Kohut 1977; dt. 1979, S. 237f)

Im Zusammenhang mit unserer heutigen Fragestellung bedeutet Kohuts These, daß wir zuerst das Wesen der ödipalen Übertragungen selbst neu untersuchen müssen, bevor wir zu einer sinnvollen Integration ansetzen können. Wenn es uns gelingen sollte, das Vorhandensein von ödipalen Selbstobjektübertragungen nachzuweisen (Übertragungen, die entstehen, wenn die Eltern nicht optimal auf das ödipale Kind eingegangen sind), dann hätten wir den klinischen Kontext hergestellt, innerhalb dessen wir die theoretischen Fragen zur Beziehung zwischen Selbstpsychologie und Ödipuskomplex sinnvoller untersuchen können.

Ich werde an diese Aufgaben so herangehen, daß ich klinisches Material vorstelle, in dem die vorherrschende Übertragung am zutreffendsten der ödipalen Stufe der Entwicklung zugeordnet werden konnte, diese Übertragung aber Selbstobjekt-Eigenschaften hatte. Unsere Aufgabe wird es sein, so weit als möglich zu bestimmen, ob es sich um echte Selbstobjekt-Übertragungen handelte oder um Übertragungen, die »ineinandergeschoben« (»telescoped«, Kohut 1971, S. 85) waren, d. h. bei denen sich Übertragungen aus früheren Entwicklungsstufen in die spätere ödipale Übertragung hineingeschoben hatten. Ich glaube nicht, daß die Selbstobjekt-Übertragungen des Falles, den ich diskutieren werde, darauf hindeuten, daß es sich um ein »gemischtes« klinisches Bild handelte – eine Mischung aus narzißtischen und ödipalen Merkmalen. So wie ich es sehe, hatte das Selbst in diesem Fall vielmehr genügend Kohäsion erreicht, um sich in den ödipalen Konflikten zu engagieren, die Reaktionen der Eltern – insbesondere die im Bereich der Idealisierung – hatten jedoch die gänzliche Auflösung der ödipalen Konflikte verhindert.

In diesem Zusammenhang stellt sich u. a. die Frage nach dem Schicksal der auf den Vater gerichteten Mordwünsche und ihrer »Auflösung« oder Verdrängung durch die Identifikation mit dem gleichgeschlechtlichen Elternteil. Wenn man der Haltung der Eltern eine vorrangige Bedeutung für die Entwicklung und die Fehlentwicklung während der ödipalen Phase zuschreibt, dann eröffnet sich eine neue Betrachtungsweise des Wesens der Identifikationen, die den Kern der Auflösung des Ödipuskomplexes ausmachen. In dem Fall, den ich vorstellen werde, war eines der hervorstechendsten Merkmale der Übertragung die tiefe Sehnsucht des Patienten, die Analytikerin idealisieren und sich selbst in der Beziehung zu ihr als jemanden erleben zu können, dessen Männlichkeit geschätzt und bestätigt wurde. Für einige Zeit erschwerte jedoch das Geschlecht der Analytikerin die Idealisierung sehr: Ihre Weiblichkeit (oder eher ihre Nicht-Männlichkeit) stellte ein ernstes Hindernis dar. Der Patient hatte das Gefühl, nur ein männlicher Analytiker könne ihn heilen. Auf die Sehnsucht nach Verschmelzung mit der idealisierten Analytikerin, »so als ob sie ein Mann wäre«, folgte eine Zeit, in der ein Übertragungssymptom mit spezifischem sexuellem Inhalt durchgearbeitet wurde, das sich aus der Reaktivierung traumatischer Erlebnisse in der Beziehung zur Mutter herleitete. Obwohl dieses auf die Mutter bezogene Übertragungssymptom mit sexuellem Inhalt in der Analyse zuerst auftauchte, gehörte das wichtigere Trauma in den Zusammenhang der Erfahrungen, die das Kind mit dem Vater gehabt hatte; diese Erfahrungen waren tiefer verdrängt, und ich glaube, daß sie die besonderen Selbstobjekt-Übertragungen zur Folge hatten, die sich in der zweiten Hälfte der Analyse manifestierten.

Ich möchte das Material der drei Jahre dauernden Analyse in vier Abschnitte einteilen, hoffentlich ohne dabei zu didaktisch vorzugehen oder einen zu engen Blickwinkel einzunehmen. I. Zuerst werde ich den Patienten vorstellen, und zwar so, wie ich ihn in der Anfangsphase der Analyse kennenlernte. II. Dann stelle ich dar, wie sich die Übertragung in der ersten Hälfte der Analyse manifestierte und beschreibe III. danach die Manifestation der Übertragung in der zweiten Hälfte der Analyse. IV. Schließlich werde ich mich auf die Abschlußphase konzentrieren. Der Hauptakzent meiner Darstellung wird auf dem bemerkenswerten Kontrast zwischen den beiden Übertragungsformen (die unterschiedliche Aspekte des ödipalen Konflikts aktivierten) liegen sowie auf der Deutungsarbeit an den Übertragungen.

Fallbeispiel

I.

Mr. Seaton war 30 Jahre alt, als er mich zum ersten Mal aufsuchte und ausdrücklich eine Analyse wollte. Er mußte 2 bis 3 Monate warten, und in dieser Zeit sah ich ihn vier Mal zu Interviews im Sitzen. Als er zu mir kam, befand er sich in akuter Bedrängnis. Er studierte, lehrte und komponierte Musik und stand vor einigen wichtigen Entscheidungen. Die wichtigste betraf seinen Wunsch, zu heiraten und einen Hausstand zu gründen.

Seine Beziehungen zu Frauen waren jedoch sehr wenig befriedigend: er konnte sich nicht einmal zu einer längeren Affäre verpflichten, weil er sich in die Vorstellung verstrickt fand, er könne möglicherweise von der Frau ausgebeutet werden. Die Ausbeutung hatte einen spezifischen Inhalt: er befürchtete, seine Liebe zu ihr würde sich vertiefen, er würde immer abhängiger von ihr werden, und dann würde sie krank werden und sterben. Er würde dann für den Rest seines Lebens trauern und leiden müssen, wobei er sich auch sein Leben als kurz vorstellte, da die meisten Männer seiner eigenen Familie – einschließlich seines Vaters – in relativ jungen Jahren gestorben waren.

Die Aussicht auf eine solche Zukunft stellte die unverhüllte Erwartung dar, er werde das Leben seines Vaters wiederholen. Die Mutter des Patienten war gestorben, als der Patient noch nicht 20 Jahre alt war, und der Vater, von Natur aus »ewig leidend«, erholte sich nie recht von diesem Verlust. Als sich der Patient um eine Analyse bemühte, war er ein »Waisenkind«, wie er es nannte. Der Vater war ein Jahr zuvor gestorben. Es gab vier Kinder in der Familie. Der Patient war der Älteste. Er fühlte sich seinem einzigen, zwei Jahre jüngeren Bruder am nächsten, weniger nah den beiden kleinen Schwestern. Keine Geschwister lebten in der Stadt, in der der Patient wohnte; das verstärkte sein Gefühl von Einsamkeit und Isolation. Er hielt es für »abnorm«, daß er im Alter von 30 Jahren noch an seine verstorbenen Eltern gebunden war. Daß der Patient eine weibliche Analytikerin gewählt hatte, drückte aus, daß er sich darüber im Klaren war, daß seine Schwierigkeiten, eine längere Beziehung zu einer Frau herzustellen, etwas mit seiner sehr konfliktreichen Beziehung zu seiner Mutter zu tun hatte.

Mr. Seaton war ein hübscher junger Mann, dessen von Natur aus regelmäßige Züge in einer chronisch traurigen und sorgenvollen Miene »begraben« waren. Dieser Affekt kam am eindrucksvollsten in seiner Haltung zum Ausdruck: er hielt sich etwas krumm, die Schultern nach vorne gezogen, den

Blick zu Boden gerichtet, so als ob er die Umgebung nicht voll in sich aufnehmen wollte. Er war nachlässig gekleidet und es fiel ihm schwer, wie er mir später
erzählte, sich schicke und gutsitzende Sachen zu kaufen: Das Besorgen eines
Paars neuer Schuhe oder eines Wintermantels war für ihn ein ziemliches Unternehmen – er hatte nie so recht das Gefühl, die Sachen zu verdienen.

Die Ursprungsfamilie des Patienten gehörte zu einer großen und in engem
Zusammenhalt stehenden Familie: alle arbeiteten hart. Er war Musiker und
quälte sich deshalb oft mit dem Gedanken, ob es nicht eine Sünde sei, das zu
tun, was er gerne tat.

Ich werde nun auch die Eltern des Patienten beschreiben, und zwar die
Vorstellung, die ich mir von ihnen im Laufe der Analyse gebildet hatte: Die
Mutter erschien dabei als tatkräftige, angespannte und launische Frau, die vor ihrer
Ehe selbst musikalische Ambitionen gehabt hatte und nun die künstlerische
Neigung aller vier Kinder eifrig unterstützte und förderte. Der Bruder des Patienten wurde für das begabteste Kind gehalten; aber auch der Patient erhielt regelmäßigen Musikunterricht. Viele Erinnerungen des Patienten an die Mutter hatten
mit Interaktionen rund um das Musizieren zu tun. Der Vater wurde durchgehend
als sanfter Mann beschrieben, der sich sehr der Familie widmete und sehr hart
arbeitete. Er war chronisch krank, und seine Erwartung des Todes durchdrang die
häusliche Atmosphäre. Der Patient erinnerte sich daran, daß ihm der Vater häufig
anbot, mit ihm Ball zu spielen, als er noch klein war, daß er aber den Ball immer
nur sehr vorsichtig warf, damit der Vater nicht nach dem Ball rennen mußte.

Der Vater übernahm den Hauptanteil der Versorgung der Kinder. Er war es,
der ans Bett kam, wenn der Patient nachts schrie. Die schönsten Erinnerungen
bezogen sich darauf, wie der Vater Geschichten erzählte, wenn sie mitten in der
Nacht darauf warteten, daß die Milch heiß wurde. Eine andere frühe Erinnerung
zeigte die Art der Bindung, die er zur Mutter gehabt hatte: als er einmal hingefal-
len war und sich am Knie verletzt hatte, hörte er sich selbst die Mutter rufen und
dachte unmittelbar: »Warum rufe ich sie überhaupt? Sie kommt ja doch nicht.«

II.

Der Patient wartete voller Angst auf die Benutzung der Couch. Er hatte definitive Vorstellungen davon, was er in der Analyse erleben wollte: er wollte frei
assoziieren, nicht eingeschränkt durch innere oder äußere Hindernisse, und
starke Affekte ohne Angst erleben. Auf der Couch kam er häufig in eine Art

»transzendentalen« Zustand oder Halb-Bewußtsein. Er pflegte diese Zustände sehr und erwartete, daß diese seine Kreativität förderten. Zunächst wollte er den Inhalt seiner Einfälle nicht analysieren und befürchtete, die Analytikerin könne ihm seinen besonderen Bewußtseinszustand durch eine Bemerkung oder eine Frage verderben.

Der Übergang von dieser Anfangsphase, in der er sich in der Gegenwart der Analytikerin »voller« erleben wollte, zu der Zeit, in der sie Bestandteil seines analytischen Erlebens wurde, kann nur umrißhaft nachgezeichnet werden. Als seine Assoziationen und Träume anzudeuten begannen, daß die Analytikerin mehr Bedeutung für ihn bekam, ängstigte ihn diese Entwicklung, sie freute ihn aber auch. Er befürchtete, er könne nun leichter von ihr verletzt werden, weil sie mehr Bedeutung für ihn hatte, und daß sie ihn trotz bester Absichten letztlich doch durch Demütigungen kränken würde. Aber er freute sich auch darüber, daß er sich – auf irgendeiner Ebene – sicher genug fühlte zuzulassen, daß sie ein Teil seiner Welt wurde.

Ein Traum aus dieser Zeit fing den Kern seines Dilemmas ein, und die Analyse dieses Traumes könnte uns als Einleitung in die erste Phase der Analyse dienen, in der die Übertragung auf die Person der Analytikerin » zusammenzuwachsen« begann, wenn sie auch noch keine spezifischen Züge angenommen hatte:

Der Traum fand in einem Auditorium statt, in dem ein Professor eine Maschine vorführte. An der Maschine waren zwei Stahlkugeln aufgehängt. Die Kugeln bewegten sich, stießen zusammen und rollten dann wieder auseinander. Er wurde leicht am Kopf getroffen. Ein kleiner Junge spielte in der Nähe. Er wurde auch getroffen, und der Patient tröstete ihn und half ihm, sich wieder besser zu fühlen.

Der Patient assoziierte zuerst zu dem kleinen Jungen. Er sagte, er sei der kleine Junge, der Angst habe, am Kopf getroffen zu werden. »Die Kugeln waren eine Art mächtiger Kraft, die mich, den kleinen Jungen, bedrohten.« Die Analytikerin lenkte die Aufmerksamkeit des Patienten auf die Tatsache, daß sich die Kugeln bewegten, zusammentrafen und sich dann auseinanderbewegten. Die Analytikerin konzentrierte sich in diesem Analyseabschnitt auf die Bedenken, die der Patient gegen die analytische Erfahrung selbst hatte. Er erwartete, daß er sich in der Beziehung zur Analytikerin als kleiner Junge fühlen würde und daß sie ihm mit ihren Konfrontationen und Deutungen »eins auf den Kopf« geben (ihn demütigen) würde. Die mögliche Urszenenbedeutung der sich bewegenden Kugeln in Gegenwart des kleinen Buben konnte erst im Lichte späterer Entwicklungen in der Analyse ins Auge gefasst werden.

Der Patient sagte, daß der Traum für ihn die Frage nach der Führung stelle: Würde er auf die Stimmung der Analytikerin aufpassen müssen, um nicht von ihr verletzt zu werden, oder würde die Analytikerin seine Stimmungslage erfassen, seine emotionale Verfassung, und diese berücksichtigen? Die Übertragungsbedeutung dieser Bemerkung wurde später in der Analyse geklärt. Und auch, was (d. h. was am Verhalten der Analytikerin) das Auftauchen einer Erwartung von Demütigung begünstigte.

Der Patient war ein sehr produktiver Träumer. Träumen, das Erzählen von Träumen und ihre Deutung blieben die ganze Zeit über ein integraler Bestandteil der analytischen Erfahrung. Es gab einen Traum, der aus seinen vielen Träumen deswegen herausragte, weil der Patient ihn im Laufe der Analyse häufig erinnert und auf ihn zurückkam. Er hatte diesen Traum in der Nacht gehabt, in der seine Mutter starb:

Er lag im Bett und schlief, als seine Mutter ins Zimmer kam. Sie war in Weiß gekleidet, und als sie zärtlich über den Kopf des Patienten streichelte, sagte sie zu ihm, es sei gut gewesen, daß sie gestorben sei – sie sei nicht für seinen Bruder und seine Schwester gestorben und auch nicht für den Vater, sondern für den Patienten. An dieser Stelle läutete das Telefon und der Patient bekam die Nachricht, daß seine Mutter verstorben war.

In seinen Assoziationen stellte der Patient in den Mittelpunkt, daß seine Mutter zu ihm gesagt hatte, sie sei für ihn gestorben. In der Realität hatte er den Tod der Mutter als »Befreiung« erlebt; seine Noten wurden besser, er musizierte besser. »Sie war eine Lehrerin, aber sie war auch ein ›Blocker‹ großen Stils. Sie kritisierte mich immer, wenn ich spielte – und dann machte ich noch mehr Fehler – sie wurde ärgerlich, und ich spielte noch schlechter. Sie schrie dann und ihre Spucke sprühte über mich weg – ich habe das gehasst – dann gab sie mir eins drauf und wir weinten beide...«

Er berichtete diese lebhafte Erinnerung an eine oft wiederholte Interaktion mit seiner Mutter betrübt und voller Bedauern. Er hörte auf zu erzählen, seufzte tief und machte eine Bemerkung zum Wohlgeruch des Parfüms der Analytikerin, und erinnerte sich daran, wie gerne er den Geruch der Kommode der Mutter gemocht hatte, »eine Mischung aus Parfüm und Zigaretten.«

Es wurde immer deutlicher, daß das Bild der Mutter eine Quelle von Faszination und Erregung, aber auch von Wut und Demütigung darstellte.

In der Analyse wurden die demütigenden Erlebnisse in der Beziehung zur Mutter rund um gewisse Vorfälle wiederholt, deren Bedeutung die Analytikerin zunächst nicht ganz verstanden hatte. Ganz am Anfang der Analyse nahm sie z. B. eines Tages, als ihr Mr. Seaton in den Praxisraum folgte, hinter der Couch Platz und bemerkte, daß sie vergessen hatte, die Deckenbeleuchtung auszuschalten. Da der Patient in der Nähe des Schalters stand und die Couch noch nicht erreicht hatte, bat sie ihn, das Licht auszuschalten. Als der Patient auf der Couch lag, kam er sofort auf den Vorfall zu sprechen: er fühlte sich von der Bitte der Analytikerin erniedrigt und kontrolliert. Er hatte das Gefühl, keine Wahl gehabt zu haben, er mußte tun, worum er gebeten worden war.

Vorfälle wie diese führten nicht unmittelbar zur Rekonstruktion demütigender Kindheitserlebnisse; sie waren für ihn zu real. Erst nachdem er die Analytikerin wiederholt so erlebt hatte, als behandele sie ihn wie einen kleinen Buben, konnte er verstehen, warum er von Anfang an befürchtet hatte, er würde »eins auf den Kopf« kriegen, und zwar gerade von der Person, in deren Gegenwart er glänzen und sich selbst als leistungsfähig erleben wollte.

Zu dieser Zeit wurde die Analytikerin aber noch nicht als Mutter erlebt; der Patient befürchtete nur, daß sie so sein könnte wie die Mutter: »Ich habe Angst, daß mir mit Ihnen das gleiche passiert wie mit meiner Mutter. Sie motivierte mich, aber sie hielt mich auch klein. Ihr Interesse könnte mich hemmen... Aber ich weiß, wie wichtig Sie bei alledem sind. Ich bin von der Analyse sehr begeistert... von der Erforschung meiner Seele. Ich bin dankbar dafür, besonders meinem Vater, der mir etwas Geld hinterlassen hat.«

In einer Reihe von Träumen, die Dreiecksbeziehungen zum Inhalt hatten, erlebte er sich selbst entweder als aggressiven Mann, der einem anderen Mann die Augen herausriß; der andere Mann bedrohte jeweils die Frau, mit der er zusammen war. Oder er erlebte sich als passiver und hilfloser Zeuge irgendwelcher Gewalttätigkeiten zwischen den beiden anderen Personen. Seine Assoziationen führten entweder zu Erinnerungen an seine Eltern (wie der Vater die Mutter verehrt hatte und sie ihn besonders dann an seiner empfindlichsten Stelle verletzte, wenn er auf seine sexuellen Wünsche ihr gegenüber anspielte) oder er stellte sich Interaktionen zwischen der Analytikerin und deren Mann vor, in denen sie ihn – scheu, aber doch unbarmherzig – erniedrigte.

In dieser Zeit beschränkte sich die Aktivität der Analytikerin darauf, klärende Fragen zu stellen und auf die Reaktionen des Patienten zu achten, wenn sie in ihrem Engagement etwas angeboten hatte, das er auch selbst hätte entwickeln können. Wenn sie wegen ihres Eifers weitschweifige oder viel zu explizite Deutungen gab, empfand der Patient Affekte, die ihn sehr an die Affekte erinnerten, die er seiner Mutter gegenüber gehabt hatte. Er hörte ihr dann zu, wurde zunehmend gereizt und bezeichnete sie als »lehrerinnenhaft«. Die Art und Weise, wie sie sprach, gab ihm das Gefühl, sie sei mehr daran interessiert, mitzuteilen, was sie verstanden hatte, als daran, ihm zuzuhören. Er fühlte sich »gedemütigt« und erniedrigt. Anlässlich solcher Vorfälle konnten die Affekte, die er in der Kindheit gegenüber seiner Mutter gehabt hatte, in ihrer ganzen Subtilität und Komplexität aufgeklärt werden. Sein Gefühl von Gereiztheit verhüllte seine intensive Wut und Hilflosigkeit nur schlecht; es gab absolut nichts mehr, was er tun konnte, er konnte diese Augenblicke nur noch ertragen. Als sich der Patient einmal besonders darum bemühte, diesen psychischen Zustand zu beschreiben, sagte er, daß er sich in diesen Momenten so fühle, als würde sein Penis abgeschnitten. Die Analytikerin sagte darauf, er erlebe das Gefühl von Hilflosigkeit, Angst und Wut so, als ob irgendeine schreckliche Gefahr einen kostbaren Teil seines Körpers bedrohe. Könnte der Patient das Gefühl gehabt haben, daß die Ursache des Zorns der Mutter etwas mit den Empfindungen in seinem Penis zu tun hatte, daß dort der eigentliche Verbrecher zu suchen sei? Der Patient konnte sich nicht daran erinnern, in der Beziehung zu seiner Mutter sexuelle Erregung empfunden zu haben, so lange sie noch lebte. Aber er erinnerte sich an offen sexuelle Wünsche ihr gegenüber, nachdem sie gestorben war. Zuerst erschreckten ihn diese Gefühle, später akzeptierte er sie und zerbrach sich nicht zu sehr den Kopf darüber. Er glaubte, daß er nie echte Trauer über den Verlust der Mutter empfunden hatte. Er konnte bei der Beerdigung nicht weinen und schämte sich deswegen. Als er sich an die Beerdigung der Mutter erinnerte, tauchten Erinnerungen an den Vater auf, er schluchzte hemmungslos und sprach mit großer Zärtlichkeit über ihn: »Er war ein wirklich bemerkenswerter Mensch, viel empathischer als die Mutter, manchmal verwechsele ich Sie mit ihm. Aber er erniedrigte sich in meiner Gegenwart...«. Als er sich beruhigt hatte, kehrte er zu den sexuellen Phantasien über seine Mutter zurück und merkte an, »die sexuellen Phantasien dienten dazu, die Erniedrigung zurückzugeben.«

Wie die Auswahl des Materials für diese Darstellung bisher erkennen läßt, hörte die Analytikerin in diesem Abschnitt der Analyse vom Standpunkt ihres Vorverständnisses aus zu. Sie verstand das Material so, daß die pathognomone Regression eine Fülle von Affekten erzeugte, von denen manche a) wiederbelebte Kindheitsängste darstellen, andere b) unerfüllte Sehnsüchte und noch andere am besten als c) Ausdruck akuter Trauer und nachfolgender Erleichterung zu verstehen waren. Die Angst vor der Mutter und der Wunsch nach ihrer akzeptierenden, spiegelnden, nichteindringenden Gegenwart stellten einen wiederbelebten Affekt dar. Kurz danach tauchte die wesentlich intensivere Sehnsucht nach einem starken Vater auf, der ihn von der Erniedrigung durch die Mutter hätte beschützen können und ihn nicht der Möglichkeit einer sexuellen Überstimulation ausgesetzt hätte. Der Vater, ein sanfter und empathischer Mann, konnte sich gut auf die Bedürfnisse des präödipalen Kindes einstellen, aber er konnte nicht erfassen, welche Bedeutung es für den Jungen später hatte, wenn er darauf bestand, der Junge sollte ins Bett zur Mutter schlüpfen. Die Bedeutung der Erlebnisse im elterlichen Bett manifestierte sich in einem spezifischen, gut umschriebenen *Übertragungssymptom*, einer Übertragungsrepräsentanz der sexuellen Hemmung, die der Patient während seines ganzen Erwachsenenlebens gehabt hatte.

Das »Symptom« trat zunächst in der Form einer generellen Aversion gegenüber der Analytikerin auf, weil sie eine Frau war. Er schämte sich, bei einer Frau in Analyse zu sein. »Es wäre viel vornehmer, wenn ich bei... (einem Mann) in Analyse wäre.« Seine Ablehnung der Analytikerin und die starke Sehnsucht nach einem engen Freund ließen ihn befürchten, er sei homosexuell. Er hatte das Gefühl, daß er damit ein Leben lang kämpfen müsse: der Stimme der Analytikerin zuhören, die Bedeutung dessen aufzunehmen, was sie sagte, das bedeutete: »zur Frau gemacht« werden. Er verglich diese Angst mit der Situation, im Dunkeln irgendeine Handschrift zu entziffern zu versuchen. Er wünschte sich, der Dunkelheit einfach »nachgeben« zu können, nicht so hart dagegen ankämpfen zu müssen, aber »das ist es, was der Vater getan hat, er hat nachgegeben und mich zur Mutter ins Bett gelassen. Er hätte mich rauswerfen sollen.« Immer wenn er ins Bett zur Mutter schlüpfte, stand der Vater auf. Er erinnerte sich, daß er es zunächst genossen hatte, zusammen mit den Eltern im Bett zu sein. Als er älter wurde, nahm er es dem Vater übel, daß dieser darauf bestand, er solle die Mutter auf diese Art und Weise trösten. Damals war sie schon krank und der Patient glaubte nicht, daß er sich hätte weigern können.

Das »Übertragungssymptom« kristallisierte sich im Laufe der Zeit zu einer starken Aversion gegen die Stimme der Analytikerin. Es gab eine Zeit (einige Wochen lang), in der ein bloßes »hm« oder ein Husten im Patienten ein starkes Ekelgefühl hervorriefen, das er mit der Erinnerung daran in Zusammenhang brachte, daß er das Schamhaar der Mutter berührt hatte, als er mit ihr im Bett lag. Dieses Übertragungssymptom repräsentierte eine versteckte sexuelle Dysfunktion, die der Patient früher in der Analyse erwähnt hatte, die aber nun stärker geworden war. Das Symtpom bestand darin, daß der Patient während des Verkehrs plötzlich durch irgendeinen Makel am Körper der Frau (einem Muttermal oder einem Haar im Mund) abgelenkt wurde. Er ekelte sich dann und verlor plötzlich das Interesse am Zusammensein.

Die Analyse des Übertragungssymptoms erforderte mehrere Monate; das Auftreten des Symptoms in der Übertragung fluktuierte. Manchmal kam der Patient in gereizter Stimmung in die Stunde, und die Analytikerin schwieg lange Zeit. Ihr Schweigen führte jedoch häufig dazu, daß der Patient unruhig wurde; er fühlte sich einsam, aber er bat die Analytikerin, nichts zu sagen, weil er befürchtete, daß ihn die Stimme der Analytikerin noch mehr stören würde. Die Analytikerin war sich des intensiven Unbehagens, unter dem der Patient in solchen Momenten litt, bewußt. Er befürchtete, die Stimme der Analytikerin würde Affekte aus der Kindheit wiederbeleben, die ihn möglicherweise noch mehr von ihr entfremden würden, und diese Angst war mit der Sehnsucht danach gemischt, sie solle etwas sagen, das ihn trösten und beruhigen könnte. Einmal fiel der Analytikerin eine kurze deutende Bemerkung ein, die diesen besonderen Konflikt einfing: »Sei still! Wo sind Sie?« Der Patient empfand diese Bemerkung als hilfreich. Sie stellte eine Form von Kommunikation her, die zugleich sinnvoll und nicht-eindringend war.

Die pathognomone Regression vertiefte sich während dieser Phase. Der Patient begann zu merken, daß ihn der Ekel erfolgreich von sexuellen Phantasien in Bezug auf die Analytikerin schützte und auch vor der Möglichkeit, durch Überstimulation »fortgerissen« zu werden. Obwohl er sich niemals daran erinnerte, sexuell erregt gewesen zu sein, wenn er mit der Mutter im Bett lag, benützte er als Teenager (nach ihrem Tod) sexuelle Phantasien in Bezug auf die Mutter dazu, eine vorzeitige Ejakulation zu verhindern. Die Gefühle von Aversion und Ekel hatten ihn als Kind und Teenager erfolgreich vor Zuständen von Überstimulation geschützt, und diese Gefühle schienen nun in der Analyse eine ähnliche Funktion zu haben. Die Durcharbeitung dieses besonderen Symptoms in der Übertragung war jedoch nicht auf Erfahrungen beschränkt, die er in der Beziehung zu seiner Mutter gehabt hatte. Die Wut auf die Analytikerin enthielt auch die wiederbelebte Wut auf den Vater, der diese Erlebnisse erlaubt und zu ihnen ermutigt hatte: »Sie sind nicht idealisierbar«, pflegte der Patient zu sagen,»ich werde die Analyse mit dem Gefühl aufhören, betrogen worden zu sein und das kürzere Ende gezogen zu haben – ich brauche es, von jemandem respektiert zu werden, den ich idealisieren kann – aber das wird nie der Fall sein. Es ist so wie mit meinem Vater – ich war sein Werkzeug – ich sollte der Mutter etwas geben, was ich ihr nicht geben konnte. Als ich heranwuchs, dachte ich, das sei normal ...«.

Zu den Aktivitäten der Analytikerin muß gesagt werden, daß ihr Verständnis des Erlebens des Patienten (insbesondere die Intensität und »Realität« seiner Übertragungsaffekte) und ihre sehr knappen und kurzen Kommentare allmählich anscheinend eine Art »Auflösung« des Übertragungssymptoms zur Folge hatten und es auch möglich machten, daß der Patient mehr Trauer erleben konnte. »Wenn ich daran denke, wie ungeheuer viele Affekte ich hier durchlebt habe. Das hat mich die Kunst der Selbstanalyse gelehrt. Es war eine außerordentliche Erfahrung. Ich weiß nicht, ob Sie es waren oder ich oder die Analyse, aber ich habe das Gefühl, daß mir die Dinge in einer ganz neuen Perspektive erscheinen. Ich habe das Gefühl, daß ich anfangen werde zu trauern – nicht plötzlich, sondern Schritt für Schritt.«

Der Konflikt wurde jedoch nie ganz aufgelöst. Die Intensität der Übertragungsaffekte wurde vielmehr auf eine »reale« Beziehung verschoben. Der Patient engagierte sich ernsthaft in der Beziehung zu einer jungen Frau, einer Künstlerin, die, wie er fand, gut zu ihm passte, und die er zu heiraten gedachte. Er empfand ihr gegenüber jedoch noch keine sexuelle Leidenschaft, und während der nächsten vier bis sechs Monate ging es in der Analyse um seine Angst, er würde die Freundin nicht als verschieden von seiner Mutter erleben können. Er war wiederum auf die Analytikerin wütend, weil sie ihn nicht von seinem Bedürfnis nach *und* seiner Angst vor Frauen geheilt hatte. Wenn er auf die Analytikerin wütend war, weil sie ihn nicht von seinen Problemen in Bezug auf eine Frau, die er heiraten wollte, befreite, trat das Übertragungssymptom nicht mehr auf und er empfand beim Liebesspiel mit dem Mädchen nur sporadisch Ekelgefühle. Er fing an, vom Abschluß der Analyse zu sprechen, aber nicht im Sinne eines Endes, sondern er stellte sich vor, wie es ihm gehen würde, wenn die Analytikerin nicht mehr da wäre. »Damit ich mich von ihr trennen konnte, mußte meine Mutter sterben. Und Sie auch. Ich habe solche Phantasien, daß ich frei bin, wenn Sie sterben.« Er dachte über das nach, was er gesagt hatte und bemerkte, daß vielleicht der »wirkliche« Grund, warum er eine Frau als Analytikerin gewählt hatte, der war, daß er sich wünschte, daß es dieses Mal anders ausgehen würde. Er wünschte sich, daß ihm das Ende der Analyse eine neue Erfahrung vermitteln würde; sich frei zu fühlen, ohne sich vorstellen zu müssen, daß dazu notwendigerweise die Analytikerin sterben müsse. Zu dieser Zeit glaubte er allerdings nicht, daß er das alleine schaffen würde. Er würde einen Mann brauchen, der ihn von seiner Angst vor Frauen »befreien« konnte. Er bemerkte auch – zu seinem großen Bedauern –, daß er sich in der Gegenwart von Männern »lebendiger« und sehr erhöht fühlte und daß er sich in der Gegenwart von Frauen immer noch klein und unbedeutend fühlte. Er hatte nun ein neues Ziel für die Analyse gefunden: er wollte sich in der Gegenwart einer weiblichen Analytikerin und in der Beziehung zu ihr als starker, leistungsfähiger Mann fühlen. Die Analytikerin dachte (aber sie sagte das nicht zu ihm), daß er es brauchte, seine Analytikerin so idealisieren zu können wie ein Junge es braucht, seinen Vater idealisieren zu können, um sich als stark und leistungsfähig erleben zu können, weil er ein Sohn dieses verehrten Mannes ist.

III.

Ich möchte die zweite Phase der Analyse durch einen der vielen Träume über Dreiecksbeziehungen einleiten, die der Patient in der Analyse gehabt und gedeutet hatte. Es handelte sich um folgenden Traum:

»Meine Freundin saß auf einer Couch. Neben ihr saß ein großer, blonder, kahler Mann und spielte mit ihren Fingern. Seine Finger verwandelten sich in ein weibliches Geschlechtsteil. Ich ging zu ihnen, steckte meinen Finger unter den Arm des Mannes und entfernte den Mann. Ich war wütend.« Der blonde Mann war ein *»hübscher Junge«*, so einer, den Homosexuelle anziehend finden. *»Er machte etwas mit ihr, was ich nicht konnte..., daß ich ihn wegjagte, hatte auch etwas Sexuelles an sich.«*

Dieser Traum schien das recht klar darzustellen, was der Patient früher als seine Urszenerlebnisse beschrieben hatte. Die Leichtigkeit, mit der er den Mann von der Couch wegschaffte, erinnerte ihn daran, wie der Vater das Bett verließ, wenn er ins Bett kam. Er ärgerte sich immer darüber, er wollte, daß der Vater im Bett bleibt. Die Frage war, ob er im Traum wütend war, weil der Mann (sein Vater) so leicht aus der Szene entfernt werden konnte, oder ob er wütend war, weil der Mann etwas mit der Frau tun konnte, was er, als Kind, nicht konnte?

Daß das Verjagen des Mannes etwas »Sexuelles« an sich hatte, stellte für den Patienten ein weiteres Rätsel dar. (Die letzte Bemerkung des Patienten und ähnliche Bemerkungen, in denen er entweder das Gefühl hatte, er sei sexuell an Männern interessiert oder habe das Gefühl, Männer hätten sexuelles Interesse an ihm, wurden von der Analytikerin als Sexualisierung seines Verlangens verstanden, einem Mann nahe zu sein, um sich dadurch Stärke und Macht aneignen zu können.)

Was den Traum angeht, so dachte der Patient, daß der feminine Mann auch ihn darstellte: den Teil in sich selbst, den er unbedingt »aus der Szene entfernen« wollte. Insgesamt war er jedoch davon beeindruckt, wie treffend der Traum wichtige Aspekte seiner Kindheitserlebnisse nachbildete; der Traum brachte Züge der Persönlichkeit seines Vaters zum Vorschein, an die er nicht gerne dachte. Als die Kinder noch klein waren, wandten sich alle dem Vater zu: er war verfügbar und ging auf sie ein; aber als die Kinder größer wurden, merkten sie, daß er ein Mann war, der den Härten des Lebens nicht gewachsen war und der ihnen auch nicht dabei helfen konnte, sich auf diese Klippen vorzubereiten. »Er beschützte uns vor der Welt draußen, aber er konnte uns nicht vor seinen eigenen Ängsten schützen«, sagte er einmal. Er bezog sich dabei auf die Angst des Vaters vor dem Tod und darauf, wie diese Angst die Familie durchdrang. Der Patient hatte aber eine klare Vorstellung davon, wie er sich seinen Vater gewünscht hätte. Er erinnerte sich daran, daß ein Freund einmal seine Füße massierte: »Der Mann war ziemlich stark, aber er tat mir damit nicht weh. Nach diesem Gefühl sehnte ich mich als Kind und nach diesem Gefühl sehne ich mich auch hier.« Er glaubte, seine Erfahrungen mit der Analytikerin würden beginnen, diesem Gefühl nahezukommen. »Hier ist eine Zeitlosigkeit, kein Drängen, keine Konfrontation...«

Wenn solche Erfahrungen in der Analyse auch immer häufiger vorkamen, so hatte er doch noch das Gefühl, die Tatsache, daß die Analytikerin eine Frau war, stelle ein Handicap dar, das er irgendwie überwinden müsse:

Er träumte, daß er fliegen wollte, das Flugzeug aber nicht vollkommen war. Der Pilot war brilliant, aber physisch nicht dazu in der Lage, mit dem Flugzeug umzugehen.

Er assoziierte zu diesem Traum, wurde dabei traurig und ärgerte sich über sich selbst. »Nicht Sie sind unfähig, sondern ich. Mein Fehler ist, daß ich nicht dazu in der Lage bin, Sie zu idealisieren; das ist nicht Ihr Fehler. Und doch ist es so, daß ich Sie töten würde und mich nicht.«

An Knotenpunkten wie diesem, kann die theoretische Voreinstellung der Analytikerin deutlicher in den analytischen Prozeß eingeführt werden. Die Frage, die gestellt werden muß, ist diese: Ist die Unfähigkeit des Patienten, die

Analytikerin zu idealisieren, und sein Wunsch, sie zu töten, eine Wiederholung des ödipalen Wunsches, d. h. des Wunsches, den Vater zu töten, weil er groß ist und die Mutter sexuell besitzt? Mit anderen Worten: Ist die Feindseligkeit in diesem Kontext ein triebbezogener Affekt oder ist sie sekundärer Natur und bezieht sich auf die Enttäuschung des Kindes am Vater, den es als jemanden erlebte, dem männliche Stärke fehlte und der ihn deswegen nicht vor Demütigung und sexueller Überstimulation schützen konnte?

Ich glaube, daß sich die unterschiedlichen theoretischen Betrachtungsweisen auf die Interventionen des Analytikers auswirken. Wenn die Analytikerin die reaktivierte Wut als primär betrachtet, muß sie die Tatsache, daß der Patient den Vater in der Kindheit als schwachen Mann wahrnahm, als Entstellung deuten. Die Entstellung (die die Wut retrospektiv rationalisieren könnte) würde in Wirklichkeit den infantilen Wunsch repräsentieren, den Vater zu töten, weil er im Bett der Mutter der unerwünschte Rivale ist. Dem Patienten müßte dann dabei geholfen werden, sich der Realität seiner eigenen Impulse zu stellen, um damit den Prozeß der Identifikation mit dem Vater voranzutreiben, der dann die Verdrängung der auf die Mutter gerichteten inzestuösen Wünsche ermöglichen würde. Solche mörderischen Wünsche führen natürlich zu unbewußten Konflikten, weil das Kind seinen Vater auch liebt und sehr auf ihn angewiesen ist. Die Deutung eines solches unbewußten Konfliktes erfordert aber auch, daß die dem Konflikt zugrundeliegenden triebbezogenen Phantasien voll herausgearbeitet und gedeutet werden (Arlow 1963). Wir müßten angesichts der mangelnden Kontrolliertheit der Mutter und der »Passivität« des Vaters auch daran denken, daß sich die Wut des Kindes auf die Angst vor seinen eigenen Impulsen beziehen kann, die sich auf beide Eltern richten. Im letzteren Fall müßte jedoch die Deutung der Mordwünsche gegen den Vater immer noch im Mittelpunkt des Deutungsprozesses bleiben, weil sie die auf die Mutter gerichteten sexuellen Wünsche begleiten.

Ob die Wut auf den Vater primär oder sekundär ist, das stellt den Schlüssel zu unserer Ausgangsfrage dar, nämlich ob wir auf der klinisch-theoretischen Ebene Selbstobjekt-Übertragungen erkennen können, die sich auf die ödipale Entwicklungsstufe beziehen. Wenn man die wiederbelebte Wut für sekundär hält, richtet man die Aufmerksamkeit mehr auf die pathogenen Anteile der Art und Weise, wie der Vater mit den emotionalen Bedürfnissen des ödipalen Kindes umging. Die bildhafte Erinnerung des Patienten an den Vater, wie er aus dem Bett steigt, enthielt die Trauer und die Enttäuschung, die er in diesen Situationen empfand. Obwohl sich dieser Vorfall oft wiederholte, stellt die Erinnerung eine Deckerinnerung dar und repräsentierte viele Erlebnisse des Patienten in Bezug auf seinen Vater. Es bekümmerte ihn ganz besonders, wenn er Zeuge war, wie sich sein Vater furchtsam, fast feige gegenüber den Forderungen verhielt, die die Mutter an ihn stellte. Die Enttäuschungen an der Männlichkeit des Vaters gingen mit einer Unfähigkeit des Vaters einher, freudig auf die sich nun deutlicher zeigenden Fähigkeiten und Begabungen des Patienten zu reagieren. Der Vater verglich ihn zu seinem Nachteil mit seinem Bruder, und zwar nicht nur seine musikalischen, sondern auch seine praktischen Fertigkeiten.

Die versteckten, aber entscheidenden Defekte in der Empathie des Vaters hatten zur Folge, daß der Patient ziemlich fordernd von der Analytikerin verlangte, sie als jemand erleben zu können, mit dem er sich »streiten« konnte. Dieser Wunsch war Ausdruck eines tief empfundenen *Bedürfnisses*, die Analytikerin als jemand erleben zu können, der in der Lage war, seine Selbstbehauptung und Konkurrenz auszuhalten – und sich darüber zu freuen.

Er erzählte freudig einen Traum, in dem er mit der Analytikerin einen Boxkampf austrug. Er hatte das Gefühl, daß es beim Boxen um die Interaktion ging und weniger darum, wer gewann oder verlor.

Es erübrigt sich zu sagen, daß Träume wie der eben erwähnte nicht nur durch die Entwicklungsgeschichte des Patienten determiniert waren. Zu dieser Zeit gewann die analytische Situation eine neue Qualität. Seit der Patient weniger davor Angst hatte, von der Analytikerin angegriffen zu werden, war sie auch spontaner geworden und ihre Kommunikation war mehr ein Geben und Nehmen. Die Reaktionen des Patienten in der Anfangsphase der Analyse (zornig und gereizt, kulminierend in der extremen Empfindlichkeit gegenüber der Stimme der Analytikerin) unterschieden sich sehr deutlich von seinem jetzigen Wunsch, die Analytikerin sollte mit ihm aktiv in Interaktion treten. Die Analogie zum Boxen brachte folgendes zum Vorschein: im Traum fühlte er sich frei, hart zuzuschlagen, ohne sich Sorgen darüber machen zu müssen, ob die Analytikerin seine Schläge aushalten könne und ob sie ihm die Schläge vergelten würde. Er betonte in der Deutung des Traumes, daß er sich *selbst* in der Beziehung zu einer starken Analytikerin als stark erlebte.

Dieser Analysenabschnitt war sehr aufregend: die Bindung des Patienten an seine Freundin vertiefte sich, und er hatte nun mehr Lust am Musizieren und Musikhören. Er wünschte sich, er hätte den Mut, der Analytikerin eine seiner Kompositionen mitzubringen, aber er konnte sich nicht ganz dazu durchringen, was er bedauerte.

In diese Zeit fiel eine Stunde, die der Patient für »denkwürdig« hielt und auf die er sich in der Folgezeit häufig bezog:
Die Stunde begann damit, daß der Patient einen Traum erzählte, in dem ein Mann ihm etwas anbot, was er sich immer gewünscht hatte, aber nun nicht mehr haben wollte. Für den Patienten ergab das keinen Sinn und er meinte, daß in der Analyse etwas vorgehe, das sein seltsames Verhalten erklärten könnte.
Die Analytikerin sagte, daß die Antwort vielleicht in den Veränderungen zu finden sei, die sich während der letzten Wochen ereignet hatten: er empfinde nun die Stimme der Analytikerin nicht mehr als störend, sondern wolle mit ihr streiten. Der Patient stimmte zu und unterstrich seinen Wunsch, die Analytikerin in irgendeine aktive Interaktion zu verwickeln: »Ich möchte so mit Ihnen kämpfen, als ob Sie ein Mann wären«, sagte er. Diese Vorstellung war für ihn erregend, weil er immer nachgegeben hatte, wenn er eine Auseinandersetzung mit seiner Mutter oder seiner Großmutter gehabt hatte. Nun konnte er sich einen anderen Ausgang vorstellen – einen, der für ihn ein »kreativer Moment« sein konnte. Als er das sagte, wechselte seine Stimmung, und er wurde nachdenklich. »Aber kann ich den schöpferisch sein, wenn Sie noch am Leben sind? Ich müßte Ihnen dankbar sein – es für Sie tun. Meine Alternative ist, mir einen Mann zu suchen. Meine Integrität kann nur durch einen Mann aufrechterhalten werden. Das ist meine Art von Homosexualität – Homosexualität, weil nur ein Mann meine Männlichkeit zum Strahlen bringen kann…«
Ich hatte früher davon gesprochen, daß ich seine Anspielungen auf Homosexualität so verstand, daß es sich um eine erotisierte Sehnsucht nach Nähe zu einem Mann handelte, wobei der Patient sich durch diese Intimität männliche Stärke und Macht anzueignen hoffte. Diese Behauptung bedarf einer näheren Erläuterung. Wenn im Laufe einer Analyse homosexuelle Phantasien, Sehnsüchte oder homosexuelles Verhalten auftreten, wird das gewöhnlich als Rückzug von der heterosexuellen Position verstanden und genetisch auf den negativen Ödipuskomplex bezogen. Ich schlage vor, daß solche erotisierten Wünsche in der Übertragung nicht notwendigerweise einen Rückzug von den Gefahren der Heterosexualität bedeuten, sondern daß sie als Reaktivierungen von Bedürfnissen zu sehen sind, die zur Entwicklung gehören. Es handelt sich um das Bedürfnis, von einem idealisierten gleichgeschlechtlichen Vater gespiegelt zu werden, wobei dieses Bedürfnis deswegen erotisiert wurde, weil es in der Kindheit frustriert wurde, und aus diesem Grunde zu einem Defizit im Selbst geführt hat.

Der Patient konnte sich in diesem Abschnitt der Analyse in der Beziehung zur Analytikerin so erleben, »als ob sie ein Mann wäre.« Das heißt, daß er die Analytikerin idealisieren und sich von ihr geschätzt fühlen konnte. Gleichzeitig mußte er jedoch fortfahren, sich von der Mutter abzusetzen. Er stand nun in der Analyse vor der Aufgabe, sich selbst als starker Mann zu erleben, und zwar auch angesichts zu erwartender Schwankungen in der Selbstwahrnehmung, während derer die Analytikerin als »starker Mann« zur potentiell demütigenden oder kontrollierenden Mutter wurde.

Immer wenn er dazu in der Lage war, dieses Bild von sich selbst aufrechtzuerhalten, und zwar in der Beziehung zur als starken Mann erlebten Analytikerin, eröffnete sich dem Patienten eine neue Dimension seiner analytischen Erfahrung. Er hatte immer schon viel geträumt, aber nun wurden seine Träume (und seine Phantasien) für ihn farbiger und aufregender.

Er freute sich besonders, als er einen farbigen Traum hatte, in dem er ein Bild sah, das in kräftigen Farben gehalten war; die verschiedenen Farben verschmolzen miteinander, ohne daß sie ihre ursprüngliche Intensität verloren. Der Patient deutete diesen Traum als Ausdruck dafür, daß er wachsende Lust beim Erleben starker Affekte empfand, ohne sich dabei überstimuliert zu fühlen. So verstand er es, daß die Farben frei miteinander »verschmelzen« konnten, ohne ihre individuelle Farbe zu verlieren. In der Realität fühlte er sich beim Sexualverkehr freier und hatte mehr Freude an einer »guten Diskussion« mit Freunden. Der Analytikerin schien es, als ob er sich nun stärker auf die genetisch bedeutsamen ödipalen Affekte einlassen konnte, auf sexuelle Leidenschaft und Rivalität.

Träume wie der oben erwähnte und deren Interpretation erregten und beflügelten Mr. Seaton: »Ich werde jetzt immer schneller ... es ist schwierig, diesen Zustand zu beschreiben...« Das Wort »expandierend«, das die Analytikerin anbot, erfasste die Art seines Erlebens und er wollte wissen, ob sie das Wort gefunden hatte, weil sie sein Gefühl aus ähnlichen Erlebnissen in ihrer eigenen Analyse kannte. Der Patient entwickelte nun einen vorsichtigen Optimismus in Bezug darauf, daß er seine Ängste überwinden könnte, mit der Hilfe einer weiblichen Analytikerin sich nie als starker, sexuell leistungsfähiger und *kreativer Mann* fühlen zu können.

Außerhalb der Analyse gab es noch weitere Veränderungen in seinem Leben, die ihm Hoffnung machten: Er hörte auf zu rauchen, was er zuvor oft versucht hatte, und betrieb regelmäßiger Sport. In der Vergangenheit hatte er seine Unfähigkeit, mit dem Rauchen aufzuhören und ein potentiell schädliches Leben zu führen (er aß nicht das Richtige und schlief zu wenig) als Zwang gedeutet, das Leben seines Vaters leben, sich dessen Krankheit zuziehen und jung sterben zu müssen.

Da die Stimme der Analytikerin nun keine Störquelle mehr darstellte, bot sie ihm häufiger umfassende rekonstruktive Interpretationen an. Ihre Bemerkungen konzentrierten sich auf die Veränderung des Erlebens und der Übertragung von Seiten des Patienten. Sie betonte, ihr schien es so, als habe er eine Zeitlang die Konflikte durchgearbeitet, die er mit beiden Eltern gehabt hätte, die aber sehr von der sprunghaften, jedoch farbigen Persönlichkeit der Mutter geprägt waren. Da er sich zu ihr hingezogen gefühlt und gleichzeitig Angst vor ihr gehabt habe, sei die »Passivität« des Vaters in der Zeit eine *neue Quelle von Traumata* geworden, in der er es als kleiner Junge gebraucht hätte, seinen Vater als einen Mann zu erleben, der dazu in der Lage war, es »mit dem Leben aufzunehmen« und an dem er ungehemmt seine Kräfte hätte erproben und mit ihm konkurrieren können. Die Sehnsucht nach dieser spezifischen Erfahrung in Bezug auf die Person der Analytikerin ist meiner Meinung nach eine Manifestation einer ödipalen Selbstobjektübertragung. Diese Übertragung entsteht in Zusammenhang mit einem Defizit im Selbst, das damit zu tun hat, daß dem Kind die phasenadäquate Idealisierung des gleichgeschlechtlichen Elternteils sowie das Gespiegeltwerden durch diesen Elternteil fehlt, und zwar in einer Zeit, in der die eigene Männlichkeit erwacht. Dieser Defekt kann dann mit einer *Abwehr-Identifikation* mit dem gleichgeschlechtlichen Elternteil »ausgefüllt« werden. Im Falle von Mr. Seaton war die Enttäuschung am (ödipalen) Vater stärker verdrängt als die Konflikte, die sich auf seine Mutter bezogen und die eine ganz offensichtliche Form von sexueller Hemmung zur Folge gehabt hatten. Ich glaube, daß die Abwehr-Identifikation mit dem Vater eine Folge davon war, daß dem Patienten keine durch Umwandlung verinnerlichten Erfahrungen mit einem idealisierten Vater zur Verfügung standen, von dem er sich beschützt und geschätzt hätte fühlen können. Die daraus resultierende Abwehr-Identifikation hatte die Überzeugung zur Folge, er habe keine andere Wahl, als seine Frau jung zu verlieren, krank zu werden und jung zu sterben.

Als der Patient sich zunehmend besser fühlte, dachte er nicht mehr gerne an das Ende der Analyse. Das Thema des Analysenendes war in der Analyse von Anfang an auf zwei ganz verschiedenen Ebenen präsent: 1. Auf der Realitätsebene meinte er, er würde die Analyse aus äußeren Gründen nach ungefähr drei Jahren beenden müssen. 2. Auf einer anderen Ebene, die eng mit dem analytischen Prozeß selbst zusammenhing, wurde die Vorstellung des Analysenendes ein ganz wesentlicher Aspekt des Prozesses des Durcharbeitens. Thema des nächsten Abschnittes meiner Darstellung wird sein, wie sich die beiden Ebenen berührten und wie das Zusammenspiel beider Ebenen den wirklichen Zeitpunkt des Behandlungsendes bestimmten.

Zu dieser Zeit hatte seine Abneigung, sich mit dem Analysenende zu befassen, etwas mit seinem zunehmenden Wohlbefinden zu tun. Er hatte das Gefühl, ein ganz neues Feld habe sich ihm eröffnet, das in der Analyse durchdacht werden müsse, und er befürchtete, daß eine vorzeitige Beendigung ihm die Möglichkeit nehmen würde, das Neue zu durchleben und zu verstehen. So sah es am Ende des zweiten Jahres aus. Auf der »realen« Ebene war das Ende der Analyse für etwas weniger als ein Jahr später geplant. Zu dieser Zeit ließen wir die Frage des Behandlungsendes offen.

Mr. Seaton hatte gelegentlich das Gefühl, er könne seine Analyse aufgrund der wachsenden Fähigkeiten zur Selbstanalyse auch ohne die Analytikerin weiterführen. Er führte sein Können anhand einer Beobachtung einer jungen Familie besonders gut vor. Er hatte die Interaktion des zweijährigen Joshua mit seinen beiden Eltern beobachtet und das vertiefte seine Einsicht in Bezug auf das Erleben seines Selbst in der Kindheit. Er beobachtete, wie das Kind von der Mutter wegdrängte und hatte das Gefühl, die Mutter zwinge dem Kind ihre Umarmungen und Küsse auf: »Ich kann es nicht ausstehen zu sehen, wie sie ihn küßt. Die Küsse gelten gar nicht ihm, sondern ihr...«. Er spürte auch, wie sich das Kind gleichzeitig »verzweifelt danach sehnte, bei der Mutter zu sein«, wie Joshua sich zwar von der Mutter losriß, sich aber doch »ständig ihrer rückversicherte.« Eine Angst, die sich für ihn »beinahe biologisch« anfühlte, mache die Entfernung von der Mutter jedoch zu einer absoluten Notwendigkeit.

Mr. Seaton sagte, er habe sich auch gewünscht, seiner Mutter nahe zu sein, aber »so ging sie mit mir um – ich sehnte mich so sehr nach meinem Vater! – Aber er war nicht stark genug...« Der Patient beobachtete einmal, wie der gleiche Junge von seinem Vater aufgefangen wurde, als er beinahe von einer Schaukel gefallen wäre. »Was für ein perfektes Timing!«, sagte er. Er meinte, daß das Kind zwei wunderbare Affekte gleichzeitig erlebt haben müsse: Er selbst könne *das Hochgefühl* des Schaukelns fühlen und *die Sicherheit*, die die starken Arme des Vaters vermittelten, als der Junge gerade rechtzeitig mitten in der Luft aufgefangen wurde. »Welche Freude!« – er bezog sich dabei auf die Freude, die er im

Gesicht des Vaters und des Sohnes beobachtet hatte, als das Kind sicher in den Armen des Vaters landete. Er glaubte, daß er in der Analyse etwas ähnliches erlebt hatte, als er seine Träume analysierte und sich dabei sicher war, daß die Analytikerin da war. »Aber ich kann mich auch selbst auffangen, wenn Sie nicht *da* sind.« Das brachte ihn dazu, anders über seine Eltern zu denken: »Ich muß oft von ihnen aufgefangen worden sein, weil ich es nun selbst tun kann.« Was die Analyse anging, so glaubte er, die Analytikerin sei immer dann besonders hilfreich gewesen, wenn sie am Anfang der Analyse seine Wut und Ambivalenz verstanden hatte, und daß es vielleicht diese Erfahrung war, die ihm das Gefühl vermittelt hatte, er könne nun so mit ihr kämpfen, »als ob sie ein Mann wäre.«

IV.

Der Patient begann nun, sich mit dem Thema der Beendigung der Analyse sehr aktiv auseinanderzusetzen, wobei der wirkliche Zeitpunkt des Abschlusses offen blieb. Er deutete viele Träume und Einfälle als Ausdruck seiner Angst vor dem Ende der Analyse. In den Ferien hatte er Erkältungen und andere kleinere Krankheiten – Signale für eine neue Ebene der Regression im analytischen Prozeß. Was das Verständnis der Analytikerin betrifft, so war für sie diese Phase des analytischen Prozesses die verwirrendste: intensive Affekte aus der Vergangenheit überlagerten und vermischten sich mit offensichtlich neuen Erfahrungen des Patienten; so als ob der Patient im Gefolge der zunehmenden Konsolidierung seines Selbst mit Affekten in Berührung gekommen wäre (so z. B. Todeswünsche gegenüber beiden Eltern), die er früher nicht erinnern konnte. »Entdeckungen«, die er früher in der Analyse gemacht hatte, wurden gefestigt und fielen mit neuen Regressionsebenen zusammen. Seine Stimmung auf der Couch schwankte in unvorhersehbarer Weise: Wohlbefinden und » Expansivität« konnten rasch in Unzufriedenheit und Wut umschlagen.

Die Wuterlebnisse waren nicht neu. Mr. Seaton hatte Zeiten, in denen er sich »blind vor Wut« fühlte. Es handelte sich um umgrenzte Momente; sie wurden von Erlebnissen ausgelöst, in denen er sich »kleingemacht« fühlte. Er hatte vor diesen Momenten insbesondere in der Beziehung zu seiner Freundin Angst und erkannte die Gefühle als Übertragungsreaktionen, die sich auf die Gefühle bezogen, die er gegenüber seiner Mutter gehabt hatte.

Der erste Traum, den der Patient als Hinweis auf seine Angst vor dem Analysenende interpretierte, trat auf, als er eine Stunde versäumt hatte. Er begann die

Stunde damit, daß er sagte, er habe versucht, die Bedeutung der versäumten Stunde zu verleugnen, aber das sei ihm nicht gelungen; er war gereizt und bissig gegenüber seiner Freundin. Er berichtete dann folgenden Traum:

»Ich war Maat auf einem Schiff. Der Kapitän wollte die Innenkonstruktion des Schiffes umbauen. Wir steuerten das Schiff zu einer Lagune und lockerten alle Schrauben, die den Rumpf des Schiffes, das Schiff zusammenhielten. Dadurch kam das Schiff in Schräglage, aber es schwamm weiter – Die Schrauben waren rostig, einige fehlten. Das Schiff begann zu driften. Zwei andere Schiffe befanden sich auf Kollisonskurs. Die Wellen dieser Schiffe berührten unser Schiff. Aber wir konnten das Schiff an die Küste zurückbringen.«

Der Patient assoziierte zu den verschiedenen Teilen des Traumes: Das Abdriften des Schiffes gab ihm das Gefühl, er würde sich zu früh der Analyse »entledigen.« »Jetzt, wo ich angefangen habe, Sie zu idealisieren und Sie zum Kapitän zu machen, muß ich gehen. Das fühlt sich so an wie das Abdriften, ohne daß die Schrauben da sind, wo sie hingehören...«. Daß *alle* Schrauben entfernt worden waren, brachte ihn auf den Gedanken, daß die Analyse für ihn eine Art »Überholen« war, daß sie ihn aber auch verwundbarer gemacht hatte. Die Analytikerin wollte wissen, ob das Gefühl der Verwundbarkeit nicht etwas mit seiner Angst zu tun habe, daß er diese Trennung immer als »zu früh« erleben würde, egal wann sie stattfinde; d. h. daß sie eine Wiederholung der Verluste sein müsse, die in seinem Leben zu früh eingetreten waren. So verstanden sie es, daß das Bild des Meeres (sein Leben fern von der sicheren Küste der Analyse) etwas so Verbotenes und potentiell Gefährliches geblieben war. Der Patient erinnerte sich daraufhin an einen anderen Traum, der die tiefe Angst bestätigte, es komme zu einem vorzeitigen Ende der Analyse:

In diesem Traum fuhr er zu schnell mit dem Motorrad, fiel herunter und trug Schrammen davon.

Der Patient meinte, daß er sich in der Analyse zu schnell voranbewege und wahrscheinlich stürzen würde, bevor er sein Ziel erreicht habe: zu viele Dinge geschahen in einer zu kurzen Zeitspanne.

Die Angst vor dem Ende der Analyse wurde spezifischer, als Mr. Seaton recht durchgängig eine sehr enge Beziehung zwischen dem Tod seiner Eltern und dem Analysenende herstellte. Zunächst bedeutete das den Tod der Analytikerin; wie sonst sollte er sich frei von ihren Erwartungen an ihn fühlen können? Der Traum, in dem seine Mutter zu ihm gesagt hatte, sie sei um seinetwillen gestorben, bekam nun eine neue Bedeutung. Daß sie für ihn gestorben

Anna Ornstein

war, anstatt ihn zu befreien, hatte nur dazu geführt, daß er sich ihr gegenüber auch nach ihrem Tod verpflichtet fühlte. So wollte er sich bei der Analytikerin nicht fühlen. Er wollte die Analyse ohne ein Gefühl von Dankbarkeit verlassen und ohne das Gefühl, der Analytikerin verpflichtet zu sein... .

Die Vorstellung, daß die Analytikerin bei Analysenende sterben müsse, konnte nicht einfach darauf bezogen werden, daß er wütend darüber war, daß sie ihn durch die Beendigung der Analyse verlassen würde und auch nicht darauf, daß er in der Übertragung die Befreiung von ihr durch ihren Tod wiederholte. Es bedeutete mehr. Er wollte, daß sie starb, um ihm zu beweisen, wie wichtig er für sie war; sein Weggehen sollte ihr »das Herz herausreißen«, sagte er. Er stellte sich vor, daß er nach dem Tod der Analytikerin mit ihrem Geist Kontakt aufnehmen würde. »Wie wird ihr Geist beschaffen sein? Ich glaube, ziemlich nüchtern und ruhig, aber auch doch mit Energie geladen. Sie sind beides und die beiden Seiten sind gut miteinander verknüpft.« Er dachte über diese Phantasie nach und verstand, daß sie den Wunsch ausdrückte, daß sie beide sterben würden, um sich nicht voneinander trennen zu müssen.

Diese durchgängige Gleichsetzung von Analysenende und Tod war deswegen rätselhaft, weil diese Phase der Analyse mit beachtlichen Verbesserungen des Befindens des Patienten und der Beziehung zu seiner Freundin einhergingen. Der Patient fing mit einer neuen Sportart an und genoß seine Fähigkeit, sich »gehen zu lassen« und seinen Körper deutlicher zu spüren.

Einer der Gründe, warum dieser Analysenabschnitt eine Rätsel darstellte, scheint zu sein, daß die Analytikerin »zu nahe« am Material blieb. Erst als der Patient »philosophischer« über den Tod sprach, erkannte sie allmählich, daß die Gleichsetzung von Analysenende und Tod nicht nur die Angst ausdrückte, ohne die Analytikerin zu sterben oder den Wunsch, die Analytikerin dadurch zu töten, daß er ihr das »Herz brach«, sondern daß diese Gleichsetzung auch ein Anzeichen dafür war, daß der Patient seine eigene Angst vor dem Tod, die er als Erwachsener erworben hatte, durcharbeitete. Diese Angst brachte die tiefste (Abwehr-) Identifikation mit dem Vater zum Ausdruck und war in erster Linie für die chronisch niedergeschlagene (nicht auf eine Zukunft bezogene) Stimmungslage des Patienten verantwortlich. Die Bedeutung dieser Identifikation konnte nun voller gewürdigt werden. Mr. Seaton hatte zuvor häufig angedeutet, daß Leiden in kleinen Dosen – sich keine passende warme Kleidung für den Winter kaufen und sich andere kleine Freuden nicht zu gestatten – ihn in der Nähe des Vaters gehalten hatte. »Ich muß an meiner Traurigkeit so festhalten, als ob sie das einzige wäre, was mir von ihm geblieben ist.« Die Traurigkeit des Patienten nahm nach dem Tod der Mutter zu. Sie war jedoch nicht Ausdruck seiner Trauer über den Tod der Mutter, sondern ein Versuch, in größtmöglichem Kontakt mit dem Vater zu bleiben, der nach dem Tod der Mutter sehr depressiv geworden war. Als sich Mr. Seaton nun aktiver und lebendiger fühlte (er freute sich über die neuen und gut sitzenden Sachen und die Aussicht auf einige Reisen), bedrohte diese Veränderung in ihm die Verbindung mit seinem Vater auf einer Ebene, die am wenigsten auffiel, aber psychologisch am bedeutsamsten war, nämlich der Ebene der Identifikation. Sich besser fühlen stellte die größte Bedrohung seiner Verbindung zum Vater dar: verschieden von ihm sein stellte die endgültige Trennung von ihm dar.

Der Zeitpunkt, der ursprünglich nur vage als Termin für das Ende der Behandlung geplant war, war näher gerückt. Drei oder vier Monate vorher entschloß sich der Patient dazu, zu diesem Zeitpunkt aufzuhören. Angst und Zweifel kamen immer noch ab und zu auf, aber die neuen Einsichten über die Bedeutung des Analysenendes ließen ihn sich relativ sicher mit seiner Entscheidung fühlen.

Ein sehr wichtiges Moment in dieser ziemlich komplexen Phase der Analyse hatte mit den Schuldgefühlen zu tun, die er wegen der Erleichterung fühlte, als seine Mutter starb; Schuld gemischt mit Bedauern, daß er nie wieder Gelegenheit haben würde, seine Mutter anders zu erleben als mit der Wut, die er ihr gegenüber als Kind und Adoleszenter empfunden hatte. Oft wollte er wissen, was mit der Wut geschehen sei, die er in der Anfangszeit der Analyse gegenüber der Analytikerin gefühlt hatte. Der Patient meinte, es sei letzten Endes gut gewesen, daß er eine Frau als Analytikerin gehabt hätte; er konnte sich selbst in der Beziehung zu ihr (und nun auch zu seiner Freundin) anders erleben als in der Beziehung zur Mutter. »Ich habe jetzt das Gefühl, daß ich etwas von dieser Erfahrung mitnehmen und nicht einen Teil von mir hier zurücklassen möchte.« Die Analytikerin fügte an, er wolle ein Vision von Zukunft, ein Gefühl von Enthusiasmus und Lebensfreude mitnehmen, die an die Stelle der Wut, der Angst und Antizipation eines frühen Todes treten sollten.

Während der ganzen Zeit vor dem Ende der Behandlung betrachtete Mr. Seaton die Beziehung zu seiner Freundin als »Barometer«, das die Veränderungen genau anzeigte, die in ihm im Laufe der Analyse vorgegangen waren. Immer wenn er auf ihren Wunsch einging, mehr Zeit mit ihr und weniger mit seinen Freunden zu verbringen und er dabei das Gefühl hatte, ihr »in die Falle« gegangen zu sein, befürchtete er, in die Beziehung zur Freundin immer noch zu sehr die Gefühle hineinzutragen, die in die Beziehung zur Mutter gehörten. Deshalb freute er sich ganz besonders, als er wieder einen Traum von einem Schiff hatte, in dem er Freude darüber empfunden hatte, die Freundin gefunden zu haben. Das versicherte ihn seiner Liebe zu dem Mädchen, das er in der Zwischenzeit wegen ihrer Intelligenz und Feinfühligkeit zu schätzen gelernt hatte:

In dem Traum (in dem vier und nicht drei Leute vorkamen) waren er, seine Freundin und ein anderes Paar auf einem Schiff, das einen schwierigen Kurs steuerte. Das Schiff bekam Schlagseite und er konnte zunächst seine Freundin nicht finden. Als er sie fand, war er sehr erleichtert. »Da war sie – ich war so glücklich, als ich sie sah!«

Nach dem Aufwachen dachte er zuerst an die Analytikerin; als ob ein Hindernis aus dem Weg geräumt worden wäre... Er berichtete in der gleichen Stunde einen zweiten Traum, der einen anderen Aspekt des Fortschrittes zeigte, den er in der Analyse gemacht hatte:

In diesem Traum verlor er einen Schuh und versuchte, einen zu kaufen, der zum verbliebenen Schuh passte. Er probierte einige Schuhe an und sein Vater sagte ihm, welchen er nehmen sollte. Sehr bestimmt antwortete er seinem Vater »nein«; der Schuh, den der Vater empfohlen hatte, war zu klein und drückte an den Zehen.

In den Assoziationen zu diesem Traum kam die Freude darüber zum Ausdruck, daß er zu seinem Vater, dem er viel zu oft zugestimmt hatte, um ihm nahe zu bleiben, »nein« sagen konnte. Er erinnerte sich auch daran, wie er sich als Kind für seinen Vater verantwortlich gefühlt hatte; er hatte ihn häufig daran erinnert, seine Medikamente einzunehmen. »Mein Vater ist mir nun in meinen Träumen willkommen«, sagte er, »sonst lag er in allen meinen Träumen immer im Sterben.«

Wie das häufig der Fall ist, konnte sich der Patient in der Abschlußphase der Analyse an angenehme Momente seiner frühen Kindheit erinnern. Er hatte oft Filme von sich als Kind gesehen, und nun war er sehr erstaunt darüber, wie lebhaft und freundlich er als Vier- bis Fünfjähriger gewesen war, und wie er aus sich herausgehen konnte. Er fand sich in den Filmen mädchenhaft und exhibitionistisch. Das »Mädchenhafte«, sich ins beste Licht Rückende störte ihn zunächst, aber er konnte auch sehen, daß ihm diese Eigenschaften viel Aufmerksamkeit von Seiten des Vaters eingebracht haben mußten. (Die Analytikerin hatte den Gedanken, daß das die ursprüngliche »negative ödipale«

Erfahrung war, die sich später in dem erotisierten Wunsch nach Nähe zu Männern, die er bewunderte, manifestierte. Das offen exhibitionistische gesellige Verhalten, das seine frühe Kindheit charakterisierte, veränderte sich, als er älter wurde; er wurde zurückgezogen, deprimiert. Die Veränderung bezog sich, wie man nun verstehen konnte, auf die Abwehr-Identifikation mit dem Vater, zu der es wegen traumatischer Enttäuschungen während und nach der ödipalen Phase gekommen war.) Als die Analytikerin in diesem Sinne deutete, weinte Mr. Seaton (was zuvor in der Analyse nur einmal und damals auch im Zusammenhang mit dem Vater geschehen war) und sagte, es sei so schmerzlich für ihn, weil sein Vater »in so vieler Hinsicht so gut« zu ihm gewesen war. Er glaubte, daß die tiefe Liebe des Vaters zur Mutter ihn blind gemacht hatte und daß er deshalb Mr. Seaton als Kind darum gebeten hatte, Dinge für die Mutter zu tun, die man von einem Kind nicht verlangen sollte. Er wollte wissen, was für einen Vater er abgeben würde, und freute sich darüber, daß er sich nun der Zukunft auf positivere Art und Weise zuwandte.

In den letzten beiden Wochen der Analyse beschäftigte sich Mr. Seaton viel damit, die Arbeit zusammenzufassen, die in der Analyse geleistet worden war. Mr. Seaton bat die Analytikerin, alles zu sagen, was sie nun über ihn wußte und an ihm verstand. Er selbst fand, daß seine Träume für ihn außerordentlich wertvoll gewesen waren, und er hoffte, auch weiterhin zu träumen, um auf diese Art und Weise mit sich selbst in Kontakt zu bleiben. In den letzten Minuten der letzten Stunde schwieg er eine Weile und sagte, daß er die Zeit subjektiv als sehr lang erlebte (ungefähr 5 Minuten lang). Er wollte die Stunde ausdehnen: »Ich möchte mit Ihnen und mit meinen Eltern in Verbindung bleiben. Verbunden sein ist etwas anderes als Beherrschtwerden.« Die Analytikerin stimmte zu.

Zum Abschied gab es einen kurzen und angenehmen Händedruck und ein Auf Wiedersehen.

Übersetzung überarbeitet von H.-P. Hartmann

Anmerkungen

[1] Erweiterte deutsche Fassung eines Buchbeitrages (Ornstein, A. (1983): An idealizing transference of the ödipal phase. In: Lichtenberg, J. D., Kaplan, S. (Hg.): Reflections on Self Psychology. Hillsdale, NJ (Analytic Press), S. 135-148).

Literatur

Arlow (1963): Conflict, regression, and symptom formation. Int. J. Psycho-Anal. 44:12-22.
Freud, S. (1909): Analyse der Phobie eines fünfjährigen Knaben. GW, Bd. 7.
Kohut, H. (1971): The Analysis of the Self. New York (IUP). (1973) Narzißmus. Eine Theorie der psychoanalytischen Behandlung narzißtischer Persönlichkeitsstörungen. Frankfurt a. M. (Suhrkamp).
Kohut, H. (1977): The Restoration of the Self. New York (International Universities Press). (1979) Die Heilung des Selbst. Frankfurt am Main (Suhrkamp).

Die Angst vor der Wiederholung

Bemerkungen zum Prozeß des Durcharbeitens in der Psychoanalyse[1]

Anna Ornstein

In der Selbstpsychologie bilden empathisches Zuhören und die Aufmerksamkeit für Selbstobjekt-Übertragungen den Schwerpunkt analytischen Arbeitens, der zur Neubewertung verschiedener Aspekte der traditionellen Psychoanalyse führt. Anhand eines klinischen Beispiels demonstriert die Autorin, wie archaische Abwehrorganisationen und sich neu entwickelnde psychische Strukturen im Übertragungssymptom zu einem Kompromiß finden. Übertragungssymptome stellen den Angelpunkt des Durcharbeitungsprozesses dar; sie repräsentieren die Übergangsphase zwischen den alten automatischen Antworten auf eine narzißtische Kränkung und der wachsenden Fähigkeit, Signalangst wahrzunehmen. Die Psychopathologie, die mit Hilfe des Fallbeispiels beleuchtet wird, fällt phänomenologisch unter den Begriff der selbstschädigenden Persönlichkeitsstörung.

In der täglichen Praxis beschäftigen sich Psychoanalytiker wenig mit deskriptiven Diagnosen, die auf Verallgemeinerungen basieren. Dies hat zwei Gründe: Erstens liegt der Erstellung einer *psychoanalytischen Diagnose* offensichtlich die Analyse der Übertragung zugrunde, die darin die Struktur und den Ursprung der Psychopathologie erforscht. Wenn wir eine psychoanalytische Diagnose erstellt haben, die auf der Art der Übertragung und nicht auf deskriptiven Charakteristika der Erkrankung beruht, wird deutlich, daß keine zwei Menschen an derselben Krankheit leiden. Zweitens stellen wir, von gleicher Wichtigkeit, fest, daß das, was als Übertragung oder Widerstand erscheint, nicht allein von der Art der Psychopathologie abhängt. Übertragung und Widerstand sind durch die verbalen und nonverbalen Äußerungen des Analytikers, seine Persönlichkeit und seine theoretische Ausbildung mitbestimmt: Was sich als Übertragung herausbildet, ob, und in welcher Form sich Widerstand manifestiert, wird von beiden Partnern des analytischen Prozesses mitgeprägt. Es werden jedoch in der Analyse einzelne Persönlichkeitsmerkmale in einer Weise erhellt, die sie mit bestimmten deskriptiven Diagnosen korrespondieren lassen. Die Psychopathologie der hier vorgestellten Patientin[2] wird am treffendsten als »Selbstschädigende Persönlichkeitsstörung« bezeichnet.

DSM-III-R (1987) gebraucht den Begriff des »Sadomasochismus« nicht mehr. Die Persönlichkeitsstörung, die bisher so charakterisiert wurde, wird heute mit der Begründung, daß es sich um ein durchgängiges Verhaltensmuster mit selbstschädigender Wirkung handelt, als Selbstschädigende Persönlichkeitsstörung bezeichnet. Das *Diagnostische Manual* hat den Begriff des »Masochismus« aufgegeben, um die historische Assoziation mit der älteren psychoanalytischen Betrachtung der weiblichen Sexualität und der Implikation, daß die davon betroffene Person aus ihrem Leiden Befriedigung ableitet, aufzugeben.

Glick und Meyers (1988) haben in ihrer Übersicht der psychoanalytischen Literatur über den Masochismus festgestellt, daß

>»die Beziehung zwischen offenem sexuellem Masochismus und charakterologischem Masochismus widersprüchlich und komplex ist. Klinisch treten sie nicht zwangsläufig gemeinsam auf. Es war Freuds theoretische Annahme von der Allgegenwart unbewußter sexualisierter Gewaltphantasien als Grundlage des Masochismus, die zu der therapeutischen Konzentration auf das Aufdecken dieser Phantasien im Prozeß der Psychoanalyse führte. Dies (zu überprüfen, M. G.) war eine Herausforderung, die von seinen Nachfolgern angenommen werden mußte«. (S. 9)

Diese Herausforderung besteht noch heute, da es keine allgemein anerkannte Ansicht über die Entstehensweise dieser Störung gibt. Im Strukturmodell ist das Konzept der nahen Beziehung zwischen masochistischem Verhalten und Lustgewinn aufrechterhalten worden, und Masochismus wurde – über die Kompromißbildung – als Ausdruck sexueller und aggressiver Triebe angesehen. Unbewußte Schuld spielte in dieser Konzeptuallsierung und Formulierung eine besonders wichtige Rolle, indem masochistisches Verhalten als gleichzeitiges Ausleben und Bestrafen verbotener inzestuöser sexueller Impulse verstanden wurde.

Demgegenüber hat sich, seit sexuelle und aggressive Triebe nicht mehr als primäre Motive *aller* Formen von Psychopathologie angenommen werden, eine neue Sicht dieser Störung entwickelt. In der psychoanalytischen Selbstpsychologie zum Beispiel weist die Analyse von Selbstobjektübertragungen darauf hin, daß die motivierenden Kräfte bei dieser Störung mit dem Bemühen zusammenhängen, aus der Umgebung, die als entweder indifferent, kritisch und/oder versagend erlebt wird, bejahende und bestätigende Reaktionen »herauszufiltern« oder »hervorzulocken«.[3]

Die Selbstpsychologie steht mit der Behauptung, daß der Ursprung selbstschädigenden Verhaltens (Masochismus) nicht im Triebgeschehen liegt, nicht allein. Nicht nur die Vertreter der Objektbeziehungs-Theorie, sondern auch Analytiker, die aus anderen Gründen den Primat der dualen Triebtheorie in der Pathogenese anderer Formen von Psychopathologie aufgegeben haben, haben diese besondere Charakterstörung in Begriffen einer frühen Störung der Eltern-Kind-Beziehung erklärt (Berliner 1947, 1958; Bergler, 1949; Cooper 1988; Eidelberg 1959).

Ob diese Störung als Triebschicksal, d. h. als ein Es- und/oder Über-Ich-Phänomen betrachtet wurde (Fenichel 1945; Brenner, 1959; Loewenstein 1957; Gero 1962; Bak 1946), als Ich-Abwehr und/oder als gestörte frühe Objektbeziehung (Berliner 1947; Menaker 1953; Bernstein 1957; Reich 1933), bestimmte die Auffassung von der Funktion, die dem Leiden als Charakteristikum des Masochismus zugesprochen wurde. Jene, die Freuds ursprünglicher Formulierung vor der Einführung des Todestriebes (1920) treu blieben, erklärten das Motiv des Schmerzes und des Leides zur Bedingung für das Erreichen von Lust (Freud 1905, 1915, 1919; Reich 1933; Reik 1941)- eine Sicht, die das Lustprinzip als wichtigen Aspekt der Libidotheorie beibehielt. Autoren, die demgegenüber die Bedeutung früher Objektbeziehungen hervorhoben, verstanden das exhibitionistisch vorgetragene Leiden entweder als die Funktion eines strengen Über-Ich (Bergler 1949; Cooper 1988) oder als einen Aufruf zur Liebe an ein jetziges Liebesobjekt, das in der Übertragung als Ersatz für ein ursprünglich versagendes oder mißhandelndes Objekt einspringt.

Übereinstimmung bestand in der Literatur nur bezüglich der von Brenman (1952) anhand eines einzigen, aber gründlich analysierten Falles hervorgehobenen Beobachtung, daß sadomasochistisches Verhalten multiple Funktionen habe und daß jede einzelne Erklärung einen nur unvollständigen Eindruck dieses sehr komplexen klinischen Bildes bieten könne. Diese Übereinstimmung hängt offensichtlich damit zusammen, daß psychologische Symptome, ungeachtet der theoretischen Orientierung des Beobachters, als Ausdruck einer Vielzahl von Ängsten verstanden werden können. Aus selbstpsychologischer Sicht enthalten solche Befürchtungen die Angst vor psychischer Schwächung, Fragmentierung und Desintegration.

Von Kindheit an werden Abwehrreaktionen als Antwort auf Ängste verschiedenen Ursprungs in die zunehmend komplexeren psychologischen Strukturen integriert; sich neu entwickelnde kognitive Muster und andere psychologische Funktionen werden in diese Entwicklung einbezogen. Die so entstehenden komplexen Abwehrorganisationen nutzen jede mögliche kognitive oder sonstige psychologische Funktion, um intrapsychische Bedrohungen abzuwehren (Wolff 1960). Die Unterscheidung zwischen »pathologischen« und »adaptiven« Abwehrmechanismen ist mit der Zeit unscharf geworden. Zuerst von Schafer (1968), Gill (1963) und Rapaport (1957) formuliert, scheint es aus klinischer und theoretischer Sicht, als sollten Abwehrmechanismen in dem Maße als pathologisch angesehen werden, wie sie automatisch und unbewußt eingesetzt werden und vom Rest der Psyche abgetrennt sind, und in dem Maße als adaptiv und von den anderen psychischen Funktionen nicht zu unterscheiden, wie sie die Charakteristika von Sekundärprozessen annehmen. Obwohl ein grundlegender Unterschied in der Art und Weise besteht, in der die psychoanalytische Selbstpsychologie die *Motive* für Abwehrmechanismen versteht, wird die Theorie der vielfältigen Funktionen der Symptombildung und Charakterbildung hier ebenfalls beibehalten. Auch hier werden Symptome und Charakterpathologie als Folge der Häufung und Schichtung von Abwehrmechanismen als Antwort auf verschiedene Formen von Angst angesehen. Aus *der Perspektive des Patienten* erfüllen diese Abwehrorganisationen eine zentrale Funktion für den Zusammenhalt eines verletzlichen oder vom Zerfall bedrohten Selbst, wenn auch zu dem Preis erheblichen Leidens und von Einschränkungen sowie Schwierigkeiten im zwischenmenschlichen Leben des Patienten.

Abwehr und Widerstand
aus der Sicht des Patienten

Kohut hat die zentrale Bedeutung der Empathie als primärem Modus des Zuhörens und Antwortens hervorgehoben (Kohut 1959) und sie ins Zentrum seiner späteren Theorie gestellt (Kohut 1971, 1972, 1977, 1980, 1984). Empathie als Modus der Beobachtung – ausgerichtet auf die subjektive Erfahrung des Patienten – führte ihn zunächst zu der Erkenntnis zweier neuer Übertragungskonstellationen, der idealisierenden und der Spiegelübertragung (Kohut 1971). Der Schwerpunkt liegt in diesen Übertragungen in der Weise, in der der Patient den Analytiker als Selbstobjekt[4] erlebt: die Art und Weise, in der der Analytiker antwortet (oder nicht antwortet), beeinflußt den Patienten zutiefst in seinem momentanen Selbstzustand. Was in diesen Übertragungen belebt wird, sind phasengerechte Entwicklungsbedürfnisse nach Bestätigung, Wertschätzung und Idealisierung. Selbstobjektübertragungen werden nicht als

alleinige Wiederholungen angesehen, sondern repräsentieren auch die
Notwendigkeit, eine unterbrochene Entwicklung wieder aufzunehmen. An die
Stelle des Wiederholungszwangs tritt hier die Befürchtung, die alten selbstschädigenden Muster zu wiederholen und in der Analyse keine Chance für
einen »Neuanfang« zu bekommen (A. Ornstein 1974). Im analytischen Prozeß
erfahren die wiederbelebten Entwicklungsbedürfnisse und die gewohnten
Abwehrmechanismen die notwendige Transformation von ihren archaischen
zu reiferen Formen, indem sie *akzeptiert, verstanden und erklärt,* d. h.
gedeutet und durchgearbeitet werden. Daß der Schwerpunkt in der selbstpsychologischen Theorie auf die zentrale Bedeutung des empathischen Eintauchens des Analytikers in die subjektive Erfahrung des Patienten und die neue
Erkenntnis von den Übertragungskonstellationen gelegt wurde, hatte weitere
Folgen für das Verständnis von Abwehr und Widerstandsanalyse. In der Selbstpsychologie werden Abwehrorganisationen (und die ihnen entsprechenden
Verhaltensweisen) nicht als Widerstand gegen das Aufdecken verdrängter
kindlicher Triebwünsche verstanden; stattdessen werden sie, wie schon
erwähnt, als wichtige Funktionen zum Schutz eines verletzlichen Selbst vor
weiterer Schwächung und Fragmentierung angesehen.

Kohut hat (1984) eine detaillierte Ausarbeitung des selbstpsychologischen
Verständnisses von Abwehr und Widerstandsanalyse vorgelegt. Er unterscheidet sich hierin vom traditionellen Zugang, in dem Abwehrmechanismen als
isolierte, vom Lustprinzip bestimmte seelische Vorgänge interpretiert werden,
die sich dem Bemühen des Analytikers, Unbewußtes bewußt zu machen,
widersetzen. Im Gegensatz dazu sagt Kohut, daß

> »Abwehrmechanismen im Dienste des psychologischen Überlebens eingesetzt
> werden, d. h. als Versuch des Patienten, zumindest *den* Sektor seines Kern-Selbst
> zu schützen, wie klein und unsicher er auch sein mag, den er trotz ernst-
> hafter Unzulänglichkeiten in seiner entwicklungsfördernden Matrix der Selbstob-
> jekte der Kindheit aufzubauen und zu erhalten in der Lage war«. (S. 115)

Abwehr wird hier als Schutz des defekten Selbst gesehen, das die Entwicklung
an der Stelle, an der sie unterbrochen worden war, wieder aufnimmt.

Was Kohut nicht ausdrücklich ausspricht, ihm aber selbstverständlich war,
ist, daß die Abwehrorganisationen, die im Zusammenhang mit traumatischen
Erfahrungen der Kindheit entstehen, die Grundlage für die Entwicklung der
späteren Psychopathologie bilden und sich in der Analyse der Aspekte der
Übertragung zeigen.

Mit dieser Sicht der Funktion der Abwehr müssen wir uns fragen: Welche Form werden Widerstände annehmen, und wie werden wir die unbewußten Abwehrelemente deuten, die einerseits entwickelt wurden, um ein verletzliches Selbst zu schützen, und andererseits die stärksten Hindernisse für eine Veränderung darstellen?

In der traditionellen Analyse hat sich das Verständnis des Widerstandes gewandelt. Als es das Ziel der Analyse war, infantile Wünsche aufzudecken, die zur Symptombildung führten, wurde alles, was dem im Wege stand, als Widerstand aufgefaßt. Daher mußten Widerstände im Zusammenhang mit infantilen Wünschen mit allen Mitteln überwunden werden.

Bald erkannte man, daß genau der Versuch, die Abwehr zu »durchbrechen«, zu stärkerem Widerstand gegen die Arbeit in der Analyse führte. Der Aufstieg der Ich-Psychologie nach 1923 und das wachsende analytische Wissen haben eine neue Periode der Psychoanalyse, die der »Widerstandsanalyse«, eingeläutet. Dennoch wurde Widerstand weiterhin als Abwehr, wie sie sich in der Analyse manifestiert, verstanden und primär in seiner *intrapsychischen Bedeutung* gesehen. Die Manifestationen, die im Kontext der analytischen Beziehung auftauchten, wurden weiter als von den Einflüssen dieser Beziehung insgesamt unabhängig betrachtet. Dieses Verständnis des Widerstandes wurde von Gill (1982) in Frage gestellt. Wegen der Implikationen für die Technik betonte er, daß »Abwehr« zwar ein intrapsychisches Konzept sei, »Widerstand« jedoch ein interpersonelles. Die Ansicht, daß Widerstände von den verbalen und nonverbalen Äußerungen des Analytikers (z. B. seiner Stimme und der Wortwahl sowie dem Satzbau seiner Antworten) mitbestimmt sind, kann von der Selbstpsychologie geteilt werden. Besonders wenn der Analytiker unbeabsichtigt ein genetisch bedeutsames Trauma wiederholt, treten, selbst wenn dies in einer gut etablierten Übertragungsbeziehung geschieht, Unterbrechungen der Übertragungsbeziehung auf. In diesen Momenten der Unterbrechung werden die Ängste und die Abwehr des Patienten besonders bloßgelegt. Hier sind Deutungen vor allem dann wirkungsvoll, wenn sie beide Aspekte zur Sprache bringen: die dynamische Quelle (im Hier und jetzt) sowie die genetische Quelle der besonderen Verletzlichkeit des Patienten (im Damals) und seine damit zusammenhängende Abwehr. Die rekonstruierenden Deutungen der wiederholten und unvermeidlichen Unterbrechungen erfüllen unterschiedliche Funktionen: Sie erleichtern die Neuetablierung der empathischen Einfühlung, vertiefen den analytischen Prozeß und vermitteln Einsicht.

Da Selbstobjektübertragungen in Beziehung zu Störungen der Entwicklung aufgebaut werden, beschränkt sich der Durcharbeitungsprozeß nicht auf das Erlangen von Einsicht. Er muß auch die Bildung psychischer Strukturen beinhalten – Strukturen, die die Selbstkohäsion fördern und damit die gewohnte Abwehr und das symptomatische Verhalten weniger notwendig machen. Kohut (1971) beschreibt den Einfluß der Deutungen, die sich auf Unterbrechungen der Übertragung beziehen, folgendermaßen:

»Das verstehende Wiedererleben der wichtigen Kindheitserinnerungen und das zunehmend tiefer werdende Verständnis entsprechender Übertragungserlebnisse unterstützen gemeinsam das Ich des Patienten, und vorher automatische Reaktionen werden schrittweise mehr zielgehemmt und geraten mehr unter die Kontrolle des Ichs [...] der Prozeß des Durcharbeitens (hat) zum Ausbau psychischer Strukturen geführt, ebenso wie bei den Übertragungsneurosen als das Ergebnis entsprechender analytischer Arbeit« (S. 124).

Das Wesen der Psychopathologie, wie sie im Verlauf der Analyse sichtbar wird

Die Patientin war eine 42jährige Frau, die im Management einer großen Firma beschäftigt war. Sie war verheiratet und hatte drei jugendliche Kinder. Am Telefon sprach sie mit zarter Stimme und etwas zögerlich, obschon sie davon überzeugt war, eine Analyse machen zu wollen.

Obwohl sie in ihrer verantwortlichen Position ein gutes Gehalt bezog, war ihr Äußeres bescheiden: ein einfaches Baumwollkleid, ausgetragene Schuhe und kein Make-up. Die Patientin entschloß sich zur Psychoanalyse, weil sie nun, da sie endlich in die Position aufgestiegen war, die sie sich gewünscht hatte, feststellte, daß sie unfähig war, mit sich zufrieden zu sein. Sie war ständig ärgerlich und chronisch ängstlich. Normalerweise begann sie ein Projekt mit Enthusiasmus, aber früher oder später wurde sie desillusioniert und mit jedem um sie herum ärgerlich. Sie war ein »workaholic«, was sie als Flucht aus einer unglücklichen Ehe ansah. Sie stand um fünf Uhr morgens auf und kam abends nicht vor acht nach Hause, verbrachte sehr wenig Zeit mit ihren Kindern und aß selten gemeinsam mit ihnen.

Sie verbrachte viele Stunden mit der Beschreibung ihrer Arbeitssituation. Hierbei fand ich es besonders aussagekräftig, in welcher Art und Weise sie versuchte, Stabilität in ihrer Persönlichkeitsorganisation zu bewahren. Sie hatte die Angewohnheit, eine große Zahl von Aufträgen anzunehmen, nicht um

Hilfe zu bitten, aber ihre Kollegen zutiefst dafür zu verachten, daß sie ihr keine Hilfe anboten. In Dienstbesprechungen meldete sie sich selten zu Wort; sie saß im Hintergrund und hörte dem Gespräch mit Verachtung zu. Wenn sie selber sprach, hatte sie das Gefühl, daß ihre Ideen und Vorschläge nicht die gebührende Aufmerksamkeit fanden. Sie hielt ihre Kollegen für vorwiegend inkompetent und böswillig. Sie war aus drei früheren Anstellungen wegen ihrer Haltung und ihrer »Unfähigkeit zur Zusammenarbeit« entlassen worden. Dabei hatte sie Kollegen wegen ihrer Fehler öffentlich bloßgestellt.

Bei der Beschreibung dieser Vorfälle sprach sie mit wenig verschleierter Wut in der Stimme und mit großer Indignation, als sie ihre Haltung mit ihrer überlegenen Kenntnis der Dinge »rechtfertigte«. Ich hörte in ihrer Beschreibung die schrille Stimme eines kleinen Mädchens, das sich seiner selbst unsicher ist, das Urteil der Gleichaltrigen fürchtet und wütend darüber ist, daß sie sie nicht anerkannten und schätzten.

Aber die Patientin konnte sich selber noch nicht zuhören; es gab keinen Hinweis auf Selbstreflexion. Stattdessen war es ihr wichtig, mich mit den Ungerechtigkeiten zu beeindrucken, die sie erlitt, wo immer sie hinkam, sowie mit den Anstrengungen, die sie unternahm, andere zu erfreuen, ohne jemals dafür Anerkennung zu bekommen.

Die geschilderten Beschwerden waren gleichförmig und vorhersagbar, und ich ertappte mich dabei, ihr ihre Versuche übelzunehmen, mich dazu zu bringen, ihr in ihrem Leid als das unschuldige Opfer einer grausamen Welt zu folgen. In solchen Momenten war ich mir meiner Bemühung bewußt, meinen Ärger zu verbergen. Im Ganzen war ich aber in der Lage, eine einigermaßen gleichmäßige empathisch zuhörende Haltung zu bewahren. Ich antwortete nicht mit wiederholten Fragen oder kategorischen Äußerungen, sondern formulierte meine Bemerkungen als offene Aussagen, die den Versuch zu verstehen bzw. ein vorläufiges Verständnis vermitteln sollten. Dies förderte die Fähigkeit der Patientin, Nuancen und Feinheiten ihrer subjektiven Erfahrung zu erfassen. Wir haben diese Kommunikationsweise als das Sprechen im »deutenden Modus« (Ornstein und Ornstein 1980, 1985) bezeichnet.

Von Beginn an hatte ich die Hoffnung, vermitteln zu können, daß ich nach einem tieferen Verständnis der *einmaligen* Merkmale ihrer subjektiven Erfahrung suchte und daß sie ein aktiver Teilnehmer bei dieser Suche war (Schwaber 1984). Sich verstanden zu fühlen (oder den Analytiker als zu verstehen bemüht zu erleben) stärkt die Selbstkohäsion, die die Untersuchung bislang verdrängter oder verleugneter Gefühle zuläßt. Im allgemeinen erleichtert diese Kommunikationsform, bei der besonderer Wert auf die Vermittlung von Verständnis gelegt wird, die Introspektion und erscheint als optimal für die Exploration der einmaligen und spezifischen *Bedeutung,* die Patienten ihrem eigenen Verhalten und dem anderer beimessen. Die unbewußten Elemente dieser Exploration kommen, wenn die deutende Arbeit *aus der Perspektive des Patienten* und ohne Konfrontation geschieht, relativ mühelos zum Vorschein. Als die Patientin sich schließlich selber fragte: »Warum bin ich so giftig zu anderen ?«, zeigte diese Frage, daß sie sich sicher genug fühlte, sich selbst einige Fragen zu stellen, d. h. sich sicher genug fühlte, introspektiv zu sein.

Sandler (1960) diskutiert das Wesen und den Ursprung der »Hintergrundssicherheit« in der psychologischen Existenz. Er schlägt vor, daß die langsam zunehmende Beobachtungsschärfe und die Überprüfung der Realität »Angst mindert und damit zu einem Hintergrundsgefühl im Ich beiträgt, einem Gefühl, das als Sicherheit oder Schutz bezeichnet werden kann« (S. 353). »Das Gefühl der Sicherheit«, sagt Sandler, »ist nicht *apriori* mit den Ich-Grenzen oder mit dem Bewußtsein seiner selbst verbunden, sondern es entwickelt sich aus einem integrierten Teil primär narzißtischer Erfahrungen [...].« (S. 354).

Das wachsende Gefühl von Sicherheit bei meiner Patientin wurde daran erkennbar, daß sie in zunehmendem Maße in der Lage war, über einige der schmerzhaftesten Aspekte ihrer Kindheit zu sprechen. Sie berichtete von dem schweren Alkoholkonsum ihrer Eltern und den Wutausbrüchen, die ihre Mutter hatte, wenn sie betrunken war: »Ich wußte wirklich nicht, wie schlimm es war, als ich ein Kind war... Mutter hatte mir immer vermittelt, daß mit mir irgend etwas Schreckliches nicht in Ordnung war... Ich dachte nie, daß ich attraktiv sein könnte... Meine Tante sagte, ich sei ein ›okay‹ aussehendes Kind gewesen. Ich habe Bilder von mir gesehen, und ich sah wirklich nicht schlecht aus. Aber ich habe mit dieser Frage mein Leben lang gekämpft. Wer ist die Schlechte? Ich habe am Schluß immer das Gefühl gehabt, daß ich es war. Ich hätte sie einfach aus meinem Leben ausschließen sollen, aber am Ende habe ich sie immer geschützt...«

Die Patientin war die Älteste von drei Kindern; sie hatte eine Schwester und einen Bruder. Sie erinnerte sich daran, wie ihre Mutter sie an den Haaren zog, wenn sie das Haus nicht zu ihrer Zufriedenheit geputzt hatte. Besonders erinnerte sie sich daran, wie ihre Mutter sie im Keller eingesperrt hatte und die Treppe heruntergestoßen, als sie an die Tür geklopft hatte, um herausgelassen zu werden.

In ihrer Erinnerung hatte sie ihre Mutter mehr gefürchtet als gehaßt. Sie war ein »gutes Kind«, tat immer, was von ihr erwartet wurde, bis auf ein einziges Mal: Da hatte sie ein Küchenmesser genommen, als ihre Mutter dabei war, das gesamte Mobiliar zu zertrümmern, und war drauf und dran gewesen, ihre Mutter anzugreifen, als ihr Vater dazwischenging.

Die Patientin war eine gute Schülerin. Sie meinte, ihre schulischen Leistungen hätten sie während der Grund- und Sekundarschule aufrechterhalten. Auf der Universität sanken ihre Noten wegen einer, wie sie jetzt verstand, ziemlich schweren Depression.

Meistens kam die Patientin mit gesenktem Kopf ins Sprechzimmer, ohne mich anzusehen. Sie glitt förmlich auf die Couch. Sie kam entweder ganz pünktlich oder ein paar Minuten zu spät und schien oft außer Atem. Selten erwähnte sie die letzte Stunde. Gegen Ende des ersten Jahres der Analyse kommentierte sie in Antwort auf eine kurze Unterbrechung der Therapie, daß sie sich gefreut hatte, mich vermißt zu haben; dies zeigte ihr, daß ihr diese Stunden etwas »bedeuteten«. Sollte mir etwas zustoßen, würde sie keine andere Analytikerin aufsuchen; sie würde das als eine wohl zu erwartende Fortsetzung ihres »Pechs im Leben« ansehen.

Im zweiten Analysejahr fing die Patientin an, später und später zu den Stunden zu kommen. Wie schon erwähnt, kam sie nie zu früh und schien immer in Eile. Jetzt war sie jedoch mehr als fünf, bis zu zehn, manchmal fünfzehn Minuten zu spät. In ihren Assoziationen konzentrierte sie sich auf ihre Schwierigkeiten, sich von der Arbeit zu lösen, später auf ihre Angst, etwas unvollendet zu hinterlassen, was ihre Kollegen oder Kunden bemängeln würden -was sie über alles fürchtete.

Diese Assoziationen, die Angst, daß andere an ihr Fehler finden würden, lenkte meine Aufmerksamkeit auf die Möglichkeit, daß ihr Zuspätkommen, eine Antwort auf eine Irritation sein könne, die sie in meiner Stimme wahrgenommen hatte. Diese Irritation in meiner Stimme könnte sehr gut eine Wiederholung der Art und Weise gewesen sein, in der die Mutter an ihr »Fehler bemängelte« und möglicherweise auch ihrer Wutausbrüche der Patientin gegenüber. Die Untersuchung dieser möglichen Gründe für ihr Zuspätkommen erwiesen sich als fruchtbar. Ja, sagte sie, sie glaubte, ich sei verärgert über sie; ich müßte eigentlich ärgerlich sein und von ihr enttäuscht. Was sie dabei am meisten ängstigte, war ihre eigene Reaktion. Sie hatte nämlich überlegt, die Analyse zu beenden. Dies, sagte sie, wäre eine Wiederholung eines alten Verhaltensmusters von ihr. Mit Traurigkeit in der Stimme fügte sie hinzu: »Wenn ich auf Sie auch wütend werde, dann bleibt nicht mehr viel.«

War dies Widerstand gegen die Wiederholung in der Übertragung – gegen das Aufdecken der Wut auf die Mutter-Analytikerin? Oder fürchtete sie, ihr altes selbstschädigendes Verhaltensmuster zu wiederholen, falls sie auf mich wütend würde? Ihre Assoziationen und ihr Affekt sprachen für Letzteres. Das Spätkommen war nicht einfach der Ausdruck von Widerstand gegen das Spüren und den Ausdruck eines negativen Gefühls. Eher schien es die *unbewußte* Lösung für den Konflikt zu sein, den die analytische Situation hervorbrachte. Dies war der Konflikt zwischen archaischen Abwehrorganisationen (als Antwort auf eine narzißtische Kränkung zurückzuschlagen, um das psychische Gleichgewicht wiederzuerlangen) und der relativ neu erlangten Fähigkeit, die Angst zu verringern, was sie dazu befähigte, Handlungen, die sie früher als dringlich erlebt hatte, aufzuschieben. Da ein solcher Konflikt für eine jeweilige Analyse spezifisch ist, wird seine Lösung am besten als »Übertragungssymptom« verstanden. Solche Übertragungssymptome sind Knotenpunkte des Durcharbeitungsprozesses, die sowohl *Elemente der* archaischen Abwehrmechanismen als auch der neu erworbenen psychischen Strukturen enthalten. Übertragungssymptome weisen auf *Veränderungen* in der Analyse hin; sie stellen dabei einen Neuanfang dar.

Im Gegensatz zur traditionellen Psychoanalyse, in der Durcharbeiten als »Abtragungsprozeß« angesehen wird, als eine Zeit, die notwendig ist, um Fixierungen aufgrund der »Haftung der Libido« und als »Wiederholungsneigung« zu überwinden, wird das Durcharbeiten hier als der Prozeß betrachtet, in dem neu entwickelte Fähigkeiten es dem Patienten ermöglichen, Ängste abzubauen und damit symptomatisches Verhalten zu überwinden. In der traditionellen Psychoanalyse werden die erwünschten Veränderungen dadurch zustande gebracht, daß »unter dem Druck der positiven Übertragung und der synthetischen Funktion des Ich der Patient motiviert wird, neue Ausdrucksmöglichkeiten seiner Triebabfuhr zu sichern, die eine Änderung seiner früheren Triebziele darstellen« (Stewart 1963, S. 487). Damit solche Veränderungen stattfinden, muß der Patient die ödipale Phase der Entwicklung erreicht haben, in der eine ausreichende Ichstärke für die erwünschten Veränderungen im Anschluß an die Analyse des pathogenen Konflikts vorliegt.

In Analysen, in denen Selbstobjektübertragungen, die sich auf einen Entwicklungsrückstand beziehen, mobilisiert werden, treten sich neu entwickelnde psychische Strukturen in den Durcharbeitungsprozeß ein: Das gleichzeitige Vorhandensein des Alten und des Neuen führt zu einem Konflikt, der im Übertragungssymptom seine vorübergehende Lösung findet. In dem hier geschilderten Fall befähigte das Erleben von Signalangst die Patientin dazu, nicht in der ihr gewohnten Weise, mehr oder weniger automatisch auf narzißtische Kränkungen zu reagieren mit einem Verhalten, das ihr in der Vergangenheit, wenn auch zum Preis erheblichen Leidens, erlaubt hatte, weiter zu funktionieren. Dies, so glaube ich, meint Kohut (1984), wenn er schreibt:

> »Die Abwehrmotivation in der Analyse wird in den Begriffen von Aktivitäten verstanden, die im Dienste des psychologischen Überlebens unternommen werden, d. h. als Versuch, zumindest *den* Sektor seines Kernselbst zu retten, so klein und zerbrechlich dieser auch sein mag, den er trotz schwerer Unzulänglichkeiten in der entwicklungsfördernden Matrix der Selbstobjekte der Kindheit bilden konnte [...].« (S. 115)

Zu diesem Zeitpunkt war in der Analyse meiner Patientin eine archaische Selbstobjektübertragung gut etabliert und meine analytischen Funktionen (Akzeptieren, Verstehen und Erklären) wurden transmutierend internalisiert (Kohut, 1971), was eine relative Stabilität des psychischen Gleichgewichts der Patientin bewirkte. Dies stellte jedoch noch immer eine Übergangsphase dar, in der ich nicht weniger wichtig, sondern eher noch bedeutsamer für sie wurde (vgl. die analoge Beschreibung der Entwicklung bei Tolpin, 1971). In meiner Stimme eine Irritation festzustellen und mein vorübergehendes Versagen, ihrem Zuspätkommen Aufmerksamkeit zu widmen, führten bei ihr zu der Befürchtung, sie würde wieder die Wut verspüren, die in der Vergangenheit ihre Beziehungen zerstört hatte.

In meinen Antworten auf sie bemühte ich mich, Aspekte ihres Dilemmas anzusprechen. Ich sagte, daß, obwohl sie sich besser und zunehmend sicherer bei mir fühlte, sie genau wegen dieses Gefühls der Sicherheit neue Ängste spürte: Werden diese Gefühle anhalten, oder ist hier etwas passiert, das das alles wieder zerstören könnte? Das Zuspätkommen schien das Problem für sie zumindest vorübergehend zu lösen. Ja, sagte sie, sie hatte sich besser gefühlt, aber als sie die Irritation in meiner Stimme erlebt hatte, war sie sehr vorsichtig geworden, und sie hatte das Gefühl, mir nicht mehr vollständig vertrauen zu können. »Was bedeutet es für Sie, jemandem *vollständig* zu vertrauen« ?, fragte ich. Ihre Antwort kam ohne Zögern: »Vertrauen heißt annehmen. Ich kann mir nicht vorstellen, wie Sie mich annehmen können... Ich höre, daß Sie mich verstehen, aber das ist vielleicht nur Ihre analytische Haltung. Sie müssen doch eine eigene Meinung haben, und die kann nicht gut sein.«

Jemandem zu vertrauen, sagte sie, heiße, sich so, wie man ist, angenommen zu fühlen, nicht hinterfragt und nicht korrigiert zu werden. Wie konnte jemand sie so annehmen, wenn sie sich selbst nicht annahm: »Wenn ich nicht so war, wie meine Mutter mich haben wollte, wie könnte ich dann sein, wie Sie oder jemand anderes es wollen? Meine Anstrengungen, anderen zu gefallen, sind endlos, aber ich habe nie das Gefühl, daß das, was ich mache, gut genug ist. Ich finde das schrecklich... Ich weiß, daß das *meine* Erwartungen sind, aber ich will trotzdem, daß andere anerkennen, daß ich es gut mache. « Sie erinnerte sich, wie ihre Mutter kam und das Geschirr, das sie abgewaschen hatte, inspizierte. Wenn sie etwas daran fand, sagte sie nichts, schubste die Patientin weg und spülte das Geschirr noch einmal.

Ich hörte die Patientin nun klarer darüber nachdenken, wie ich – oder jemand anderes – sie bedingungslos annehmen könnte. Ich konnte die tiefe Überzeugung, daß ich sie möglicherweise nicht so akzeptieren könnte, wie sie war, besser verstehen – immerhin erlebte sie sich selbst als eine wütende, ängstliche und streitbare Frau. Deshalb dachte sie, ich sei froh über ihr Zuspätkommen: Ich dachte, Sie könnten sich darüber freuen, mich nicht sehen zu müssen... Sie wären erleichtert, wenn ich nicht komme... Das Gefühl paßt dazu, daß ich mich von niemandem gewollt fühle, nirgends... Aber ich fand, daß es nicht richtig war, was ich hier machte... Daß *ich* nicht richtig bin... Ich hatte erwartet, Sie würden sagen, daß die Analyse so, wie ich es mache, zu nichts führen werde und daß ich aufhören sollte.« Nach einigem Nachdenken fügte sie hinzu: »Sollte das wirklich passieren – wenn Sie wirklich wütend auf mich werden und mich auffordern würden aufzuhören, wäre ich außer mir vor Wut, aber dann wüßte ich nicht mehr, daß ich das selber heraufbeschworen habe. «

Die Assoziationen der Patientin sind hier bedeutsam, weil sie die schmerzhaftesten Aspekte ihres Gefühlslebens enthüllen: das tiefe Gefühl der Minderwertigkeit; das Gefühl, daß etwas Fundamentales mit ihr nicht in Ordnung sei; daß sie in ihrem Wesen inakzeptabel und nicht liebenswert sei. Das Verhalten, das mit solchen Gefühlen einhergeht (Hochmut und das chronische Gefühl, falsch behandelt zu werden), ruft meistens entweder Ablehnung und Kritik oder Gleichgültigkeit in der Umgebung hervor. In der traditionellen psychoanalytischen Theorie wurde dieses Verhalten so verstanden, daß es die Bestrafung für unbewußte Schuldgefühle sichern sollte. Da man davon ausging, daß bei dieser Störung der Sadismus im Vordergrund steht, postulierte man, daß das unbewußte Schuldbewußtsein dadurch hervorgerufen wird, daß sich der Sadismus nach innen kehrt -durch komplex sich überlagernde Gewaltphantasien – und damit zum Masochismus führt. Als Kompromißbildung wurde der Masochismus als die Endstufe des Ausdrucks inzestuöser sexueller Wünsche wie auch der ursprünglichen sadistischen Phantasien des kleinen Kindes angesehen.

Basierend auf der Analyse der Selbstobjektübertragung wird dieses Verhalten in der psychoanalytischen Selbstpsychologie als Schutz für ein verletzliches Selbst vor erneuter Traumatisierung verstanden, unterstützt durch den verdrängten Wunsch nach unbedingter Annahme, Bejahung und Wertschätzung. Die Übertragungswünsche und die Bestimmtheit dieser Wut, die mit der aktuellen oder befürchteten Enttäuschung einhergehen, machen den Patienten blind für die Erkenntnis, welchen Einfluß sein eigenes Verhalten auf andere hat.

Wie zu erwarten, wurde die Patientin in ihrem alltäglichen Umgang wiederholt in der Hoffnung enttäuscht, richtige Anerkennung und Lob für ihre beruflichen Fähigkeiten zu bekommen. Das Gegenteil war der Fall: Die versteckte Art, in der sie ihre narzißtische Wut über die Enttäuschungen ihrer Erwartungen ausdrückte, hatte andere Kollegen abgestoßen und zu ihrer Entlassung aus mehreren Anstellungen geführt.

Diese, mit den aktuellen oder befürchteten Enttäuschungen einhergehende Angst hat Berliner (1958) als »die aggressive Haltung« des Masochisten beschrieben, die er als versteckten Ausdruck eines Sadismus betrachtet. Dieser Sadismus, sagte Berliner, ist der »Bitte des Masochisten in der Übertragungssituation nach Zuwendung seitens eines gehaßten Objektes *nachgeordnet*« (Berliner, 1958, S. 47f., Hervorhebung A. O.).

Ich bin ebenfalls der Meinung, daß Sadismus in diesem Zusammenhang nicht das Produkt ungemilderter aggressiver Triebimpulse ist, sondern Ausdruck einer durch wiederholte Enttäuschung – eines in der Übertragung geweckten Wunsches, angenommen und wertgeschätzt zu werden – hervorgerufenen narzißtischen Wut. Die »aggressive Haltung« hat gleichzeitig zwei Funktionen. Auf der einen Seite ist sie die *Forderung* nach Annahme und Wertschätzung, die sich nicht von der ärgerlichen Forderung eines Kindes an seine Umgebung unterscheidet, wenn diese sich nicht unaufgefordert auf seine Entwicklungsbedürfnisse einstellt. Auf der anderen Seite ist diese aggressive Haltung auch rächender Natur, wenn sie eine Enttäuschung dieser Übertragungswünsche voraussieht. Narzißtische Wut ist durch das drängende Bedürfnis nach Rache gekennzeichnet (Kohut 1972); »nachtragend zu sein« und »Ungerechtigkeiten zu sammeln« sind weitere Arten, diese unerbittliche

Forderung nach der »Wiedergutmachung« auszudrücken; den Schmerz aufzulösen, der durch die aktuellen Übertragungsobjekte hervorgerufen wurde, die ihre Würdigung dessen, wer man ist und was man tut, versagen. Bei meiner Patientin zum Beispiel verstand ich ihre Art, die Inkompetenz ihrer Kollegen öffentlich anzuprangern, als solch eine sadistische Tat, einen Akt der Rache für das Gefühl, von ihnen abgelehnt und nicht geschätzt zu werden.

In der Analyse stellt die Rache eine Antwort auf das Gefühl dar, mißverstanden oder abgetan zu werden, oder auf die Verärgerung bzw. Gleichgültigkeit der Analytikerin. Dies ist ein hervorragendes Beispiel für den Versuch, die in der Kindheit passiv ertragene Erfahrung im Erwachsenenalter zu meistern. In diesem Fall drohten die Verärgerung in meiner Stimme und die Erfahrung, daß ich ihr Zuspätkommen übergangen hatte, die Art und Weise wiederzubeleben, in der die Patientin sonst auf narzißtische Kränkungen reagierte. Zuspätkommen stellte dabei einen Kompromiß dar: Indem die Patientin das Ausmaß unseres Kontakts kontrollierte, war sie in der Lage, das Bedürfnis nach Rache und den damit zusammenhängenden Abbruch unserer Beziehung zu umgehen.

Im Prozeß des Durcharbeitens der Bedeutung des Übertragungssymptoms begann die Patientin, andere Aspekte ihres Lebens näher zu betrachten, unter anderem ihre Gründe, jeden Tag 12-14 Stunden zu arbeiten und keine Zeit für die ersehnte Erholung zu haben. Als wir untersuchten, welche Funktion ihre Einstellung zur Arbeit für die Erhaltung ihres seelischen Gleichgewichts hatte, ging ihre Erinnerung zurück zu der Erfahrung in der Schule, wo sie ihr Erfolgs- und Selbstwertgefühl vor allem daraus abgeleitet hatte, eine besonders schwierige Aufgabe gemeistert zu haben. Sie fühlte sich jetzt genauso, wenn sie eine schwierige Aufgabe in ihrem Beruf zu lösen hatte. Sie sagte: »Können Sie sich vorstellen, daß ich, so mies, wie ich mich fühle, und so sehr ich mich ändern will, auch Angst davor habe, mich zu ändern? Wenn ich nicht so viel arbeiten würde, wäre da nichts mehr, weswegen ich mit mir zufrieden sein könnte.« Da das Selbstwertgefühl der Patientin fast allein von ihrem beruflichen Erfolg abhing, waren alle Änderungen in der zwanghaften Art, mit der sie zu glänzen bemüht war, eine Bedrohung für dieses mühsam aufrechterhaltene Selbstwertgefühl.

Mit der Klärung des Übertragungssymptoms erhielt das klinische Bild größere Klarheit: Bei den Besprechungen im Hintergrund zu sitzen, sich von der Familie fernzuhalten und von der Analyse fortzubleiben, gingen auf eine gemeinsame Wurzel zurück. Diese Verhaltensweisen drückten alle dieselbe Angst aus, daß ihr Bedürfnis nach Anerkennung und bedingungsloser Annahme nicht befriedigt werden und daß sie dann den Ärger und die Enttäuschung wieder spüren würde, daß die Wut irgendwann wieder hochkommen und in der subtilen, aber schneidenden Bloßstellung der »enttäuschenden Anderen« sichtbar würde, oder sie sich in Wut und Indignation zurückziehen würde. In jedem Fall würde der Drang nach Rache und danach, »die Dinge wieder geradezurücken«, zum Fortbestehen ihrer charakterlichen Schwierigkeiten führen.

Diskussion

Die enge Beziehung zwischen der Entwicklung des Selbst und selbstschädigendem Verhalten ist auch von anderen beobachtet worden. Für Stolorow (1975) zum Beispiel »dienen masochistische Aktivitäten als verkümmerte Versuche, eine Selbst-Repräsentation, die beschädigt und durch verletzende Erfahrungen während der frühen präödipalen Phase verunsichert wurde, in der die Selbst-Repräsentation in ihrer Entwicklung am empfindlichsten ist, zu erneuern, wiederherzustellen, zu stärken und aufrechtzuerhalten« (S. 442). Ich stimme mit Stolorow darin überein, daß das Selbst »beschädigt und verunsichert« wurde und daß die Versuche der Patientin, ihre »Selbst-Repräsentationen« zu »erneuern, wiederherzustellen, zu stärken und aufrechtzuerhalten«, nicht gelungen sind. Aber ich möchte betonen, daß die chronische narzißtische Wut und das daraus resultierende Verhalten ein bereits schwer beschädigtes System der Selbstwertregulierung zusätzlich unterhöhlten.

Auch Bergler (1949) und Cooper (1988) betrachten den Masochismus als Teil einer narzißtischen Entwicklung und damit als Teil des »Selbstwert-Systems«. Sie sehen das Problem im Zusammenhang mit den Enttäuschungen des Kindes, das seine Omnipotenz aufgeben muß (Bergler), und mit den unvermeidbaren Frustrationen der Separation-Individuation (Cooper). Da diese Aspekte der normalen Entwicklung darstellen, postulieren beide Autoren keine »verletzenden« oder ungünstigen Kindheitserfahrungen als Grundlage für die Entstehung von Masochismus oder Sadismus. Mit anderen Worten: Bergler und Cooper betrachten die normale Entwicklung als in sich selbst wagnisreich genug: Sie sehen keine Notwendigkeit, verletzende Erfahrungen anzunehmen, die zu der Entwicklung dieser Form der Psychopathologie führen.

Vielleicht sind »narzißtisch-masochistische *Tendenzen*« mit normaler Entwicklung vereinbar; ich glaube aber, daß in den klinisch bedeutsamen Fällen etwas in der Entwicklung schiefgegangen sein muß, um dieses klinische Bild hervorzurufen.

Unter optimalen Bedingungen stellen die infantilen narzißtischen Strukturen – Omnipotenz, Grandiosität und Exhibitionismus – nicht die Grundlage für ein niedriges Selbstwertgefühl, für selbstschädigendes Verhalten, für unterdrückte Rache und Schuldgefühle dar, sondern liefern die Basis für die Entwicklung der Fähigkeit, Affekte und Ängste zu regulieren und Stolz und Zufriedenheit mit sich selbst und seinen Aktivitäten zu erleben. Das Schicksal dieser infantilen narzißtischen Strukturen hängt von der Verfügbarkeit einer sich empathisch einstellenden Selbstobjektumgebung ab, einer Umgebung, von der erwartet wird, daß sie sich auf die Entwicklungsbedürfnisse des Kleinkindes und Kindes nach Zuspruch und Wertschätzung einstellt. Wenn diese notwendigen Antworten nicht eintreffen oder dies nicht zuverlässig tun, beobachten wir das Auftreten eines Verhaltens, das das Vorhandensein eines niedrigen Selbstwertgefühls, narzißtischer Verletzlichkeit, geringer Impulskontrolle und anderer Merkmale eines schlecht konsolidierten Selbst anzeigt. Es ist nicht wahrscheinlich, daß die komplexen Abwehrorganisationen, wie wir sie bei der selbstschädigenden Persönlichkeitsstörung sehen, die Antwort des Kindes mit Wut und Schuld auf die normal frustrierenden Eltern darstellen. Dies geschieht wahrscheinlicher im Zusammenhang mit Bezugspersonen, die darin versagen, die phasengerechten Selbstobjektfunktionen zu übernehmen, die für die Transformation der kindlichen narzißtischen Strukturen verantwortlich sind. Phasengerechte Einstellung des Selbstobjekts auf das sich entwickelnde Kind sichert die Entwicklung eines gut strukturierten und kohärenten Selbst, das in der Lage ist, Affekte unterschiedlicher Art mit verschiedener Intensität zu erleben und Signalangst effektiv zu beantworten.

Die Persönlichkeitsstörung, die wir »Sadomasochismus« oder »selbstschädigende Persönlichkeitsstörung« des Erwachsenen nennen, könnte hypothetisch auf zwei verschiedene, aber miteinander verbundene Formen (andauernder) traumatischer Kindheitserfahrung zurückgeführt werden. Bei der einen erlebt das Kind seine Umgebung als gleichgültig; es fühlt sich nicht wertgeschätzt und in seiner Einmaligkeit gewürdigt. Unter diesen Umständen tritt wenig oder keine Transformation der kindlichen Grandiosität und des frühkindlichen Exhibitionismus ein, so daß das Individuum immer nach Bestätigung hungert. Im Fall meiner Patientin zum Beispiel existierte die *kindliche*

Grandiosität (sich den anderen überlegen zu fühlen) neben dem tiefen Gefühl der Minderwertigkeit fort. Das klinische Bild war hier durch das niedrige Selbstwertgefühl und die narzißtische Verletzlichkeit bestimmt sowie durch eine Persönlichkeitsstörung, die vor allem masochistische Züge aufwies.

Die zweite Form der längerdauernden Traumatisierung ist diejenige, in der nicht nur die für die Entwicklung notwendige Einstellung des Selbstobjekts fehlt, sondern in der die Patientin zusätzlich Mißhandlung und Mißbrauch erfahren hat – Situationen, in denen das Kind seine Umgebung als unvorhersehbar, explosiv und gewalttätig erlebt. Das daraus resultierende klinische Bild wird hier vermutlich von Sadismus bestimmt sein.

Übersetzung: Martin Goßmann

Anmerkungen

[1] Unter dem Titel »The Dread to Repeat: Comments on the Working-Through Process in Psychoanalysis« zuerst erschienen im Journal of the American Psychoanalytic Association, 39, 1991, S. 377-398.

[2] Dieser Fall wurde beim Herbsttreffen der American Psychoanalytic Association in New York am 16. 12. 1988 vorgestellt.

[3] Im Englischen wird der Begriff »to extract« benutzt, der die spezielle Bemühung des Kindes beinhaltet, in dem Miteinander der Beziehungserfahrungen mit den Bezugspersonen sowohl den überlebenswichtigen Selbstobjekterfahrungen besondere Aufmerksamkeit zukommen zu lassen, als auch das Gegenüber für Selbstobjektfunktionen für sich zu gewinnen. Hierbei fand die Selbstpsychologie Bestätigung in den Beobachtungen des »baby-watching« etwa durch Beebe, Lichtenberg und Stern (A. d. Ü.).

[4] Der in der Selbstpsychologie zentrale Begriff des Selbstobjekts bezieht sich auf die Erfahrung des Selbst in der emotionalen Qualität der Beziehung zum Anderen. Das Selbstobjekt ist also nicht diese/r Andere, sondern eine Funktion des Anderen in der Beziehung, wie sie vom Individuum erlebt wird und sich auf seinen Selbstzustand auswirkt. Es hat sich deshalb im Amerikanischen auch statt des Begriffs des »selfobject« der der »selfobject experience« verbreitet. Wenn hier vom »Selbstobjekt-Analytiker« gesprochen wird, dann ist dabei impliziert, daß der Analysand in der Übertragung Beziehungsaspekte in der Beziehung zum Analytiker erlebt, die für ihn »Selbstobjektfunktion« haben.

Dies ist eine zentrale Annahme der Aufgabe der Übertragung und der therapeutischen Beziehung überhaupt (A. d. Ü.).

Literatur

Bak, R. (1946): Masochism and paranoia. Psa. Q., 15: 285-301.
Bergler, E. (1949): The Basic Neurosis, Oral Regression and Psychic Masochism. New York (Grune & Stratton).
Berliner, B. (1947): On some psychodynamics of masochism. Psa. Q., 16: 459-471.
Berliner, B. (1958): The role of object relations in moral masochism. Psa. Q., 27: 38-56.
Bernstein, I. (1957): The role of narcissism in normal masochism. Psa. Q., 26: 358-377.
Brenman, M. (1952): On teasing and being teased: on the problem of moral masochism. Psa. Study Child, 8: 264-285.
Brenner, C. (1959): The masochistic character: genesis and treatment. J. Am. Psa. Ass., 7: 197-226.
Cooper, A. (1988): The narcissistic masochistic character. In: R. Glick und D. Meyers (Hg.): Masochism. Hillsdale, N. J. (Analytic Pr.), S. 117-138.
Eidelberg, L. (1959): Humiliation in masochism. J. Am. Psa. Ass., 7: 274-283.
Fenichel, 0. (1945): The Psychoanalytic Theory of Neurosis. New York (Norton).
Freud, S. (1905): Drei Abhandlungen zur Sexualtheorie. GW V.
Freud, S. (1914): Erinnern, Wiederholen und Durcharbeiten. GW X, S. 125-136.
Freud, S. (1915): Triebe und Triebschicksale. GW X, S. 209-232.
Freud, S. (1919): »Ein Kind wird geschlagen«. GW XII, S. 195-226.
Freud, S. (1920): Jenseits des Lustprinzips. GW XIII, S. 1-69.
Freud, S. (1926): Hemmung, Symptom und Angst. GW XIV, S. 111-205.
Gero, G. (1962): Sadism, masochism, and aggression: their role in symptom formation. Psa. Q., 31: 31-42.
Gill, M. M. (1963): Topography and Systems in Psychoanalytic Theory. Psychol. Issues, Monogr. 10. New York (Int. Univ. Pr.).
Kohut, H. (1959): Introspektion, Empathie und Psychoanalyse. Psyche, 25, 1971, S. 831-855.
Kohut, H. (1971): Narzißmus. Frankfurt a. M. (Suhrkamp) 1973.
Kohut, H. (1972): Uberlegungen zum Narzißmus und zur narzißtischen Wut. Psyche, 27, 1973, S. 513-554.
Kohut, H. (1977): Die Heilung des Selbst. Frankfurt a. M. (Suhrkamp) 1979.
Kohut, H. (1980): Summarizing reflections. In: A Goldberg (Hg.): Advances in Self Psychology. New York (Int. Univ. Pr.), S. 473-554.
Loewenstein, R. M. (1957): A contribution to the psychoanalytic theory of masochism. J. Am. Psa. Ass., 5: 197-234.
Menaker, E. (1953): Masochism – a defense reaction of the ego. Psa. Q., 22: 205-220.
Ornstein, A. (1974): The dread to repeat and the new beginning: a contribution to the psychoanalytic treatment of narcissistic personality disorders. Annual Psychoanal., 2: 231-248.
Ornstein, P. H., und Ornstein, A. (1980): Formulating interpretations in clinical psychoanalysis. Int. J. Psycho-Anal., 61, 203-211.
Ornstein, P. H., und Ornstein, A. (1985): Clinical understanding and explaining: the empathic vantage point. Progress in Self Psychol., 1: 43-61.
Rapaport, D. (1957): Cognitive structures. In: Gill, M. M. (Hg.) Collected Papers of David Rapaport. New York (Basic Books).

Reich, W. (1933): Charakteranalyse. Köln (Kiepenheuer und Witsch) 1968.

Reik, T. (1941): Masochism and Modern Man. New York (Farrar & Rinehart).

Sandler, J. (1960): The background of safety. Int. J. Psycho-Anal. 41: 352-356.

Schafer, J. (1968): The mechanisms of defence. Int. J. Ps): The background of safety. Int. J. Psycho-Anal., 49: 49-61.

Schwaber, E. (1984): Empathy: a mode of analytic listening. In: Empathy, Bd. 2. Hg. J. D. Lichtenberg, M. Bornstein und D. Silver. Hillsdale, N. J. (Analytic Pr.), S. 143-185.

Stewart, W. A. (1963): An inquiry into the concept of working through. J. Am. Psa. Ass., 11: 474-499.

Stolorow, R. (1975): The narcissistic function of masochism (and sadisim). Int. J. Psycho-Anal., 56: 441-448.

Tolpin, M. (1971): On the beginnings of the cohesive self. Psa. Study Child, 26: 316-352.

Wolff, P. H. (1960): The Developmental Psychologies of Jean Piaget and Psychoanalysis. Psychol. Issues, Monogr. 5. New York (Int. Univ. Pr.).

Omnipotenz in Gesundheit und Krankheit: Perspektiven aus dem Alltagsleben und dem psychoanalytischen Behandlungsprozeß

Paul H. Ornstein

Einführende Bemerkungen

Ich habe mich über diese Gelegenheit gefreut, meine lebenslangen und freundschaftlichen Beziehungen mit meinen eigenen omnipotenten Phantasien zum erstenmal aufzuschreiben. Ihre Einladung gibt mir die Gelegenheit, eine grundlegende Aussage der Selbstpsychologie expliziter zu machen, nämlich, daß Säuglings- und Kindheitsomnipotenz (als eine Komponente der Konstellation des »grandiosen Selbst« und der »idealisierten Elternimago«) in erster Linie Kern der Gesundheit ist. Nur in zweiter Hinsicht kann Omnipotenz zu einem Ausdruck von Krankheit werden.

Wir alle haben Erfahrungen der einen oder anderen Art, die die Kernelemente unserer Weltanschauung formen; unsere Sicht des menschlichen Lebens. Unser Verständnis der Welt und unsere Ortsbestimmung in ihr formt sich sehr früh im Säuglingsalter und in der Kindheit (Arlow 1982). Elterliche Reaktionen, wie der Glanz in Mutters Auge gemeinsam mit Vaters Stolz auf seinen Nachwuchs, sind mächtige Faktoren, die die endgültige Gestalt unserer Weltanschauung mitbestimmen, noch bevor wir Psychoanalyse als eine Karriere wählen. Nur später stattfindende Reflektionen und eine persönliche Analyse, darauf das Leben nach der Analyse, wird einige dieser Einflüsse unserer bewußten Wahrnehmung zuführen. Ob ihre verschiedenen frühen Quellen explizit gewußt oder nur vage wahrgenommen werden, unsere Weltanschauung hat uns mächtig im Griff, viel mächtiger, als wir normalerweise realisieren. Ich behaupte, daß es dieses höchst persönliche Verständnis des Lebens ist, welches die Art der Psychoanalyse bestimmt, zu der wir uns hingezogen fühlen, und wie wir diese zu einem enorm absorbierenden Beruf ausgestalten. Tatsächlich, egal welche Art von Psychoanalyse wir gewählt haben, die Art und Weise, wie wir sie später praktizieren und wie wir bestimmte alternative Ansätze entweder aufnehmen oder ausgrenzen von dem Weg, den wir schließlich gewählt haben, hängt in einem ganz großen Ausmaß von unserer Lebenseinstellung ab – obwohl es so scheinen mag, daß es sich ausschließlich um eine gut begründete wissenschaftliche Wahl handelt. Unsere Weltanschauung und unsere psychoanalytisch-theoretischen und -technischen Einstellungen sind so gründlich miteinander verwoben und oft unterbrechungslos verschmolzen, daß wir wirklich nicht sagen können, wo das eine endet und das andere beginnt (Ornstein, P. H. 1991, 1995).

Ich halte es deshalb für angemessen, daß ich mich und mein Thema einführe, indem ich Ihnen einen kurzen Einblick in meine eigene Geschichte und meine Erfahrungen gebe, die mich prädisponiert haben, Säuglings- und Kindheitsomnipotenz durch die Lupe der Selbstpsychologie zu betrachten (nach einer gründlichen ich-psychologischen Ausbildung). Omnipotenz also eher als Kern von Gesundheit[1] statt von Krankheit – obwohl wir wissen, daß sie oft zu einem Teil einer Psychopathologie wird, und wir ihr dann im psychoanalytischen Behandlungsprozeß begegnen.

Mein Vortrag wird aus zwei Teilen bestehen. Teil I wird 1. einen Zugang zur Omnipotenz im Alltagsleben bieten, obwohl es sich in diesem Fall um ein höchst untypisches Beispiel handelt; und 2. deren entwicklungsmäßige Unberechenbarkeiten beschreiben. Teil II wird Omnipotenz unter der Perspektive des psychoanalytischen Behandlungsprozesses darstellen, 3. wie sie in archaische Grandiosität eingebettet ist und in der Analyse in einer Spiegelübertragung verfügbar wird; und 4. als Omnipotenz, die von einem idealisierten Anderen geborgt ist, wie sie in der Analyse in Form einer idealisierenden Übertragung zugänglich wird.

Omnipotenz im Alltagsleben

Um der Angemessenheit und der Kürze willen werde ich frühere Formen und Inhalte einiger meiner eigenen omnipotenten Phantasien und deren viel spätere Abkömmlinge teleskopartig betrachten, um meine Position darzustellen.

Ich war fast genau 20 Jahre alt und lebte in Budapest, als die Deutschen plötzlich und unerwartet in Ungarn am 19.3.1944 einmarschierten und es besetzten. Unser Schicksal war besiegelt, aber wir wußten es noch nicht. Drei Monate später fand ich mich in einem Zwangsarbeitslager wieder, beim Bau von Straßen und Fluglandebahnen, bevor wir zur Ostfront in Polen weitertrans portiert wurden, um für die ungarische Armee zwischen den deutsch-ungarischen Frontlinien zu arbeiten. Die Details sind irrelevant, außer, daß die Russen an einem Sonntagmorgen im September 1944 plötzlich die Frontlinien durchbrachen, die Ungarn sich in die karpatischen Berge zurückzogen und entschlossen waren – wie es aussah – dort den Winter über zu campieren, um dann die russische Invasion aufzuhalten. Wir wurden bei diesem Rückzug herdenartig mitgeschleppt; viele starben, und die, die überlebten, waren völlig erschöpft und erheblich geschwächt. Die Optimisten unter uns hofften, daß die Ungarn keinen Erfolg haben und wir mit der nächsten Rückzugswelle alle nach Ungarn selber zurückgeworfen würden, wo es vielleicht eine Chance für die Flucht geben könnte. Im Laufe des Septembers verloren die Optimisten, ich selbst einer von ihnen, langsam die Hoffnung. Die Russen blieben tatenlos; in Wirklichkeit, wie wir heute wissen, durchbrachen sie die Frontlinien an einem viel nördlicheren Punkt und gaben sich nur den Anschein, den Teil der Front zu bedrohen, wo wir Straßen und andere Befestigungen bauten. Wie Sie vielleicht wissen, fängt der Winter in den karpatischen Bergen früh an, und deshalb war mir klar, daß ich sehr bald in meiner schäbigen Kleidung, der unzureichenden Ernährung und der sehr dürftigen Behausung entweder erfrieren oder verhungern würde. So wurde ich besessen von der Vorstellung, einen Plan für meine Flucht auszuhecken.

Es war während dieses endlosen, zwanghaften Pläneschmiedens, daß mir einige meiner omnipotenten Phantasien zu Hilfe kamen. Natürlich würde ich sie damals nicht »omnipotente Phantasien« genannt haben – ich kannte noch nicht einmal den Begriff. Ich dachte nur in meiner Verzweiflung, um nicht zu erfrieren, daß ich die ungarische Armee austricksen müßte, und daß ich auch dazu in der Lage sein würde, irgendwelche verschlungenen Wege zu finden, um nach Ungarn zurückzukommen. Und sobald ich auf ungarischem Territorium sein würde, wo ich die Sprache konnte, würde ich fliehen. Eine Bauerntochter – so stellte ich mir vor – würde mich solange verstecken, bis es wieder sicher wäre aufzutauchen.

Wirklich ein hirnrissiger Plan, angefacht von meinen omnipotenten Phantasien. Hirnrissig, aber nicht völlig unmöglich. Der wichtige Punkt ist, daß ich nie dachte, daß dies unmöglich oder sogar hirnrissig sei – andernfalls wäre ich nie in der Lage gewesen, meine Pläne umzusetzen. Nach jedem Fehlschlag – und es gab sehr viele auf diesem Weg –, anstatt die Lächerlichkeit und Dummheit meiner Pläne einzusehen, dachte ich nur daran, bessere auszuhecken.

Lassen Sie mich hier innehalten und einen Moment, mit klarem Blick im nachhinein, über meine Situation in den karpatischen Bergen reflektieren, bevor ich meine Erzählung fortsetze.

In dieser sehr stressigen Situation war es extrem wichtig, daß meine omnipotenten Phantasien meine Aktionen befeuerten, damit ich in der Lage sein konnte, die Risiken, die ja enorm waren, einzugehen. Aber dieser Einfluß archaischer Omnipotenz mußte außerhalb meiner Wahrnehmung geschehen, weil ich das Gefühl brauchte, daß meine Pläne so gut ausgedacht und außergewöhnlich clever und realitätsbezogen waren, daß mir niemand auf die Schliche kommen könnte. Ich mußte überzeugt sein, daß ich vollkommen rational handelte und mein sorgfältig gesammeltes Wissen über die Verhältnisse richtig anwenden konnte, um die nötigen Vorbereitungen und Voraussagen für einen glücklichen Ausgang zu treffen. Ich brauche nicht zu sagen, daß die meisten meiner Voraussagen völlig daneben lagen; die meisten meiner Pläne gingen ins Auge, und nur unerwartete Improvisationen und zufällige Begegnungen mit hilfsbereiten Personen retteten mich.

Zurück zu meiner Geschichte: Schließlich simulierte ich erfolgreich eine Blinddarmentzündung in der Hoffnung, daß ich zu einem Krankenhaus auf der ungarischen Seite der Grenze geschickt werden würde, wo ich meine weitere Flucht planen könnte. Ich schaffte es, vielfach nur mit knapper Not und mit vielen weiteren cleveren Plänen – von denen alle, in Rückschau, unglaublich töricht, wenn nicht sogar sehr gefährlich war. Nur zufällige Wendungen des Schicksals oder der Ereignisse retteten mich. Aber in der Zwischenzeit – und das ist der entscheidende Punkt – konnte ich empfinden, daß ich mein Schicksal in meine eigenen Hände genommen hatte, und irgendwie hing es von mir ab, ob ich überlebte oder nicht. Dieses unrealistische Gefühl von Selbstvertrauen, zu einer Zeit, als viele meiner Mitgefangenen in Apathie, Depressionen und erhebliche Antriebsarmut verfielen, half mir, auf dem Posten und wachsam zu bleiben, und deshalb zufällig entstehende Gelegenheiten für die Flucht auszunutzen. Die Phantasie, daß eine ungarische Bauerntochter mich retten würde – trotz sich anhäufender Beweise, daß dies nicht passieren würde – bestärkte meine Anstrengung auf der Suche nach Mitteln und Wegen zur Flucht, denn wenn ich nirgendwo hingehen könnte, wäre ja eine Flucht völlig sinnlos. Gefangen zu werden, bedeutete den sicheren Tod.

Um die ungebrochene Kontinuität meiner Überlebensphantasien, *gespeist von archaischer Omnipotenz* – Phantasien, die unter ähnlichen Umständen eine erhebliche Gefahr bedeuten – werde ich meine Geschichte mit einer Phantasie abschließen, die mich an den Rand der Katastrophe brachte.

Wie es das Glück[2] wollte – obwohl ich damals glaubte, daß es mehr meiner eigenen Gewitztheit zuzuschreiben war – gelang mir schließlich die Flucht. Ich schlug mich nach Budapest durch und schlich mich in die Stadt, ohne gefaßt zu werden. Ich kam dort an mit einer Mischung aus Triumphgefühl und Angst um die Zukunft. Aber meine Triumphgefühle unterdrückten meine Ängste. Ich erinnere mich, die omnipotente Phantasie gehabt zu haben: »wenn ich es schon soweit geschafft habe, kann mir jetzt nichts mehr passieren!«. Ich hielt mich für unverletzlich. Diese Phantasie bewirkte, daß ich mich Situationen aussetzte, eine ganz speziell, wo ich sehr leicht mein Leben hätte verlieren können. Es ist unerklärlich, daß dies nicht geschah. Aber diese fast fatale Erfahrung brachte mich sofort auf den Boden der Tatsachen zurück – was nur möglich war Dank der relativen Sicherheit meiner neuen Lebenssituation. An diesem Punkt mußte ich meine Verletzbarkeit akzeptieren, um mein weiteres Überleben sicherer planen zu können.

Was veranschaulichen diese Erfahrungen? Wo liegt ihre Relevanz für den heutigen Abend? Zuallererst illustrieren sie, daß die Natur der Omnipotenz nicht unabhängig von ihrer Matrix betrachtet werden kann; sie kann nicht isoliert betrachtet werden, sondern nur in ihrer Eingebettetheit in die gesamte Struktur der Persönlichkeit. Der adaptive Wert von omnipotenten Phantasien und den Handlungen, die sie hervorrufen, hängt davon ab, wie frei und flexibel die archaischen Schichten der Person verfügbar sind. Gemeint ist eine Person, die einerseits mit diesen Phantasien und andererseits, simultan oder in schnellem Wechsel, mit der gegenwärtigen Realität in Kontakt steht. Im Planungsstadium meiner Flucht spielte die Phantasie eine wichtige Rolle, daß mich eine Bauerntochter verstecken würde, bis die russischen Truppen diesen Teil Ungarns besetzt hätten – dies weist auf die frühen Quellen dieser Phantasie hin – obwohl der übrige Teil dieser Fluchtphantasie nur den adaptiven Gebrauch ihrer transformierten, späteren Abkömmlinge aufzeigt. Mein letztes Beispiel zeigt, daß bestimmte Erfahrungen, die die Macht der eigenen Omnipotenz und die Effektivität der auf ihr basierenden Aktionen bestätigen, noch archaischere Schichten von omnipotenten Phantasien stimulieren können. Diese können zu gefährlichen Handlungen führen. Es kommt dann auf die Fähigkeit an, diese zu integrieren; ob man in der Lage ist, die Erfordernisse der neuen Umstände für die Erreichung der eigenen Ziele zu fokussieren, macht den Unterschied zwischen dem adaptiven und dem nicht-adaptiven Gebrauch omnipotenter Phantasien aus. Das Beibehalten dieser letzten Phantasie ging einher mit der relativen Sicherheit meiner neuen Situation, die kein risikoreiches Sich-Preisgeben mehr verlangte, um erfolgreich fliehen zu können. Jetzt wurde das Gegenteil verlangt: ein stilles, unheroisches Sich-Verstecken. Eine unflexible, unwiderstehliche Dominanz archaischer Phantasien, die zum Handeln drängen, hätte deren Überführung in realitätsorientierte Aktivitäten ausgeschlossen.

Um dies in eine abstraktere, theoretische Sprache zu bringen, möchte ich Sie an ein Bild erinnern, welches Kohut uns vorgetragen hat, als er Hartmanns Sicht der psychischen Struktur in den frühen 60er Jahren verfeinerte (Kohut und Seitz 1963). Auf der einen Seite, in Reaktion auf dramatische Frustration, teilte die Verdrängungsschranke die Psyche; hier herrschte der Konflikt, und nur Übertragungen über diese Verdrängungsschranke hinweg konnten uns Zugang zum Verdrängten verschaffen. Es gab keinen konfliktfreien Zugang zu den wie hinter einer Mauer liegenden Erfahrungen. Auf der anderen Seite, in Reaktion auf optimale Frustrationen, gab es keine Verdrängungsschranke; progressive Neutralisation (wir würden jetzt sagen, als Resultat des Einflusses von angemessenen Antworten aus der Umwelt) transformierte frühe kindliche, archaische Erfahrungen in eine konfliktfreie Sphäre der Psyche, welche reibungslos in die Erwachsenenpersönlichkeit integriert werden konnte. Auf diesem Gebiet konnte es einen relativ freien Zugang zu frühen Erfahrungen geben, denn diese mußten nicht abgewehrt werden.

Wie Sie sicherlich wissen, gab es für Freud und Ferenczi eine direkte Linie von der Omnipotenz zur Realität; sobald die letztere erreicht war, mußte die erstere verschwinden; Omnipotenz war ein Zeichen von Infantilismus (Freud 1914, 1915; Ferenczi 1913). Wir haben dieses lineare Abfolge-Denken aufgegeben, denn hier wurde eine Reifungs-Moral in die Psychoanalyse unter dem Vorwand eines wissenschaftlichen Ansatzes eingeschmuggelt. Wir können jetzt besser den Wert dessen, was damals als infantil abgeschrieben wurde, ermessen. Dies kann tatsächlich im Erwachsenenalter nicht nur eine sehr nötige Quelle für die verschiedenen Ausdrucksweisen von Kreativität abgeben, sondern auch unserer Persönlichkeit eine tiefe Bereicherung verleihen.

Wir sollten jetzt einen genaueren Blick auf die entwicklungsmäßige Rolle und Funktion richten, die die Selbstpsychologie omnipotenten Phantasien, Allwissenheit und omnipotenter Kontrolle beimißt. Wir alle gebrauchen diese

Begriffe innerhalb unserer eigenen Denksysteme, wo sie jedesmal eine andere entwicklungsmäßige und theoretische Position innehaben, die einen anderen therapeutischen Ansatz beinhaltet.[3]

Entwicklungsbedingte Wechselfälle der Omnipotenz

Kohut hat einmal die Frage erhoben: »Unter welchen Umständen und auf welche Art kann eine alte unrealistische Phantasie aus der Kindheit hilfreich für das Individuum sein, es vorwärts treiben, zur Erfüllung führen, ein integraler Bestandteil der Aufrechterhaltung seines Selbstwertgefühls werden, und unter welchen Umständen wird sie zu einer schweren Behinderung, die zu Hemmungen, zum Rückzug vom Leben und zu einer Blockade führt?« Ganz allgemein, und die durchschnittliche Situation im Auge behaltend, sagte er:

»die Antwort ist nicht schwer zu bekommen. Dies ist abhängig von der Allmählichkeit der Integration der frühen Phantasie in die Totalität der Persönlichkeit. Die ursprüngliche Phantasie mag unrealistisch gewesen sein und zweifellos immer ist das Verlangen, wie ein Baby vergöttert zu werden, im späteren Leben offensichtlich unrealistisch. Als Erwachsener kann man nicht erwarten, im Zentrum der Aufmerksamkeit zu stehen, auf dieselbe Art und Weise, wie man dazu das Recht hat, wenn man ein neugeborenes Baby ist. Sogar frühe Phantasien können verbalisiert werden, die in Tagträumen weiter existieren und sie sind in einem bestimmten Maß hilfreich und integraler Bestandteil einer normalen menschlichen Ausstattung. Sie gehören zur Elastizität des menschlichen Geistes, der in der Lage ist, auf Enttäuschung mit wunscherfüllenden Phantasien zu reagieren«. (Elson 1987, S. 242)

Kohut entwickelte seine Vorstellungen der Veränderungen archaischer Omnipotenz auf der Basis von Rekonstruktionen früher Entwicklungen, während des Durcharbeitens von Selbstobjektübertragungen. Für unseren gegenwärtigen Zweck sollte es genügen, sich zu erinnern, daß Kohut sich die »subjektgebundende Omnipotenz« als einen Aspekt des grandiosen Selbst[4] vorstellte und die »objekt-gebundene Omnipotenz« als einen Aspekt der idealisierten Elternimago.

Es gibt weitgehende Übereinstimmung, sowohl unter Klinikern als auch unter Forschern (ungeachtet ihrer theoretischen Überzeugungen), daß das menschliche Kind von Geburt an mit der Fähigkeit »programmiert« ist, empathische Reaktionen in seiner Umgebung hervorzurufen – empathische Reaktionen, die notwendig für sein psychologisches Überleben und eine gesunde emotionale Entwicklung sind. Sei es als etwas, mit dem man programmiert ist, oder als eine Konsequenz der Erfahrung, daß der Säugling die physische und emotionale Fürsorge hervorruft, die er braucht; das Gefühl von buchstäblich unbegrenzter Macht, Einfluß und Kontrolle über andere, d.h., das Gefühl von Omnipotenz, wird ganz natürlich Teil des frühen psychischen Lebens sein.

Kohut postulierte, daß des Säuglings frühe Bedürfnisse sich um drei wesentliche Konstellationen gruppieren. Ich kann dies nur sehr schematisch im gegenwärtigen Kontext skizzieren.

1. Mit seinem »grandiosen Selbst« drückt der Säugling seine Bedürfnisse nach Spiegelung aus – ein Oberbegriff für eine weite Spanne von Funktionen seiner Versorger, wie bedingungslose Akzeptanz, Bewunderung, Versicherung, Bestätigung; der Glanz in Mutters Augen und viele andere. Deren erwartbares, ständiges Vorhandensein und phasen-angemessene Anpassung an sich ändernde Bedürfnisse des Säuglings, respektive Kindes, wird sich schließlich in ein stabiles Selbstwertgefühl und verläßliche Selbstwertregulationen umwandeln; in die Fähigkeit, sich an physischer und geistiger Aktivität freuen zu können, und in ungehindertes Verfolgen eigener Ziele und Absichten. Diese Transformation archaischer Grandiosität in bleibende psychische Funktionen (»psychische Strukturen«) schließt gleichzeitig die Transformation omnipotenter Phantasien ein, die zu dieser Gruppe dazugehören. Das Fehlen adäquater Spiegelung oder deren unzuverlässiges oder anderweitig fehlerhaftes Vorhandensein wird diese Transformationen vereiteln und zu dem führen, was Kohut die Defizite oder Defekte im Selbst genannt hat.[5] In solchen Fällen werden omnipotente Phantasien ihre archaische Natur beibehalten und unintegriert in die erwachsene Persönlichkeit bleiben. Ob verdrängt oder verleugnet, sie können zu deutlichen Zügen der Pathologie eines Patienten werden.

2. Mit Hilfe seiner »idealisierten Elternimago« drückt der Säugling und das heranwachsende Kind sein Bedürfnis nach einem perfekten, allmächtigen und allwissenden (omnipotenten und allwissenden) Anderen aus, mit dem es verschmelzen kann, an das es sich anhängen kann, um an all der Macht und dem Wissen teilhaben zu können. Diese Idealisierung – und alles, was damit zusammenhängt – stellt wieder ein phasenadäquates entwicklungsbedingtes Bedürfnis dar. Einen idealisierbaren Elternteil oder Fürsorger zu besitzen, ist ein Muß für den Erwerb internalisierter Werte und Ideale, Fähigkeiten, die selbst-tröstenden und selbst-beruhigenden Funktionen dienen; für das Aufbewahren und Kanalisieren von Affekten und für die begeisterte Teilnahme an menschlichen Aktivitäten, die das Selbst erwei-

tern. Langsame und tolerierbare, jedoch unvermeidliche Enttäuschungen führen zur Konsolidierung dieser Funktionen (Strukturbildung) in diesem Sektor der Persönlichkeit. Massive, traumatische, phasenunangemessene Desillusionierungen führen zu spezifischen Defiziten oder Defekten im gesamten Gebiet der Spannungs- und Affektregulation und der Begeisterungsfähigkeit; und abermals zu einem weiten Spektrum defensiver Sexualisierung und Aggressivierung (in Form von Perversionen, Delinquenz und Drogenmißbrauch).

3. Mit seinen Zwillings- oder Alter-Ego-Bedürfnissen sucht der Säugling und das heranwachsende Kind nach einem Echo durch Bestätigung, nach einem eigenen Abbild oder gleichgesinnten verwandten Geistern, in Beziehung zu denen die Entfaltung der Fertigkeiten und Talente geschieht, und die seine Zugehörigkeit zur menschlichen Gemeinschaft bestätigen. Niemand hat bisher diese Erfahrungen mit Omnipotenz in Verbindung gebracht. Es gibt aber möglicherweise eine indirekte Verbindung in dem Sinne, daß der zunehmend freiere Gebrauch der eigenen Talente und Fertigkeiten einen Beitrag zur erfolgreichen Lebensbewältigung leisten könnte, ein gesundes Selbstwertgefühl verstärkt, das seinerseits das »Zugehörigkeitsgefühl« ebenfalls unterstützt. Dies wird umgekehrt den Gebrauch archaisch omnipotenter Phantasien zur Regulation des Selbstwertgefühls unnötig machen. Das Gefühl von Kompetenz ruft »ich kann es«-Gefühle hervor, die wiederum das Selbstwertgefühl stärken.

Zwei Lektionen können hier gelernt werden: Erstens zeigt ein kurzer Blick auf diese höchst verkürzte Darstellung, daß Omnipotenz in das grandiose Selbst eingebettet und von der idealisierenden Elternimago »geborgt« ist – die beiden gesunden Kerne einer sich entwickelnden Persönlichkeit. Es folgt daraus, daß Omnipotenz in ihrem Beitrag zur Entwicklung eines stabilen Selbstwerts ebenfalls einen Aspekt dieser gesunden Kerne darstellt. Sie sind sicherlich notwendige Grundlagen im Säuglingsalter und der Kindheit – ein Sine Qua Non für die phasen-angemessene »Strukturalisierung« des Selbst. Zweitens wirft diese Darstellung ein Licht auf die Tatsache, daß Kohut das psychosexuelle Schema der Entwicklung durch ein eigenes Schema ersetzt hat, das er aus der Entwicklung des Selbst von den drei gerade beschriebenen archaischen Kernkonstellationen herleitete. Mit diesem Vorschlag bot er uns eine andere Sicht der Natur von Psychopathologie, die folgerichtig zu einer anderen Zusammenstellung von Prinzipien psychoanalytischer Behandlung führte.

Den verbleibenden Teil meines Vortrags möchte ich diesen Behandlungs-
prinzipien widmen und den interpretativen Prozeß mit einigen klinischen
Beispielen beleuchten. Zuvor jedoch einige generelle Bemerkungen als
Antwort auf zwei Fragen:

1. Was sind die wesentlichen Elemente eines selbstpsychologisch-informierten
    psychoanalytischen Behandlungsansatzes hinsichtlich von Omnipotenz als
    einem häufig vorkommenden Aspekt mit gewöhnlicher Weise komplexen
    und oft schwer zu behandelnden Formen von Psychopathologie?
2. Was sind wesentliche kurative Faktoren und welche Art von Heilung bei der
    Behandlung von Grandiosität und Omnipotenz schlägt die Selbstpsycho-
    logie vor?

Weder die Psychopathologie des Patienten, noch der kurative Prozeß im Lichte der Selbstpsychologie können ohne Berücksichtigung der zentralen Position des empathischen Beobachtungsstandpunkts im klinischen Prozeß voll
verstanden werden (Ornstein, P. H. 1979). Einfach gesagt bedeutet das, daß wir
immer die subjektive Erfahrung des Patienten zu fassen suchen (die die Art und
Weise der Erfahrung des Patienten von uns einschließt), aus seiner oder ihrer
eigenen Perspektive, so konsistent dies uns möglich ist. Nicht, daß wir andere
Beobachtungsmodalitäten ausschließen würden – sie sind unvermeidlich
präsent – aber sie bleiben unserem Bemühen untergeordnet, des Patienten eigene idiosynkratische Subjektivität zu erfassen. Unser vordringlichstes Ziel ist
nicht, die Diskrepanz zwischen den inneren Erfahrungen des Patienten und der
gegenwärtigen Realität fest- und herauszustellen, sondern die archaische Logik
dieser inneren Erfahrungen einzufangen und in Worte zu fassen (Verstehen und
Erklären), ohne sie aus der Perspektive unserer eigenen Realität zu beurteilen.
Des Patienten eigene Konflikte zwischen archaischen Bedürfnissen und seiner
Erwachsenen-Realität sind allerdings von legitimem analytischen Belang.

Was immer die spezifischen Formen der Psychopathologie des Patienten
sein mögen, oder deren dominante Züge (die Grandiosität und Omnipotenz,
Sadomasochismus oder narzißtische Wut), es ist die Matrix der archaischen
Konstellation des Selbst, in welche diese eingebettet sind, die unsere analytische Aufmerksamkeit verlangt. Mit anderen Worten, die Mobilisierung einer
anhaltenden, kohäsiven Selbstobjektübertragung, in der Aspekte der Psychopathologie des Patienten aktiviert werden, bestimmt die Art unserer interpretativen Teilnahme im Behandlungsprozeß. Darüber hinaus sollte festgehalten
werden, daß, wo im Konzept der klassischen Übertragung Wiederholung und

Entstellung im Fokus stehen, bei Selbstobjektübertragungen das Ringen um einen neuen Anfang mit beinhaltet ist. Wiederholung – zweifellos präsent – wird hier im Dienste des Findens einer besseren Lösung für entgleiste und vereitelte Entwicklungen gesehen, wenn der Patient den unterbrochenen Prozeß der Strukturbildung wiederbelebt und nach deren Vollendung in der Analyse strebt (s. Kohut 1970, 1978). Es ist dieser analytische Fokus auf die unauslöschliche Hoffnung des Patienten und sein Vorstoß zu nachträglichem Erwerb fehlender psychischer Strukturen – bei welchem Überreste infantiler Grandiosität und Omnipotenz teilhaben –, das ein bedeutendes Charakteristikum im Durcharbeiten von Selbstobjektübertragungen bedeutet. Urteilsfreies Akzeptieren archaischer Bedürfnisse und Sehnsüchte, deren Verstehen und Erklärung, sind die analytischen Wege, die Strukturbildung durch schrittweises Anwachsen neuer Strukturen (»umwandelnde Verinnerlichung«) hervorbringen – langsame Transformierung von Grandiosität und Omnipotenz in gesunden Selbstwert[6].

Die Art, wie dieses im analytischen Prozeß zum Vorschein kommt, wird im folgenden mit der Analyse von Mister I. (Ornstein 1978) illustriert werden.[7]

Archaische Grandiosität in der idealisierenden Übertragung

Herr I. war Mitte 20 und alleinstehend, als er in Analyse kam wegen einer Reihe diffuser Beschwerden, bei seiner neuen Arbeit nicht zu adäquater Leistung in der Lage zu sein; er sei zu sehr mit seinem Unglücklichsein beschäftigt und ihm fehle eine Richtung in seinem Leben. Er war groß, gutaussehend, sorgfältig gekleidet und sprach leise; er war extrem ängstlich und sprach schnell, auf eine irgendwie unzusammenhängende Art, während unseres ersten Kontaktes.

Herr I. begann seine Analyse, indem er eine detaillierte chronologische Geschichte seiner Lebenserfahrungen zu liefern wünschte, wobei er annahm, daß es einige Monate dauern würde, dies durchzuführen. Sorgfältig plante und kontrollierte er, was er sagen wollte und in welchem Tempo, um nicht überwältigt zu sein. Allerdings war er sehr bald aus dem Gleis geworfen wegen der Intensität seiner tagtäglichen analytischen Erfahrungen. Die frühe (Analyse-) Phase wurde durch seine bis in Einzelheiten geschilderten kontinuierlichen, zwanghaften, sadomasochistisch-sexuellen Großtaten dominiert. Wie wir später verstanden, waren sie dazu da, ihn entweder zu beruhigen oder zu erregen, oder verlorenen Selbstwert in seinen täglichen Begegnungen bei der Arbeit wiederzugewinnen.

Später erzählte er mir, daß er dem Analytiker gesagt hatte, den er um einer
Empfehlung willen konsultiert hatte: »Ich bräuchte jemanden, der ein männlicher Allround-Mann ist, denn er würde mich deswegen achten« –, wobei er
seine sexuellen Leistungen meinte.

»Jemand, der denken würde, daß ich wild und großartig bin und der dies
wirklich schätzen kann.« Auf diese Weise führte er sein Bedürfnis nach Bewunderung durch jemanden ein, den er auf ein Podest stellen konnte. Sowohl Spiegelübertragung als auch idealisierende Übertragung warfen dadurch schnell
ihre Schatten voraus, da sie die Funktionen bestimmten, die er unbewußt
seinem Analytiker beimaß.

In der Anfangsphase seiner Analyse wurde es Herrn I. bewußt, wie sehr er
im Mittelpunkt sein mußte – es war ihm nicht mehr unbewußt, was ihm sehr
peinlich war. Er wollte der beste Analysand sein, den es je gegeben hatte. Er
haßte es zuzugeben, daß er jemand anderen brauchte, um diese Arbeit zu
leisten; er dachte, er könnte seine Analyse alleine durchführen und berühmt
werden. »Vielleicht bin ich jetzt ganz nahe dran und Sie werden die Anerkennung dafür bekommen. Mein Fall muß der größte werden!«

Langsam zog sich Herr I. von diesen grandiosen omnipotenten Phantasien
zurück und seine Hilflosigkeit, Machtlosigkeit und Gefühle von Unbedeutsamkeit kamen ins Zentrum seiner analytischen Erfahrung, wodurch eine
anhaltende idealisierende Übertragung etabliert wurde. Dies wurde sehr klar,
als er einmal nachdenklich, mit Verzweiflung in der Stimme fragte: »Warum
brauche ich erst Ihre Bestätigung, daß ich mich gut fühle, bevor ich mich wirklich gut fühle?« Seine eigenen weiteren Überlegungen waren von beträchtlicher Signifikanz: er fühlte sich wie »an die Wand geklatscht – wenn Sie heißen
Gummi an die Wand schmeißen, wird er hart und ist wie ein Tintenfisch mit
Saugnäpfen, der sich an der Wand festkrallt. Dann zählt nichts außer dem Festsaugen und dem Anklatschen. Ich kann ein Rumpeln der Wand nicht aushalten. Jede Unterbrechung dieser Verbindung ist für das Überleben des an die
Wand Angeklatschten bedrohlich. So fühle ich mich mit T. (seiner Freundin)
und mit Ihnen. Ich möchte, daß Sie die Wand sind – halten Sie den Mund und
hören Sie zu! Wenn ich nicht mehr länger so an die Wand geklatscht sein
müßte, hätte ich etwas ganz Entscheidendes zustande gebracht.« Aber in
diesem Punkte konnte er sich nur stark, mächtig und wichtig fühlen durch seine

Bindung an den idealisierten Analytiker. Was auch immer diese Bindung unterbrach – Wochenenden, Ferien oder etwas unempathische Abweisungen meinerseits –, alles fühlte sich wie das »Rumpeln der Wand« an, das den an die Wand geklatschten Gegenstand in Gefahr brachte. Solange er sich in dieser Einheit mit mir fühlte, solange die idealisierende Übertragung nicht unterbrochen war, nahmen die sadomasochistischen, sexuellen Großtaten von Herrn I. in beträchtlicher Weise ab und hörten schließlich ganz auf, um nur wieder als Notfallmaßnahmen aufzutauchen, die zu spezifischen Unterbrechungen in der idealisierenden Übertragung in Beziehung standen. Es war wichtig, die intra-analytischen Niederschläge für diese Unterbrechungen zu entdecken; deren Bedeutung und Ursache zu erfahren, um das analytische Band wieder zu etablieren, welches Herr I. mit geborgter Stärke und Macht versorgte, bis er viel später, Stück um Stück, seine eigene etablieren konnte.

Als Beispiel möchte ich hier eine Intervention einbringen, die für das repräsentativ ist, was ich getan habe, um die Reparatur der häufigen, unausbleiblichen Unterbrechungen während dieser Analysenphase zu erleichtern: Herr I. sprach mit einiger Dringlichkeit in der Stimme von dem Wunsch, seine Freundin zu heiraten. Irrtümlicherweise griff ich ein, um ein »verfrühtes Ausagieren« zu verhindern – eine verfrühte Heirat – indem ich die Dringlichkeit fokussierte, ohne wirkliche Anzeichen, daß Herr I. eine sofortige Durchführung überlegte. In einem darauf folgenden Traum verhielt sich Herr I. widerlich und geringschätzig einem alten Mann gegenüber. Sein Vater kritisierte ihn deswegen und erinnerte daran, daß sein Großvater diesen Mann kannte. Daraufhin fühlte sich Herr I. von freundschaftlichen, herzlichen Gefühlen überwältigt und wollte dort hingehen und den alten Mann umarmen. Da er ihn nicht umarmen konnte, wollte er einfach nur mit ihm sprechen.

Herrn I.'s Assoziationen und der weitere Kontext, in dem dieser Traum stattfand, legten seine intensive Sehnsucht nach einem idealisierten Analytiker-Vater offen. Ich erkannte an, daß es ihn schmerzte, wenn seine bewundernden und liebenden Gefühle nicht akzeptiert und (fälschlicherweise) nur als »die andere Seite seiner Ambivalenz« gesehen wurden. Seine Reaktion war tränenreich und er sagte zum erstenmal mit Gefühl: »Ich bin wirklich soweit, diesen alten Mann zu lieben, aber er konnte es nicht ertragen, er wischte es von sich ab!« Es gelang mir dann klarzustellen, daß mein früherer Fokus auf der »Dringlichkeit« in Verbindung mit seinen Heiratsplänen, anstatt auf die Dringlichkeit seiner Darstellung, »zu dem Riß hier bei uns, zu meinem Nichtakzeptieren

Ihrer bewundernden und liebenden Gefühle« beigetragen haben mochte. »Dies muß zu Ihrem schmerzvollen Rückzug beigetragen und Sie dazu gebracht haben, sich an T. um Trost zu wenden.« Jedesmal, wenn ich solche Interventionen in angemessener Weise einbringen konnte, sogar, wenn sie oft etwas nachträglich, mit konkretem spezifischem Bezug zu Ereignissen innerhalb der analytischen Erfahrung gegeben wurden, konnte die unterbrochene Übertragung sehr schnell wieder etabliert werden. Regelmäßig kamen dann einige relevante, bis dahin unzugängliche Erinnerungen zum Vorschein.

Das Durcharbeiten der idealisierenden Übertragung führte zu entscheidenden Verbesserungen in Herrn I.s Leben außerhalb der Analyse, bei der Arbeit und in seinen Beziehungen, aber seine Verletzlichkeit innerhalb der analytischen Situation nahm zu im Sinne einer Einleitung der Remobilisierung seines archaischen grandiosen Selbst. An einem Beispiel dieses Übergangsstadiums[8] möchte ich meine Behauptung darstellen, daß es nicht nötig ist, den Patienten mit etwas zu konfrontieren, was er selbst noch nicht in den analytischen Dialog eingebracht hat. Das Akzeptieren und Verstehen der Bedeutung dessen, was er von sich aus in seine Stunden einbringt, wird allerdings sonst unzugängliche Teile seines Selbst eröffnen.

Eine abrupte Absage an Washingtons Geburtstag machte Herrn I. sehr wütend, und er warnte mich, ihn früh genug vom Ende der Analyse in Kenntnis zu setzen, wenn es soweit sei. Daraufhin kündigte er in feierlichem Ton an, daß dies seine 400. Stunde sei. »Eine besondere Gelegenheit, aber sie gibt mir ein Gefühl von Leere.« Ich wies ihn auf meine abrupte Absage hin und meinte, daß dies für ihn wieder willkürlich gewesen sein mußte; er müsse sich mir auf Gedeih und Verderb ausgeliefert gefühlt haben, da ich eine Begegnung mit ihm jederzeit abschneiden konnte. »Ich möchte Ihnen nicht ausgeliefert sein«, erwiderte er ärgerlich, »ich fühle mich dann wie ein verdammter Dummkopf. Ich nehme es ernst (seine analytischen Erfahrungen betreffend) und jemand anders tut es nicht (bezogen auf seinen Analytiker).« Nicht ernstgenommen zu werden, war die schmerzlichste Behandlung, die ihm irgend jemand angedeihen lassen konnte. Es wurde ihm klar, daß er sich an Washingtons Geburtstag in Reaktion darauf »depressiv, allein, leer und innerlich tot« gefühlt habe. Er brauchte »einige erregende Sensationen, einige Kicks, um da herauszukommen«. Die heiße Dusche war nicht genug, und danach fiel er erschöpft in Schlaf. Nach einer kurzen Schweigepause fügte er hinzu: »Wenn ich Sie als uninteressiert wahrnehme, verliere ich völlig mein Gefühl von Ganzheit – dann brauche ich mehr Stimulierung, um dies wieder auszugleichen.« Während der nächsten Tage setzte sich Herrn I.'s Gefühl von Leere fort, noch weiter intensiviert durch die Tatsache, daß ich seine 400. Stunde nicht mit ihm feierte. Als mich Herr I. deswegen ausschalt, fühlte er sich schwindlig auf der Couch. Ich antwortete ihm folgendermaßen:»Es muß sich für Sie wie eine sehr unsensible Zurückweisung angefühlt haben, daß ich Ihre feierliche Stimmung nicht teilte, oder zumindest Ihre Stimmung nicht anerkannte; Sie bekannten sich zu dem Jubiläum, ich tat es nicht, so daß es um so schmerzlicher war.« Herr I. erwiderte:»Ich mußte fast weinen, als Sie mir all diese Gefühle in Erinnerung brachten. Wenn ich mich hier letzten Mittwoch zurückgewiesen gefühlt habe, muß ich das so viele Male auch anderswo so empfunden haben. Wie sehr muß ich wohl jemandes konstante, hundertprozentige Aufmerksamkeit verlangen!«

In einer reflektiven Stimmung beschrieb er sich als eine Weltkugel mit einem Defekt darauf, wie den Grand Canyon. »In der Analyse versuchst du, daran zu arbeiten, die Oberfläche auszukerben, so daß sie ausheilen kann. Es ist beruhigend, daß dein Analytiker weiß, wie krank du bist, und nicht alarmiert ist, nicht verängstigt, nicht entmutigt, sondern optimistisch bezüglich dessen, was dafür getan werden kann.« Dann wurde er ängstlicher:»Was wäre, wenn ich noch tiefere Defekte vermuten würde und mein Analytiker noch nicht einmal wüßte, daß sie existieren? Ich könnte es ihm nicht sagen, denn dann würde er vielleicht entmutigt sein, aber ich möchte das nicht verdecken.«

Archaische Grandiosität in der Spiegelübertragung

Während des mühsamen Durcharbeitens von Herrn I.'s Spiegelübertragung sah er zum zweitenmal Fellinis Film »8 1/2«, über den er während der erste Woche seiner Analyse gesprochen hatte. Damals war er sehr identifiziert gewesen mit dem provokativen, arroganten Regisseur des Films – dies sind seine Worte -, der alle wichtigen Personen seiner Vergangenheit um sich versammelt hatte, diese kontrollierte und manipulierte; er hatte alles vollkommen unter Kontrolle. Als er jetzt den Film wieder sah, wurde er des Hin- und Herblendens zwischen Realität und Phantasie gewahr, zwischen Gegenwart und Vergangenheit. »Ich konnte dies vor einigen Jahren nicht verstehen«, sagte er. Er identifizierte sich noch immer mit dem Regisseur. »Jetzt sehe ich es als möglichen Tod der infantilen Sexualität bei einem Mann – Omnipotenz, Grandiosität, Tausende von Mädchen, zu denen keine reale Beziehung besteht, narzißtisch im Mittelpunkt, in Führung stehend. Es ist alles neurotisch, infantil, ödipal, katholische Kirche versus Huren. Sich zu erschießen bedeutet für ihn, all diesen ganzen Kram aufzugeben – das ist es, was die Analyse für mich gewesen ist. Es ist sehr schwierig, all diese kindlichen Dinge aufzugeben.« Er wunderte sich darüber, wie es ihm möglich war, daß er in der Analyse soviel aufgeben konnte. »Ein Grund, das kann ich Ihnen sagen, ein Grund, warum Sie ein guter Analytiker sind: Sie haben immer durchgehend Ihr Vertrauen in meine potentielle Gesundheit beibehalten. Was immer ich auch sagte – sogar, als ich mit Ihnen handelte wegen der $ 20 zusätzlicher Gebühr, als ich eine Stunde verpaßt hatte – sogar, wenn ich sagte, daß ich psychotisch sei, reagierten Sie, als ob ich in der Lage sei, auf eine gesunde Art und Weise zu antworten. Mit Ihnen diese Zeit durchlebt zu haben, war eine wirklich therapeutische Erfahrung für mich. Wenn Sie mir jemals die $ 20 zurückgegeben hätten, wenn Sie dies für eine falsche Entscheidung gehalten hätten, hätte ich Ihnen das für den Rest meines Lebens übelgenommen; es hatte sich so solide angefühlt, Sie hätten dies durch Ungeschehenmachen zerstört.«

Kurz vor Analysenende reflektierte er wiederholt darüber, was er zustande gebracht hatte. An einem Punkt sagte er, was er erreicht habe, »ist nicht hauptsächlich Einsicht, sondern (er gewann) Ich-Fähigkeiten, ein anderes Funktionieren. Jede Minute des Tages bin ich anders, als ich es vorher war. Die darunterliegende Kraft war die Stabilität dieser Beziehung. Als ich mich endlich stabiler fühlte, war ich in der Lage, eine feste Beziehung mit anderen einzugehen – und mit mir selbst auch. Jetzt kann ich hier weggehen mit mehr Stabilität und meine Bindungen auf andere übertragen.«

Abschließender Kommentar

Im jetzigen Kontext konnte ich Ihnen nur drei psychologische Stichproben aus der Analyse eines jungen Mannes geben, bei dessen Psychologie und Psychopathologie, Grandiosität und Omnipotenz, einschließlich omnipotenter Kontrolle, eine zentrale Rolle spielten. Im Rahmen der Selbstobjektübertragungen zu arbeiten, brachte einen Schwerpunkt mit sich auf die Funktion, die der Patient seinem Analytiker-Selbstobjekt unbewußt beimaß – es waren die Wechselfälle seines Selbstzustandes, dessen Entkräftung, Entleerung, häufige Verstrickung in Konflikten, Fragmentierung und andere identifizierbare

Zustände (wie Wut- und Rachegefühle), die die interpretative Aufmerksamkeit erforderten. Die Funktion, die der Patient mir beimaß, verlangte einen Fokus auf das Hier und Jetzt der Übertragung, die sowohl seine lebenslangen vereitelten Bedürfnisse nachvollzog, als auch seine eingefahrenen Wege im Versuch, diese zu befriedigen. Die Übertragung bot uns ebenfalls zahlreiche Hinweise bezüglich der frühesten psychogenetischen Vorläufer der Psychopathologie des Patienten. Sie spiegelte seine Bemühungen wider, die fehlenden psychischen Strukturen zu erwerben, die diese Übertragungen hervorriefen.

Der Fokus des interpretativen Prozesses war nicht auf einen spezifischen Inhalt bezogen (z.B. Omnipotenz), sondern auf die Matrix (das verletzbare Selbst), von der diese Inhalte aufstiegen. Es ist nur auf dem Wege therapeutischer Reaktivierung der ursprünglichen Bedürfnisse nach Reaktionen des Selbstobjekts möglich, daß ein tatsächliches Nachlassen von Grandiosität, Omnipotenz und omnipotenter, sadistischer Kontrolle stattfindet und eine Rückkehr zu gesunder Durchsetzungsfähigkeit und verläßlicher Selbstwertregulation erreicht werden kann.

Deshalb ist es immer unser analytisches Ziel, bezogen auf diese archaischen Phantasien, Emotionen und Verhaltensweisen, die allmähliche Transformation der archaischen Matrix, aus der sie hervorgehen, anzustreben und sie begleitend in das Erwachsenen-Selbst zu integrieren. Es ist diese Transformation und Integration, die deren Gebrauch schließlich unnötig macht.

Übersetzung: Regine Legutke

Anmerkungen

[1] Obwohl ich zuerst den adaptiven Wert von Omnipotenz beispielhaft darstellen werde, wird der Fokus meines Vortrages auf Omnipotenz als einen entwicklungsmäßigen Kern von Gesundheit bezogen bleiben. Später werde ich differenzieren zwischen Gesundheit und Adaptation, welche nicht gleichbedeutend sind. Sehr wahrscheinlich würde pathologische Omnipotenz unter den Umständen, die ich beschreiben werde, nicht dieselbe notwendige Flexibilität im adaptiven Gebrauch gezeigt haben.

[2] Einer meiner Freunde bemerkte, daß »einige Leser sich irregeführt fühlen könnten durch Ihre wiederholten Bezugnahmen zum ›Glück‹. Der adaptive Effekt ihrer Omnipotenz waren Ihre Energie, Enthusiasmus und Durch-

haltefähigkeit, anstatt die Einzelheiten des Plans. Glück war notwendig, aber nicht ausreichend. Sie mußten sich im Glück fühlen und Ihre Omnipotenz erleichterte Ihnen dies. ›Glück‹ könnte mißverstanden werden in dem Sinne, daß Ihre Omnipotenz nichts zu tun hätte mit dem tatsächlichen Ergebnis.« Die Verbindung zwischen Glück und den eigenen omnipotenten Phantasien ist eine ziemlich komplexe Angelegenheit, die sich in meinem Fall einer klareren Beschreibung in dieser kondensierten Version hier entzieht, da die Einzelheiten der verschiedenen und wechselnden Fluchtpläne hier nicht beschrieben werden können. Ich glaube, daß hier wiederholte Bezugnahmen zum Glück notwendig sind, denn sie reflektieren genau, wie ich meine Situation erlebte. Dies setzt in keinem Fall die Bedeutung herab, die ich meinen omnipotenten Phantasien beimesse.

3   Diesen Konzepten lateinische Namen zu geben, macht oft gut skizzierte Pseudoentitäten aus ihnen, obwohl sie sich in wirklichkeit ganz einfach auf Phantasien von »wirklich unbeschränkter Macht und Einfluß«, Phantasien von »unbeschränktem Wissen« und »unbeschränkter Macht über andere« beziehen.

In einfachem Englisch ausgedrückt, oder in einfachem Deutsch, wie Freud es getan hat, scheinen diese Phantasien ganz natürlich ein Teil des frühen Lebens zu sein, bevor sie als Ausdruck von Psychopathologie angesehen werden können – dann, wenn ihre graduelle Transformation durch traumatische Erfahrungen abgeblockt wird. Um der einfacheren Kommunikation willen beugen wir uns dem generellen Wortgebrauch, so daß wir praktisch keine andere Wahl haben, als diese lateinischen (oder griechischen) technischen Begriffe weiter zu benutzen.

4   Kohuts Gebrauch des Begriffs »grandioses Selbst« oder »grandios-exhibitionistisches Selbst« und der frühere Gebrauch des Begriffs »Omnipotenz« und »wahnhafte Omnipotenz« in der Psychoanalyse haben die unglückliche Konnotation, schwere Psychopathologie zu repräsentieren. Kohut hat diesen Gebrauch verteidigt, indem er sagte, daß neue Ideen sinnkräftige Begriffe für ihre erfolgreiche Kommunikation benötigen, und daß sie später verändert werden können, weil diese Ideen assimiliert worden sind. Vielleicht ist die Zeit gekommen, um dies zu ändern, allerdings hat sich noch kein attraktiver Ersatz gefunden. Besonders unangemessen glaube ich, ist es allerdings, von wahnhafter Omnipotenz im Säuglingsalter zu sprechen.

5   Es wird oft vorausgesetzt, daß Kohut von »Löchern« im Selbst sprach, als

er seine »Defizit-Psychologie« vorschlug. Er beschrieb, wie »defensive Strukturen« die Leere ausfüllen und manifeste Psychopathologie hervorrufen. Sexualisierung, Aggressivierung (in Form von sado-masochistischem Verhalten) »verdeckt« oft solche Defekte, wie von ihm weitreichend dargestellt wurde (z.b. Kohut 1971, 1977).

6   Vielleicht wäre es korrekter zu sagen, daß »Strukturbildung«, die via umwandelnde Verinnerlichung geschieht, das Selbst, seine Kohäsion und Vitalität stärkt. Dies macht den Gebrauch archaisch-grandioser und omnipotenter Phantasien unnötig bzw. viel weniger nötig, aber sie verschwinden nicht ein für allemal. Der wichtige Punkt bezüglich umwandelnder Verinnerlichung ist, daß »Verinnerlichung« hier als schrittweise Veränderung begriffen wird, von etwas, was sich ursprünglich schon innerhalb des Säuglings befindet und nicht von außen nach innen genommen werden muß, wie dies mit den Konzepten von Identifikation und Introjektion begriffen wird.

7   Die folgenden klinischen Vignetten wurden von einer ausgedehnten Darstellung der ganzen Analyse von Mr I. ausgesucht (Goldberg, R. (Ed.)(1978): The Psychology of the Self – A Case Book).

8   Herrn I's Oszillieren zwischen seiner Idealisierung meiner Person und seinem Bedürfnis nach einer spiegelnden Bestätigung seiner Größe und Einzigartigkeit gibt uns Gelegenheit, Zeuge seiner objekt-gebundenen als auch subjekt-gebundenen Grandiosität und Omnipotenz zu sein. Diese Vignetten zeigen auch seine subtilen und weniger subtilen Bemühungen, den Analytiker und die analytische Situation zu kontrollieren, um eine Retraumatisierung durch die Reaktion des Analytikers zu verhindern.

Literatur

Arlow, J. A. (1982): Scientific Cosmogony, Mythology and Immortality. Psychoanalytic Quarterly, 51: 177-195.

Elson, M. (Hg.) (1987): The Kohut Seminars on Self Psychology and Psychotherapy with Adolescents and Young Adults. New York (Norton).

Ferenczi, S. (1913): Entwicklungsstufen des Wirklichkeitssinnes. Int. Z. f. Psychoanalyse, 1: 124-138.

Freud, S. (1914): Zur Einführung des Narzißmus. G.W. Bd. 10, S. 137-170.

Freud, S. (1915): Triebe und Triebschicksale. G.W. Bd. 10, S. 209-232.

Kernberg, O. (1994): Omnipotence in the Transference and in the Countertransference. Presented at the New York Freudian Society (Unpublished manuscript).

Kohut, H. (1970): Narcissism as a Resistance and as Driving Force in Psychoanalysis. In: P. H. Ornstein (1978) (Ed.): The Search for the Self. Vol. I, S. 547-561. New York (International Universities Press).

Kohut, H. (1971): Narzißmus. Frankfurt a. M. (Suhrkamp) (1973).

Kohut, H. (1977): Die Heilung des Selbst. Frankfurt a.m. (Suhrkamp) (1979)

Kohut, H. (1984): Wie heilt die Psychoanalyse? Frankfurt a. M. (Suhrkamp) (1987).

Novick, J., und Novick, K. K. (1991): Some Comments on Masochism and the Delusion of Omnipotence from a Decelopmental Perspective. J. Amer. Psychoanal. Assn. 39: 307-331.

Novick, J., und Novick, K. K. (1994): Omnipotence: Pathology and Resistance. Presented as the Anna Freud Lecture to the New York Freudian Society (Unpublished manuscript).

Ornstein, A. (1992): A Psychoanalytic Developmental Perspective on the Sense of Power, Self-Esteem and Arrogance. Presented at a Conference on »Power, Empowerment and Abuse in Clinical Practice and in Everyday Life« at the Boston Psychoanalytic Society and Institute (Unpublished manuscript).

Ornstein, P. H. (1978): The Resolution of a Mirror Transference: Clinical Emphasis on the Termination Phase. In: Goldberg, A. (Hg.): The Psychology of the Self – A Case Book. New York (International Universities Press), S. 13-120.

Ornstein, P. H. (1979): Remarks on the Central Position of Empathy in Psychoanalysis. Bulletin: The Association for Psychoanalytik Medicine, 18: 95-109.

Ornstein, P. H. (1993): The Clinical Impact of the Psychotherapist's View of Human Nature. The Journal of Psychotherapy Practice and Research. 2: 193-204.

Ornstein, P. H. (1995): Heinz Kohut's Vision of the Essence of Humaness. In: P. Marcus, A. Rosenberg (Hg.): Psychoanalytic Versions of the Human Condition. New York (New York University Press), S. 206-232. (Dt. in diesem Band, Kap. 12).

Selbstbehauptung, Ärger, Wut und zerstörerische Aggression: Perspektiven des Behandlungsprozesses[1]

Paul H. Ornstein und Anna Ornstein

Übersicht: Anders als die Freudsche Psychoanalyse, die Aggression als Trieb auffaßt, entwirft die Kohutsche Selbstpsychologie das Konzept normaler, gesunder Aggression als Selbstbehauptung einerseits und mörderisch-zerstörerischer Aggression – der narzißtischen Wut – andererseits. Narzißtische Wut ist der durch destruktive Rachsucht gekennzeichnete Ausdruck eines geschwächten fragmentierten Selbst und der gleichzeitige Versuch, die verlorene Selbstkohäsion wiederherzustellen. Ornstein und Ornstein stellen die selbstpsychologische Sichtweise eines primären Bedürfnisses des Individuums nach Verbundenheit in den Vordergrund und zeigen, daß in der psychoanalytischen Behandlung nicht das Aufdecken verborgener Affekte und Motive von zentraler Bedeutung ist, sondern die Analyse der Verletzlichkeiten des Selbst, die der Entstehung von Wut zugrundeliegen. Zwei kurze Fallvignetten demonstrieren den Symptomcharakter narzißtischer Wut wie auch die klinischen Fähigkeiten der Autoren.

Es erübrigt sich, Beweise für die Allgegenwart unkontrollierter Gewalt, mörderischer Wut und ausgedehnter Destruktivität anzuführen. Ihr Ausdruck im Verhalten Einzelner und größerer Teile ganzer Bevölkerungsgruppen beeinflussen tagtäglich unser Leben. Fragen beziehen sich allein auf ihren Ursprung und mögliche Wege der Einflußnahme – beim Einzelnen wie bei Gruppen.

Als Psychoanalytiker verfügen wir über zwingende empirische Daten über menschliches Verhalten und Motivationen – einschließlich der Bereitschaft zu Gewalt, Wut und Zerstörung – nur insoweit, als sie in der Behandlungssituation sichtbar werden. Obwohl sich uns dadurch eine recht eingeschränkte (auf der klinischen Beobachtung Einzelner basierende) Sicht ergibt, bietet sie uns einen besonderen Einblick in die spezielle Pathogenese und Psychopathologie Einzelner. Dennoch gehen wir berechtigter-oder unberechtigterweise davon aus, von diesen in die Tiefe gehenden Beobachtungen am Einzelnen Rückschlüsse auf die Familie, auf kleinere und größere Gruppen (Volksgruppen und Nationen) und auf die Menschheit insgesamt ziehen zu dürfen.

Heinz Kohut (1973) hat beispielsweise in einem breit angelegten Aufsatz über die mögliche Bedeutung der Erkenntnisse der klinischen Psychoanalyse die feste Überzeugung vertreten, daß die Psychoanalyse, will sie einen wichtigen Platz innerhalb der zeitgenössischen Wissenschaften beibehalten, auf breiterer Ebene anwendbar sein müsse. Er sagte im wesentlichen, daß die Psychoanalyse, wenn sie auf die Behandlung weniger beschränkt bleibe und mit ihren Erkenntnissen nicht zur Lösung brennender sozio-psychologischer Fragen unserer Zeit beitragen könne, eine isolierte, zunehmend esoterische Behandlungsmethode für Einzelne von geringer oder gar keiner sozio-kulturellen Bedeutung bleibe. Sein besonderes Interesse und seine besondere Aufmerksamkeit galten der Frage, was die Psychoanalyse zum Verständnis und zur Handhabung der unterschiedlichen Formen von zerstörerischer Aggression beitragen könne und solle. Obwohl er die Effektivität seiner Konzepte nur in der klinischen Situation unter Beweis stellen konnte – in seinen Gedankenexperimenten, in seiner Anwendung psychoanalytischer Ideen außerhalb des klinischen Setting (Kohut 1960) und in seinen einfallsreichen Extrapolationen -, stellte er einen allgemein anwendbaren Zugang vor, der nun auf breiter Ebene verifiziert werden konnte (Kohut 1972, 1973, 1975a, 1975b). Solche Gedankenmodelle zu überprüfen, schützt vor ungerechtfertigten und höchst spekulativen Extrapolationen. In dieser Arbeit werden wir uns besonders damit befassen, was wir aus der klinischen Anwendung gelernt haben, und kurz auf die mögliche darüberhinausgehende Bedeutung hinweisen. Wir beginnen mit einer Hervorhebung der zentralen Prinzipien der klinischen Methode; wir stellen die Theorie und Behandlung von Aggression in einen geschichtlichen Zusammenhang; dann wenden wir uns einem selbstpsychologischen Konzept normaler Aggression und *narzißtischer Wut* zu, gefolgt von einer selbstpsychologischen Sicht des Behandlungsprozesses (inklusive zweier klinischer Fallbeispiele), und schließen mit einer schärferen Abgrenzung gesunder Aggression (hier als Selbstbehauptung und selbstbehaupter Bestrebungen) von zerstörerischer Aggression – mit Schwerpunkt auf den Folgerungen dieser Sichtweise auf das Verständnis des Einzelnen sowie der Gesellschaft.

Über das Beobachten der Erfahrung von Wut

Im Titel ist von Selbstbehauptung, Ärger, Wut und zerstörerischer Aggression die Rede, obwohl wir in der klinischen Psychoanalyse oder Psychotherapie eigentlich nur von dem Erleben von Selbstbehauptung (oder der sich selbstbehauptenden Person), dem Erleben von Ärger (oder der sich ärgernden Person), dem Erleben von Wut (oder der wütenden Person) oder dem Erleben aggressiv-zerstörerischer Wut (oder der aggressiv-zerstörerischen Person) sprechen können; das trifft auch auf Gewaltanwendung und Mord zu. Diese Unterscheidung ist nicht nur eine sprachliche. Vielmehr hat die Betonung des Erlebens mindestens zwei Vorteile: Erstens vermitteln wir damit eine Haltung, die durch den Hinweis auf das erlebende Selbst den Therapeuten zu einer empathisch beobachtenden Warte gegenüber diesen Menschen und ihren Erlebnissen einlädt. Zweitens bringen wir mit unserer Betonung des Erlebens und der erlebenden Person deutlich zum Ausdruck, daß sich jeder dieser Begriffe – Selbstbehauptung, Wut, Ärger, zerstörerische Aggression – auf unzählige, gering voneinander abweichende Gefühlsqualitäten und Bedeutungen bezieht, jede einzelne wiederum bei ihrem Auftreten eingebettet in eine sehr idiosynkratische Erfahrungskonstellation, die für ihr Verständnis und ihre Erklärung eines unmittelbaren und eines weitergefaßten Zusammenhangs der jeweiligen Entstehung bedarf. Zum Beispiel können Ärger und Wut Gefühle von Hilflosigkeit verdecken bzw. ausgleichen. Oder sie können jeweils durch eine Verletzung des Selbst *(narzißtische Kränkung)* hervorgerufen worden sein und den Versuch darstellen, die eigene Kraft wiederherzustellen und den Übeltäter zu bestrafen. Ärger und Wut können auch kurzzeitig oder längeranhaltend unannehmbare Gefühle der Zuneigung überlagern; die Liste ließe sich endlos fortsetzen. Diese subtilen und verschiedenen Bedeutungen sind für die klinische Situation und auch in der weiteren Extrapolation wichtiger als die Frage, ob sie Triebderivate darstellen oder nicht. Dennoch wird die Frage, ob wir sie als Triebderivate ansehen oder nicht, einen großen Einfluß auf den Schwerpunkt und die Art und Weise unserer Interventionen haben. Auf jeden Fall stellt das zeitgenössische Verständnis von Affekten in Frage, daß es sich um Triebderivate handelt, und sieht sie als unabhängige Motivationssysteme an (z. B. Basch 1976; Stern 1985; Lichtenberg 1989).

Da alle genannten Affekte als Teil einer größeren Konfiguration von Erfahrungen anzusehen sind, beziehen sich unsere allgemeinen Bemerkungen auf Reichweite und Grenzen von Empathie – den einzigen »direkten« Zugang zum inneren Erleben, zu dem diese Affekte gehören. In einer Diskussion sprachen wir über einige dieser Themen, und ein Kollege erwähnte das Problem der Grenzen von Empathie im Zusammenhang mit dem Interview eines Vietnamveteranen: Dieser hatte angebliche Vietkong kaltblütig, in Mordlust, getötet. Unser Kollege bemühte sich zu erfassen, was der Soldat beim Töten seiner Opfer gefühlt haben möge und woran er heute bei seinen Erinnerungen litt. Er sagte dem Patienten, daß es schrecklich gewesen sein müsse zuzusehen, wie diese Menschen durch seine Hand starben. Daraufhin antwortete der Mann: »Doktor, Sie verstehen das nicht. Ich war in solchen Momenten in Ekstase, ich hatte einen Orgasmus!« Unser Kollege meinte mit gewissem Zorn: »Das konnte ich nicht empathisch beantworten«, womit er die Grenzen der Empathie aufzeigte.

Unserer Meinung nach stellt dies jedoch kein Versagen der empathischen Beobachtungshaltung dar. Unser Kollege hatte offensichtlich den ehrlichen Versuch unternommen, einen Standpunkt aus der Perspektive des Patienten einzunehmen. Daß er die innere Erfahrung des Patienten nicht richtig »erfaßt« hatte, ist hier weniger von Bedeutung als die Tatsache, daß der Patient, nachdem unser Kollege ihm sein vorläufiges Verständnis mitgeteilt hatte, ihn sofort korrigieren und seine eigene Antwort geben konnte. Indem er die Qualität und den Kontext seiner Erfahrung beschreiben konnte, machte er es uns allen leichter zu verstehen, wie diese Situation für ihn (nicht für uns) gewesen war.

Klinisch ist mit Empathie die Einnahme einer Beobachtungshaltung gemeint, die vorstellungsweise in der inneren Welt des anderen liegt. Dafür bedarf es der Hilfe des anderen. Damit uns der Patient diese Hilfe in der klinischen Situation geben kann, muß er erfahren, daß der Therapeut sich um das Verständnis dessen bemüht, wie das besondere subjektive Erleben für ihn – und nur für ihn (den Patienten) – gewesen war.

Mit etwas Ironie würden wir sogar vorschlagen, daß ein aus einer empathischen Beobachtungshaltung gewonnenes falsches Verständnis besser sei als ein vermeintlich korrektes aus der Perspektive des externen Beobachters. Im ersten Fall hat der Patient eher die Möglichkeit, uns auf die richtige Spur zu bringen. Aus der empathischen Perspektive sind wir eher bereit, die Vorstellungen des Patienten über seine/ihre inneren Erfahrungen anzunehmen. Die empathische Beobachtungshaltung einzunehmen bedeutet jedoch nicht, ein bestimmtes Verhalten zu entschuldigen – ein häufiges Mißverständnis von Empathie!

An dem obigen Beispiel ist von Wichtigkeit, daß der Therapeut etwas sagte, was die innere Erfahrung des Patienten widerzuspiegeln bemüht war. Diese Bemerkung signalisierte dem Patienten, in welche Richtung der Therapeut dachte: Er bemühte sich zu verstehen, wie es für den Patienten gewesen sein mag, jemanden zu töten. Nachdem der Therapeut diese Ausrichtung auf das subjektive Erleben eingenommen hatte, folgte ihm der Patient und half ihm, genauer herauszufinden, wie dieses Erlebnis für ihn tatsächlich gewesen war.

Wir möchten damit andeuten, daß solche Erlebnisse von innen heraus (z. B. mittels Empathie) verstehbar sind. Das bedeutet nicht, daß wir selber orgiastische Gefühle haben müssen. Aber wir wissen davon und haben ein Gefühl dafür, daß der Patient sie hatte. Freud gab zwei Gründe dafür an, daß jede menschliche Erfahrung von anderen empathisch wahrgenommen werden kann. Er zitierte das alte Sprichwort »Nichts Menschliches ist mir fremd« (und Töten ist, mit und ohne sexuelle Erregung, offensichtlich eine menschliche Handlung), und er bezog sich häufig darauf, daß Dichter, Schriftsteller, Biographen und Dramatiker (wir könnten heute die Filmregisseure hinzufügen) eine endlose Vielfalt der befremdlichsten menschlichen Erfahrungen empathisch verstanden haben. In seinem Stück *Der Balkon* beschreibt Jean Genet aus dem inneren Verständnis heraus die Bedeutung und Funktion vieler sado-masochistischer Perversionen, ähnlich, wie wir sie heute aus selbstpsychologischer Sicht verstehen würden. Literatur kann, zusätzlich zu den breiten klinischen Erfahrungen und den unterschiedlichsten psychoanalytischen und anderweitigen Erklärungen solcher Erlebnisse, unsere sehr individuelle, angeborene und beruflich trainierte Fähigkeit zur Empathie erweitern. Ohne derartige Erweiterungen würden wenige von uns in der Psychoanalyse und der analytischen Psychotherapie vorankommen

Der empathische Zugang ist nicht, wie manche denken, gefährlich oder eine masochistische Übung in moralischer Überlegenheit seitens des Therapeuten, der glaubt, sich in einen Mörder oder sonstigen Straftäter einfühlen zu können, sondern das sine qua non eines grundlegend analytischen und erfolgversprechenden Behandlungsprozesses. Darüberhinaus kann ein psychoanalytischer Zugang, der die Einfühlung als Beobachtungshaltung ins Zentrum rückt, leichter auf andere als die klinische Situationen angewandt bzw. übertragen werden. Wir brauchen nur an das ausgedehnte einfühlende Sichhineinversetzen der Biographen und Historiker in die von ihnen dargestellten Persönlichkeiten zu denken, um die Stichhaltigkeit dieses Arguments zu erkennen. Dauerhafte

Einfühlung außerhalb der klinischen Situation kann deshalb unsere psychoanalytischen Daten erweitern und bereichern und uns zu weniger spekulativen
Extrapolationen auf soziokulturelle und historische Prozesse verhelfen (Kohut
1972, 1973, 1975a, 1975b; P. H. Ornstein 1978, 1979, 1990).

Ein historischer Überblick über Theorie und Behandlungspraxis

Ein geraffter historischer Überblick, der die Entstehung der theoretischen wie
praktischen Aspekte der Probleme von Wut und Aggression und damit
verwandter Affekte integriert, soll uns als Hintergrund für unsere derzeitigen
Behandlungsmethoden und die ihnen zugrundeliegenden theoretischen Überlegungen dienen.

Ein naheliegender Ausgangspunkt ist der Moment, an dem Freud erkannte, daß es nicht nur klinisch notwendig, sondern auch in der Theorie vorzu-
ziehen sei, von Dualtrieben, dem Sexual-und Aggressionstrieb, und auf einer
abstrakteren metapsychologischen Ebene, von libidinösen und aggressiven
Energien zu sprechen, die sie als Ausdruck von Lebens-und Todestrieb antrei-
ben. Die Klassifikation in Sexual-und Selbsterhaltungstriebe wurde abgelöst
von der Vorstellung, daß Aggression primär von diesen Trieben unabhängig sei.

Als Freud seine klinischen Beweise darstellte, um seine neue Konzeption
der Triebtheorie zu untermauern, schrieb er die Aufgabe der Selbsterhaltung
nicht einem Grundtrieb, sondern dem Ich zu. Die daraus resultierende duale
Triebtheorie, die Sexualität und Aggression als Grundtriebe und die Selbsterhaltung als Aufgabe des Ichs ansieht, hat Freuds Menschenbild und sein
Verständnis der Psychopathologie und des Behandlungsprozesses drastisch
verändert. Wir müssen hier nicht die Einzelheiten dieser Veränderungen in
Freuds Konzeptbildung, die Berechtigung der klinischen Beweise oder das Für
und Wider einer dualen Triebtheorie aufschlüsseln. Was uns vorrangig interessiert, sind die Auswirkungen der dualen Triebtheorie auf die Behandlung von
Wut und verwandter Affekte.

Wenn Aggression als Primärtrieb angesehen wird, müssen alle latenten (z.
B. unbewußten oder vorbewußten) und manifesten Ausdrucksformen – wie die
orale, anale oder phallische Aggression und deren Verstrickungen – zu ihren
ursprünglichen phasenspezifischen Quellen zurückverfolgt werden. Dieser
Prozeß der Rückführung zu den Ursprüngen wird als Aggressionsanalyse

bezeichnet. Demgemäß liegt das Triebhafte auf der tiefsten intrapsychischen Ebene: Hier sind wir am Grund angelangt, und das Phänomen kann nicht weiter analysiert werden; lediglich die Art und Weise, wie wir mit Aggression umgehen, ist einer weiteren Analyse zugänglich. Aggression ist in diesem Zusammenhang etwas Gegebenes.

Die Auswirkungen dieser Theorie auf die Deutung sind mannigfaltig. Wenn auf die Folgen von Aggression als Trieb lediglich hingewiesen wird, sie als verschoben, verleugnet, verdrängt oder durch Reaktionsbildung versteckt angesehen werden, ist es Ziel des Therapeuten, die Aggression entweder »zu befreien«, indem er sie in das Bewußtsein holt; oder dazu beizutragen, sie abzureagieren, dadurch »aufzulösen« und zu »verbrauchen«; oder auch die eigene Wut »zu akzeptieren, aber im Zaume zu halten« bzw. sie »zu integrieren und zu kontrollieren«, zu »zähmen oder zu zivilisieren«, zu »sublimieren oder neutralisieren« und in »konstruktive Ziele zu kanalisieren« – alles Bemühungen, unneutralisierter Aggression abzuschwören. Deutungen, die diese Ziele im Auge haben, üben wohl oder übel »moralischen Druck« aus, indem sie Aggression in angepaßtes Verhalten zu kanalisieren bemüht sind.

Die Annahme in der Suche des Therapeuten nach verborgenem Ärger kann vom Patienten häufig nicht bestätigt werden. Fortdauerndes, wenn auch zaghaftes und taktvolles Bestreben, den versteckten Ärger zu finden, vermittelt dem Patienten jedoch, daß er/sie – im Gegensatz zum Therapeuten – nicht weiß, was er/sie fühlt. So jedenfalls versteht es die Mehrzahl der Patienten. Einige Patienten erleben diese Antwort als narzißtische Kränkung, die sie hinreichend verstört, um sich zu beschweren. Therapeuten verstehen diesen Ärger dann möglicherweise als Beweis dafür, daß ihre Deutungen tatsächlich richtig waren, daß sie den *versteckten* Ärger entdeckt und befreit haben.

Wenn Ärger dem Therapeuten gegenüber direkt oder indirekt zum Ausdruck gebracht wird, beinhalten die (durch obige Annahmen geleiteten) Deutungen, daß derartige Gefühle fehlgeleitet, unangemessen und anachronistisch sind, also nicht in Übereinstimmung mit der derzeitigen Wirklichkeit der Behandlungssituation. Aus der Sicht des Therapeuten, der sich selbst als unverdientes Ziel dieses Ärgers erlebt, stellen diese Gefühle »Verzerrungen in der Übertragung« dar. Einige Patienten werden wütend, wenn ihnen gesagt wird, daß ihr Ärger auf verzerrter Wahrnehmung beruhe. Und wieder hat der Therapeut recht!

In diesem Zugang liegt darüberhinaus ein inhärenter (und offensichtlich unabänderlicher) Widerspruch. Der Patient wird ermutigt, Ärger zu erleben und auszudrücken, da davon ausgegangen wird, daß unterdrückter Ärger die treibende Kraft hinter verschiedenen Formen von Psychopathologie sei. Dieser Sicht entsprechend ist es die nicht ausgedrückte Wut des Kindes, die in neurotischen Symptomen Ausdruck findet. Dann wird der Ärger, wenn er in der Übertragung erlebt und ausgedrückt wird, als unangemessen angesehen wegen seiner (unvermeidlichen, aber ungerechtfertigten) Verlagerung von der Vergangenheit in die Gegenwart, von den elterlichen Imagines auf den Therapeuten. Indem die Anachronistik betont wird, wird dem Ärger des Patienten angesichts des Hier und Jetzt seiner derzeitigen psychischen Realität die Berechtigung abgesprochen. Wichtiger noch: Wenn innerhalb dieses theoretischen Rahmens die Wut des Kindes als Projektion triebbezogener Phantasien verstanden wird, erfordert die eigentliche Deutung der Wut im Verlaufe der Analyse, daß sie auf die ursprünglichen Kindheitsphantasien zurückgeführt werden. Jacob Arlow (1963) hat deutlich eine solche rekonstruktive Deutung gefordert: »(Es ist) in der klinischen Praxis von größter Bedeutung, genau aufdecken zu können, wie der unbewußte Triebwunsch in der Phantasie ausgestaltet wurde« (S. 41).

Wir wollen nun einige wesentliche Punkte darlegen, bevor wir uns da einem selbstpsychologischen Verständnis von Aggression und *narzißtischer Wut* sowie einem entsprechenden Zugang in der Behandlung zuwenden. Eine der wichtigsten Auswirkungen der Annahme eines primären Aggressionstriebes ist, daß Aggression und verwandte Affekte immer intrinsisch, primär gegeben sind, eingebettet in die Struktur der unterschiedlichen Formen der Psychopathologie. Da der Therapeut »weiß«, daß Ärger, entweder verleugnet oder verdrängt, zu einem Teil der Symptome des Patienten geworden ist, muß er aktiv danach suchen, um die an die Deutung gestellte Aufgabe zu erfüllen. Wie immer müssen wir auch hier die unausgesprochenen oder unerwünschten Implikationen solch einer Botschaft an den Patienten berücksichtigen: »Ärger muß da sein! Sie haben ihn von seinem Ursprung abgespalten. Sie müssen ihn herausbringen, um Ihre Probleme lösen zu können.«

Was bei diesem Zugang übersehen wird: Auch wenn Ärger *versteckt* (verdrängt) vorliegt, kann der Patient diesen, da er ihn nicht spürt, nicht einfach ausdrücken oder anerkennen. Die reine intellektuelle Anerkennung führt zu nichts. Selbst wenn er den Ärger fühlte, wäre es dem Patienten immer noch unmöglich, ihn auszudrücken oder anzuerkennen, weil dies die emotionale Verbindung zum Therapeuten – die er braucht und verzweifelt aufrechterhält, indem er seinen Ärger verbirgt oder nicht ausdrückt – bedrohen würde.

Wäre es analytisch nicht stichhaltiger und hilfreicher, den Schwerpunkt auf das Bedürfnis des Patienten zu legen, seinen Ärger zu verbergen oder nicht auszudrücken (sofern sein Vorhandensein vermutet wird), um die Unterbrechung dieser Verbundenheit mit dem Therapeuten in der Übertragung abzuwehren? Der Deutungszugang hängt davon ab, was wir als primär erachten: das Bedürfnis, die Verbindung mit dem Selbstobjekt-Analytiker[2] zu spüren, oder den Aggressionstrieb. Die Selbstpsychologie geht von einem primären Bedürfnis aus, sich verbunden zu fühlen, und sieht die Entstehung gesunder wie pathologischer Formen von Aggression in dieser Selbst-Selbstobjekt-Matrix während der Entwicklung und Behandlung.

Mit letzterer Aussage haben wir eine selbstpsychologische Sicht des Behandlungsprozesses eingeführt. Wir sollten der weiteren Ausführung jedoch einen Überblick über das selbstpsychologische Verständnis von Aggression und narzißtischer Wut voranstellen.[3]

Ein selbstpsychologisches Verständnis von Aggression und narzißtischer Wut

Narzißtische Wut ist ein komplexer Gefühlszustand mit zahlreichen unterschiedlichen voneinander abgrenzbaren Charakteristika (Kohut 1972). Sie kann daher nicht auf einen einzigen zugrundeliegenden Trieb reduziert werden – eine Erkenntnis, die in Kohuts Theorien von zentraler Bedeutung ist. Darüberhinaus können wir zu einem vollständigen Verständnis von Kohuts Theoriebildung und seines klinischen Zugangs zur narzißtischen Wut nur dann gelangen, wenn wir erkennen, daß er die Bedürfnisse des Selbst als primär und die Triebe als sekundäre (biologisch vorgegebene) Bestandteile des Selbst ansah, als Bausteine für jene breitere und komplexere Erfahrungskonfiguration. Triebe als konstituierende Bestandteile des Selbst sind normalerweise nahtlos eingebettet in die kohäsive Struktur des Selbst. Sie werden sekundär verstärkt und scheinen das klinische Bild in isolierter Form zu beherrschen, wenn das Selbst seine Kohäsion verliert, wenn es in Antwort auf traumatische Verletzung »auseinanderfällt«. Solch (traumatisierende) Erlebnisse hängen mit der Verletzlichkeit des Selbst aufgrund entwicklungsbezogener Defekte oder Defizite zusammen. Es ist wichtig, hier hinzuzufügen, daß narzißtische Wut eine von vielen möglichen Folgen der Schwächung oder Fragmentierung des Selbst darstellt. Wenn zum Beispiel »das Selbst schwach ist [...] (und) angesichts trau-

matischer Erfahrungen zerfällt, beobachten wir das Auftreten einer Getrie-
benheit, entweder in der Sexualität, der Aggression oder beider«, wie auch viele
andere Formen von Psychopathologie als »Desintegrationsprodukte des
Selbst« (Ornstein und Ornstein 1986; vgl. auch Leider 1990).

Narzißtische Wut, ob akut oder chronisch, entsteht daher aus dem Gefü-
ge einer bereits bestehenden Selbstpathologie, was erstere so komplex und viel-
gesichtig macht. Es ist immer ein geschwächtes, fragmentationsgefährdetes
oder zunehmend fragmentiertes (archaisches) Selbst, verletzbar durch Spott,
Scham und Erniedrigung, welches mit der destruktivsten Form von Wut
reagiert. Kohut sah den Ursprung für menschliche Aggression in Form von
narzißtischer Wut in den Verletzungen der archaischen Grandiosität und des
Exhibitionismus einerseits und den schmerzhaften und traumatischen Enttäuschungen durch die archaischen, oninipotenten idealisierten Selbstobjekte
andererseits (Kohut 1972). Dies ist verständlich, wenn wir erkennen, daß das
grandiose Selbst Bewunderung und vollständige Kontrolle über seine Umwelt
fordert (die es als Teil seiner selbst erlebt) und von dem idealisierten omnipotenten Selbstobjekt erwartet, es möge die archaischen Bedürfnisse nach Perfek-
tion, Stärke und Allwissenheit erfüllen. Die wütende Reaktion auf die narzißtische Kränkung in einem dieser Bereiche sah Kohut als die destruktivste, gewalt-
tätigste und mörderischste an. Des weiteren schrieb er, daß »das Bedürfnis nach
Rache bzw. danach, Unrecht geradezurücken oder eine Verletzung mit welchen
Mitteln auch immer ungeschehen zu machen, wie auch die tief verankerte
gnadenlose Dranghaftigkeit in der Verfolgung dieser Ziele, welche denen, die
eine narzißtische Kränkung erfahren haben, keine Ruhe gibt, all jene Charakteristika narzißtischer Wut darstellen, die sie von allen anderen Aggressions-
formen unterscheidet« (Kohut 1972, S. 637f; vgl. auch Terman 1975; Ornstein
und Ornstein 1986; Wolf 1988; Leider 1990). Die Gefahr eskaliert möglicherweise »in den typischen Fällen narzißtischer Wut, in denen eine vollständige
Mißachtung der vernünftigen Grenzen und ein grenzenloses Verlangen über-
wiegen, die Verletzungen zu beheben und Rache zu üben« (Kohut 1972, S. 640).
Dies wird mit Verweis auf die spezifischen Umstände, die zu explosiver Wut
führen, weiter erläutert: »Die intensivsten Schamgefühle und die gewalttätig-
sten Formen narzißtischer Wut kommen in jenen Individuen auf, für die das
Gefühl der absoluten Kontrolle über eine archaische Umgebung unverzichtbar ist, weil die Erhaltung des Selbstwertgefühls – und des Selbst an sich – von
der bedingungslosen Verfügbarkeit des zustimmend-spiegelnden oder des

Verschmelzung zulassenden Selbstobjektes abhängig ist« (ebd., S. 644 f.). Kohut sah narzißtische Wut als Prototyp *zerstörerischer* Aggression an. In seinem Verständnis besteht letztere aus mehreren Banden auf einem breiten Spektrum, das mit »solch trivialen Gegebenheiten wie vorübergehendem Unmut beginnt und bis zu solch verhängnisvollen Entgleisungen wie der Wut in der Katatonie oder dem Groll des Paranoikers reicht« (Kohut 1972, S. 636). Irgendwo auf diesem Spektrum liegt die spezifische Bande der (oben beschriebenen) Aggression, die der Begriff der narzißtischen Wut präziser beschreibt. Kohut benutzt diesen Begriff aber auch übergreifend, um »alle Orte auf dem Spektrum als narzißtische Wut zu bezeichnen, da wir mit dieser Namensgebung die charakteristischsten und bekanntesten Erfahrungen bezeichnen, die nicht nur ein Kontinuum bilden, sondern trotz aller Unterschiede grundlegend miteinander verwandt sind« (ebd.).

Zwei wichtige Implikationen dieser vorgeschlagenen Nomenklatur verdienen es, besonders hervorgehoben zu werden. Eine davon ist, daß das Spektrum zerstörerischer Aggression sich von den mildesten bis zu den schwersten Ausprägungen erstreckt. Dieses Spektrum beinhaltet nicht die reife Aggression, die, wie oben angedeutet, eine fundamentale Fähigkeit oder ein Baustein eines kohärenten Selbst ist. Kohut zog es vor, diese angeborene Fähigkeit zur reifen aggressiven Handlung *Selbstbehauptung* oder *selbstbehauptendes Bestreben* zu nennen (das den einen Pol des bipolaren Selbst ausmacht), um ihr primär gesundes Wesen und die Tatsache zu unterstreichen, daß Selbstbehauptung in diesem Zusammenhang nicht als gezähmte oder sublimierte Aggression angesehen wird. Die andere Implikation ist das reaktive Wesen aller Formen von Aggression in diesem Spektrum. Schwächen oder spezifische Defekte oder Defizite in einem oder in beiden Polen des Selbst bringen unterschiedliche Formen und Ausprägungen narzißtischer Wut in Antwort auf (für den äußeren Beobachter) selbst harmlose Verletzungen *sekundär* hervor.

Selbstbehauptung hat ihre eigene Entwicklungslinie,[4] die mit dem archaischen grandios-exhibitionistischen Selbst beginnt, dessen glückliche Entwicklung und transformierende Reifung den selbstbehauptenden Pol des bipolaren Selbst bilden. Dieser selbstbehauptende Pol verkörpert die Fähigkeit zur Selbstwertregulation, zur Freude an geistigen und körperlichen Aktivitäten und dem Verfolgen von Zielen und Aufgaben. Gesunder Wetteifer (der den ödipalen Wetteifer beinhaltet)[5] ist Teil dieser Selbstbehauptung.

Verinnerlichte Werte und Ideale (die den anderen Pol des bipolaren Selbst bilden) spielen in der Affektregulierung und der Aufrechterhaltung der Kohäsion des Selbst eine entscheidende Rolle. Verletzungen dieses Selbstpols können den Ausdruck und das »containment« [6] aller Affekte weiterhin untergraben.

Mit der Behauptung, daß narzißtische Wut sekundärer Natur sei – und als solche in der Übertragung deutlich zu beobachten –, unterschätzen wir weder ihre Bedeutung noch vernachlässigen wir sie im Deutungszugang. Diese Annahme vermindert nicht unsere kritische Würdigung sowohl ihrer möglichen Destruktivität als auch der Schwierigkeiten, die sich im therapeutischen Umgang mit ihr ergeben. Sie gibt uns jedoch eine entscheidende Richtung im Behandlungsprozeß vor, die in unserer besonderen Aufmerksamkeit auf die *narzißtische Matrix,* aus der diese Wut aufsteigt, ihren Ausdruck findet. Eine so ausgerichtete Aufmerksamkeit dient in der Deutung individueller wie in Gruppen aufkommender Aggression als Leitprinzip – ohne in irgendeiner Weise ihre akute oder chronische Manifestation zu umgehen oder aktiv zu dämpfen. Wir sehen es, im Gegenteil, sogar als Zeichen des therapeutischen Fortschritts an, wenn im Verlauf der Behandlung eine Lockerung der starken Abwehrmechanismen das Auftauchen unverhüllter narzißtischer Wut ermöglicht.

Eine selbstpsychologische Sicht des Behandlungsprozesses (mit zwei Fallbeispielen)

Unter der grundsätzlichen Annahme eines primären Bedürfnisses nach Verbundenheit haben wir bereits auf eine entscheidende Wegbewegung vom primären Interesse an der Aufdeckung verborgener Affekte und Motive hin zu jener Bedeutung, die der Erhaltung der Selbstkohäsion durch die Kohärenz der Übertragung zukommt, hingewiesen. Dies bedeutet sicherlich nicht die Vernachlässigung oder Leugnung verborgener oder manifester negativer (feindselig-aggressiver) Affekte, wie sie in der Übertragung aufkommen. Die Frage ist, wie solche Affekte so gedeutet werden können, daß die vom Patienten zaghaft (und oft verzweifelt) aufrechterhaltene emotionale Verbindung zum Therapeuten als Selbstobjekt, der in der ihm eingeräumten Rolle aufgefordert ist, den Ärger des Patienten zu akzeptieren und zu verstehen, nicht bedroht wird.

Wurde dieser Ärger akzeptiert, verstanden und gedeutet als eine zu erwartende Reaktion auf eine tatsächliche oder vermeintliche Geringschätzung in der Übertragungsbeziehung, »legitimiert« dies die Reaktion des Patienten in dem

Zusammenhang, in dem sie aufgetreten ist. Eine solche Antwort hilft, die Selbstobjektübertragung aufzubauen, aufrechtzuerhalten, und vertieft den therapeutischen oder analytischen Prozeß. Dieser Fokus in der Deutung verstärkt die Kohäsion des Selbst des Patienten und führt zu einer der wichtigsten Konsequenzen: Er verstärkt die Introspektionsfähigkeit und vermindert die Notwendigkeit, die Verdrängung, Verleugnung (oder andere Abwehrmechanismen), welche die negativen Affekte dem Patienten unzugänglich machten, aufrechtzuerhalten.

Hat der Ärger sich einmal Ausdruck verschafft, ist ein großes Hindernis für sein Erleben (intrapsychisch) überwunden: die Angst, verlassen zu werden, und die Angst vor Vergeltung, die die Entwicklung und Erhaltung der Selbstobjektübertragung und damit die Integrität des Selbst bedrohte.

Was mit dem Ärger (und damit zusammenhängenden Affekten) zum Ausdruck gebracht wurde, ist vielschichtig und mannigfaltig in seinen Ursprüngen, Zusammenhängen und Bedeutungen und verlangt nach einem empathischen Erfassen seiner idiosynkratischen Konfiguration. Dies wird am besten erreicht, wenn der Ausdruck von Ärger und die damit zusammenhängenden Gefühle als Mitteilung über das Wesen der unmittelbaren Erfahrung des Patienten verstanden wird. Wir müssen uns auf diese Erfahrungen sowie die Art und Weise einstimmen, in der der Patient mit negativen Gefühlen umzugehen gelernt hat, brauchen uns in unseren Deutungen aber nicht auf die Abwehrmechanismen, wie etwa Verleugnung, Verschiebung oder Verdrängung, zu beschränken. Die Konzentration auf die subjektive Erfahrung des Patienten von Ärger anstelle der Frage: Gegenüber wem fühlt er oder sie dies?, wird uns davor schützen, uns selbst als das direkte Ziel der Wut zu empfinden und mit entsprechenden Gegenübertragungsreaktionen zu antworten. Uns in die subjektive Erfahrung des Patienten zu vertiefen, fördert das Verständnis dessen, wie es sich anfühlt, diese Affekte zu erleben, was zu ihrem Auftauchen geführt haben mag und welche Aufgabe sie in einem bestimmten Augenblick im Erleben des Patienten haben. Der deutende Fokus kann dann leichter auf den größeren Zusammenhang der Erfahrung übergehen, in dem Ärger oder Wut entstehen, und zu den augenblicklichen oder langfristigen Funktionen, die Ärger oder Wut für den ärgerlichen oder wütenden Patienten haben.

Die Aufmerksamkeit auf die aktuell auslösenden Ereignisse und Erlebnisse sowie die Reaktionen des Patienten ist deshalb wichtig, weil sich ähnliche frühere Erfahrungen des Patienten (die narzißtischen Kränkungen der Säuglings-und Kinderzeit) wie auch seine lebenslangen Gewohnheiten, mit ihnen umzugehen, darin zu erkennen geben. Die aktuellen Bedeutungen und Funktionen von Ärger zu verstehen, muß vom Ärger unterschieden werden, der aus seiner Verdrängung »befreit« und als Verschiebung gedeutet werden soll. Mit anderen Worten: Ärger ist, wenn empathisch erfaßt, Symptom und Form einer Mitteilung, die den Weg zum Kernproblem aufzeigt: zu den narzißtischen Wurzeln oder zu den Wurzeln der ödipalen oder archaischen Störung des Selbst des Patienten.

Das Ziel unserer Interventionen ist in diesem Zusammenhang nicht, zu beweisen, daß der Patient unrecht hat (indem wir auf die sogenannten Verzerrungen in der Übertragung hinweisen), sondern vielmehr recht hat, indem wir anerkennen, daß seine/ihre Reaktion – insbesondere Wut als Antwort auf eine als Geringschätzung wahrgenommene Haltung des Therapeuten – verständlich ist. Wenn der Patient sich zum Beispiel vom Therapeuten beleidigt fühlt, ist es verständlich, daß er wütend wird, unabhängig davon, ob die Schwere der »Beleidigung« in den Augen des äußeren Beobachters eine derartige Reaktion rechtfertigt. Die besondere Empfindlichkeit und Neigung zur Wut kann daraufhin zu seinen früheren Vorläufern zurückverfolgt werden. Was die Intentionen des Therapeuten waren, ist belanglos und nicht der angemessene Untersuchungsgegenstand; das Ziel der weiteren Nachforschung ist die subjektive Erfahrung des Patienten.

Zwei klinische Fallbeispiele illustrieren diese Sichtweise von Behandlung:

A: Ein Traum und einige Assoziationen ließen das tiefe Verlangen des Patienten nach bedingungsloser Annahme in der Analyse (mit P. Ornstein) erkennen. Bis zu seiner Analyse hatte der Patient wiederholt und vergeblich nach der verborgenen, aufgestauten, unbewußten Wut in sich selbst gesucht. Er war überzeugt, daß seine Wut jederzeit mit gefährlichen Konsequenzen explodieren könne. Er »wußte«, daß er auf seine Eltern und Geschwister wegen unsäglich schrecklicher Kindheitserlebnisse wütend sein müßte, aber er konnte die Wut nicht spüren. Wir wußten bereits, daß viele seiner »Funktionsstörungen« (wie er sie nannte) in dieser Wut enthalten waren oder Ausdruck fanden, indem er sich »weigerte, gewisse alltägliche Aufgaben zu erfüllen«. Er hatte die Vorstellung von seiner Wut als einem Pulverfaß, das jederzeit in die Luft geben könne, bis uns ein Traum und seine Assoziationen zu einer anderen Sichtweise führten.

In seinem Traum spielte er irgendein Wettspiel mit seinen Geschwistern. Er mußte wohl etwas verbrochen haben, weshalb sie ihn verdonnerten, alleine auf den Stufen vor dem Haus zu sitzen. Er fühlte sich einsam und traurig. Nach einer Weile kamen die Geschwister und forderten ihn auf, wieder mitzuspielen. Das tat er und fühlte sich sofort erleichtert und froh.

In seinen Assoziationen erinnerte er sich an das brutale Ausgeschlossensein, das er durch die älteren Geschwister hatte erleiden müssen. Alleine und verzweifelt vor dem Haus zu sitzen, war ihm ein aus der Kindheit vertrautes Gefühl. Er erinnerte, daß er sich vor den anderen hatte erniedrigen, seine Niederlage zugeben, um Vergebung bitten müssen, damit er wieder zum Spiel zugelassen werde. Es sei ihm lieber gewesen, für immer auf den Stufen sitzen zu bleiben. Dies war seither seine Haltung, die sich in den verschiedenen Funktionsstörungen ausdrückte.

Im Traum aber geschah etwas anderes: Er wurde wieder zum Spiel zugelassen, ohne die Forderung, sich zu entschuldigen und Besserung zu geloben. Wieder eingeladen, fühlte er sich erleichtert und gesellte sich gerne zu ihnen. Wo war die Wut? Ihm schien, als fühle er sich dadurch, daß seine Geschwister ihn ohne Vorbedingung wieder aufnehmen wollten, so akzeptiert, *wie er war*. Diese Akzeptanz seiner selbst erlaubte ihm, sein verweigerndes, schmerzliches und einsames Brüten auf den Stufen übrigens ohne eine Spur bleibender Wut, aufzugeben; er hatte Lust, wieder mitzuspielen. jetzt verstand er, daß der Traum ihm – wie keine Erfahrung in seinem bisherigen Leben – eine Vorstellung davon gab, was ihm eine erneute Teilnahme am Spiel der Geschwister ermöglicht hätte. Er erkannte, daß das Gefühl, akzeptiert und geschätzt zu sein, so wie er war, und nicht nur so, wie seine Geschwister es wollten, die Wut am schnellsten und tiefgreifendsten zerstreute. Er fühlte jetzt, daß der Traum einen lebenslangen Wunsch und die derzeitige Hoffnung als erfüllt darstellte, von seinem Analytiker bedingungslos angenommen zu werden.

B: Ein 34jähriger geschiedener Mann, der sich in einer Fokaltherapie (mit A. Ornstein) befand, war gerade von seiner vierten Freundin verlassen worden und reagierte auf dieses letzte Trauma mit akuter Depression und Desorganisation. Zu Beginn der Behandlung wurde deutlich, daß er dachte und fühlte, es sei die »Dreistigkeit« eines großen und kräftigen Rivalen, die ihm den Verlust der Freundin eingebracht, und nicht die Tatsache, daß seine Freundin sich in einen anderen verliebt hatte. Für einige Zeit spielte er mit dem Gedanken, einen Kampf mit diesem Mann zu provozieren. Er entwarf einen gewalttätigen Angriff, in dem er seine Kenntnisse im Boxen einsetzen würde. Sie könnten seinen eher kleinen und vergleichsweise zarten Körperbau ausgleichen. Wie sich im Verlaufe der Behandlung herausstellte, dienten der Ärger und die Gewaltphantasien dazu, ihn von dem Schmerz abzulenken, daß er von seiner Freundin verlassen worden war, ein Gefühl, das ihn möglicherweise mehr noch als sein Ärger verstört hätte. Die manifeste Gewaltphantasie schützte ihn vor dem zerschmetternden Gefühl, betrogen worden zu sein, und gab ihm statt- dessen ein Gefühl der Stärke. Es war das Akzeptieren, Verstehen und schließ- lich Erläutern der Schutzfunktion dieser Gewaltphantasien, die das Gefühl, betrogen worden zu sein, wie auch die Konsequenzen erträglich machten und zuließen. Die Schutzfunktion der Wut zu erkennen und zu deuten, erlaubte dem Patienten, sein eigenes Verhalten daraufhin zu überprüfen, ob es mögli- cherweise dazu beigetragen hatte, daß ihm seine Freundin so schnell verloren- gegangen war. Diese klinischen Fallbeispiele zeigen verschiedene Bedeutungen, die Ärger, Wut und zerstörerischer Aggression in der Behandlungssituation zukommen mögen. Ärger zeigt sich in vielen Formen und Verkleidungen: Er kann in kühler und ruhiger Weise ausgedrückt werden, als gehöre er zu einer dritten Person; Ärger kann in schmerzhafter Erinnerung an ein Erlebnis, das dieses ärgerliche Gefühl hervorrief, spontan gefühlt werden; oder er kann voll- ständig in ein komplexes Muster zwanghafter Rituale eingebettet sein. Insge- samt wird Ärger häufig als ein zerstörerischer Angriff verstanden – zerstöre- risch in dem Sinne, daß er entweder den Kern verschiedener psychopathologi- scher Formen ausmacht oder in destruktiver Weise ausagiert wird. Wie wir jedoch gesehen haben, können dem Ärger, obschon er angesichts der äußeren Umgebung in zerstörerische Wut eskalieren kann, gleichzeitig wichtige selbst- erhaltende Funktionen zukommen. Da Ärger (oder Wut) bisweilen ein Gefühl der Stärke vermittelt (wie in narzißtischen Wutphantasien am besten zu erken- nen), dient er in diesen Fällen dazu, die Selbstkohäsion zu erhalten bzw. sie wiederherzustellen, und nicht primär dazu, etwas zu zerstören. Diese intrap- sychische selbstschützende Funktion ist es, auf die wir unser Augenmerk rich- ten müssen, wenn wir auf eine grundlegende Veränderung in der Neigung des Patienten zu narzißtischer Wut zielen.

In der therapeutischen Situation ist es hilfreich, zwischen bewußt erlebtem Ärger, dessen Ursachen gemeinsam mit dem Therapeuten erforscht werden können einerseits, und andererseits solchen Wutreaktionen zu unterscheiden, die eine im Verborgenen liegende Verschmelzungsübertragung unterbrechen oder zu unterbrechen drohen. In letzterem Fall ist der Patient darauf angewie- sen, den Therapeuten zu »nutzen«, um seine innere Ruhe und Kontrolle wiederzuerlangen. Erst wenn diese Wut abgeklungen ist, kann ihre Genese erforscht und in der Übertragung gedeutet werden. Die Funktion des Therapeuten ist in solchen Situationen vergleichbar mit der eines Elternteils, der den Wutausbruch des Kindes beobachtet: der Kränkung nicht noch weitere Verletzungen hinzuzufügen, indem man vom Patienten fordert, den Ausdruck dieses starken Gefühls zu unterdrücken oder gar dessen Funktion bzw. Bedeutung zu verstehen. Das Beste ist, dem Patienten und sich selbst Schutz zu bieten und abzuwarten, bis der Sturm vorüber ist. Diese Form der Unterbrechung der Übertragungsbeziehung weist darauf hin, daß die Vertiefung der Übertragung regelmäßig und unausweichlich das Gefühl von Verwundbarkeit des Patienten in der therapeutischen Situation verstärkt. Obschon qualitative wie quantitative Aspekte der Verletzlichkeit des Patienten ihre spezifischen genetischen Vorläufer haben, führt die zunehmende Verletzlichkeit gegenüber dem Therapeuten als Selbstobjekt zu den häufigen und schmerzhaften Unterbrechungen der Verbindung in der Übertragung und wird somit zum entscheidenden Ausgangspunkt für die rekonstruktiven Deutungen des Therapeuten.

Die zunehmende Verwundbarkeit in der Behandlungssituation deckt die strukturellen Mängel des Selbst auf, Mängel, die sich z. B. in der Schwierigkeit äußern, Spannungen zu regulieren, oder in dem Ausmaß der Fähigkeit, sich zu beruhigen und zu trösten, oder in dem Erleben und Ertragen intensiver Affekte. Solche Defekte oder Mängel helfen die ständige Angst vor Überstimulierung, Fragmentierung und Desintegration zu erklären. Daher kann die Balance in jemandem mit einer bereits niedrigen Frustrationstoleranz durch die kleinste Verletzung in eine Fragmentierung des Selbst umschlagen, die narzißtische Wut als ihr Zerfallsprodukt hervorbringt (Kohut 1972; Ornstein und Ornstein 1986; Wolf 1988; Leider 1990).

Im Behandlungsprozeß finden sich meist zunehmende Beweise dafür, daß die schrittweise Stärkung des Selbst (durch transmutierende Verinnerlichung) [7] zu der sichtbar größeren Fähigkeit führt, Spannungen zu regulieren und, damit einhergehend, Wutreaktionen zu ertragen, die bei Frustration immer noch auftreten und die Übertragung unterbrechen. Die spezifischen Auslöser für solche Unterbrechungen offenbaren – häufig, indem Erinnerungen an frühere Vorläufer wachgerufen werden – stets ihre genetische Quelle. Das Zurückverfolgen derzeitiger Erlebnisse auf ihre Vorläufer in der Kindheit führt häufig zu Einsichten über den Weg zum späteren Erwerb psychischer Strukturen,[8] eine Einsicht, die sich vertieft und an dynamischer Wirkung gewinnt,

wenn eine bedeutende Strukturbildung stattgefunden hat, und die in erster
Linie eine Auswirkung derselben ist.

Selbstbehauptung und zerstörerische Aggression: Implikationen für den Einzelnen und die Gesellschaft

Eine weitere Vertiefung unseres Verständnisses vom Wesen narzißtischer
Wut wird sich aus dem Vergleich und der Gegenüberstellung mit normaler
Aggression ergeben. Eine genauere Untersuchung der Umwandlung von
narzißtischer Wut in normale Aggression im therapeutischen Prozeß offenbart, daß Wut aus der Störung des Selbst entstanden ist und – wenn diese
gemildert oder »geheilt« wurde – sich die Manifestationen dieser Wut sekundär ändern. Daher wird, genaugenommen, nicht die narzißtische Welt behandelt, sondern der zugrundeliegende Strukturdefekt: Das Selbst wird gestärkt,
wird kohärenter und gewinnt an Lebendigkeit. Dies ermöglicht es dem
Selbst, seine Fähigkeiten zu reifer Aggression, das heißt zur Selbstbehauptung
zu nutzen, um seine Ziele zu erreichen und Hindernisse auf seinem Weg dort-
hin aktiv fortzuschaffen. Ist das Selbst einmal stark und kohärent geworden,
kann sich reife Aggression harmonisch in seine Struktur einfügen. Reife
Aggression läßt gewöhnlich nach Angriff auf die Quelle der Verletzung nach,
im Gegensatz zu narzißtischer Wut, die in eine aufrechterhaltene (oft mannigfaltig versteckte) Form von Wut übergehen kann.

Nachdem Kohut (1972) seine Theorie zur narzißtischen Wut vorgestellt
hatte – insbesondere die chronische narzißtische Wut –, ging er bald dazu über,
sie auf eine breitere soziokulturelle und politische Ebene anzuwenden (1973)
und ihren heuristischen Wert an dem Versuch deutlich zu machen, den Aufstieg
Nazi-Deutschlands und die von den Nazis verübten Greueltaten verstehen zu
wollen (1969-70, ca. 1970, 1978 und 1990). Die Annahme eines *Gruppenselbst,*
einer *Gruppenkohäsion* und einer *Desintegration des Gruppenselbst* – Annahmen, die in diesen Veröffentlichungen behutsam durchdacht und reichhaltig
untermauert wurden – erlaubten es ihm, einige seiner Erkenntnisse, die er in
der Übertragungsanalyse gewonnen hatte, erfolgreich auf das Verständnis von
Gruppenbildung und Gruppendesintegration sowie das Auftreten narzißtischer Wut in Gruppen anzuwenden.

Eines seiner aussagekräftigen Beispiele betrifft die Beurteilung der bereits
bestehenden Pathologie im deutschen Gruppenselbst, noch bevor Deutschland

den Ersten Weltkrieg verlor, sowie das Trauma des Versailler Vertrages. Kohut fügte den vielzähligen sozio-psychologischen, historischen, ökonomischen, politischen und sozio-kulturellen Erklärungen eine bedeutende psychoanalytische Sicht hinzu. Er vertiefte damit nicht nur unser Verständnis dieses geschichtlichen Prozesses, sondern bot auch eine Methode, die psychologisch versierte Historiker in ihren eigenen Zugang gewinnbringend einzufügen vermöchten. Seine Darstellungen der erklärenden Kraft einer selbstpsychologisch ausgerichtet angewandten Analyse ist bisher in unserer Literatur noch nicht angemessen erörtert und diskutiert worden.

Eine seiner Schlußfolgerungen läßt sich anhand einer persönlichen kleinen Geschichte veranschaulichen. Als Kohut das Konzept dieser psychologischen Matrix auf den arabisch-israelischen Konflikt im Anschluß an den Sechs-Tage-Krieg 1967 anzuwenden erwog, meinte er in einem Gespräch, daß die Israelis aus ihrer Position der Stärke heraus den Arabern einen kleinen Gewinn zukommen lassen sollten, um ihnen auf diese Weise zu gestatten, ihr Selbstwertgefühl wiederherzustellen. Diese Geste würde jene unzweifelhaft dazu ermutigen, dachte er, sich an den Verhandlungstisch zu setzen und die Dinge von Angesicht zu Angesicht zu diskutieren. Wir schreckten vor diesem Vorschlag mit beträchtlicher Verärgerung zurück. »Wie bitte?« dachten wir, »den Arabern einen wenn auch geringen Sieg anbieten nach ihrer jahrzehntelangen Verweigerung, sich mit den Israelis an einen Tisch zu setzen?! Nach unzähligen Terroranschlägen, der Anzettelung dreier Kriege, Jahrzehnten wirtschaftlichen Boykotts?« Dies erschien uns ein unmögliches und ungerechtes Anliegen. Bei diesem Vorschlag hatten wir die Grenzen unserer Fähigkeit zur Empathie erreicht und waren deshalb nicht in der Lage, unsere selbstpsychologische Sichtweise auf diesen sehr schmerzhaften und lange schmorenden, gefährlichen Konflikt anzuwenden.

Der Test kam ein paar Jahre später, als Präsident Anwar el-Sadat und das ägyptische Volk sich trotz der früheren erniedrigenden Niederlagen nach dem Krieg 1973 offensichtlich genügend rehabilitiert fühlten, Sadats überraschende Reise nach Jerusalem zu veranlassen. Der Rest ist Geschichte: Die Lektion muß nicht weiter ausgesprochen werden (vgl. Wolf 1982, S. 110ff). Möge es reichen zu sagen, daß sowohl das Verständnis als auch die Handhabung gar internationaler Konflikte vom Verständnis der narzißtischen Matrix, und damit der Rolle nationaler Erniedrigung im Gegensatz zu nationalem Stolz, bei der empfindlichen Aufgabe der diplomatischen Lösung profitieren kann.

Wir haben hier einen Überblick über einen selbstpsychologischen, psychoanalytischen Zugang zum Verständnis von und Umgang mit narzißtischer Wut bei Einzelnen und in größeren Gruppen gegeben. Unserer Erfahrung nach hat der Behandlungszugang, der durch diese Konzepte bestimmt wurde, psychoanalytische Psychotherapien wiederbelebt und ihre therapeutische Kraft intensiviert. Weit davon entfernt, Aggression und Wut in ihrer Bedeutung zu unterschätzen, zielt dieser Zugang auf eine grundlegende Änderung in der zugrundeliegenden Selbstpathologie, auf deren Boden Wut entsteht. Anstatt verborgene oder manifeste Ausdrucksformen von Wut zu umgehen oder zu unterdrücken, arbeitet der selbstpsychologisch orientierte Kliniker auf eine Besserung der zugrundeliegenden Selbstpathologie hin, die die Neigung zu Wutreaktionen mindert oder tilgt.

Behauptungen wie diese bleiben so lange persönliche Überzeugungen, wie sie nicht von anderen Klinikern, die sich dazu aufgefordert fühlen, formalen Studien unter Beweis gestellt werden. Dasselbe gilt für die Extrapolation auf größere Gruppen. Interdisziplinäre Untersuchungen mit Klinikern, Historikern, Anthropologen und Politikwissenschaftlern (um nur einige zu nennen) könnten die Relevanz wie auch den Nutzen und die Anwendbarkeit klinisch gewonnener Erkenntnisse für das Verständnis des Verhaltens und der Erfahrungen größerer Gruppen genauer untersuchen, sowie den Beitrag zu ihrer Fähigkeit, mit diesen Phänomenen umzugehen. Derzeitige explosive ethnische Auseinandersetzungen, Konflikte im Mittleren Osten und anderswo, sind die Untersuchungsfelder in natura für Studien auf höherer Ebene, wie unser genanntes kleines Beispiel deutlich macht. Auf dieser größeren Bühne, über die Grenzen der analytischen Betrachtungsweise hinaus, das heißt außerhalb der klinischen Situation (Kohut, 1960), könnten die erklärende und therapeutische Kraft solcher psychoanalytischer Theorien und Behandlungsprinzipien gewinnbringend untersucht und überprüft werden.

Übersetzung: Martin Goßmann

Anmerkungen

1 Unter dem Titel »Assertiveness, Anger, Rage, and Destructive Aggression: A Perspective from the Treatment Process« zuerst erschienen in: R. A. Glick und S. P. Roose (Hg.): Rage, Power, and Aggression. New Haven / London (Yale Univ. Pr.) 1990.

2 Der in der Selbstpsychologie zentrale Begriff des Selbstobjektes bezieht sich auf die Erfahrung des Selbst in der emotionalen Qualität der Beziehung zur/m Anderen. Das Selbstobjekt ist also nicht diese/r Andere, sondern eine Funktion der Anderen in der Beziehung, wie sie vom Individuum erlebt wird und sich auf seinen Selbst-Zustand auswirkt. Es hat sich deshalb im Amerikanischen auch statt des Begriffes des »selfobject« der Begriff der »selfobject experience« verbreitet. Wenn hier vom »Selbstobjekt-Analytiker« gesprochen wird, dann ist dabei impliziert, daß der Analysand in der Übertragung Beziehungsaspekte in der Beziehung zum Analytiker erlebt, die für ihn »Selbstobjekt-Funktion« haben. Dies ist eine zentrale Annahme der Aufgabe der Übertragung und der therapeutischen Beziehung überhaupt [A. d. Ü.].

3 Die Triebtheorie der Aggression hat die Frage, was gesunde Aggression in seine krankhafte Form überführt, nicht befriedigend beantwortet. Die Selbstpsychologie postuliert, daß Selbstbehauptung (das Äquivalent der normalen Aggression) eine Funktion des gutstrukturierten Selbst darstellt. Dies mag mit Freuds Ersatz des Selbsterhaltungstriebs durch die Selbsterhaltumg als Funktion des Ich (mit einer Spur normaler Aggression) vergleichbar sein.

4 Die Säuglingsforschung hat diese Annahme im letzten Jahrzehnt bestätigt. Stechler (zit. in Lichtenberg, 1989) ist in einer Reihe von Veröffentlichungen zu dem Schluß gekommen, daß Behauptung und Aggression in unserem biopsychosozialen Erbe verschiedene Ursprünge haben, unterschiedliche Funktionen im Leben erfüllen und von verschiedenen emotionalen Erfahrungen begleitet sind. Nach Stechler besteht ein zentrales Merkmal von Behauptung darin, daß sie von einer optimalen Vielfalt belebt wird und sich verstärkt, wenn die Aktivitäten des Kindes eine Veränderung in der Umgebung bewirken. Diese Aktivitäten werden von dem Gefühl des Interesses, der Anregung und Freude begleitet – sehr im Unterschied zu den Gefühlen, die mit Angst, Kummer und Ärger einhergehen, die aggressives Verhalten begleiten.

Stechler meint, das zentrale Merkmal der Agression liege darin, daß sie die Reaktion auf eine vermeintliche Bedrohung der Integrität des Individuums darstelle und mittels selbsterhaltender Funktionen arbeite, vergleichbar mit einem Angriff, der die vermeintliche Quelle der Bedrohungen zerstören oder in die Flucht schlagen soll.

Behauptung und Agression sind jedoch in Fantasie und Handlung häufig miteinander verbunden. Ob diese zwei Motive im Verhalten verbunden werden, hängt von der Fähigkeit der Umgebung ab, die Absicht des Neugeborenen und Kindes zu erkennen. Aufgrund der Leichtigkeit, mit der Selbstbehauptung sich mit Aggressivität vermischt, werden Kinder durch die erfahrene Behandlung stark beeinflußt (Lichtenberg 1989, S.171f.).

5 Es versteht sich in diesem Zusammenhang, daß gesundes (ödipales) Wetteifern auf dem Boden einer tiefgreifenden zugrundeliegenden ödipalen (oder früheren) Selbstpathologie ein Nährboden für spätere Psychopathologie wird.

6 Der Begriff des containment der Affekte geht auf den von Winnicott geprägten Begriff »containment« zurück. In diesem Zusammenhang beinhaltet er – neben der »Aufbewahrungs«- bzw. »Haltefunktion«, wie Winnicott ihn als Teil der Funktion der Bezugsperson verstanden hat – die intrapsychische Fähigkeit, den Affekt auszuhalten, d.h. mittels intrapsychischer Strukturen zu erfahren und zu ertragen, anstatt ihn auszuagieren [A.d.Ü.].

7 Unter transmutierender Verinnerlichung versteht Kohut die Integration von Erfahrung in der analytischen Beziehung in die psychische Organisation mit daraus folgender Stabilisierung, zunehmender Kohäsion und weiterer psychischer Reifung [A. d. Ü.].

8 Der Begriff der Struktur soll kein statisches Merkmal bezeichnen, sondern bezieht sich auf in der Psyche verankerte Möglichkeiten und Fähigkeiten, auf die eigene Erfahrung und die erfahrene Umwelt zu antworten [A. d. Ü.].

Literatur

Arlow, J. (1963): Konflikt, Regression und Symptombildung. Psyche, 17, S. 23-43.

Basch, M. F. (1976): The concept of affect. A re-examination. J. Am. Psychoanal. Assn., 24, S. 759-777.

Kohut, H. (1960): Beyond the bounds of the basic rule: Some recent contributions to applied psychoanalysis. In: P. H. Ornstein (Hg.): The Search for the Self, Bd. 2. New York (IUP) 1978, S. 275-303.

Kohut, H. (1969-70): On leadership. In: P. H. Ornstein (Hg.): The Search for the Self, Bd. 3. New York (IUP) 1990, S. 103-128.

Kohut, H. (ca. 1970): On courage. In: P. H. Ornstein (Hg.): The Search for the Self, Bd. 3, New York (IUP) 1990, S. 129-182.

Kohut, H. (1972): Thoughts on narcism and narcisstic rage. In: P. H. Ornstein (Hg.): The Search for the Self, Bd. 2, New York (IUP), S. 615-658.

Kohut, H. (1973): Psychoanalysis in a troubled world. The Annual of Psychoanalysis, Bd. 1. New York (IUP).

Kohut, H. (1975a): The future of psychoanalysis. In: P. H. Ornstein (Hg.): The Search for the Self, Bd. 2, New York (IUP), S. 663-684.

Kohut, H. (1975b): The psychoanalyst in the communitty of scholars. In: P. H. Ornstein (Hg.): The Search for the Self, Bd. 2, New York (IUP), S. 685-724.

Kohut, H. (1978): Self-psychology and the sciences of man. In: P. H. Ornstein (Hg.): The Search for the Self, Bd. 3, New York (IUP), S. 235-260.

Leider, R. J. (1990): Aggression, anger, rage, and hate: A selfpsychological perspective (unveröff.).

Lichtenberg, J. (1989): Psychoanalysis and Motivation. Hillsdale, N. J. (Analytic Pr.).

Ornstein, P. H. (1978): The evolution of Heinz Kohut's psychoanalytic psychology. In: The Search for the Self, Bd. 1. New York (IUP), S. 1-106.

Ornstein, P. H. (1979): Remarks on the central position of empathy in psychoanalysis. Bull. Assoc. Psychoanal. Med., 18, S. 95-105.

Ornstein, P. H. (1985): Sexuality and aggression in the bipolar self. Progress in Self Psychology, Bd. 9, S. 109-125.

Ornstein, P. H. (1990): The unfolding and completion of Heinz Kohut's paradigm of psychoanalysis. In: The Search for the Self, Bd. 3, New York (IUP), S. 1-78.

Ornstein, P. H., und Ornstein, A. (1986): The functional integrity of the self: Understanding its disintegration products. Psychiatric Annals, 16, S. 486-488.

Stern, D. M. (1985): Die Lebenserfahrung des Säuglings. Stuttgart (Klett-Cotta) 1992.

Terman, D. M. (1975): Aggression and narcissistic rage: A clinical elaboration. Annual of Psychoanalysis, Bd. 3. New York (IUP).

Wolf, E. S. (1988): Theorie und Praxis der psychoanalytischen Selbstpsychologie. Frankfurt a. M. (Suhrkamp) 1996.

Multiple kurative Faktoren und Prozesse in psychoanalytischen Psychotherapien

Paul H. Ornstein

Einleitung

Thema dieses Kapitels sind »die psychoanalytischen Psychotherapien«, nämlich die Fokalpsychotherapie, die intensive psychoanalytische Langzeit-psychotherapie und die Psychoanalyse. Diese Behandlungsformen bilden ein Kontinuum, solange der Therapeut seine Interventionen an derselben Persön-lichkeitstheorie, derselben Theorie der Psychopathologie, derselben Behand-lungsmethode (Verstehen und Erklären) und derselben Theorie der Heilung orientiert (Ornstein und Ornstein 1977; P. H. Ornstein 1985). Zugegeben, all diese Behandlungssettings lassen unterschiedliche Behandlungsprozesse entstehen und führen (wahrscheinlich) zu unterschiedlichen Resultaten. Der spezifische Prozeßcharakter hängt mit dem jeweiligen Behandlungssetting zusammen. Jedes Behandlungssetting begünstigt das Auftauchen spezifischer Übertragungsaspekte und eines spezifischen Grades an Übertragungstiefe: 1. In der Fokalpsychotherapie wird gewöhnlich nur ein kleines Segment und ein begrenzter Grad an Tiefe mobilisiert; 2. eine intensive psychoanalytische Psychotherapie mobilisiert in der Regel ein weit größeres Segment und einen höheren Grad an Tiefe; 3. in der Psychoanalyse wird vermutlich eine umfas-sendere pathognomische Übertragung auftauchen, die in eindeutiger Form ins Zentrum des Durcharbeitens rückt.

Wir können zwischen einer »prozeßorientierten« oder einer »technikori-entierten« Beschreibung der Psychotherapien unterscheiden. Dem vorliegen-den Kapitel liegt eine konsequent prozeßorientierte Sichtweise zugrunde, welche die Einheitlichkeit aller drei psychoanalytischen Behandlungsformen (trotz aller Unterschiede) betont.

Ich gehe von der Arbeitshypothese aus, daß jede Begegnung zwischen Pati-ent und Therapeut einen Prozeß in Gang setzt, der für das jeweilige Behand-lungspaar charakteristisch oder spezifisch ist. Die kurativen Faktoren sind dem »Prozeß« inhärent, dessen Entfaltung in gewisser Weise automatisch

Paul H. Ornstein

durch die individuelle Begegnung zwischen Therapeut und Patient ausgelöst wird.

Wie ist dieser »Prozeß« beschaffen, der der Einheitlichkeit der psychoanalytischen Psychotherapien zugrunde liegt, ihnen ihre jeweilige therapeutische Wirksamkeit verleiht und von weit größerer Bedeutung ist als jenes Element, das wir gewöhnlich als »Technik« des Therapeuten bezeichnen?

Der therapeutische Prozeß wird durch die spezifischen Merkmale der individuellen Therapeut-Patient-Beziehung *erzeugt* und ist in seinem Verlauf von der einzigartigen Konstellation zwischen den inneren Bedürfnissen des Patienten einerseits und dem Verstehen des Therapeuten und dessen Reaktion auf diese Bedürfnisse andererseits abhängig. Der spezifische Charakter der so entstehenden klinischen Atmosphäre – der Modus des empathischen Zuhörens, die urteilsfreie, nicht verurteilende Akzeptanz des Patienten – sowie das spezifische Verständnis des Therapeuten und seine Erklärung der Probleme des Patienten bilden in ihrer Gesamtheit das, was wir – beim gegenwärtigen Kenntnisstand – in der therapeutischen Begegnung als kurativ bezeichnen können.

Immer mehr Psychoanalytiker sind sich heute darüber einig, daß der Übertragung und ihrer Deutung in allen psychoanalytischen Psychotherapien eine zentrale Rolle für den Behandlungsprozeß zukommt. Was die Methode des Zuhörens und infolgedessen auch die Beschaffenheit der Übertragung betrifft, so hat die Selbstpsychologie einen wichtigen Beitrag zu den psychoanalytischen Psychotherapien geleistet. Mit seiner Beschreibung des konsequenten empathischen Eintauchens in die Erlebensweise des Patienten und der Anerkennung dieser Erfahrungen als »Selbstobjekt-Übertragungen« hat uns Kohut für den entscheidenden Charakter dieser Übertragungen sensibilisiert, nämlich für die Tatsache, daß sie das kindliche Bedürfnis reaktivieren, »den anderen«, in diesem Fall den Therapeuten, »zu benutzen«, so als sei er ein Teil des Selbst. Solche Übertragungen können in der Behandlung bereits relativ früh hergestellt werden. In den klinischen Situationen erkennen wir sie daran, daß Patienten den Therapeuten für ihre Selbstorganisation, Selbstberuhigung und Selbsttröstung zu benutzen beginnen. Solche spontan auftauchenden Selbstobjekt-Übertragungen schaffen die Grundlage für die Herstellung eines therapeutischen Prozesses. Die Stabilität dieser Übertragungen (das heißt ihre mehr oder weniger unveränderliche Konzentration auf die Person des Therapeuten) variiert natürlich; sie ist abhängig von der Persönlichkeit des Patienten, von der Art und Weise, wie der Therapeut ihm zuhört, und vom jeweiligen Behandlungs-

152

setting. Wie bereits erwähnt, sind stabilere und tiefere Übertragungen im allgemeinen ein Charakteristikum des psychoanalytischen Prozesses; ein schmaleres Segment der Übertragung wird in der psychoanalytischen Langzeittherapie mobilisiert und ein noch schmaleres in der Fokalpsychotherapie. Ungeachtet der Behandlungsform aber muß der Therapeut die ubiquitären außertherapeutischen Übertragungen im Blick behalten, die weiterhin wichtig bleiben und häufig von größerer Bedeutung sind (A. Ornstein 1987). Sofern sie nicht direkt in den Behandlungsprozeß einbezogen und gedeutet werden, tragen diese außertherapeutischen, in Freundschaften, in der Ehe oder am Arbeitsplatz aktivierten Übertragungen an sich nur in begrenztem Maß zur Heilung bei. Die vollständige Konzentration auf den Patienten und sein Übertragungserleben in der therapeutischen Situation fördert die Reaktivierung dieser pathognomischen Übertragungen (oder ihrer Abkömmlinge), die dann die Grundlage für den spezifischen Heilungsprozeß in den psychoanalytischen Psychotherapien schaffen.

Jeder individuelle psychotherapeutische Prozeß enthält eine Reihe signifikanter kurativer Faktoren, die sich in verschiedenen Kombinationen miteinander verbinden und einander in ihrer therapeutischen Wirkung verstärken. In keinem Behandlungsprozeß kommen sämtliche möglichen therapeutischen Faktoren zum Zuge, und dies ist auch gar nicht nötig. Was in der therapeutischen Dyade aktiviert wird, hängt von bestimmten zentralen Charakteristika der beiden Beteiligten ab. Was den Patienten betrifft, so bestimmen der Charakter der Psychopathologie und seine Fähigkeit, sie in der Beziehung zum Therapeuten zu mobilisieren (das heißt, nicht nur über sie zu reden), auf welcher Ebene die Behandlung stattfindet und welche therapeutischen Faktoren dabei aktiv sind. Was den Therapeuten betrifft, so bestimmt die Fähigkeit, konsequent empathisch zuzuhören und sich auf das, was der Patient in die Therapie mitbringt, einzustimmen, auf welcher Ebene die Behandlung stattfindet und welche therapeutischen Faktoren dabei aktiv sind. Das Theoriengebäude, an dem sich der Therapeut orientiert und das seine Fähigkeit, zuzuhören und die Erfahrungen des Patienten innerlich nachzuvollziehen, prägt, übt auf den Charakter des Behandlungsprozesses einen signifikanten, ja entscheidenden Einfluß aus.

Vor diesem Hintergrund möchte ich die kurativen Faktoren und Prozesse zunächst kurz zusammenfassen und daran anschließend an einem klinischen Beispiel den Charakter und die Ergebnisse eines fokalpsychotherapeutischen

Prozesses illustrieren (Balint, Ornstein und Balint 1972; Ornstein und Ornstein 1975).

Die für die Heilung relevanten Faktoren und Prozesse

Die alten, epigrammatischen Formulierungen der entscheidenden Heilungsprozesse – man denke etwa an das Stichwort »Bewußtmachung des Unbewußten« oder seine modernere Version »Wo Es war, soll Ich werden« – werden den komplexen und vielschichtigen kurativen Prozessen offenbar nicht mehr gerecht. Ebensowenig genügt es, die Veränderung eines »strengen, strafenden Über-Ichs« in ein »flexibleres und wohlwollendes« in den Mittelpunkt zu rücken – eine Entwicklung, die Strachey (1934) als Dreh- und Angelpunkt der psychoanalytischen Behandlung betrachtete. Auch der überragende Stellenwert der Einsicht als Heilungsfaktor par excellence erscheint mittlerweile zweifelhaft, weil man heute unter einem umfassenderen Blickwinkel eine basalere »korrigierende emotionale Erfahrung« (ohne die bewußt manipulative Konnotation, die Alexander und French [1946] mit dem Konzept verbanden) als Sine qua non der psychoanalytisch-psychotherapeutischen Behandlung betrachtet. Kohut (1984) ergänzte all diese Faktoren und Prozesse zunächst um das Konzept der »Strukturbildung durch umwandelnde Verinnerlichung« als ausschlaggebenden kurativen Prozeß. Sämtliche anderen, zuvor als kurativ definierten Faktoren sind demnach mit beteiligt, wirken aber für sich genommen nicht kurativ. Als Kohut später erkannte, daß wir alle lebenslang auf Selbstobjekte angewiesen sind, beschrieb er den Heilungswert der (Wieder)Herstellung eines empathischen Kontakts zum eigenen infantilen Selbst und Kindheitsselbst sowie den Heilungswert der (Wieder)Herstellung eines empathischen Kontakts zu den Selbstobjekten der eigenen Kindheit. Durch diese innerlich erzeugten Veränderungen – die Schaffung einer infolge traumatischer Erfahrungen unterbrochenen Kontinuität zwischen Vergangenheit und Gegenwart – kann der Patient vielleicht zum erstenmal in seinem Leben eine Beziehung zu einem Netzwerk verfügbarer (und nun reifer) Selbstobjekte aufnehmen. Die Herstellung solcher Beziehungen ist der eigentliche Ausdruck seiner Heilung.

Auch Kohut prägte eine epigrammatische Charakterisierung des Wesens der Heilung, die den Anteil der übrigen Faktoren oder Prozesse nicht leugnete, sondern ihnen innerhalb des gesamten therapeutischen Prozesses eine untergeordnete Rolle zuschrieb. So betrachtet er die Strukturbildung durch umwandelnde Verinnerlichung zwar weiterhin als wichtigen Bestandteil des gesunden Entwicklungsprozesses und des analytischen Prozesses, der zur Heilung führt; gleichzeitig erkennt er jedoch an, daß der allmähliche Erwerb der Fähigkeit, das Selbst in eine Matrix reifer Selbst-Selbstobjekt-Beziehungen einzubetten, d. h. eine empathische Verbindung zu Selbstobjekten herzustellen und aufrechtzuerhalten, das entscheidende Charakteristikum der psychoanalytischen Behandlung ausmacht.

Wodurch wird eine solche Heilung bewirkt? Da die Psychopathologie ihrem Wesen nach das Resultat einer vereitelten, entgleisten oder arretierten Entwicklung darstellt, bildet eine Atmosphäre, in der diese Entwicklung wiederaufgenommen werden kann, in der Defizite aufgearbeitet und/oder Konflikte gelöst werden können – was wiederum die Voraussetzung für nachträgliche Strukturbildung und nachträgliches Wachstum schafft – die Grundbedingung dafür, daß sich der Heilungsprozeß entfalten kann. Verstehen und Erklären stellen die »elementare therapeutische Einheit« dar und finden ihren Ausdruck in den behutsam formulierten Interventionen des Analytikers.

Das Verstehen, der erste Schritt in diesem zweistufigen Prozeß, trägt zur Strukturbildung bei und erfüllt spezifische Funktionen, die das Selbst bestätigen, es stärken und ihm Kohärenz vermitteln. Ein auf diese Weise gestärktes Selbst ist in der Lage, einen Teil seiner strukturellen Defekte zu reparieren und infolgedessen auch einen Teil seiner Konflikte zu lösen.

Das Gefühl, verstanden zu werden, übt – so einfach dies auch klingen mag – tatsächlich einen tiefgreifenden Einfluß auf den Zustand des Selbst aus. Sich verstanden zu fühlen bedeutet für den Erwachsenen, gehalten zu werden, und dieses Gefühl bewirkt auf der Ebene des Selbsterlebens eine Stabilisierung oder Konsolidierung des Selbst. Diese Konsolidierung des Selbst ermöglicht – zuerst vorübergehend und schließlich dauerhafter – das Erleben und die Äußerung von Affekten, die aufgrund ihrer Intensität und/oder ihres spezifischen Inhalts zuvor als unerträglich empfunden wurden. Was die Abwehrmechanismen betrifft, so kann das innerhalb der Selbst-Selbstobjekt-Matrix gestärkte Selbst – wiederum zunächst nur zögernd und später entschiedener – auf habituelle Abwehrformen verzichten.

Das Erklären, der zweite Schritt in diesem zweistufigen Prozeß, trägt insofern zu einem tieferen Verständnis bei, als es das unmittelbare Erleben in seinen historischen, genetisch-entwicklungsbezogenen Kontext einordnet. Die Erklärung vertieft das eigene empathisch-akzeptierende Gespür des

Patienten für sich selbst; sie stärkt, wie Kohut (1984) sagte, das Vertrauen in die Realität der empathischen Bindung, die sich zwischen Patient und Therapeut entwickelt. (P. H. Ornstein und A. Ornstein 1996; in diesem Band, S. 199f)

Die kurativen Faktoren und Prozesse in der Behandlung von Herrn M.[1]

Herr M. hatte sein erstes Collegejahr fast beendet, als er nach einem knapp gescheiterten Suizidversuch und einer kurzen stationären Behandlung nach Hause zurückkehrte, wo er sich mit begrenztem Erfolg einer mehrmonatigen Psychotherapie mit einer Wochenstunde unterzog.

Als Herr M. im darauffolgenden Herbst sein Studium wiederaufnehmen wollte, erlitt er einen Rückfall. Er verlor allen Mut, zog sich emotional fast vollständig zurück und geriet bei dem Gedanken an das Studentenwohnheim, in dem er sich mit drei Kommilitonen eine Wohnung teilte, in Panik. Er könne ihnen, so sagte er, einfach nicht ins Gesicht sehen, weil er sich grenzenlos schäme. Trotzdem versuchte er es, doch als er das Wohnheim erreichte, mußte er umkehren und wieder nach Hause fahren. Er überlegte nun, zu pendeln – es handelte um eine Strecke von immerhin sechzig Meilen –, statt sich der Demütigung auszusetzen, im Wohnheim zu leben. Eine Weile lang versuchte er tatsächlich, täglich zum College zu fahren; auf die Dauer aber war dies unmöglich, und so freundete er sich mit dem Gedanken an, sich erneut in Behandlung zu begeben.

An diesem Punkt wurde er mir überwiesen, da er zu seinem früheren Therapeuten nicht zurückkehren wollte. Man sagte mir, daß der Patient sehr einsilbig und deshalb »schwierig zu behandeln« sei.

Das therapeutische Engagement

1. Sitzung. Herrn M. berichtete mir, daß er den Suizidversuch kurz nach der Nominierung für einen äußerst begehrten nationalen Preis auf seinem Gebiet unternommen habe. Die Nachricht von seiner Nominierung habe ihn völlig verwirrt. Er sei konfus gewesen und erinnere sich rückblickend, daß er überzeugt war, bis zur endgültigen Entscheidung über die Preisvergabe, die am Ende des akademischen Jahres erfolgen sollte, keine angemessenen Leistungen mehr erbringen zu können. In diesem Zustand der Erregung, Verwirrung,

Bestürzung und Angst habe er eine Überdosis Schlaftabletten genommen und sei nur durch Zufall rechtzeitig entdeckt worden.

Herr M. war zunächst schüchtern, zurückhaltend und verbal gehemmt; er bewegte sich langsam und hatte einen leblosen Gesichtsausdruck. Er hätte mit Sicherheit kein Wort gesagt, wenn ich mich nicht entschieden hätte, ihm eine Frage nach der anderen zu stellen – ein »Verhörstil«, der mir auch in einem »diagnostischen« Gespräch überhaupt nicht behagt. Deshalb ließ ich ihm zwischen meinen Fragen reichlich Zeit, mir seine »Geschichte« ein wenig spontaner zu erzählen. Aber Herr M. gab nur knappe Antworten auf meine Fragen und sagte von sich aus kaum etwas; ich hatte den Eindruck, als suche er nicht aus eigenem Antrieb Hilfe. Später räumte er ein, daß er mich auf Drängen seiner Eltern konsultiert habe – der Psychiater seines Vaters, dem die Familie vertraute, hatte mich empfohlen. Aus mehreren Anspielungen schloß ich, daß seine frühere Behandlung ihm kein großes Vertrauen in die Psychotherapie eingeflößt hatte. Ich schilderte ihm meinen Eindruck sehr ausführlich, weil ich mit seinem subjektiven Erleben in Kontakt kommen und ihm zeigen wollte, was ich bislang verstanden hatte. Dies schien ihn zu verblüffen, denn er hatte offenbar befürchtet, daß ich ihm einen Vortrag halten würde, um ihn über die Wichtigkeit der Therapie aufzuklären und ihn davon zu überzeugen, daß es für ihn das beste sei, zu Hause zu bleiben und sich behandeln zu lassen, statt sein Studium fortzusetzen. Da ich mich aber praktisch ausschließlich für seinen gegenwärtigen subjektiven emotionalen Zustand und für die Hintergründe seines Suizidversuchs interessierte und keine Anstalten machte, ihm Handlungsanweisungen zu erteilen (nicht einmal in bezug auf den Konflikt, ob er ins Studentenwohnheim zurückkehren oder von zu Hause aus zum College fahren sollte), taute er nach und nach auf. Zu meiner Überraschung wurde er innerhalb der ersten vier bis fünf Sitzungen bereits deutlich introspektiver, auch wenn sich er weiterhin nicht spontan mitteilen konnte.

Aus einer großen Zahl wichtiger Details, die zunächst nur Stück für Stück auftauchten, gewann ich den Eindruck, daß die Nominierung für den Preis Herrn M.s prekäres emotionales Gleichgewicht erschüttert hatte; die Erregung über die Aussicht, den Preis tatsächlich zu bekommen, und die Angst, im Finale doch noch zu scheitern, hatten ihn einfach überwältigt und ihn in Ratlosigkeit und Verwirrung gestürzt. Diesen Eindruck spiegelte ich ihm wider, indem ich zusammenfaßte, was mir bislang klar geworden war. Auf diese Weise wollte ich ihm zeigen, wie ich ihm zuhörte, und ihm Gelegenheit geben, mich im

Falle eines Mißverständnisses zu korrigieren. Gleichzeitig hoffte ich, ihn dazu animieren zu können, nicht nur auf meine direkten – wenn auch vorsichtigen – Fragen zu reagieren, sondern mir seine Überlegungen und Gefühle von sich aus eingehender zu schildern.

Zu den ersten Informationen, die mir Herr M. über seine Familie gab, gehörten seine Erinnerungen an einen Selbstmordversuch, den sein Vater unternommen hatte, als er selbst sechs oder sieben Jahre alt war. Der Vater war später wegen depressiver oder manischer Episoden mehrmals stationär behandelt worden und hatte mindestens einen weiteren Suizidversuch unternommen. Kurz bevor Herr M. die High-School abschloß, wollte sich sein Vater mit einer Überdosis Schlaftabletten das Leben nehmen; mein Patient fand ihn im Schlafzimmer. Vater und Sohn stehen sich nicht sonderlich nahe und haben kaum etwas miteinander zu tun. Seiner Mutter fühlte sich Herr M. näher, aber er meinte: »Sie geht mir auf die Nerven.« Sein Vater, so berichtete er, sei ein oberflächlicher Schwätzer. Er habe es zu etwas bringen wollen, aber keine Ausbildungsmöglichkeiten gehabt. Deshalb brüste er sich nun vor seinen Freunden (und auch vor Fremden) mit den hervorragenden Noten und Leistungen seines Sohnes. Herrn M. war dies ein Greuel; vor allem die Ausschmückungen, mit denen der Vater seine Schilderungen versah, empfand er als peinlich. Mit einem gewissen Bedauern in der Stimme sagte er, daß er sich seinen Eltern nicht wirklich verbunden fühle und sie einander keine großen Gefühle entgegenbrächten. Er wollte es ihnen recht machen, war brav und bekam gute Noten, hegte aber auch einen tiefen Groll. Als er die äußerliche Freundlichkeit seiner Mutter und ihr subtil kontrollierendes Verhalten beschrieb, schilderte er mehrere Beispiele. Seine Mutter wollte nett zu ihm sein und ihn verwöhnen, wenn er von der Schule nach Hause kam, und fragte ihn, was sie ihm kochen solle. Er antwortete, daß ihm alles recht sei, aber sie bestand darauf, daß er sich ein Gericht aussuchte. Er traf eine Entscheidung, aber nun sagte seine Mutter: »Nein, nimm doch das und das, ich weiß genau, daß du es lieber magst!«

Herr M. hielt die Abschlußrede an der High-School, und seine Eltern waren stolz auf ihn; er selbst genoß es, im Rampenlicht zu stehen, aber seinem Vater dauerte die Feier zu lang, und deshalb drängte er, möglichst schnell wieder nach Hause zu fahren. Herr M. war der Meinung, daß sein Vater unfähig sei, sich wirklich für ihn zu interessieren. Er selbst freute sich damals über seine Erfolge und war auch stolz auf sich: »Ich war sehr aufgeregt an jenem Abend, als ich meinen Namen an der Tafel sah – es war ein gutes Gefühl.« Als er jedoch später für den Preis nominiert wurde, fiel es ihm schwer, sich zu freuen. Er reagierte nicht aufgeregt, sondern hatte eher das Gefühl, als sei »die Luft draußen«. *2. Sitzung.* Herr M. ist ein hervorragender Student, der grundsätzlich die besten Noten erwartet und auch bekommt. Darüber hinaus aber unternimmt er in seinem Leben nichts. Er teilt sich mit drei Kommilitonen ein Apartment im Studentenwohnheim (sofern er das College besucht), fühlt sich aber auch von diesen Freunden emotional isoliert. Nachdem er von der Nominierung erfahren hatte, über die er sich nicht freuen konnte, sah er die Welt eine ganze Woche lang wie durch einen Nebelschleier. Er war »außen vor«, konnte sich auf nichts konzentrieren und wußte nicht, was er tun sollte. Er schrieb einen Test und versagte auf der ganzen Linie. Noch nie war ihm so etwas passiert. In der Nacht vor der Prüfung hatte er sechs Stunden lang gelernt, und nun fürchtete er, alles zu verlieren, was er erreicht hatte. Fünf oder sechs Tage später versuchte er, sich umzubringen. In jener Woche hatte er keinen einzigen Kurs mehr besucht, sondern war zum Passah-Fest nach Hause gefahren. Alles war ruhig, er hatte keinerlei Kontakte und beschloß in seiner Einsamkeit, sich zu töten. In der Bibliothek informierte er sich über die einschlägigen Möglichkeiten und kehrte dann ans College zurück. Er schrieb einen Abschiedsbrief an seine Eltern und nahm Schlaftabletten. Seine Mitbewohner fanden den Brief und konnten ihn retten.

Das einmalige Versagen bei der Prüfung sei nicht der Grund gewesen, erklärte er mir, sondern habe das Faß lediglich zum Überlaufen gebracht. »Schon vorher war mir die Nominierung für den Preis nicht wichtig; das Leben würde immer so weitergehen; im Grunde ist nichts wirklich wichtig.«

»War es das, was Ihnen angst machte? Daß sie sich nicht freuen konnten, keine Gefühle hatten?«

»Ich habe überhaupt nichts gefühlt. Ich konnte keinen Entschluß fassen. Ich habe nie jemanden um Hilfe gebeten. Zu dem Zeitpunkt hatte ich noch keine Angst. Aber als ich gar nichts fühlte, wurde mir klar, daß irgend etwas mit mir nicht stimmte, daß ich es nicht packen würde.« Er ist immer selbstkritisch gewesen und hält im Grunde sehr wenig von sich: »Ich bekam gute Noten, aber das ist auch alles.« Ich fragte, ob er den Eindruck habe, daß andere ihn genauso sähen und daß diese Gefühle ihn von seinen Peers isolierten, sogar von jenen, die ihm am nächsten standen, seinen drei Mitbewohnern. »Ja, ganz bestimmt.« Als das neue Semester begann, kehrte er ans College zurück, wurde aber bald wieder verwirrt und nervös. Er zog zu seinen Eltern, suchte den Psychiater seines Vaters einige Male auf und pendelte dann zwischen seinem Zuhause und dem College hin und her.

An diesem Punkt des Gesprächs konnte er sich an nichts, worüber wir in der vorangegangenen Sitzung gesprochen hatten, erinnern. Er meinte, daß er den Konsultationen keine große Bedeutung beimesse. Ich fragte, ob es ihm ähnlich ergehe wie mit seiner Therapie im vergangenen Sommer und er nur wegen seiner Eltern und nicht aus eigenem Wunsch zu mir komme. Er schwieg kurz und antwortete dann, daß er sich offenbar einfach wiederhole. Ich fragte, ob er damals dafür zurückschreckte, seinen Selbstmordversuch eingehender zu untersuchen. »Das war eine blöde Situation. Es ist eben passiert. Es war vorbei, kein Grund, sich weiter damit zu beschäftigen.« Ich sagte, daß ich gerne mehr darüber erfahren würde; wenn wir verstehen könnten, wie es so gekommen sei, könnten wir ihn vielleicht besser verstehen, und das könnte ihm helfen, die Dinge besser unter Kontrolle zu halten. Bei dem Stichwort »bessere Kontrolle« spitzte er die Ohren und antwortete: »Na gut, ich würde es gerne verstehen, aber ich weiß nicht, wie ich das anstellen soll.« Ich antwortete: »Das wird eine unserer gemeinsamen Aufgaben sein.«

Als die zweite Sitzung beendet war, schwebte mir der engere Fokus recht deutlich vor Augen: Wenn es uns gelänge, Herrn M.s Suizidversuch zu untersuchen und zu verstehen, und er diese Erfahrung in seine erwachsene Selbstwahrnehmung integrieren könnte, hätte die Fokalpsychotherapie ihre bescheideneren Ziele erreicht. Die Probleme, auf die der Selbstmordversuch verwies, waren zweifellos in eine gravierendere Persönlichkeitsstörung eingebettet, über deren Charakter ich mir noch nicht im klaren war. Ich vermutete eine tiefgreifende Störung der selbstregulierenden Fähigkeiten, die sich in Herrn M.s Bedürfnis manifestierte, seine Gefühle bis zu einem solchen Grad zu kontrollieren, daß sie für ihn nicht mehr wahrnehmbar waren. Dieser Bereich fiel in den breiteren Fokus und betraf die in der Charakterstruktur verankerten Probleme. Wir vereinbarten, daß Herr M. im Anschluß an seine Semesterzwischenprüfungen in zweiwöchentlichem Abstand zu mir kommen würde.

3. Sitzung. Herr M. schwieg zunächst. Als ich vorschlug, da weiterzumachen, wo wir aufgehört hatten, konnte er sich nicht erinnern, worüber wir drei Wochen zuvor gesprochen hatten. »Ich habe nichts behalten.« Pause. »Nichts Spektakuläres. Die Prüfungen habe ich bestanden. Noten gibt es noch nicht keine. Hab mein Bestes gegeben. Nehme es jetzt leicht, keine Unruhe oder so.« Ich fragte, ob dies daran liege, daß es ihm wirklich gut gehe, oder weil er in der Lage sei, die Dinge aus seinem Kopf zu streichen und sie nicht zu fühlen. Er schien nachzudenken, sagte aber nichts, und deshalb fügte ich hinzu: »Wenn etwas allzu schmerzhaft ist, finden Sie einen Weg, es nicht fühlen zu müssen; sie verbannen es einfach aus ihrem Kopf.«»Das leuchtet mir ein«, war alles, was er darauf sagte.

Er überlegte eine Weile und sagte dann:»Wenn ich mir wegen etwas Sorgen mache, zum Beispiel vor einer Prüfung, geht es schief. Also lenke ich meine Energien in eine andere Richtung und konzentriere mich ganz auf das Lernen.« Er widme sich ausschließlich seinem Studium, selbst wenn er, wie am vergangenen Samstag, bereits alles gelernt habe.»Ich bin notenbewußt.« Als wir seine Lerngewohnheiten eingehender untersuchten, wurde mir klar, daß er auf sehr feste Strukturen angewiesen war, die möglichst wenig Raum für Spontaneität ließen. Sicherheit bedeutet ihm sehr viel. Was sein Studium und seine Noten betrifft, so glaubt er,»alles im Griff« zu haben. Ich erläuterte:»Ich höre, daß es für Sie sehr wichtig ist, alles unter Kontrolle zu haben. Spontaneität erleben Sie als Bedrohung, Sie wissen dann nicht, was auf Sie zukommt.«»Seit einiger Zeit habe ich die Sachen nicht mehr gut im Griff. Das ist das Problem.«

Während der vergangenen Jahre hat sein zwanghaftes Bedürfnis, alles zu kontrollieren und sich ausschließlich auf sein Studium zu konzentrieren, sein Leben beherrscht.»Irgend etwas muß also passiert sein und dazu geführt haben, daß Ihnen die Kontrolle entglitt. Was war es?« Er ging nun ausführlicher auf meine Frage ein und antwortete ein wenig spontaner:»Meine ganze Abwehr ist zusammengebrochen – ich habe versucht, äußerlich das coole Bild vom starken Mann wiederaufzubauen. Ich brauche niemanden. Ich kann selbst für alles sorgen. All das ist mir abhanden gekommen. Irgendwie stehe ich jetzt nackt da. Ich mußte mir irgend etwas einfallen lassen, um sie [seine Eltern und seine Freunde] mir vom Leib zu halten... Vielleicht ist es Stolz, oder wie immer Sie es nennen wollen. Das baue ich auf. Ich sage: ›Ich komme allein zurecht, selbst wenn ich bewiesen habe, daß ich es nicht schaffe, aber ich bleibe dabei, daß es mir irgendwie gelingt.‹«

»Wenn Sie über Ihr Erleben sprechen, klingen Sie wesentlich analytischer und einsichtiger, als Sie es sich selbst zutrauen. Es hat den Anschein, als schüttelten Sie solche Selbsterkenntnisse einfach von sich ab, so als wollten Sie sagen: ›Ach, das ist einfach blöde und schräg, es lohnt sich nicht, es genauer zu untersuchen.‹ Als ich aber vor ein paar Minuten energischer nachfragte, gaben Sie sich einen Ruck und erzählten mir recht ausführlich, worüber Sie in der dreiwöchigen Pause nachgedacht haben.«

»Jetzt erscheint es mir logisch. Ich kann klar denken, aber in anderen Situationen verstehe ich es nicht, und es interessiert mich auch nicht. Hier verstehe ich es, draußen nicht.«

Ich antwortete darauf, daß es uns vielleicht gemeinsam gelingen könnte, den Teil seiner selbst kennenzulernen, über den er »draußen« nicht nachdenken könne, und er erwiderte: »Das hoffe ich!« Dann beschrieb er spontan seine chronische Selbstkritik und Selbstentwertung. »Ich mache mich selbst klein, aber ich begreife nicht, warum. Ich will es einfach nicht wahrhaben, ich will gar nicht versuchen, es zu verstehen.«

»Vielleicht brauchen Sie jemanden, der Ihnen zuhört, damit Sie über diese schmerzvollen Gefühle und Gedanken sprechen können – vielleicht wäre es dann weniger bedrohlich, sich damit zu beschäftigen. Vielleicht können Sie es zulassen, sich diese Gefühle hier für eine kleine Weile genauer anzusehen, ohne daß Ihre Angst – oder was immer es sein mag – dazu führt, daß Sie diese Gedanken und Gefühle einfach wegdrängen müssen. Hier können Sie offenbar etwas verstehen oder etwas zusammensetzen.« Ich schwieg. Herr M. wirkte nachdenklich, fühlte sich aber offenbar nicht unbehaglich, und deshalb versuchte ich nun, den oben erwähnten engeren Fokus ins Blickfeld zu rücken:

»Ich bin auf diese Überlegungen, von denen ich sprach, gekommen, als Sie mir sagten, daß Ihr Suizidversuch eine einmalige ›Dummheit‹ gewesen sei. Ja, es ist passiert, aber es war vorbei und Sie konnten es sich nicht erlauben, sich näher damit zu beschäftigen. Wie konnte mir so etwas passieren? Das bin nicht ich.«

»Ja, darin liegt auch eine gewisse Ironie. Selbst jetzt erscheint es mir wie ein Traum. Es fällt mir schwer, mir klarzumachen, daß ich so etwas getan habe. Mit dem, was Sie über die Kontrolle gesagt haben, gibt es jetzt Sinn. Die Kontrolle in meinen Beziehungen, die Noten, auf einmal war mir alles entglitten.« Er hatte die alte Situation wiederherzustellen versucht, indem er ans College zurückkehrte, aber es war ihm nicht gelungen. Statt sich damit auseinanderzusetzen, bemühte er sich, es zu vergessen. Dann sagte er mit einer gewissen Erregung: »Ich mag auch jetzt nicht darüber nachdenken, aber es leuchtet mir ein, daß ich es anerkennen und verstehen muß.«

»Ich glaube, Sie haben recht. Da Sie es in Ihr Selbstbild nicht einordnen konnten, hatten Sie es nicht einmal nachträglich, wenn Sie darüber nachdachten, im Griff. Sie mußten es aus Ihrem Bewußtsein verbannen.«

»Es mußte in mein Selbstbild passen. Ja. Anderenfalls blieb mir keine andere Wahl, als zu sagen, daß es nicht Teil meines Lebens sei; oder daß es eben unwichtig sei.«

»Auf diese Weise haben Sie sich also ihren Selbstmord zurechtgelegt.«

»Ja. Abwerfen, was nicht hineinpaßt, und nicht weiter darüber nachdenken.«

Wir besprachen dieses Thema in ähnlicher Weise recht ausführlich und untersuchten im Anschluß daran, wie sein Kontrollbedürfnis und sein Bedürfnis, bedrohliche Gefühle unter den Teppich zu kehren, sein soziales Leben beeinträchtigten und ihn in seinen Aktivitäten und Emotionen einschränkten. Er nahm die Folgen in diesem Augenblick ganz akut wahr und fuhr fort: »Ich habe mich festgefahren und versuche gar nicht, wieder frei zu kommen. Ich grabe mich immer tiefer ein.« Zu meiner Überraschung fügt er jedoch hinzu: »Wenn ich hier darüber nachdenke, möchte ich nach Hause gehen, um es auch dort zu versuchen.« Mir fiel auf, daß er mittlerweile freier nachdenken und kommunizieren konnte, und deshalb sagte ich, daß er zu Beginn unserer gemeinsam Arbeit gehofft habe, von mir eine Frage nach der anderen vorgelegt zu bekommen. Ich hätte den Eindruck, daß er nicht gerne von sich aus ein Thema zur Sprache bringe – ich fragte, ob mein Eindruck zutreffe. Darauf antwortete er, es falle ihm schwer, anzufangen, weil er nichts Dummes sagen wolle. Ich erklärte, daß ich nun alles seiner Regie überlassen wolle. Das sei in Ordnung, antwortete er, warnte mich aber, daß er, falls er wieder »abrutsche«, möglicherweise nicht in der Lage wäre, die Initiative zu ergreifen. Es sei ihm peinlich, nicht zu wissen, was er sagen solle.

Erläuterungen. Herrn M.s frühere Psychotherapie wurde fast ausschließlich unter dem Blickwinkel durchgeführt, daß er unter einer offenkundigen, schweren »Erfolgsneurose« leide; daß er es nicht ertrage, seinen Vater zu übertreffen, weil er ihn vernichten würde, wenn er ihn durch seine eigenen Leistungen in den Schatten stellte. Herr M. hörte sich diese Erklärungen an, aber sie gingen, wie er mir später erzählte, »zum einen Ohr 'rein und zum anderen wieder 'raus«. Er konnte nichts mit ihnen anfangen. Aus ebendiesem Grund war er mir und meinen Versuchen, ihn zu verstehen, zunächst mißtrauisch begegnet.

Ich erkannte in den beiden ersten Sitzungen, daß ich versuchen mußte, die Herstellung einer guten Verbindung zwischen uns beiden zu fördern. Ermöglicht wurde dies durch seinen Eindruck, daß ich ihn – gelegentlich mit Erfolg – zu verstehen versuchte.

Das erste Anzeichen dafür, daß er eine im wesentlichen stumme, idealisierende Verschmelzungsübertragung entwickelte, war die Tatsache, daß er meinen Worten immer sehr aufmerksam zuhörte. Schließlich teilte er mir mit, daß er beschlossen habe, die Behandlung aus freien Stücken fortzusetzen und mir seine »Schwierigkeiten zu schildern, um sie in der von Ihnen unterstützten Weise zu klären«, als ihm klar geworden sei, daß meine Kommentare und Überlegungen Hand und Fuß hatten.

Die engeren und breiteren Foki unserer Deutungsarbeit konnten nun versuchsweise folgendermaßen formuliert werden: 1. Der engere Fokus betraf Herrn M.s Bedürfnis, alles, was mit seinem Suizidversuch zusammenhing, unter den Teppich zu kehren. Innerhalb dieses Fokus mußte das therapeutische Bemühen darauf zielen, die mit dem Suizidversuch zusammenhängenden Affekte zu erforschen und schließlich zu integrieren. Herrn M.s Bereitschaft und Fähigkeit, über seinen Selbstmordversuch nachzudenken, würde einen Fortschritt in bezug auf diese eher bescheidenen therapeutischen Ziele signalisieren. 2. Der breitere Fokus betraf Herrn M.s Bedürfnis, alle intensiven und daher potentiell überstimulierenden Affekte zu kontrollieren und in Schach zu halten, bis er sie nicht mehr wahrnahm und nicht einmal mehr wußte, daß es sie gab. Innerhalb dieses breiteren Fokus ging es darum, Herrn M.s Umgang mit potentieller Überstimulierung und allgegenwärtiger Desorganisationsgefahr, der ihn unflexibel, starr, zwanghaft kontrolliert und kontrollierend machte, zu erforschen und anzuerkennen. Wenn es gelänge, diese Schwierigkeiten in den Deutungsprozeß mit einzubeziehen, wäre eine Lockerung seiner strengen Kontrolle und seiner ausschließlichen, zwanghaften Konzentration auf seine Studien die Folge.

Nach der 3. Sitzung schien Herrn M.s therapeutisches Engagement gewährleistet. Zudem hatten wir die Probleme, die erforscht werden mußten und interventionsbedürftig waren, identifizieren können. Im folgenden werde ich mich selektiv und in stärker verdichteter Form auf die Arbeit konzentrieren, die während der verbleibenden zwölf Sitzungen in den beiden fokalen Bereichen geleistet wurde.

Der enge und der breite Fokus im Deutungsprozeß

4. Sitzung. Es schien, als habe Herr M. keinerlei eigene Vorstellungen und Erwartungen, so daß er von mir erwartete, durch weitere Fragen die Richtung abzustecken. Erst nachdem ich ihn ein wenig gedrängt hatte, griff er das Thema der 3. Sitzung wieder auf. Ihm sei klar geworden, daß er alles, was er (in bezug auf seinen Suizidversuch) nicht verstehen könne, als unwichtig betrachte und wegschiebe.

»In der Art, wie wir beim letzten Mal darüber gesprochen haben, erschien es mir ganz logisch. Als ich mich nicht mehr konzentrieren konnte, die Kontrolle verlor, saß ich in der Patsche. Ich konnte keine Freundschaften schließen, kam mit neuen Sachen [die ein wenig Flexibilität und Abwechslung in sein Leben hätten bringen können] nicht zurecht, aber auf die alte Weise [die ausschließliche Konzentration auf das Lernen und der gewohnte Umgang mit Freunden] funktionierte es auch nicht mehr.« Dies machte ihm angst. In diese Situation platzte die Nominierung für den Preis herein. Er wollte sich die notwendigen Empfehlungen von seinen Lehrern besorgen, fürchtete aber, keine Spitzenleistungen mehr zu erbringen und bei der Preisverleihung leer auszugehen. »Ich war nominiert worden, aber was würde geschehen, wenn ich den Preis nicht bekäme?« So stellte sich das Problem für ihn dar. »Es ist besser, von ganz unten nach oben aufzusteigen, als von ganz oben herunterzufallen«, sagte er. Nach seinem Suizidversuch hatte er jede weitere Bemühung um den Preis aufgegeben. Nun stellte sich heraus, daß er sich über die Nominierung nicht hatte freuen können, weil er Angst hatte, die A-Noten, die letztlich erforderlich waren, nicht zu bekommen. Er konnte sich über die Nominierung nicht freuen, weil nicht sicher war, daß er den Preis tatsächlich erhalten würde. Von seinen Leistungen nach der Nominierung hing sehr viel ab. Er hatte das Gefühl, sich selbst und seine Eltern zu enttäuschen. Jetzt schnitt er in allen Prüfungen wieder mit A-Noten ab; er legte großen Wert auf diese Noten, wußte aber auch, daß sie seine Eltern glücklich machten. Er versuchte, über seine Leistungen »hinwegzugehen«, im tiefen Innern aber war er erregt. Als sein Vater vor einiger Zeit zu ihm gesagt hatte: »Du mußt wirklich schlau sein, du hast am besten abgeschnitten«, fühlte er sich unter Druck gesetzt. Ich erläuterte, daß er diesen Druck vielleicht auch im Zusammenhang mit der Nominierung empfunden habe; dies könnte zu den Hintergründen seines Suizidversuchs passen. Er stimmte zu und meinte, daß es nachträglich logisch erscheine. Er dachte über meine Bemerkung aus der vorangegangenen Sitzung nach und kam zu dem Schluß: »Es ist in Ordnung, ich kann es [den Suizidversuch] allmählich in mein Selbstbild einbauen.« (Dies war der erste Hinweis darauf, daß es uns vielleicht gelingen würde, das Ziel unseres engeren Fokus zu realisieren.)

Herr M. führte seine veränderte Einstellung auf die Tatsache zurück, daß er nun, während seiner Ferien nach den Prüfungen, ernsthaft über unsere bislang besprochenen Themen nachdenken könne. Er habe jedoch Angst, daß ihm dies nach der Rückkehr ans College nicht mehr gelingen würde und er sich statt dessen »erneut festfahre, ohne zu wissen, wie ich wieder herauskommen soll« – trotz aller Bemühungen, es anders anzustellen. Um zu illustrieren, wie sehr er diesem alten Trott verhaftet war und wie »monoton und unflexibel« sein

Leben sich gestaltet hatte, beschrieb er seine Beziehung zu den drei Mitbewohnern. Sie hingen gemeinsam herum, saßen zusammen und redeten, aber es blieb alles sehr oberflächlich. »Ich bin kein Führungstyp, deshalb ist es schwer für mich, am Zusammensein mit meinen Freunden etwas zu verändern.« Häufig foppen sie ihn mit Bemerkungen darüber, daß er – und damit sie alle – immer dasselbe mache. Er lachte, als er dies erzählte, und ich fragte ihn, ob er sich ständig beobachtet und zur Schau gestellt fühle. Ohne zu zögern, erwiderte er: »Oh ja, sogar bei meinen Freunden.« (Mein Versuch, herauszufinden, ob er sich auch hier, vor der Videokamera, wie auf dem Präsentierteller fühle, war nicht erfolgreich, denn er schob meine Fragen einfach als unwichtig beiseite.) Er fuhr fort, das »Einerlei« mit seinen Freunden zu beschreiben: Mit einem von ihnen spricht er nur über Sport, mit einem anderen nur über das Studium und mit dem dritten ausschließlich über »alle möglichen Verrücktheiten, Politik und Campusklatsch«. Nie wechselt er mit einem der drei Freunde das Thema.

»Das paßt zu meinen anderen Gewohnheiten«, fuhr er spontan fort. »Ich gehe immer auf Nummer Sicher; ich lasse mich auf nichts Neues ein.« Wenn er im Gespräch mit seinen Freunden zufällig ein anderes Thema anschnitte, würden sie fragen: »Wieso willst du darüber sprechen?«

Ich erläuterte: »Wenn Sie nicht konsequent beim alten Thema bleiben, könnten Sie die Richtung des Gesprächs nicht voraussehen. Sie würden womöglich überrascht, und das wäre für Sie beunruhigend. Habe ich das richtig verstanden?« Er stimmte zu, aber als ich erneut versuchte, dieses Verständnis auf die unmittelbare therapeutische Situation zu beziehen, redete ich wie gegen eine Wand. Deshalb faßte ich noch einmal meinen Eindruck in Worte, daß es emotional sicherer sei, sich auf vertrautem Boden zu bewegen, und fuhr fort: »Wenn Sie sagen: ›Mir fällt nichts ein‹ ist es vielleicht sicherer, wenn ich das Thema mit meinen Fragen vorgebe. Was würde passieren, wenn Sie selbst die Initiative ergriffen?«

»Ich könnte vielleicht etwas Intelligentes sagen«, meinte er lachend, und verriet damit, daß er Angst hatte, eine Dummheit zu äußern. »Wenn Sie das Gefühl haben, aus dem alten Muster nicht herauszukommen, müssen Sie sich furchtbar gefangen fühlen.« »Ja. Aber zugleich auch sicher. Solange es Spaß macht, ist es in Ordnung, aber man verpaßt einiges, wenn man um jeden Preis seine Sicherheit behalten und alles unter Kontrolle haben muß.«

Ich fragte mich, was seine Sicherheit gegenüber seinen Freunden im Herbst, als er ans College zurückging, so erschüttert hatte, daß er in einer Art Panik wieder nach Hause fuhr. Er hatte seinen Suizidversuch vergessen wollen, um einen neuen Anfang zu machen, aber schnell gemerkt, daß er sich wieder in den alten Mustern verstrickte. Allerdings war er schon vor der Nominierung nervös und unruhig gewesen, »so als laste ein schweres Gewicht auf meinem Kopf« – ein Verhängnis schien ihm zu drohen. Er war entschlossen, die alten Geleise zu verlassen und »neue Sachen auszuprobieren, neue Beziehungsmöglichkeiten«, hatte aber keinen Erfolg. Er war noch einmal davongekommen, fürchtete aber, beim nächsten Mal kein Glück mehr zu haben und sich wirklich umzubringen. Ich fragte nach dem Gefühl des drohenden Verhängnisses. Weil er seinen eigenen Erwartungen nicht gerecht wurde, fühlte er sich gedemütigt und von seinen Eltern nicht geliebt.

»Nur wenn Sie als Superman [eine Formulierung, die er selbst einmal benutzt hatte] auftreten, werden Sie von Ihren Eltern geliebt und von Ihren Freunden respektiert?« fragte ich.

»Das, was ich getan habe, geht als einmaliger Ausrutscher in Ordnung, aber kein zweites Mal, und davor hatte ich Angst.«

Ich erwiderte: »Ich beginne jetzt zu verstehen, daß Sie nach Hause zurückkehren mußten, um Ihre frühere Erfahrung nicht zu wiederholen. Sie wollten nicht noch einmal versagen, weil Sie das Gefühl hatten, sich beim zweiten Mal den Respekt Ihrer Eltern und Ihrer Freunde zu verspielen – so als hinge deren Liebe und Respekt von Ihren überragenden Leistungen ab.«

»Ich will, daß sie mich lieben, nicht weil ich ihr Sohn bin, sondern weil ich es verdiene; nicht weil wir denselben Namen haben.«

»Wegen außergewöhnlicher Leistungen?«

»Ja! [Pause] Ich habe bislang nie darüber nachgedacht, weshalb ich in Panik vor dem College floh und wieder nach Hause fuhr. Jetzt verstehe ich es. Es ergibt einen Sinn.«

Kommentar. In dieser Sitzung zeichnet sich eine weitere Konsolidierung seines inneren Engagements ab – ein Aspekt des Prozesses, der in der Behandlung von Anfang bis Ende sorgfältig beobachtet werden muß. Die Schwierigkeiten innerhalb des engeren Fokus treten immer deutlicher zutage und lassen vorsichtige Erklärungsversuche zu. Herr M. beteiligt sich mit wachsender Bereitwilligkeit, aber noch nicht spontan, an der weiteren Erforschung seines Suizidversuchs und der damit zusammenhängenden Erfahrungen. Somit kommen wir dem Ziel, sie bewußter zu machen, näher.

5. bis 13. Sitzung.[2] Die weitere Konsolidierung des Engagements gewährleistete, daß Herr M. seine Behandlung fortsetzte, und motivierte ihn, trotz aller damit verbundenen Mühen zwischen dem Wohnort seiner Eltern und dem College zu pendeln.

Er kam in jeder Sitzung auf seinen Suizidversuch zu sprechen und begann, dessen Bedeutung und Ursache zu erforschen. Sein ursprüngliches Widerstreben war einem freieren Nachdenken und schließlich der Integration jener Erfahrung in sein Selbstbild gewichen. Diese Veränderung zeugte von einem allmählichen und stetigen Fortschritt im Bereich des engeren Fokus.

Im Zusammenhang mit dem Suizidthema dachte Herr M. nun auch über seine lebenslangen Gewohnheiten nach, seine beunruhigenden Affekte in solchem Maße zu kontrollieren und in Schach zu halten, daß er sie nicht mehr fühlte und nicht einmal mehr wußte, daß es sie gab.

Auch hier zeigte die langsame, Schritt für Schritt erfolgende Weiterentwicklung mit deutlich erkennbaren Wegzeichen – er lernte schlittschuhlaufen und schwimmen und unternahm schließlich eine Reise nach Florida, von der er schon lange geträumt hatte – die allmähliche Lockerung seiner charakterlichen Hemmungen und seiner Unflexibilität an.

Die Aufhebung seiner Verleugnung – ein unmittelbares Resultat seiner neu erworbenen Fähigkeit, seine Affekte zu modulieren – führte insgesamt zu einer Verringerung seines Isolations- und Rückzugsbedürfnisses, das ihn bislang geschützt hatte. Das Ausmaß dieser Veränderungen zeigt sich deutlich während der letzten Sitzungen und in den anschließenden Follow-up-Gesprächen.

Beendigung der Behandlung

14. Sitzung. Herr M. beendete die Behandlung mit gemischten Gefühlen. Er habe einiges über sich selbst erfahren, aber vieles sei ihm nach wie vor unverständlich: »Warum ich bestimmte Dinge tue; die Art und Weise, wie ich mich verhalte. Beim letzten Mal haben wir darüber gesprochen, daß ich eine Mauer errichte. Ich sehe, daß es so ist, und vermutlich werde ich es in Zukunft nicht anders machen.« Ich fragte, ob das bedeutete, daß wir eine größere Anzahl von Sitzungen hätten einplanen sollen. »Nein, ich werde nie eine vollständige Antwort erhalten. Ich verstehe die Dinge jetzt besser. Ich muß allein versuchen, meine Gefühle und Gedanken nicht einfach wegzudrängen.« Er hoffe, eine Tür oder zumindest ein Fenster in der Mauer offenhalten zu können. Irgendwann würde er gerne verstehen, weshalb er die Mauer errichtet habe oder warum sich die Tür derart automatisch schließe, daß er es mitunter nicht einmal merke. Er habe nicht das Gefühl, seine Reaktion auf die Beendigung der Behandlung beiseite zu schieben. Ihm gefalle die Vorstellung eines klar abgesteckten Zeitrahmens.

»Ich hatte nur das eine Ziel, am Schluß anders zu denken als am Anfang, und das habe ich erreicht. Ich kann jetzt über andere Menschen und über Situationen nachdenken, darüber, wie ich sie sehe, und über mein früheres Bedürfnis, sie kontrollieren zu müssen. Jetzt möchte ich sie einfach nur erleben, ohne daran zu denken, was letztlich dabei herauskommen wird. Eine neue Perspektive – Spontaneität, Gelassenheit, darum ging es mir.« Vor Ende der Sitzung schilderte Herr M. die Reisen, die er für den Sommer plante. Er hatte schon immer Kanada und den Westen kennenlernen wollen, und dies sollte nun Realität werden.

Kommentar. Es war deutlich zu erkennen, daß Herr M. sich selbst in bezug auf jüngere und bestimmte ältere Erfahrungen besser verstand. Aus eigenem Antrieb schilderte er einige zentrale Einsichten, zu denen er gelangt war, und erleichterte es uns so, seine eigene, frühere Suche nach Zusammenhängen und die Erläuterungen des Therapeuten zu diesen Themen noch einmal nachzuverfolgen. Es schien, als seien die Deutungen wie radioaktives Jod in den Prozeß injiziert worden, so daß sie nun in Herrn M.s Assoziationen, in seinen Einsichten und seinem Verhalten erkennbar wurden. Ein stetiger, ungehemmter Kommunikationsfluß und Einsichtigkeit prägten die Sitzung. Herr M. glaubte, die Ziele, die er sich für die Behandlung gesetzt hatte, weitgehend realisiert zu haben, erkannte aber auch deutlich die Grenzen des Erreichten. Bezeichnenderweise konnte er sich nun vorstellen, die Behandlung zu einem späteren Zeitpunkt – sollte es notwendig sein – wiederaufzunehmen.

15. Sitzung [letzte Sitzung nach zweiwöchiger Pause.] Das Semester war beendet, Herr M. wohnte seit einer Woche zu Hause, konnte entspannen und fühlte sich wohl. Er hatte nicht viel zu sagen, »weil wir beim letzten Mal alles noch einmal durchgesprochen haben«. Er erinnerte sich an seine Bemerkung, daß er aus unseren Sitzungen eine bestimmte Art des Nachdenkens über seine Probleme mitgenommen habe; er habe nun einen Rahmen. Er fand es aufregend, sich vorzustellen, was in der Zukunft noch passieren würde, und verglich dies mit den Gefühlen, die er früher in bezug auf die Zukunft gehabt hatte. Ihm sei nun klar, daß er nicht alles kontrollieren könne, aber er werde versuchen, über seine Probleme nachzudenken. Es mache ihm keine Angst, sondern sei aufregend. »Mein ganzes Leben lang habe ich mich davor gefürchtet. Es machte mich völlig fertig. Jetzt sage ich mir: ›Mal abwarten, was passiert, dann sehen wir weiter.‹«

Ich fragte ihn, woran er dabei denke, und er antwortete: »Man versucht nicht, sich umzubringen, wenn man nicht wirklich völlig am Ende ist.« Er erwarte nicht, der ausgeglichenste Mensch der Welt zu werden – er wolle nur sehen, wie sich die Dinge entwickelten.

Ich erläuterte dies recht ausführlich: »Ich halte es für wichtig, daß Sie nun darüber nachdenken können, denn als wir unsere Arbeit aufnahmen, wollten sie diese Erfahrung eigentlich begraben. Sie hielten sie für einen zufälligen, unerklärlichen, dummen Vorfall. Sie konnten in fast jeder Sitzung darüber nachdenken, untersuchen, was es bedeutete, und so ist Ihnen manches einsichtig geworden.«

Er stimmte zu. Er sei der Meinung, daß er ein produktives Leben führen könne. Er wisse, was er habe, und könne an dem, was ihm fehle, arbeiten. Wenn er hier mehr Zeit hätte – die er aber jetzt gar nicht wolle –, hätte er sich gerne mehr geöffnet. Er sei nicht so kontaktfreudig, wie er es gerne wäre, und es falle ihm schwer zu sagen, was ihn am meisten beschäftige. Er habe immer gewußt, daß dies zu seinen Komplexen gehöre, sei aber der Meinung gewesen, daß seine Ängste nicht einfach verschwänden, wenn er sie in Worte faßte. Jetzt sei ihm allerdings klar, »daß es eine große Hilfe ist, über sie zu sprechen. Es hat mir sehr geholfen.«

»Offenbar brauchten Sie einen Resonanzboden, um Ihren eigenen Gefühlen und Gedanken zuhören zu können und zu erleben, daß Sie ihnen zurückgespiegelt wurden.« »Ja, mit meinen Freunden oder Eltern kann ich nicht auf diese Weise sprechen. Es hat mir geholfen.« Er fügte noch einige Details über seine Schwierigkeiten mit den Eltern hinzu. Für ihn und seinen Vater sei es unmöglich, *mit*einander über die eigenen Probleme zu sprechen. Sie hätte praktisch immer nur *zu*einander gesprochen. Mit seiner Mutter sei es weniger drastisch, aber im Grunde genauso.

Es entstand eine lange Pause. Kurz vor Ende der Sitzung sagte er: »Das Schweigen hier ist etwas, das mir nicht fehlen wird. Es war schön, mit jemandem über all dies sprechen zu können, auch wenn ich nicht sämtliche Ventile geöffnet habe.« Ich wünschte ihm alles Gute und ließ die Möglichkeit eines Follow-ups vorerst unerwähnt.

Kommentar. Herr M. entwickelte seine Einsichten weiter und konnte sie auf diese Weise stabiler verankern. Seine Bemerkung über seinen Suizidversuch und dessen Bedeutung (»Man versucht nicht, sich umzubringen, wenn man nicht wirklich völlig am Ende ist«) bildete den Höhepunkt des Fortschritts im

Bereich des engeren Fokus, dessen Auswirkungen aber weit tiefer reichten. Er hatte den Selbstmordversuch emotional zweifellos weitgehend in seine Persönlichkeit integriert (was in den 15 Sitzungen an vielen einzelnen Schritten des Prozesses deutlich erkennbar wurde). Die weiteren Ziele, die ihm im Zusammenhang mit seinen Eltern, vor allem dem Vater, vorschwebten, waren ein bewegendes Zeugnis für seine weiterhin wachstumsfähige empathische Verbundenheit mit ihnen.

Das Ergebnis im Spiegel der Follow-up-Gespräche

Sechs Monate nach der letzten Sitzung rief ich Herrn M. an und fragte ihn, ob er an zwei getrennten Follow-up-Interviews mit einer Kollegin (die die Videoaufzeichnungen seines Behandlungsprozesses untersucht hatte) und daran anschließend mit mir interessiert sei. Wir verfolgten damit zwei Ziele: 1. wollten wir sehen, ob die Verbesserungen und Fortschritte von Dauer waren oder sich sogar noch hatten weiterentwickeln können; und 2. hofften wir, verstehen zu können, wie die Veränderungen nach Meinung des Patienten zustande gekommen waren. Auf dieser Grundlage wäre es eventuell möglich, ergänzende Überlegungen in bezug auf die kurativen Faktoren und Prozesse in seiner Behandlung formulieren zu können.

Herr M. führte das Ergebnis auf unsere gemeinsamen Gespräche während der Sitzungen zurück sowie auf die Tatsache, daß er – im Vergleich zu seiner früheren Behandlungserfahrung – eine positivere Einstellung zur Therapie entwickelt habe. Er verwies sehr nachdrücklich auf seine eigenen Bemühungen, das, was er über sich während der Sitzungen gelernt hatte, in die Tat umzusetzen, und erinnerte sich an unsere Arbeit im Zusammenhang mit seinem Bedürfnis, sich gegen seine Gefühle abzuschotten. Dies habe ihm vor kurzem während einer milderen Krise sehr geholfen, die er allein und durch Gespräche mit seinen Freunden meistern konnte. Er gab zu erkennen, daß weitere Veränderungen und Verbesserungen in seinem Leben durchaus möglich waren, und schilderte einige Beispiele, die zeigten, daß er weit erfolgreicher und flexibler mit seinen Affekten umging. Auf eine Frage der Interviewerin erklärte Herr M., daß seine zweite Behandlung effizienter gewesen sei als die erste, weil der Therapeut ihn »offenbar verstanden« habe und die Verbindung zu ihm »sogar in den Schweigepausen aufrechterhielt«. Die kognitiven Elemente der Interventionen wurden von Herrn M. spontan nicht erwähnt.

In seinem Interview mit mir konzentrierte sich Herr M. auf seine jüngsten Leistungen, die tatsächlich beeindruckend waren. Ich erinnerte mich (schweigend) an eine frühere Bemerkung darüber, wie er sich seine Zukunft vorstellte: Er würde in einer großen Firma an einem kleinen Schreibtisch in der Ecke eines Büros sitzen und seiner Arbeit nachgehen, ohne mit irgendeinem Kollegen oder mit der Welt überhaupt Kontakt zu haben – ein isoliertes, geschütztes Leben ohne Aufregungen und ohne Gefahren. Nun beschrieb er ein ganz anderes Bild, aber nicht als bloße Zukunftsvision, sondern als konkretes Ziel, das er in den Einstellungsgesprächen, die er mittlerweile führte, bereits bewußt verfolgte.

Nach Abschluß seines Studiums hatten sich große Firmen um ihn »gerissen«; seine Interviews verliefen erfolgreich, und er nahm einen prestigeträchtigen Job in einem nationalen Konzern an. Er konnte sich aussuchen, in welchem Landesteil er arbeiten wollte, war sich aber noch nicht sicher, wo er am liebsten leben würde. Als einen »kleinen« Fortschritt (der mich die Ohren spitzen ließ) bezeichnete er die Tatsache, daß er nun »auch einen Tanzkurs gemacht« habe. Ein wahrlich verblüffender Schritt für jemanden, der sich zuvor noch nie mit Frauen verabredet hatte!

Ich versuchte, diese Veränderungen explizit mit dem, was wir in der Behandlung erreicht hatten, in Verbindung zu bringen, das heißt mit der Verringerung seines Bedürfnisses, seine Gefühle beiseite zu schieben und nicht wahrzunehmen. Er stimmte zu, daß dies eines der Elemente gewesen sei, die ihm besonders geholfen hatten. Als wir uns darauf konzentrierten, daß es ihm nach wie vor sehr schwer fiel, um Hilfe zu bitten, und er noch »einen weiten Weg« vor sich habe, schien er die Erregung über sein kontinuierliches Wachstum allerdings zu dämpfen, so als müsse er sich noch immer davor schützen, durch seine eigenen Erfolge die Kontrolle zu verlieren.

Die durch die Therapie erzielten Fortschritte hatten sechs Monate nach Beendigung der Behandlung nicht nur Bestand, sondern waren vertieft und erweitert worden. Allerdings ließ sich nicht genau sagen, wie und wodurch sie zustande gekommen waren.

In den folgenden Jahren wurde ich informell durch den Psychiater von Herrn M.s Vater auf dem laufenden gehalten. Die Eltern waren verblüfft darüber, daß ihr stiller, gehemmter, oft isolierter und zurückgezogener Sohn nun aus sich herausging, gesellig und sozial aktiv wurde. Er lernte schon bald eine Frau kennen, die er heiratete, und hatte einen hervorragenden und aussichtsreichen

Job. Er galt als sehr erfolgreicher Mann. Meinen letzten Informationen zufolge ist Herr M. mittlerweile Vater zweier Kinder.

Die kurativen Faktoren und Prozesse in Herrn M.s Fokalpsychotherapie

Herr M. konnte sich intensiv auf seine Behandlung einlassen, weil sich der Therapeut konsequent darum bemühte, ihn (vor allem in den Bereichen der ausgewählten Foki) zu verstehen, und ihm immer wieder Bruchstücke dieses Verständnisses wiederspiegelte. Auf diese Weise zeige er ihm, wie er ihn hörte und was er verstand, und vermittelte ihm auch, daß er sich konsequent auf Herrn M.s subjektives Erleben konzentrierte. Für Herrn M.s Engagement kam der Atmosphäre in der Behandlung und der Haltung des Therapeuten eine große Bedeutung zu: Letztlich entschied Herr M., ob dessen Verständnis korrekt und relevant war. Dies führte rasch zur Mobilisierung einer stummen idealisierenden Übertragung, die zur Folge hatte, daß sich die Selbstkohäsion kontinuierlich verbesserte. Gleichzeitig wurde Herr M. dadurch veranlaßt, seinen Behandlungsprozeß sehr ernst zu nehmen. Die einzelnen Schritte seines Engagements ließen sich von Stunde zu Stunde deutlich verfolgen. Der scharfe Gegensatz zwischen der ersten Stunde und den beiden letzten Sitzungen ist in dieser Hinsicht besonders aufschlußreich.

Der progressive Abbau von Herrn M.s »Defensivität« und sein Bemühen, die mit seinem Suizidversuch zusammenhängenden Gefühle und Gedanken nach und nach anzuerkennen, sind in allen Sitzungen zu beobachten. Die konsequente, zunehmend intensivere Untersuchung dieser Erfahrung begann mit einem Zustand massiver Verleugnung und führte schließlich zu Herrn M.s ausdrücklichem Wunsch, sich jene Erfahrung innerlich zu eigen zu machen und sie in sein gegenwärtiges Selbstbild zu integrieren. Die vorangegangenen Schritte dieses Behandlungsprozesses wurden durch seine Bereitschaft, die schmerzvollen inneren Erfahrungen (zunächst zögernd, aber gegen Ende weit unbefangener) wahrzunehmen und über sie zu sprechen, deutlich unterstützt.

Die Geschwindigkeit, mit der sich diese Veränderungen vollzogen, beruhte offenbar auf der stummen, idealisierenden Verschmelzungsübertragung, die Herrn M.s lang abgewehrte Wünsche nach einem mächtigen, allwissenden und schützenden Vater mobilisierte. Diese Übertragung diente als Grundlage für eine erfolgreiche Bearbeitung der beiden Bereiche, die für die deutenden Inter-

ventionen ausgewählt worden waren. Innerhalb dieser Foki führte die vorrangige Konzentration auf die mangelnde Affekttoleranz sowie auf Herrn M.s
unzulängliche Fähigkeit zur Selbstberuhigung und Selbstorganisation dramatische (und unerwartete) Verbesserungen herbei.

Infolge dieser Veränderungen gewann Herr M. auch beträchtliche Einsicht
in die Beschaffenheit seiner gegenwärtigen (den engeren Fokus betreffenden)
Probleme sowie in seine (den breiteren Fokus betreffenden) habituellen
Umgangsweisen mit verstörenden Affekten oder mit dem völligen Fehlen von
Affekten. Er begann auch zu verstehen, daß sich die Stärkung seiner selbstregulatorischen Fähigkeiten auf diese Bereiche seines Funktionierens vorteilhaft
auswirkte.

Eine Fülle von Hinweisen, die gegen Ende dieser kurzen Behandlung
auftauchten, läßt darauf schließen, daß Herr M. durch die neu erworbene
Fähigkeit, sich in sein inneres Erleben einzufühlen, seine eigene Vergangenheit
und Gegenwart sowie seine Beziehung zu den Eltern besser verstehen lernte.
Diese Entwicklung kommt in den beiden letzten Sitzung besonders deutlich
zum Ausdruck.

Eine Untersuchung des verkürzten Transkripts könnte dem Leser fälschlicherweise den Eindruck vermitteln, als sei der durch Verstehen und durch
Erklärungen erzielte Gewinn an kognitiver Einsicht das zentrale therapeutische
Ziel gewesen. Doch obwohl Herr M. in den Bereichen der ausgewählten Foki
ein beträchtliches Maß an Einsicht entwickeln konnte, das seine eigenen Erläuterungen sehr treffend zum Ausdruck brachten, ging es in erster Linie darum,
Kontakt zu seinem subjektiven Erleben herzustellen, um seine Selbstkohäsion
sowie seine selbstregulatorischen Fähigkeiten zu stärken. Dies war das zentrale therapeutische Ziel, und hier konnten entscheidende therapeutische Fortschritte erzielt werden.

Anmerkungen

[1] Ich nahm den Patienten im Rahmen einer Studie in Behandlung, in der ich
die Videobandaufnahmen sämtlicher Sitzungen eines fokalpsychotherapeutischen Prozesses untersuchte. Herr M. hatte fünfzehn Behandlungsstunden, die einmal wöchentlich stattfanden und sich über einen Zeitraum von
insgesamt etwa fünf Monaten erstreckten, weil es durch seine Examensprü-
fungen, seine wiederholten Erkältungskrankheiten und die zweiwöchigen

Ferien, die er gegen Ende der Behandlung antrat, zu Unterbrechungen kam. Zwei zusätzliche Follow-up-Interviews und weitere indirekte Follow-ups schlossen sich in den sechs Jahren nach Beendigung der Behandlung an. Die Fokalpsychotherapie von Herrn M. wurde von Linda A. Chernus in ihrem Beitrag »Focal psychotherapy and self pathology: A clinical illustration« (*Clinical Social Work Journal* 11 (1983): 215-227) zusammengefaßt, nachdem die Autorin die Videoaufzeichnungen der fünfzehn Behandlungsstunden sowie die Aufzeichnung der beiden Follow-up-Interviews analysiert hatte.

2   Details des Deutungsprozesses in der 5. bis 13. Sitzung in: Ornstein und Ornstein, Empathy and the therapeutic dialogue: The conduct, process and framework of psychoanalytic psychotherapy« (unveröffentlichtes Manuskript).

Literatur

Alexander, F., und French, T. M.(1946): Psychoanalytic Therapy: Principles and Applications. New York (Ronald Press).

Balint, M., Ornstein, P. H., und Balint, E. (1972): Focal Psychotherapy: An Example of Applied Psychoanalysis. London (Tavistock).

Chernus, L. (1983): Focal Psychotherapy and Self Pathology: A Clinical Illustration. Clinical Social Work Journal, 11:215-227.

Kohut, H. (1984): How Does Analysis Cure? Ed Goldberg, A. and Stepansky, P. E. Chicago, London (Chicago University Press).

Ornstein, P. H., und Ornstein, A.(1975):Focal Psychotherapy: Its Potential Impact on the Psychotherapeutic Practice in Medicine. Psychiatric Medicine, 3:311-325.

Ornstein, P. H., und Ornstein, A.(1977): On the Continuing Evolution of Psychoanalytic Psychotherapy: Reflections and Predictions. The Annual of Psychoanalysis, 5:329-370.

Ornstein, P. H., und Ornstein, A.1985): Clinical Understanding and Explaining: The Empathic Vantage Point. Progress in Self Psychology, Vol. I. New York (Guilford Press) S. 43-61.

Ornstein, P. H., und Ornstein, A. (1996): Some general principles of psychoanalytic psychotherapy. In: Lifson, L. E. (Hg.): Understanding therapeutic Action. Psychodynamic Aspekts of Cure. Hillsdale, N. J. (Analytic Press). In diesem Band, S. 199 f.

Ornstein, A. (1987): A Clinical Presentation. Presented at the Tenth Annual Conference on the Psychology of the Self.

Strachey, J. (1934): The Nature of the Therapeutic Action in Psychoanalysis. Int. J. Psycho-Anal., 15:127-159.

Heilungsphantasie und psychische Genesung

Ein Beitrag zur Theorie der psychoanalytischen Psychotherapie

Anna Ornstein

Mit der Einführung der Psychopharmaka hat sich in den vergangenen Jahrzehnten ein recht drastischer Wandel vollzogen, der sich zuerst in der psychiatrischen Praxis und Ausbildung bemerkbar machte. In einem Vortrag gab Morton Reiser 1986 seiner Besorgnis Ausdruck, daß Psychiatrielehrer mit der raschen Weiterentwicklung der biologischen Erkenntnisse über psychiatrische Störungen das Schwergewicht der Ausbildung auf die deskriptive Diagnose der Krankheit verschieben und dabei den Patienten als ganzen Menschen, der traditionell im Mittelpunkt der ärztlichen Aufmerksamkeit stand, aus dem Blick verlieren könnten (Reiser 1988). Da die Aneignung neuer diagnostischer und therapeutischer Fähigkeiten, die eine Behandlung der tieferen psychischen Schichten menschlicher Erfahrungen und Probleme ermöglichen, tatsächlich sehr zeitaufwendig ist, delegierten viele Psychiater, so Reisers Überzeugung, die Verantwortung für eine psychologische Behandlung an andere Berufsgruppen. Dies habe zur Folge, daß die psychiatrischen Assistenzärzte keine Kenntnisse über die Grundlagen der psychoanalytischen Theorie mehr vermittelt bekämen und immer weniger Psychiater diese Form der Behandlung selbst durchführen könnten.

Seit Reisers Vortrag hat sich die Situation ein weiteres Mal deutlich gewandelt, und damit einhergehend hat sich auch unsere Position ein wenig verschoben: Dem psychodynamischen Wissen wird wieder Bedeutung beigemessen. Ein qualifizierter Psychiater soll heute nicht nur die Behandlung mit Psychopharmaka beherrschen, sondern darüber hinaus in angemessenem Rahmen auch psychotherapeutisch arbeiten können. Allerdings kommt der Psychotherapie heute ein anderer Stellenwert in der psychiatrischen Ausbildung und Praxis zu als vor zwanzig oder dreißig Jahren.

Die Psychiatrie unserer Tage muß auf zwei vorrangige Probleme reagieren: Das eine betrifft die Kombination von psychopharmakologischer Behandlung und Psychotherapie; das zweite hängt mit den zeitlichen Beschränkungen zusammen, die dem Berufsstand durch Drittzahler vorgegeben werden.

Die zeitgenössischen Theorien über die Ätiologie psychischer Störungen sprechen mit Nachdruck für die Überlegung, den biologischen und den psychologischen Ansatz miteinander zu kombinieren. Goodmans (1991) Theorie der »organischen Einheit« beispielsweise führt die Annahme, daß psychiatrische Störungen das Ergebnis einer Summierung oder Interaktion von biologischen und psychischen Faktoren seien, auf die getrennten begrifflichen Netzwerke der Störungen zurück. Das heißt, die Theorie der »organischen Einheit« bestreitet, daß eine Störungsgruppe (Schizophrenie und Gemütsstörungen) biologischer Natur sei, die andere (neurotische Zustände und Persönlichkeitsprobleme) hingegen psychischer Natur:

> »Kein Vorgang oder Prozeß, der an der Ätiologie, Pathogenese, symptomatischen Manifestation und Behandlung psychiatrischer Störungen beteiligt ist, ist entweder biologischer oder psychischer Natur. Gewiß sind die jeweiligen Begriffssysteme unterschiedlich gut geeignet, um psychiatrische Syndrome und Störungen zu charakterisieren (Begriffe für ihre Beschreibung bereitzustellen) und zu erklären (diese Begriffe innerhalb des kausalen/strukturellen Netzwerkes in einen Bezug zu anderen zu setzen). Dies spiegelt jedoch nicht den inhärenten Charakter der Störungen wider, sondern die Grenzen terminologischer Systeme. Neurotische Zustände und Persönlichkeitsstörungen sind nicht weniger biologischer Natur als die Schizophrenie und die Gemütsstörungen, und diese wiederum sind nicht weniger psychischer Natur als jene.« (Goodman 1991, S. 560)

Was die Entwicklung eines Modells für einen integrierten Behandlungsansatz angeht, so sind mittlerweile vielversprechende Fortschritte zu verzeichnen (Karasu 1982), und für die Kurzzeittherapie werden verschiedene, konkurrierende Verfahren empfohlen (vgl. M. Balint u. a. 1987; Malan 1976; Mann 1973; Gustafson 1984; Sifneos 1979). Unbeantwortet aber blieb bislang die Frage, welche der gegenwärtig existierenden Persönlichkeitstheorien am effektivsten auf die doppelte Herausforderung reagieren kann, erstens biologische mit psychotherapeutischen Behandlungsverfahren zu verbinden und zweitens innerhalb eines vorgegebenen, begrenzten Zeitraums eine in ihrer Wirksamkeit nicht unangemessen beeinträchtigte Psychotherapie zu gewährleisten. Mit anderen Worten: Ist die Psychotherapie unter derart veränderten klinischen Umständen nach wie vor imstande, die tieferen Schichten der Psyche zu erreichen?

In einer umfassenden, kritischen Darstellung von drei psychotherapeutischen Verfahren zur Behandlung von Depressionen hat Karasu (1990) die Vor- und Nachteile der »psychodynamischen«, »kognitiven« und »interpersonalen«

Denkschulen miteinander verglichen. Obwohl Karasu den Veränderungen Rechnung zollte, die sich seit Freuds Zeiten in den psychoanalytischen Theorien über die Pathologie und Ätiologie der Depression vollzogen haben, legte er seinem Vergleich der drei wichtigsten Psychotherapiemodelle (psychodynamisch, kognitiv und interpersonal) die freudianische Sichtweise zugrunde. Er vertrat die Auffassung, daß sich die psychoanalytische Psychotherapie auf intrapsychische Phänomene beschränke, sich lediglich auf Ereignisse aus der Vergangenheit konzentriere und darüber hinaus allzu zeitaufwendig sei. Ich behaupte, daß diese Eigenschaften in erster Linie die traditionelle Psychoanalyse charakterisierten und auf zeitgenössische psychoanalytische Theorien in dieser Eindeutigkeit nicht mehr zutreffen.

Was die klassischen psychoanalytischen Theorien betrifft, so ist folgendes festzuhalten: Eine Theorie, die sich aus Übertragungen herleitete, die ihrerseits mit ganz bestimmten psychoneurotischen Zuständen zusammenhingen, wurde hier auf eine Patientenpopulation angewandt, unter der Psychoneurosen nur noch selten zu finden sind. Patienten, die sich heutzutage in psychotherapeutische Behandlung begeben, leiden vielmehr unter verschiedenartigen Persönlichkeitsstörungen. Aus diesem Grund haben sich Psychotherapeuten überaus bereitwillig die Objektbeziehungstheorie zu eigen gemacht, denn diese versprach, Probleme zu lösen, die mit der klassischen Theorie zusammenhingen und vor allem Schwierigkeiten in der Behandlung von Borderline- und narzißtischen Persönlichkeitsstörungen betrafen. Da die Objektbeziehungstheorie aber am Trieb-Konflikt-Modell als Erklärung der Psychopathologie festhielt, übernahm sie auch die Behandlungstechnik, die diesem Modell entspricht – das heißt eine Technik, die 1. intrapsychische Konflikte nicht als Defizite der psychischen Strukturen betrachtet, sondern als primäre pathogene Manifestationen an sich, und die 2. Übertragungen auf den Therapeuten lediglich als Wiederholung und Verschiebung der Vergangenheit deutet; das reale (verbale und nonverbale) Verhalten des Therapeuten wird in diesen Deutungen nur insofern berücksichtigt, als es die alten Elternimagines repräsentiert.

In den vergangenen drei Jahrzehnten haben die Forscher zwar komplexe Methoden entwickelt, um den psychotherapeutischen Prozeß relativ einheitlich und somit funktional und nachprüfbar zu gestalten; die Nützlichkeit der traditionellen psychoanalytischen Theorie an sich aber wurde von ihnen nie in Frage gestellt (Wallerstein und Robbins 1956; Wallerstein, Robbins, Sargent u. a. 1956; Strupp und Binder 1984; Luborsky u. a. 1980).[1]

Im vorliegenden Artikel versuche ich zu zeigen, daß der grundlegende Unterschied, der in bezug auf die Pathogenese psychiatrischer Störungen zwischen der traditionellen psychoanalytischen Theorie (einschließlich Ich-Psychologie und Objektbeziehungstheorie) und der Selbstpsychologie besteht, weitere grundlegende Unterschiede in der Art und Weise nach sich zieht, wie die psychotherapeutische Behandlung auf der Grundlage dieser theoretischen Annahmen durchgeführt wird. Dabei ist es wichtig, diese Unterschiede im Hinblick auf die Herausforderungen zu betrachten, mit denen sich die Psychotherapie derzeit auseinandersetzen muß. Im Anschluß an eine kurze, kritische Sichtung der Beiträge, die von der psychoanalytischen Selbstpsychologie zur Praxis der Psychotherapie geleistet wurden, werde ich mich speziell auf einen bestimmten Aspekt konzentrieren, nämlich auf die Bedeutung, die der Erkennung von Heilungsphantasien für die psychische Genesung zukommt.

Psychoanalytische Selbstpsychologie und die Praxis der Psychotherapie

Nachdem Kohut die neuartigen Übertragungsformen, die er in seiner analytischen Praxis kennengelernt hatte, 1971 erstmals umfassend dargestellt hatte, fand die psychoanalytische Selbstpsychologie unter praktizierenden Psychotherapeuten zunehmend größere Anerkennung. Zu Beginn beschrieb Kohut (1971) diese klinischen Phänomene als »narzißtische Übertragungen«. Es handelt sich um Übertragungen, die im Zusammenhang mit einem vereitelten Entwicklungsbedürfnis auftauchten, das heißt im Zusammenhang mit Entwicklungsarretierungen und nicht in Verbindung mit Konflikten, die auf einen unaufgelösten Ödipuskomplex zurückzuführen waren. Die ihnen zugrunde liegende Psychopathologie hängt mit einem partiellen oder vollständigen Versagen der Bezugspersonen zusammen, empathisch auf die Entwicklungsbedürfnisse des Kindes zu reagieren: auf sein Bedürfnis nach Bestätigung und auf seinen Wunsch, mit ihrer idealisierten Stärke und Macht zu verschmelzen.

1977 beschrieb Kohut eine weitere klinische Beobachtung. Nachdem er den Charakter dieser Übertragungen verstanden hatte, erkannte er, daß das, was in den »neurotischen« oder »ödipalen« Übertragungen aktiviert wurde, ebenfalls mit der Unfähigkeit der Bezugsperson zusammenhing, in der entsprechenden Entwicklungsphase empathisch auf die Bedürfnisse des Kindes einzugehen – das heißt auf Bedürfnisse, die mit der frühkindlichen Sexualität und dem damit verbundenen Besitzanspruch, der Rivalität und Eifersucht zusammenhängen. Diese Beobachtung führte zu einem grundlegenden Perspektivenwechsel in Kohuts Theoriebildung: War er zunächst von einer Theorie ausgegangen, die den Triebschicksalen sowie den damit einhergehenden Konflikten primäre pathogene Signifikanz zuschrieb, vertrat er nun den Standpunkt, daß den elterlichen Reaktionen auf *sämtliche* Entwicklungserfahrungen des Kindes ein primärer pathogener Stellenwert beizumessen sei (Kohut 1977).

Gleichzeitig mit dieser Veränderung in der Theorie der Pathogenese erfuhr auch Kohuts klinische Theorie eine bedeutsame Modifizierung. Er beschrieb bestimmte klinische Phänomene nun nicht länger als »narzißtische Übertragungen«, da dieser Begriff ihre Entstehung implizit ausschließlich auf frühe, »prädipale« Traumata zurückführt. Vielmehr bezeichnete er diese Phänomene fortan als »Selbstobjekt-Übertragungen« und definierte den Begriff »Selbstobjekt« folgendermaßen:

> »*Selbstobjekte* sind Objekte, die wir als Teil unseres Selbst erleben; die erwartete Kontrolle über sie steht daher dem Begriff der Kontrolle näher, die ein Erwachsener über seinen eigenen Körper und Geist zu haben erwartet, als dem Begriff der Kontrolle, die er über andere auszuüben erwartet«. (Kohut und Wolf [1978] 1980, S. 668)

Das Konzept des »Selbstobjekts« hat für die Durchführung der psychoanalytischen Psychotherapie weitreichende Implikationen. Am wichtigsten ist dabei die Tatsache, daß das Konzept die Bemühungen des Therapeuten unterstützt, sich eine Haltung des empathische Zuhörens zu bewahren und sorgfältig zu beobachten, auf welche Weise seine verbalen und nonverbalen Mitteilungen die Selbstzustände des Patienten beeinflussen. »Übertragen« wird – und dies ist entscheidend – die Erwartung jener Art von Selbstobjekt-Responsivität, die dem Patienten im Laufe seiner Entwicklung versagt blieb.

Für die psychotherapeutische Praxis ist es von besonderer Wichtigkeit, anzuerkennen, daß das Konzept des Selbstobjekts die herkömmliche, scharfe Abgrenzung zwischen Innen und Außen, intrapsychisch und interpersonal aufhebt. Vermutlich hatte Anthony ebendies im Sinn, als er vom Wachstum und von der Entwicklung der Kinder innerhalb der Familieneinheit sprach: »Die Dichotomie von Innen und Außen, intrapsychisch und interpersonal, individuell und auf die Familie bezogen, besteht in erster Linie in den Köpfen der Beobachter – eine Spaltung, die durch die traditionelle Theorie erzeugt und von der traditionellen Praxis übernommen wurde« (Anthony 1970, S. XXXII). Der von der Selbstpsychologie vorgenommene Brückenschlag zwischen Innen und Außen, zwischen intrapsychischer und interpersonaler Welt, bedeutet jedoch keineswegs, daß Getrenntheit und Unabhängigkeit nicht länger anerkannt werden. Entscheidend ist vielmehr, daß die Unabhängigkeit des Selbst und des Objekts relativ ist und daß das Selbst auch in seinen reifsten Ausgestaltungen auf empathische Selbstobjekt-Responsivität angewiesen bleibt, um optimal funktionieren zu können.

Kohuts posthum veröffentlichtes Buch *Wie heilt die Psychoanalyse?* brachte weitere Aufschlüsse über die Pathogenese. In diesem Werk beschrieb Kohut seine Ansichten über den Stellenwert von Abwehr und Widerstand in der Selbstpsychologie:

»Die Abwehrmotivation in der Analyse wird in den Begriffen von Aktivitäten verstanden, die im Dienste psychologischen Überlebens unternommen werden, d.h. als Versuch des Patienten, zumindest den Sektor seines Kernselbst zu retten, so klein und zerbrechlich dieser auch sein mag, den er trotz schwerer Unzulänglichkeiten in der entwicklungsfördernden Matrix der Selbstobjekte der Kindheit bilden konnte.« (Kohut [1984] 1987, S. 171)

Anders formuliert: Abwehrmechanismen, die nach traditionellem Verständnis Widerstände gegen die Aufdeckung von Konflikten und damit zusammenhängenden Impulsen wecken, werden hier als Schutz eines verletzlichen Selbst vor einer erneuten Traumatisierung gesehen.

Wenn man das symptomatische Verhalten als beste Lösung betrachtet, die der Patient für seine spezifischen Ängste und Lebenserfahrungen finden konnte, bedeutet dies keineswegs, daß man übersieht, wie sehr der Patient und – möglicherweise in noch höherem Maße – seine Umgebung unter den Symptomen leiden. Wenn man jedoch anerkennt, daß die individuellen Abwehroperationen des Patienten die bestmögliche Lösung für potentiell desorganisierende und schmerzhafte Affekte darstellen, müssen sie unter einem ganz neuen Blickwinkel gedeutet werden. Einer der wichtigsten Aspekte dieser Neuorientierung besteht darin, dem Patienten durch deutende Erläuterungen zu vermitteln, daß sein symptomatisches Verhalten als charakteristisches Merkmal seiner Persönlichkeit verständlich wird und daß es nicht darum geht, es an irgendeiner hypothetischen Norm zu messen.

Es ist hilfreich, eine solche Akzeptanz und Beurteilung des Symptomverhaltens mit einem Verfahren zu vergleichen, das die in der Übertragung reaktivierten Kindheitsbedürfnisse in Begriffe wie »orale Gier«, »anale Feindseligkeit«, »Spaltung« und »pathologischer Narzißmus« faßt. Diese Sprache zeugt an sich bereits von einer gewissen Voreingenommenheit: Derartige Affekte

182

können in der Therapeut-Patient-Beziehung nicht akzeptiert werden, da sie auch in der Kindheit nicht legitim sind.

Die neuerliche Betonung der zentralen Bedeutung, die der Perspektive des empathischen Zuhörens beizumessen ist, die Entdeckung der Selbstobjekt-Übertragungen und die unter dem inneren Blickwinkel des Patienten erfolgende Deutung seines symptomatischen Verhaltens üben auf die Durchführung der psychoanalytischen Psychotherapie einen tiefgreifenden Einfluß aus. Psychotherapeuten, die ohnehin niemals als »leere Leinwand« für die Projektion der unbewußten Phantasien ihrer Patienten haben dienen können, verfügen nun über eine klinische Theorie, die auch der Art und Weise Rechung trägt, wie der Patient sie »benutzt«, um sein entleerungs- und fragmentierungsanfälliges Selbst zu stabilisieren. Da eine – wenn auch zunächst nur zaghafte und für wiederholte Unterbrechungen anfällige – Stärkung der Selbst-Kohäsion auf Heilung hoffen läßt, stehen die Patienten mitnichten unter einem Wiederholungszwang, sondern fürchten sich vielmehr vor der Wiederholung alter Muster, die eine solche Beziehung zerstören könnten. Dennoch sind Wiederholungen unvermeidlich; die Frage ist, wie die Therapeutin diese im wesentlichen pathologischen und fehlangepaßten Persönlichkeits- oder Verhaltensmerkmale deuten kann, ohne ihre Haltung des empathischen Zuhörens zu verlieren.

In vielerlei Hinsicht haben Fragen, die mit den Deutungen zusammenhängen, zur Unterscheidung zwischen Psychoanalyse und Psychotherapie geführt. So wurde aus verschiedenen Gründen davon abgeraten, in der Psychotherapie überhaupt »Deutungen zu geben«. Erstens fürchtete man, daß Deutungen, die aus der Sicht des äußeren Beobachters erfolgten, von Patienten möglicherweise als Konfrontationen erlebt werden könnten, die das therapeutische Bündnis beeinträchtigen und Widerstände verstärken würden. Zweitens fürchtete man, durch Deutungen eine Regression in Gang zu setzen und Übertragungen zu aktivieren, für deren Handhabung Psychotherapeuten nicht qualifiziert seien. Anders als in der Psychoanalyse sah man das Ziel der Psychotherapie darin, wichtige Abwehrmethoden zu stärken statt in Frage zu stellen und »anzugreifen« (Gill 1951). Statt Deutungen empfahl man Manipulationstechniken wie »Unterdrückung« und »Unterstützung«. Die ausschlaggebende therapeutische Wirkung erwartete man von der Therapeut-Patient-Beziehung – ungeachtet all der Rätselhaftigkeit, die eine solche Beziehung umgibt. Deutungen wurden lediglich bei Patienten mit »höheren psychischen Organisationsformen« empfohlen, für die eine »expressive« und »einsichts«-orientierte Psychotherapie geeignet schien (Levine 1952). Diese Empfehlungen nahmen der Psychotherapie jede Spezifität und verhinderten es zweifellos, daß dieses Behandlungsverfahren die tieferen Schichten der Psyche hätte erreichen können, um Veränderungen bei psychiatrischen Symptomen und Persönlichkeitsstörungen herbeizuführen.

In mehreren früheren Publikationen[2] über die Durchführung psychoanalytischer Psychotherapie – kurze Fokaltherapie oder auch langfristige Behandlung – haben wir eine Kommunikationsweise beschrieben, die wir als »therapeutischen Dialog« oder als »Sprechen im Deutungsmodus« bezeichneten. Wir haben festgestellt, daß diese Gesprächsform es Patienten ermöglicht, mit tieferen Schichten ihrer Psyche in Berührung zu kommen, ohne daß iatrogene Widerstände mobilisiert werden. Im Deutungsmodus zu sprechen heißt, auf zurückhaltende und nicht definitive Weise erklärende Überlegungen anzubieten. Solche Äußerungen sollen den Patienten ermutigen, das Verständnis seiner subjektiven Erfahrungen, das der Therapeut gewonnen hat, zu korrigieren. Eine Psychotherapie, die in Form eines Dialogs durchgeführt wird, in dem sich der Therapeut weder konfrontierend noch passiv verhält, sondern durch seine Responsivität zeigt, daß er die Ängste des Patienten und dessen charakteristische Art und Weise, sein Selbst vor Schwächung oder Desorganisation zu schützen, versteht und anerkennt, schafft die Voraussetzungen dafür, daß sich eine der Selbstobjekt-Übertragungen entwickeln kann. Diese wiederum stärkt die Selbst-Kohäsion und ein Gefühl der Sicherheit nicht nur in der Beziehung zum Therapeuten, sondern auch auf intrapsychischer Ebene. Dies sind die psychischen Bedingungen, welche die Introspektion und die aktive Teilnahme des Patienten am Behandlungsprozeß positiv beeinflussen.

Die Selbstobjekt-Übertragungen und der Heilungsprozeß

Wenn wir sagen, daß der Psychiater die ganze Person ansprechen muß, meinen wir, daß er nicht nur die Psychopathologie einschätzen und beurteilen sollte, sondern *alles*, was der Patient in die Behandlungssituation einbringt. Sobald Therapeuten auf alles hören, worüber der Patient spricht, und sich nicht lediglich auf die Art seiner Psychopathologie konzentrieren, sind sie offen genug, um auch zu hören, was der Patient selbst von der Behandlung erwartet – was er seiner Meinung nach braucht, um zu genesen. Dazu gehören Hoffnungen und Erwartungen, die gewöhnlich von der manifesten Krankheit überschattet sind. Als wir unsere Aufmerksamkeit erstmals auf diese Hoffnungen und Erwartungen konzentrierten, erkannten wir, daß sie – manchmal unbewußt, manchmal durchaus bewußt – zu einer »Heilungsphantasie« organisiert sind (P. H. Ornstein und A. Ornstein 1977). Deshalb definierten wir solche Phantasien als organisierte Hoffnungen und Erwartungen, die der Patient mit seiner Heilung verbindet und die der Psychotherapeut als wesentliche Elemente des Behandlungsprozesses wahrnehmen muß.

Wenn die Behandlung im Modus des empathischen Zuhörens und Reagierens durchgeführt wird, kann die Therapeut-Patient-Beziehung diese bruchstückhaften und seit langem verdrängten selbstbestätigenden Erfahrungen wiederbeleben, die infolge der aversiven und schmerzhaften Erfahrungen, die ihnen vorausgegangen oder gefolgt waren, brachlagen. Diese bruchstückhaften, zuweilen vollständig verdrängten, mitunter aber auch vorbewußt verfügbaren selbstbestätigenden Erfahrungen bilden die Grundlage, auf der differenzierte Heilungsphantasien konstruiert werden.

Eine der vorherrschenden Heilungsphantasien, die sich besonders gut beobachten lassen, ist der Wunsch des Patienten, daß seine Gefühle und Verhaltensweisen ungeachtet ihres abweichenden Charakters als Ausdruck der Einzigartigkeit seiner Persönlichkeit akzeptiert und verstanden werden sollen. In Anbetracht des heuristischen Wertes, den wir dem Konzept der Heilungsphantasie beimessen, haben wir die Literatur durchforscht, um herauszufinden, ob irgendein Autor nach Faktoren gesucht hat, welche die Heilung motivieren. Wir suchten Beschreibungen von Motiven mit infantilen, unbewußten Wurzeln, die jedoch nicht dem Wiederholungszwang, sondern seinem Gegenteil dienen – Motiven, die im Dienste der Heilung und Genesung stehen.

Einige der Phantasien hingen, wie bereits erwähnt, mit dem Bedürfnis zusammen, in jeder Nuance des eigenen Erlebens verstanden zu werden, während andere die Hoffnung zum Ausdruck brachten, daß ein hübsches Gesicht, starke Muskeln, Sportlichkeit, ein neuer Partner oder eine neue Lebensgefährtin, andere Eltern oder ein Haufen Geld alle Leiden des Patienten heilen könnten. Statt als Grandiositätsphantasien oder wahnhafte – und in der Psychotherapie zweifellos nicht zu realisierende – Vorstellungen abgetan zu werden, mußten diese Phantasien als Versuche reorganisiert werden, das zu kompensieren, was diese Patienten als Defizite ihres eigenen Selbst erlebten: Mangel an Selbstwertgefühl, eine Unfähigkeit, auf sich selbst stolz und mit sich zufrieden zu sein. Wie die Therapeutin die Bedeutung solcher Phantasien versteht und deutet, hängt von ihrer theoretischen Orientierung ab.

In seinem Beitrag »Unconscious fantasy and theory of cure« deutete Abend (1979) solche Heilserwartungen in bezug auf infantile Triebziele, die in Form von Übertragungswünschen befriedigt werden sollen. Seiner Ansicht nach gibt die Heilungsphantasie das Überleben inzestuöser und anderer illegitimer Kindheitswünsche zu erkennen, die in der Analyse nicht befriedigt werden können und aufgegeben werden müssen. Aus dieser Auffassung spricht Freuds (1915a) Warnung vor dem Wunsch des Patienten, durch Liebe und nicht durch Analyse geheilt zu werden.

Wir möchten dieses Verständnis der Heilungsphantasie mit der Sichtweise vergleichen, die French und Wheeler vertreten. Diese beiden Autoren bringen weitgehend unsere eigene Meinung zum Ausdruck: »Die therapeutische Antriebskraft, die eine erfolgreiche Behandlung ermöglicht, muß sich auf die latenten und erfolgreich auftauchenden Hoffnungen des Patienten stützen, seine Konflikte lösen zu können. Dieser These liegt eine noch fundamentalere Annahme zugrunde – daß nämlich Hoffnungen eine zentrale Rolle für die Motivation und Integration jedes rationalen Verhaltens spielen. Sie bilden den eigentlichen Kern der Integrationsfunktion des Ichs.« Allerdings – und dieser Ergänzung messe ich größte Bedeutung bei – »sind signifikante Hoffnungen eng mit anderen Hoffnungen aus der Vergangenheit verbunden, die einst katastrophale Folgen nach sich zogen [...] die erneut auftauchenden Hoffnungen müssen zuerst abgewehrt werden« (French und Wheeler 1963, S. 315). Horowitz vertrat ähnliche Ansichten, als er eine »natürliche Heilungstendenz« beschrieb und erklärte, daß die »Behandlung [...] die nach Vollständigkeit strebende Entwicklungstendenz des Patienten« unterstütze (Horowitz u. a. 1984, S. 40).

In der durch die Angst vor einer weiteren Enttäuschung wurzelnden Abwehr der wiederauftauchenden Hoffnungen erkennen wir einen der mächtigsten Widerstände, die der Patient aktiviert, um das empathische Verstehen der Therapeutin nicht wahrzunehmen und für sich zu nutzen. Eine solche Sichtweise des Widerstandes hilft uns, zu verstehen und anzuerkennen, daß Menschen, die einen schweren Mißbrauch erlitten haben und häufig enttäuscht wurden, zögern, ihre brennendsten Hoffnungen und Erwartungen zu offenbaren: Sie müssen sich vor neuerlichen Enttäuschungen und vor einer möglichen Retraumatisierung schützen.

Die Überlegung, daß die Hoffnung eine zentrale Rolle für die Motivation und Integration jedes rationalen Verhaltens spielt, haben wir in der psychoanalytischen und psychiatrischen Literatur nicht eben häufig angetroffen. Das Interesse der Psychoanalytiker galt den Schicksalen der sexuellen und aggressiven Strebungen – Hoffnung blieb für sie ein nicht recht greifbarer Begriff, den sie lieber den Philosophen überließen.

Von Therapeuten, die das Bedürfnis erforscht haben, infantile Wünsche abzuwehren, und auf dieser Grundlage beschreiben, daß ihre Patienten den »Widerstand« gegen die Bewußtmachung ihrer sexuellen und aggressiven Impulse formieren, indem sie ebendiese Strebungen auf andere projizieren, wurden die zur Heilung drängenden Motive mit Mißtrauen betrachtet. Diese Einstellung blieb von allen Veränderungen der theoretischen Orientierung unberührt und ist im Denken der Psychotherapeuten nach wie vor tief verwurzelt.

In der gegenwärtigen Säuglingsforschung fanden wir die Beobachtungen, die wir in der klinischen Situation über die natürliche Heilungstendenz des Menschen gesammelt haben, bestätigt. Diese Erkenntnisse vertieften unser Verständnis für die Entwicklungsvorläufer der unbewußten Hoffnungen und Erwartungen, mit denen manche Patienten eine Behandlung aufnehmen.

Aus der aktuellen Forschung über die frühe Kindheit wissen wir, daß Säuglinge keineswegs mit Triebregungen geboren werden, die es zu zähmen und zu sublimieren gilt, und daß sie ebensowenig aus einer symbiotischen Bindung »ausschlüpfen« müssen. Vielmehr kommen sie mit der Fähigkeit zur Welt, Reaktionen in ihrer Umwelt auszulösen, und diese Umweltreaktionen werden zur Grundlage für die psychische Entwicklung des Menschen (vgl. Stern 1985; Tolpin 1971; Lichtenberg 1989). Wenngleich der Prozeß der Kontaktaufnahme und Bindung in den ersten Lebensstunden des Säuglings stattfindet (Klaus und Kennel 1976), bleibt die Fähigkeit zu bedeutsamem emotionalem Kontakt – und das Bedürfnis danach – lebenslang erhalten.

In den Praxen der Kinderpsychiater sehen wir immer wieder, daß Kinder, die in einer uneinfühlsamen Umgebung aufwachsen und mißbraucht werden, ihre eigenen Bedürfnisse und Strebungen hintanstellen und sich fügsam verhalten, um die für ihre Entwicklung entscheidende Verbindung zu ihrer emotionalen Umwelt zu erhalten. Später im Leben werden sich diese in der Kindheit unterdrückten Entwicklungsbedürfnisse erneut Bahn brechen, wenn eine enge persönliche oder eine therapeutische Beziehung die Hoffnung weckt, empathische Responsivität zu finden. Im Laufe der Zeit aber verstärken sich diese Bedürfnisse in gewaltigem Maße; sie nehmen einen so drängenden Charakter an, daß sie den Patienten selbst wie auch ihrer Umwelt nicht länger akzeptabel erscheinen.

In der therapeutischen Beziehung hoffen Patienten, daß die Aufrechterhaltung des Kontakts zur Therapeutin ihr Selbst nicht zu den gleichen Kompromisse zwingen wird, die ihnen in der ursprünglichen Beziehung abverlangt wurden. Der Patient hat nun die Chance, auf die Abwehrmethoden, die sein Selbst vor erneuter Traumatisierung geschützt haben, zu verzichten und mit jenen Aspekten in Berührung zu kommen, die er in der Vergangenheit verdrängen oder verleugnen mußte. Das Auftauchen der Heilungsphantasie in der Psychotherapie signalisiert die Reaktivierung von Kindheitsbedürfnissen und -strebungen, die lange Zeit im Keim erstickt wurden und nun in größter Intensität zutage treten.

Anthony (1987) beschreibt die Prozesse, durch die bestimmte Streßerfahrungen die Entwicklung einer psychischen Widerstandsfähigkeit fördern können. Er vermutet, daß es eine Art früher »Impfung« durch Streß gebe, die sich vorteilhaft auf die Entwicklung von Unverwundbarkeit und Widerstandsfähigkeit auswirkt. Diese früh erworbene Widerstandsfähigkeit wird Anthony zufolge durch eine spätere Traumatisierung nicht zerstört; sie kann vorübergehend in den Hintergrund treten, wird aber später, im Verhalten des älteren Individuums, als überraschende und unerwartete Stärke zutage treten.

In den Behandlungszimmern der Kinderpsychiater finden wir auch die Bestätigung für Murphys (1960) Beobachtung, daß manche Kinder Coping-Fähigkeiten entwickeln, die nicht defensiver Natur sind. Solche Coping-Fähigkeiten sind oft mit einem Gefühl des Stolzes und der Freude verbunden. Das klinische Beispiel, auf das ich später zu sprechen kommen werde, demonstriert, wie wichtig solche Kindheitserfahrungen für die Entwicklung der Heilungsphantasie sein können.

Die Unterbrechung der Übertragung und das Auftauchen der Heilungsphantasie

Wir müssen uns nun der Frage zuwenden, wie die Heilungsphantasie auftaucht und wie wir sie im Behandlungsprozeß erkennen können. Um diese Frage zu beantworten, erläutere ich den Behandlungsprozeß, der sich häufig bei einer selbstschädigenden Persönlichkeitsstörung entwickelt. Die Untersuchung des mit dieser spezifischen Störung verbundenen Behandlungsprozesses ist für unsere Zwecke besonders gut geeignet, weil die betroffenen Patienten immer wieder Situationen herzustellen scheinen, in denen sie Gefahr laufen, schlecht behandelt oder abgelehnt zu werden. Für den äußeren Beobachter bringt dieses Verhalten keineswegs »eine Tendenz zur Heilung« zum Ausdruck – vielmehr scheinen die Patienten gar nicht den Wunsch zu haben, daß es ihnen besser gehe. Es sieht so aus, als wollten sie ihr selbstschädigendes Verhalten wiederholen, rationalisieren und rechtfertigen. An ebendiese Persönlichkeitsstörung dachte Freud (1920g) als er das Konzept des Wiederholungszwangs und der negativen therapeutischen Reaktion einführte; jene klinischen Phänomene, die dem Lustprinzip so offenkundig widersprachen, veranlaßten ihn, einen Todestrieb zu postulieren.

In der traditionellen Psychoanalyse werden die masochistischen Elemente der selbstschädigenden Persönlichkeit als Ausdruck eines Strafbedürfnisses verstanden, durch das unbewußte, mit verdrängter Feindseligkeit zusammenhängende Schuldgefühle beschwichtigt werden sollen. Dieser Theorie der Psychopathologie entsprechend, besteht die oberste Aufgabe des Therapeuten darin, das Verhalten, das Strafe provozieren soll, als oberflächlichste Schicht der Abwehr zu deuten. Auf diese Weise soll die zugrundeliegende Feindseligkeit aufgedeckt werden, die durch vielschichtige Kompromißbildungen hinter der Rolle des Opfers verborgen wird. Unter dem klassischen theoretischen Blickwinkel verstanden, gibt diese Art der Psychopathologie offensichtlich keinen Hinweis auf eine Heilungsphantasie zu erkennen.

Wenn wir die Behandlung jedoch aus selbstpsychologischer Sicht betrachten, wird die Heilungsphantasie unter folgenden Bedingungen erkennbar: Nachdem Therapeutin und Patient eine relativ tragfähige empathische Kommunikationsweise entwickelt haben und die Behandlung scheinbar voranschreitet, kommt es zu einer Unterbrechung der Beziehung in Form einer heftigen Wutreaktion oder eines hochmütigen Rückzugs. Die Therapeutin weiß vielleicht nicht einmal, was genau passiert ist; ihr ist nicht bewußt, irgend etwas gesagt oder getan zu haben, das die Reaktion des Patienten erklären könnte. Nun ist seine Psychopathologie in die Beziehung zwischen Therapeutin und Patient eingedrungen: Narzißtische Verwundbarkeit und das unabweisbare Bedürfnis, das Selbst auf dem Weg der Vergeltung wiederherzustellen, haben die gemeinsame Beziehung in Gefahr gebracht. Dies ist der Moment, in dem die Reaktion der Therapeutin darüber entscheidet, ob der Prozeß entweder in einem Übertragungs-Gegenübertragungs-Kampf steckenbleibt oder aber zu tieferen, bedeutsameren Schichten vordringt. Gleichzeitig wird der Therapeutin unter Umständen erstmals das ganze Ausmaß der narzißtischen Verwundbarkeit und der gravierenden Selbstwertproblematik des Patienten bewußt, die mit seinem nur mühsam konsolidierten Selbst zusammenhängen und Bestandteil seiner Persönlichkeitsstörung sind.

In solchen Momenten der Unterbrechung (die der Patient subjektiv so empfindet, als sei ihm die Verbindung zur Therapeutin verlorengegangen) gerät die Heilungsphantasie unverstellt in den Blick: die Hoffnung und Erwartung, daß die Wut, der Schmerz und die Verwundbarkeit diesmal und in dieser Beziehung nicht auf Kritik stoßen werden und die Therapeutin sie nicht als unvernünftig und »unangemessen« abtun wird. Vielmehr wird sie im Gegensatz zu den anderen Menschen, die im Leben des Patienten eine Rolle spielen, anerkennen, daß sein in dieser therapeutischen Beziehung erstarktes Sicherheitsgefühl es ihm ermöglicht hat, seiner Wut Ausdruck zu verleihen.

Es ist hilfreich, diesen Ansatz mit einem Vorgehen zu vergleichen, bei dem die Therapeutin die Reaktion des Patienten als Verschiebung aus der Vergangenheit betrachtet und ihm seine Entstellungen und Projektionen sowie seine ungerechtfertigte Feindseligkeit »aufzeigt«. Die Deutung, daß er seine Feindseligkeit in die Therapeutin »entleeren« wolle, kann bewirken, daß sich der Patient niedergeschlagen fühlt, die Therapeutin hingegen ein gutes Gefühl hat: Sie ist nun überzeugt, daß ihre Deutung der Projektion »gesessen« hat – daß die Depression, welcher der Patient bislang auswich, indem er seine Feindseligkeit auf sie projizierte, nun da ist, wo sie hingehört! Meiner Ansicht nach hängt die Depression, die infolge der Deutung projizierter Feindseligkeit auftaucht, eher damit zusammen, daß der Patient seine schlimmsten Befürchtungen bestätigt sieht: Ihm wurde bewiesen, daß er ein von Grund auf böser Mensch ist.

Denkbar wäre auch ein anderes Szenarium: Die Therapeutin weiß nicht recht, womit sie den Ausbruch des Patienten provoziert hat, fürchtet sich vor seiner Wut und entschuldigt sich, ohne die Bedeutung seines Verhaltens zu verstehen und zu deuten. Dem therapeutischen Prozeß ist keine Reaktion – weder Furcht und Entschuldigung noch die Deutung projizierter Feindseligkeit – dienlich; vielmehr ist die Wahrscheinlich groß, daß solche Reaktionen in Sackgassen münden.

Die von mir empfohlene Alternative besteht darin, die psychische Realität des Patienten zu akzeptieren, das heißt anzuerkennen, daß das, was die Therapeutin selbst nicht als eine »Kränkung« zu erkennen vermochte, vom Patienten gleichwohl als solche erlebt wurde. Die psychische Realität des Patienten anzuerkennen bedeutet für die Therapeutin auch, wahrzunehmen, wie es ist, mit der Last narzißtischer Verwundbarkeit zu leben – wahrzunehmen, daß man mit einer solchen Verwundbarkeit ständig Gefahr läuft, sich anderen zu entfremden, sich emotional isoliert und in seiner eigenen (chronischen) narzißtischen Wut wie gefangen zu fühlen. Durch ihre Suche nach einem akzeptierenden und vorbehaltlos responsiven Anderen und die Frustration dieser Erwartung geraten solche Patienten in Situationen, in denen sie fürchten müssen, abgelehnt, gekränkt und enttäuscht zu werden.

Zusammenfassend können wir folgendes festhalten: Sobald eine Selbstobjekt-Übertragung hergestellt und die Heilungsphantasie mobilisiert wurde – womit in einer empathischen Umwelt zu rechnen ist –, fühlt sich der Patient frei genug, um die Wut, die in seiner Kindheit den dürftigen emotionalen Kontakt zu den wichtigsten Menschen seines Lebens zerstört hätte, zu empfinden und auszudrücken. In diesem Kontext wird narzißtische Wut, wie sie in der Beziehung zwischen Therapeutin und Patient auftaucht, nicht als Manifestation des ungezähmten und unsublimierten Aggressionstriebs betrachtet, sondern vielmehr als Hinweis auf eine Verbesserung der Selbstkohäsion und auf ein Sicherheitsgefühl, das die Äußerung von Wut erlaubt.

Heilung und die Herstellung psychischer Kontinuität

Sobald die Therapeutin mit der berechtigten Erwartung des Patienten in Berührung gekommen ist, verstanden zu werden und Reaktionen auszulösen, die seine Heilung fördern, und sobald die fehlangepaßten Abwehrorganisationen mit Hilfe empathischer Deutungen durchgearbeitet wurden, ist die psychische Genesung eingeleitet. Im Laufe dieses Prozesses beginnt der Patient, ein Gefühl der Kontinuität mit jenem Aspekt seiner selbst herzustellen, der in der Kindheit durch das Bedürfnis, ein Minimum an Kontakt zu einer unempathischen oder mißbrauchenden emotionalen Umwelt zu bewahren, unterdrückt wurde (A. Ornstein 1986b). Um die Herstellung psychischer Kontinuität genau beobachten zu können, muß die Therapeutin die Bedeutung jener Mitteilungen einschätzen, die zeigen, daß der Patient erneut ein Gefühl des Stolzes und der Lust angesichts seines Selbst, das er in der Vergangenheit gewöhnlich als entleert erlebt hat, empfinden kann. Mit anderen Worten: Die

Herstellung psychischer Kontinuität wird nicht allein durch das Durcharbeiten fehlangepaßter Abwehrmethoden erleichtert, sondern auch durch die Anerkennung der zaghaften Versuche, die der Patient unternimmt, um seinen schlummernden Hoffnungen und Erwartungen Ausdruck zu verleihen.

So verhielt es sich zum Beispiel in der Behandlung von Frau Wagner, einer Dreißigjährigen, die praktisch zeitlebens von der Sozialhilfe gelebt hatte. Frau Wagner war zwanzig Jahre lang von ihrem Vater sexuell mißbraucht worden. Nach ihrer Beschreibung zu urteilen, litt ihre Mutter möglicherweise an einer paranoiden Erkrankung; auch von ihr fühlte sich Frau Wagner wenn nicht körperlich, so doch emotional mißbraucht.

Die Patientin klagte zunächst über verschiedenartige Beschwerden. Im Laufe der Behandlung tauchte eine Reihe von Problemen auf, die ihr Schwierigkeiten bereiteten. Sie litt unter einer chronischen, milden Depression, die in erster Linie durch Apathie charakterisiert war; sie hatte das Gefühl, zu einer Wiederholung des Lebens ihrer Eltern verdammt zu sein, wenn sie diese Apathie nicht bewußt bekämpfte. Der Kampf erschöpfte sie, und von Zeit zu Zeit überließ sie sich einem Gefühl tiefer Hoffnungslosigkeit. Zehn Jahre zuvor hatte es eine kurze Phase gegeben, in der sie Zuflucht im Alkohol und Drogen suchte. Frau Wagner war überzeugt, daß diese psychische Trägheit zum Teil mit ihren persönlichen Erfahrungen zusammenhing; die eigentliche Ursache aber war ihrer Meinung nach die Tatsache, daß sie immer von der Sozialhilfe gelebt hatte. Sie verfaßte sehr eloquente Abhandlungen über den destruktiven Einfluß der Sozialhilfe auf Geist und Körper einer jungen und im Grunde gesunden Frau: Diese Form der Unterstützung tötete ihre Eigeninitiative und raubte ihr jede Möglichkeit, auf sich selbst stolz zu sein.

Frau Wagner hatte mehrmals versucht, einer Arbeit nachzugehen, um nicht länger auf staatliche Unterstützung angewiesen zu sein. Diese Versuche mißlangen, weil sie jedesmal Panikanfälle bekam und überzeugt war, daß ihre Kollegen sie nicht mochten und für »anders« hielten. Wenn Frau Wagner einen Job gefunden hatte, wurden die Überweisungen des Sozialamtes eingestellt, und es dauerte jedesmal mehrere Monate, bevor die Zahlungen wieder aufgenommen wurden. Einmal war sie gezwungen, wochenlang auf der Straße zu leben.

Unterbrechungen ihrer im übrigen stabilen idealisierenden Übertragung traten immer dann auf, wenn ich mich ein paar Minuten verspätete oder sie den Eindruck hatte, daß ich mich langweilte oder für sie nicht interessierte. Mir wurde erst nach einer gewissen Zeit klar, weshalb sie nach einem solchen Erlebnis den nächsten Termin versäumte. Als ich die Bedeutung dieser versäumten Sitzungen ansatzweise zu verstehen glaubte, rief ich Frau Wagner jedesmal an, um ihr mein Verständnis mitzuteilen.

Obwohl sich dieses Muster viele Male wiederholte, verliefen die Telefongespräche praktisch immer gleich. Ich sagte ihr, daß sie meiner Meinung nach nicht erschienen sei, weil irgendein Vorfall in unserer letzten Sitzung ihr den Eindruck vermittelt habe, daß ich nicht wirklich »da« gewesen sei. Frau Wagner war jedesmal, wenn ich sie anrief, überrascht, von mir zu hören. Sie bestätigte meine Vermutung und sagte, sie habe geglaubt, mir einen Gefallen zu tun, wenn sie nicht käme, und daß ich froh darüber sei, mich mit jemandem wie ihr nicht unterhalten zu müssen; daß ich eine zu bedeutende Frau wäre, um mich mit einem so »niederen« und unbedeutenden Wesen wie ihr abzugeben. Ich erklärte ihr, daß ich verstehen könne, was sie empfinde, wenn ich mich verspätete oder ihr auf diese oder jene Weise den Eindruck vermittelte, daß ich mich für sie nicht interessierte. Indem sie ihren Termin versäumte, wolle sie mir zeigen, wie zornig und verletzt sie sei. Mir sei auch bewußt, daß sie sich selbst vor einer neuen Kränkung zu schützen versuche, indem sie die Sitzung ausfallen lasse. Aber, so sagte ich, indem sie wegbleibe, nehme sie sich selbst die Möglichkeit, die Hilfe zu bekommen, die sie, wie wir beide wüßten, brauchte und wollte. Frau Wagner stimmte mir jedesmal zu und erwartete ihre nächste Sitzung voller Ungeduld.

Die weitere Untersuchung dieser Übertragungserfahrungen weckte gewöhnlich schmerzhafte Kindheitserinnerungen und machte ihr gleichzeitig bewußt, daß sie die gleichen Gefühle auch immer dann empfand, wenn sie eine Arbeitsstelle aufgeben mußte. Ihre größte Sorge war es, daß sie diese Art der Verletzlichkeit womöglich niemals überwinden und sich selbst immer wieder Schaden zufügen werde, indem sie sich gekränkt und wütend aus potentiell hilfreichen Situationen zurückzog.

Konzentrieren wir uns nun auf jene Aspekte von Frau Wagners Mitteilungen, die zu erkennen gaben, daß sie wußte, was sie brauchte, um ihr Minderwertigkeitsgefühl und ihre narzißtische Verwundbarkeit überwinden zu können. Der einleitende Satz eines Briefes, den sie an das Aufnahmesekretariat der Klinik (Central Psychiatric Clinic, eine Einrichtung, die der University of Cincinnati angegliedert ist) schrieb, gab ihre Heilungsphantasie ansatzweise zu erkennen: »Bitte nehmen Sie sich Zeit, dies zu lesen, denn vielleicht hilft es Ihnen, mir dabei zu helfen, mich besser zu verstehen.« Die Art und Weise, wie der Brief formuliert war, zeigte, daß Frau Wagner auf einer bestimmten

Ebene wußte, daß sie sich selbst nur dann akzeptieren und ihr Gefühl überwinden könnte, »anders« zu sein als andere und deren Fürsorge und Aufmerksamkeit nicht zu verdienen, wenn jemand sie so, wie sie war, verstehen und akzeptieren könnte – mit ihren Verletzlichkeiten, ihren unvermittelten Wutausbrüchen bei Enttäuschungen und ihrem Bedürfnis, sich durch den Rückzug in wütendes Schweigen zu schützen.

Indem sie jenen Brief schrieb und die Klinik aufsuchte, um sich dort helfen zu lassen, zeigte Frau Wagner, daß sie unablässig darum kämpfte, die tiefe Scham zu überwinden, die sie über viele Dinge in ihrem Leben empfand. Neben den schmerzhaften Erinnerungen an den chronischen sexuellen Mißbrauch gab es aber eine Erinnerung, die ihr sehr viel bedeutete. Sie betraf die Lehrerin, die sie in der dritten Klasse unterrichtet hatte, die sie angespornt und ihre schulischen Leistungen gelobt hatte. Gute Schulleistungen blieben für Frau Wagner ein Bereich, in dem sie sich kompetent fühlen und stolz auf sich sein konnte. Dieses Gebiet war ihre Stütze, als sie ihre arretierte Entwicklung wiederaufnahm: Ihre Rückkehr zur High-School, wo sie einen Auffrischungskurs (zur Vorbereitung auf die Universität) belegte, war das erste Zeichen dafür, daß es ihr wirklich besser ging.

Eine weitere wichtige Erinnerung betraf ihre Gefühle, die sie empfunden hatte, als sie Fahrradfahren lernte. Mit folgenden Worten schilderte sie jenes Erlebnis:

> »Ich war dreizehn, und meine große Schwester war achtzehn. Ich glaube, sie war für ihr Alter sehr reif. Einmal schenkte sie mir zu Weihnachten dieses Fahrrad mit Zweigangschaltung. Ich war noch nie radgefahren, sah aber, daß sie viel zu tun hatte, und deshalb brachte ich es mir selbst bei. Ich weiß noch, daß ich große Angst hatte, aber ich war entschlossen, das Radfahren ganz alleine zu lernen. [Sie schilderte die unausweichlichen Stürze und die Schrammen, die sie sich dabei zuzog.] Ich ließ nicht locker, und ich habe es geschafft. Ich fühlte mich selbstsicher, mutig und glücklich. Stolz. Ich möchte noch mehr Sachen machen.«

Ihr Gefühl, für jemanden etwas Besonderes zu sein, und ihr Stolz darüber, das Radfahren ganz alleine gelernt zu haben, waren Selbsterfahrungen, die in Frau Wagner als kleine Inseln überdauert hatten; diese Erfahrungen mußten bestätigt werden, damit sie die schmerzhaften Demütigungen und ihr Minderwertigkeitsgefühl überwinden konnte. Die Erinnerung an diese Selbstzustände in ihrer Kindheit gaben zusammen mit den lebhaften Erinnerungen an die Traumatisierung zu erkennen, daß der Prozeß der Herstellung psychischer Kontinuität gute Fortschritte machte; ohne die Hilfe eines verständnisvollen und akzeptierenden »Anderen« aber war er gefährdet, denn Frau Wagner wäre erneut in einen Zustand lähmender Apathie verfallen.

Frau Wagners Suche nach einem verständnisvollen und akzeptierenden »Anderen« hatte bereits begonnen, bevor sie sich in Behandlung begab. Im Alter von zwanzig Jahren hatte sie einen Mann geheiratet, der sich gerade von einer akuten schizophrenen Episode erholte. Er stellte keine sexuellen Ansprüche und behandelte sie liebevoll und zärtlich. Ein äußerer Beobachter des Paares hätte den sehr passiven und in seinen intellektuellen Fähigkeiten beeinträchtigten Mann nicht unbedingt für den geeigneten Partner dieser intelligenten und wortgewandten Frau gehalten, die darum kämpfte, sich aus ihrer bedrückenden und energieraubenden emotionalen und sozialen Situation zu befreien. In jener Phase aber brauchte Frau Wagner genau diesen Mann, um sich von den Folgen ihrer wiederholten sexuellen Traumatisierung erholen zu können. Sie beschrieb voller Dankbarkeit, wie er sie beim Zubettgehen auf die Augenlider geküßt und zugedeckt hatte. Obwohl sie sich schließlich von ihm hatte scheiden lassen, paßten beide nach wie vor in vielerlei Hinsicht aufeinander auf.

Im zweiten Jahr ihrer einstündigen Behandlung schrieb sich Frau Wagner an der Universität ein, und drei Jahre später machte sie ihr Examen. In der Schule spielten ihre akademischen Leistungen für die Verbesserung ihrer Widerstandsfähigkeit und ihres Selbstwertgefühls eine wichtige Rolle. Sie schloß dort einige Freundschaften, fühlte sich aber bei der Interaktion in größeren Gruppen nach wie vor unbehaglich und hatte weiterhin Angst davor, abgelehnt zu werden. Trotz der Einschränkungen, die ihrem Leben auferlegt waren, blickte Frau Wagner zuversichtlich und voller Entschlossenheit in die Zukunft.

Zusammenfassung

In dieser Arbeit habe ich versucht, das Konzept der Heilungsphantasie in den übergreifenden theoretischen Rahmen der psychoanalytischen Selbstpsychologie einzuordnen, es zu beschreiben und anhand eines klinischen Beispiels zu zeigen, wie es im Laufe der Behandlung von Patienten auftaucht, die unter selbstschädigenden Persönlichkeitsstörungen leiden. Ich habe auch die Frage gestellt, ob die psychoanalytische Selbstpsychologie besser als die traditionelle Psychoanalyse für die Durchführung der Psychotherapie geeignet ist. Ich stellte diese Frage im Hinblick auf die gegenwärtigen Herausforderungen, denen sich die psychoanalytische Psychotherapie durch die Verbindung mit medikamentösen Behandlungsformen und angesichts der durch Drittzahler auferlegten Beschränkungen gegenübersieht.

Anmerkungen

[1] Zu umfassenden Diskussionen der Beziehung zwischen psychoanalytischen Theorien und psychoanalytischer Praxis siehe Ornstein, A., und P. H. Ornstein (1990); Ornstein, P. H., und J. Kay (1990).

[2] Vgl. Ornstein, A. (1986a; 1988); Ornstein, A., und P. H. Ornstein (1975; 1984); Ornstein, P. H., und A. Ornstein (1980; 1985); Ornstein, P. H. (1988).

Literatur

Abend, S. (1979): Unconscious fantasy and theories of cure. J. Am. Psychoanal. Assoc. 27: 579-596.

Anthony, E. J. (1970): Editorial comment, in: The Child and His Family. Hg. von J. Anthony und C. Koupernick. New York (Wiley Interscience).

Anthony, E. J. (1987): Risk, vulnerability, and resilience: an overview. In: The Invulnerable Child. Hg. von E. J. Anthony und B. Cohler. New York (Guilford).

Balint, M., Ornstein, P. H., und Balint, E. (1987): Focal Psychotherapy. New York (Lippincott).

French, T., und Wheeler, D. (1963): Hope and repudiation of hope in psychoanalytic therapy. Int. J. Psychoanal. 44: 304-316.

Freud, S. (1915a): Bemerkungen über die Übertragungsliebe. G. W., Bd. 10, S. 306-321.

Freud, S. (1920g): Jenseits des Lustprinzips. G. W., Bd. 13, S. 1-69.

Gill, M. (1951): Ego psychology and psychotherapy. Psychoanal. Q. 20: 62-71.

Goodman, A. (1991): Organic unit theory: the mind-body problem revisited. Am. J. Psychiatry 148: 553-563.

Gustafson, J. P. (1984): An integration of brief dynamic psychotherapy. Am. J. Psychiatry 141: 935-944.

Horowitz, M., Marmar, M., Krupnick, J., u. a. (1984): Personality Styles and Brief Psychotherapy. New York (Basic Books), S. 40.

Karasu, T. B. (1982): Psychotherapy and psychopharmaco-therapy: toward an integrative model. Am. J. Psychiatry 139: 1102-1113.

Karasu, T. B. (1990): Toward a clinical model of psychotherapy for depression, I: Systematic comparison of three psychotherapies. Am. J. Psychiatry 147: 133-147.

Klaus, M., und Kennel, J. (1976): Maternal-Infant Bonding. St. Louis, MO (Mosey).

Kohut, H. (1971): The Analysis of the Self. New York (International Universities Press). (1973) Narzißmus. Frankfurt a. M. (Suhrkamp).

Kohut, H. (1977): The Restoration of the Self. New York (International Universities Press). (1979) Die Heilung des Selbst. Frankfurt a. M. (Suhrkamp).

Kohut, H. (1984): How Does Analysis Cure? Chicago (University of Chicago Press). (1987) Wie heilt die Psychoanalyse? Frankfurt a. M. (Suhrkamp).

Kohut, H., und Wolf, E. (1978): The disorders of the self and their treatment: an outline. Int. J. Psychoanal. 59: S. 314-425; (1980) Die Störungen des Selbst und ihre Behandlung. In: Die Psychologie des 20. Jahrhunderts. Bd. 10. München (Kindler), S. 667-682.

Levine, M. (1952): Priniciples of psychiatric treatment. In: Dynamic Psychiatry. Hg. von F. Alexander und H. Ross. Chicago (University of Chicago Press).

Lichtenberg, J. (1989): Psychoanalysis and Motivation. Hillsdale, NJ (Analytic Press).

Luborsky, L., Mintz, J., Auerbach, A., u. a. (1980): Predicting the outcome of psycho-therapy-findings of the Penn. Psychotherapy project. Arch. Gen. Psychiatry 37: 471-481.

Malan, D. (1976): The Frontiers of Brief Psychotherapy. New York (Plenum).

Mann, J. (1973): Time Limited Psychotherapy. Cambridge, MA (Harvard University Press).

Murphy, L. B. (1960): Coping devices and defense mechanisms in relation to autono-mous ego functions. Bull. Menninger Clin. 24: 144-153.

Ornstein, A. (1986a): Supportive psychotherapy, a contemporary view. Clinical Social Work Journal 14: 14-30.

Ornstein, A. (1986b): Reconstruction and the establishment of psychic continuity. In: Reconstruction of Trauma. Its Significance in Clinical Work. Workshop Series of the American Psychoanalytic Association, Monograph 2. Hg. von A. Rothstein. New York (International Universities Press).

Ornstein, A. (1988): Optimal responsiveness and the theory of cure. In: Learning from Kohut: Progress in Self Psychology. Bd. 4. Hg. von A. Goldberg. Hillsdale, NJ (The Analytic Press), S. 155-160.

Ornstein, A. u. Ornstein, P. H. (1975): On the interpretive process. Intern. J. Psycho-anal. Psychother. 4: 219-271.

Ornstein, A., und Ornstein, P. H. (1984): Empathy and the therapeutic dialogue. The Lydia Rappaport Lecture Series, no. 11. Northampton, MA, Smith School of Soci-al Work (Dt. in diesem Band, Kap. 1)

Ornstein, A., und Ornstein, P. H. (1990). The process of psychoanalytic psychothera-py: a self psychological perspective, in: American Psychiatric Press Review of Psychiatry. Bd. 9. Hg. von A. Tasman, S. M. Goldfinger und C. Kaufmann. Washington, DC (American Psychiatric Press), S. 323-340.

Ornstein, P. H. (1988). Multiple curative factors and processes in the psychotherapies. In: How Does Treatment Help? The Modes of Therapeutic Actions in Psychoana-lytic Psychotherapy. Monograph 4, Workshop Series, American Psychoanalytic Association. Hg. von A. Rothstein und A. Madison. New York (International Universities Press), S. 105-126 (Dt. in diesem Band, Kap. 7)

Ornstein, P. H., und Kay, J. (1990): Development of psychoanalytic self psychology: a historical perspective, in: American Psychiatric Press Review of Psychiatry. Bd. 9. Hg. von A. Tasman, S. M. Goldfinger, und C. Kaufmann. Washington, DC (Ameri-can Psychiatric Press), S. 303-322.

Ornstein, P. H., und Ornstein, A. (1977): On the continuing evolution of psychoana-lytic psychotherapy: reflections and predictions. In: The Annual of Psychoanaly-sis. Bd. 5. Hg. vom Chicago Institute for Psychoanalysis. New York (International Universities Press), S. 329-370.

Ornstein, P. H., und Ornstein, A. (1980): Formulating interpretations in clinical psychoanalysis. Intern. J. Psychoanal. 61: 203-211.

Ornstein, P. H., und Ornstein, A. (1985): Clinical understanding and explaining: the empathic vantage point. In: Progress in Self Psychology. Bd. 1. Hg. von A. Gold-berg. New York (Guilford), S. 43-61 (Dt. in diesem Band, Kap. 2)

Anna Ornstein

Reiser, M. (1988): Are psychiatric educators »losing the mind«? Am. J. Psychiatry 145: 148-153.
Sifneos, P. E. (1979): Short Term Psychotherapy Evaluation and Techniques. New York (Plenum).
Stern, D. (1985): The Interpersonal World of the Infant. New York (Basic Books). (1992) Die Lebenserfahrung des Säuglings. Stuttgart (Klett-Cotta).
Strupp, H. H., und Binder, J. L. (1984): Psychotherapy in a New Key. New York (Basic Books).
Tolpin, M. (1971): On the beginning of a cohesive self. In: The Psychoanalytic Study of the Child 26: 316-352.
Wallerstein, R., und Robbins, L. (1956): Psychotherapy research project of the Menninger Foundation. Bull. Menninger Clin. 20: 239-262.
Wallerstein, R., Robbins, L., Sargent, H., u. a. (1956). Psychotherapy research project of the Menninger Foundation: rationale, method, sample use. Bull. Menninger Clin. 20: 221-280.

Allgemeine Grundsätze der psychoanalytischen Psychotherapie

Paul H. Ornstein und Anna Ornstein

Um einige Grundsätze der psychoanalytischen Psychotherapie aus der Sicht der Selbstpsychologie zu erläutern, fassen wir zunächst jene Elemente der Theorie zusammen, die unserer Meinung nach für die Durchführung der Behandlung von zentraler Bedeutung sind.

Die Selbstpsychologie ist im Grunde wunderbar einfach, auch wenn sich die umfassende und bislang noch nicht erschöpfend ausgearbeitete Theorie, die sich auf ihrer Grundlage entwickelt hat, sehr komplex darstellt. Als Kohut (1971) versuchte, die stetig wachsende Kluft zwischen psychoanalytischer Theorie und Praxis zu schließen, bereiteten ihm die Unzulänglichkeiten der ödipalen und präödipalen Trieb-Abwehr-Analyse gravierende Schwierigkeiten. Die konsequente, strikt dem tonangebenden ich-psychologischen Paradigma folgende Anwendung dieser Methode scheiterte, wie ihm bewußt wurde, an Patienten, die nach Resonanz suchten und auf seine spiegelnden und affirmativen Reaktionen angewiesen waren oder ihre Bindung an ihn aufrechterhalten mußten, weil sie seine Stärke, seine Allwissenheit und Allmacht idealisierten. Diese Patienten kämpften nicht in erster Linie mit ihren sexuellen oder aggressiven Triebstrebungen, selbst wenn diese Phänomene das klinische Bild vordergründig prägten. Indem Kohut seinen Patienten empathisch (das heißt in ihrer eigenen Innenperspektive) zuhörte, entdeckte er die Selbstobjekt-Übertragungen – Übertragungen, die sich einhergehend mit den Spiegelungs-, Idealisierungs-, Zwillings- oder Alterego-Bedürfnissen des Patienten entwickeln. Ebendiese Bedürfnisse sowie die deutenden Reaktionen, mit denen der Analytiker auf sie einging, rückte Kohut ins Zentrum des Behandlungsprozesses. Damit stellte er die etablierte Theorie gewissermaßen auf den Kopf: Das Bedürfnis nach einem kohäsiven Selbst war nun primär, während die mit den sexuellen und aggressiven Trieben zusammenhängenden Konflikte sekundär geworden waren. Kohuts Einsichten in die Übertragungen veranlaßten ihn, die Theorie der Entwicklung in Gesundheit und Krankheit neu zu formulieren. Die Befreiung der

Psychoanalyse aus den Fesseln der Triebtheorie und ihre daraus resultierende Definition als reine Psychologie – mit der Empathie (stellvertretenden Introspektion) als entscheidender Beobachtungsmethode des Psychoanalytikers – schufen die Grundlagen der Selbstpsychologie. Empathie als Beobachtungsmethode und das Konzept des Selbstobjekts sind die fundamentalen Konstruktionen, aus denen sich letztlich die gesamte übrige Selbstpsychologie herleitet. Die große Bedeutung des Selbstobjekt-Konzeptes wird zusätzlich durch die Tatsache unterstrichen, daß es nicht nur ein Entwicklungs- wie auch ein klinisches Konzept darstellt, sondern darüber hinaus eine Brücke zwischen der äußeren und der inneren Welt schlägt: Es trägt die »äußere Realität« in die innere Welt des Patienten hinein, indem es sich auf die Art und Weise konzentriert, wie das Individuum seine Umwelt erlebt.

Zwei weitere kurze Bemerkungen sollen diese kleine Skizze abrunden: Die erste hängt mit den Folgen der Selbst-Selbstobjekt-Matrix für Kohuts Verständnis der Psychopathologie und des Behandlungsprozesses zusammen; die zweite mit Kohuts »Menschenbild«, das seine gesamte Theorie grundlegend prägt und zugleich deutlich erkennbar aus ihr hervorgeht.

1. Das Konzept der Selbst-Selbstobjekt-Matrix beschreibt die wechselseitige Beeinflussung zwischen dem Säugling und seiner Betreuungsperson und erkennt an, daß sowohl die Entwicklung des Selbst als auch die künftige Aufrechterhaltung seiner Kohäsion, Integrität und Vitalität von der Art und Weise seiner Verbundenheit mit Anderen – selbstpsychologisch formuliert, mit »reifen Selbstobjekten« – abhängt, auf die das Individuum lebenslang angewiesen ist. Diese Konzentration auf die wechselseitige Verbundenheit (die zunächst für die Bildung der Struktur und später für deren Aufrechterhaltung unverzichtbar ist) sowie auf die wechselseitige Beeinflussung zwischen Selbst und Selbstobjekt hat unser Verständnis des Behandlungsprozesses dramatisch verändert – wir können den Patienten nun nicht mehr als ein autonomes, geschlossenes System und seine Psychopathologie als unveränderliches, ihn allein betreffendes Merkmal betrachten. Sobald Patient und Therapeut die Behandlungssituation herstellen, wird der Einfluß, den sie aufeinander ausüben, zu einem signifikanten Faktor ihrer jeweiligen Erlebensweise (einschließlich der Übertragung) und der Manifestationen, in denen die Psychopathologie des Patienten zum Ausdruck kommt. Weder Diagnose noch Prognose oder Behandlungsergebnis sind von dieser wechselseitigen Beeinflussung völlig unabhängig.

2. Kohuts Theorien liegt sein »Menschenbild« zugrunde, das seiner Überzeugung nach die Selbstpsychologie letztlich von allen Theorien trennt, die vielleicht Ähnlichkeiten mit seiner eigenen aufweisen, und jeden Versuch, seine Theorien mit anderen oder andere Theorien mit seiner eigenen Psychologie zu verbinden, von vornherein zum Scheitern verurteilt (P. H. Ornstein 1998). Kohut war der Meinung, daß der Säugling stark und nicht hilflos auf die Welt komme, und zwar aufgrund seiner angeborenen, vorgegebenen Fähigkeit, seine Umwelt zu den von ihm benötigten Reaktionen zu veranlassen und sich harmonisch in das empathische Selbstobjekt-Milieu, in das er hineingeboren wird, einzufügen. Weder ist der Säugling ein Bündel von Trieben, die gegen seinen heftigen Widerstand gezähmt oder sozialisiert werden müssen, noch birgt seine Psyche von Anfang an ein Reservoir an potentiell pathogenen Konflikten. Vielmehr werden diese Konflikte pathogen, weil die zugrundeliegende Schwäche oder Fragmentierungsanfälligkeit des Selbst ihre Lösung verhindert. Die Selbstpsychologie betrachtet den Widerstand als einen Ausdruck der Angst des Individuums, erneut traumatisiert zu werden – als Schutzmaßnahme eines verletzlichen Selbst.

Im folgenden beschreiben wir zusammenfassend das Wesen der Psychopathologie sowie einige zentrale Elemente des psychotherapeutischen Prozesses und seiner kurativen Faktoren, so wie wir sie heute verstehen.

Das Wesen der Psychopathologie

Wir verzichten auf eine detaillierte Darstellung der langen und lehrreichen Geschichte der Veränderungen, die das psychoanalytische Verständnis der Psychopathologie im Laufe der Zeit erfahren hat, und skizzieren die heutzutage vorherrschenden Sichtweisen als Hintergrund, vor dem wir den Behandlungsprozeß und die mannigfaltigen kurativen Faktoren betrachten, die in unterschiedlichen Kombinationen in jeder Therapie zutage treten.

1. Der zeitgenössischen Ich-Psychologie zufolge führt das Zusammenwirken der angeborenen, konstitutionellen Faktoren mit den Entwicklungsschicksalen der elementaren, inzestuös-sexuellen und aggressiven Triebe zu den zentralen (ödipalen) psychischen Konflikten und Kompromißbildungen, welche die Bausteine von Gesundheit und Krankheit darstellen. Durchschnittliche Lebenserfahrungen im Säuglingsalter und in der Kindheit sowie die Schicksale des Heranwachsens wurden einst für die Entwicklung der Psychopatholo-

gie allein verantwortlich gemacht. Das Trauma galt lediglich insofern als pathogen, als es die unbewußte Phantasie des Patienten »bestätigte«. Die Erfahrung beispielsweise, vom eigenen Vater wiederholt geschlagen zu werden, wäre demnach für einen Jungen deshalb traumatisch, weil sie ihm bestätigt, daß er für seine mörderischen Wünsche bestraft werden muß. Auf diese Weise wurde der traumatische Ursprung der Neurosen von der modernen Ich-Psychologie zugunsten triebbezogener, angeborener, unbewußter Phantasien bagatellisiert, die man als unvermeidliche Begleiterscheinungen der psychosexuellen Entwicklung und Reifung des Menschen betrachtete. Sobald man die Verführungstheorie fallenließ und damit auch der traumatischen Einwirkung der Umwelt ihre Bedeutung absprach und statt dessen ödipale Phantasien und gegen sie gerichtete Abwehrmechanismen des Ichs als pathogene Faktoren ins Zentrum rückte, verlor der Stellenwert der realen Erfahrung in der Theorie an Eindeutigkeit, auch wenn man ihn in der Praxis häufig uneingeschränkt anerkannte. Dieser theoretischen Sichtweise entsprechend, verhindern ungelöste ödipale Konflikte (und ihre Konsequenzen) die freie Entfaltung der angeborenen und erworbenen Ich-Fähigkeiten und die Entwicklung eines sicher verankerten und funktionierenden Über-Ichs. Kurz: Innerhalb dieses Kontextes galt das Aufdecken unbewußter, der Psychopathologie des Patienten zugrunde liegender Konflikte als der entscheidende Faktor, der schließlich eine Heilung der Psychopathologie durch Einsicht ermöglichen sollte.

2. Schwieriger ist es, das *objektbeziehungstheoretische* Verständnis der Psychopathologie mit kurzen, einfachen Worten zu beschreiben, denn es gibt eine Vielfalt von Objektbeziehungstheorien – die zum Teil (wenn auch in modifizierter Form) weiterhin an der Triebtheorie festhalten, zum Teil ganz auf sie verzichten. Die Triebtheorie bagatellisierte (selbst in der modernen Ich-Psychologie) die besondere Rolle der frühen Betreuungspersonen und wichtiger anderer Menschen im späteren Leben, die im psychoanalytischen Jargon als »Triebobjekte« oder »Liebesobjekte« bezeichnet werden. Die Objektbeziehungstheorien versuchten, den Bezugspersonen und signifikanten Anderen die Wichtigkeit und den Stellenwert beizumessen, der ihnen für die Persönlichkeitsentwicklung tatsächlich zukommt. All die verschiedenen Objektbeziehungstheorien schrieben den Beziehungen zu den Betreuungspersonen eine umfassendere und zentralere Bedeutung für die gesunde oder kranke Entwicklung zu. Solche signifikanten Beziehungen können diesen Theorien zufolge traumatisch sein und den Prozeß, durch den das Kind im Laufe seines Lebens

Eigenschaften zentraler Personen (gewöhnlich der Eltern) internalisiert, beeinträchtigen oder verhindern – die Folge ist eine unzulängliche Konsolidierung der Ich- und Über-Ich-Strukturen. So füllt sich die Psyche mit nicht-integrierten »bösen und guten Erfahrungen« und deren internalisierten Abbildern, den »bösen und guten Objektrepräsentanzen«. Dies führt zu einem Mangel an stabil integrierten und zufriedenstellend funktionierenden internalisierten Strukturen und damit verbunden zu ineffektiven Abwehrformen, die für die unberechenbaren Höhen und Tiefen im Leben von Menschen verantwortlich sind, die in ihren frühen Beziehungen zu signifikanten Bezugspersonen traumatisiert wurden. Unter optimalen Bedingungen hingegen würden solche Beziehungen die phasenentsprechende Integration böser und guter Erfahrungen (und die aus ihr resultierende Verschmelzung böser und guter Objektrepräsentanzen) fördern und den Aufbau eines gut funktionierenden, integrierten Ichs und Über-Ichs ermöglichen.

Dieser Sichtweise zufolge bildet die verzögerte Integration oder Synthese solcher gespaltener böser und guter Erinnerungen an die frühen Bezugspersonen die Ursache der Psychopathologie des Patienten. Ebenso wie die Ich-Psychologie geht auch die Objektbeziehungstheorie von einer Heilung durch Einsicht aus.

3. Die *Selbstpsychologie* entwickelte ein Verständnis der Psychopathologie, das sich von dem der Ich-Psychologie wie auch der Objektbeziehungstheorie gleichermaßen unterscheidet (Kohut 1971; 1977; 1984). Die Selbstpsychologie nimmt an, daß das Zusammenwirken der individuellen Anlagen mit einer optimal responsiven emotionalen Umwelt im Säuglingsalter und in der Kindheit zum Erwerb jener psychischen Strukturen führt, die es uns – innerhalb einer sehr großen Bandbreite – lebenslang ermöglichen, Affekte zu regulieren, ein Selbstwertgefühl aufzubauen und zu bewahren und eine Verbundenheit zu anderen Menschen aufrechtzuerhalten. Wenn diese Entwicklung gelingt, können Menschen im Einklang mit ihren angeborenen Fähigkeiten und Begabungen erfolgreich um das Erreichen der Lebensziele kämpfen, die aus ihren Bedürfnissen, Wünschen, Sehnsüchten und Erwartungen hervorgehen.

Die Psychopathologie spiegelt sich diesem Verständnis zufolge in all den unterschiedlichen Manifestationen wider, die das Scheitern der für ein optimales Funktionieren notwendigen Strukturbildung des Selbst zu erkennen geben. Solche Defekte in der Struktur des Selbst zwingen das Individuum, nach

Ersatzmöglichkeiten zu suchen (die im allgemeinen erfolglos bleiben oder lediglich teilweise oder vorübergehend erfolgreich sind), um die Kohäsion seines Selbst zu stärken – das heißt um zu verhindern, das es von unerträglichen Affekten überwältigt und durch sie desorganisiert wird, und um das verlorene Selbstwertgefühl zurückzuerlangen und die Verbundenheit mit anderen aufrechtzuerhalten. So weist jeder Patient eine für ihn spezifische Konstellation von Problemen sowie letztlich gescheiterten Lösungsversuchen auf, die den Charakter seiner Psychopathologie konstituiert. Diese Probleme und ihre gescheiterten Lösungen müssen in der Übertragung wiederbelebt werden, damit sie im Einklang mit den Zielen des jeweiligen Behandlungssettings verstanden und deutend durchgearbeitet werden können.

Bevor wir uns der Behandlung an sich zuwenden, müssen wir diese Überlegungen kurz erläutern. Die Selbstpsychologie erkannte zunächst neue Formen der Übertragung – die Spiegelübertragung, die idealisierende Übertragung sowie die Alter-ego- oder Zwillingsübertragung –, die je spezifische Konfigurationen der Psychopathologie sowie die Versuche des Patienten zu erkennen geben, diese zu heilen. Im nächsten Schritt postulierte die Selbstpsychologie, daß die normale Persönlichkeitsentwicklung des Menschen (a) die phasenangemessenen, spiegelnden Reaktionen der Bezugspersonen voraussetzt (das heißt die Akzeptanz, Resonanz, Bewunderung, Bestätigung und Validierung der auftauchenden Aktivitäten und Persönlichkeitsmerkmale des Säuglings), (b) die Präsenz anderer, dem Kind ähnelnder Personen als Matrix, innerhalb deren sich seine angeborenen Fähigkeiten und Begabungen erfolgreich entwickeln können, und (c) die Verfügbarkeit anderer Personen, die das Kind idealisieren kann, zu denen es aufschaut, die es als Quelle des Wohlgefühls, des Trostes und der Stärkung erlebt und die es ihm ermöglichen, Werte und Ideale zu internalisieren. Die verläßliche Verfügbarkeit solcher »Selbstobjekt-Funktionen« – um Kohuts Begriff zu verwenden – ist ein Sine qua non der psychischen Gesundheit. Die verschiedenen Formen der Psychopathologie resultieren also aus der Wechselwirkung zwischen den individuellen, angeborenen Prädispositionen und dem Fehlen einer oder mehrerer dieser Funktionen, das vor allem in den frühen Phasen des Lebens gravierende Folgen hat. Solche angeborenen Prädispositionen und fehlende oder unzulängliche Selbstobjekt-Reaktionen können aber auch in späteren Lebensphasen die strukturelle und funktionelle Integrität des Selbst beeinträchtigen: Sie können zu einer massiven Beeinträchtigung des Selbstwertgefühls führen, das einen vorübergehenden oder dauerhaften Vitalitätsverlust und verschiedene andere klinische Konsequenzen nach sich zieht.

Dieser Ansatz versteht die Psychopathologie also in erster Linie als ein Defizit in der Struktur der Psyche. Was die Entwicklung betrifft, so beruht ein solches Defizit auf dem Fehlen oder der unzuverlässigen Verfügbarkeit der emotionalen Zufuhr, die für die psychische Gesundheit des Individuums unverzichtbar ist. Strukturell beruht ein solches Defizit auf einer inadäquaten Konsolidierung der verschiedenen Strukturen des Selbst, die das Selbstwertgefühl und die vielfältigen anderen Funktionen des Selbst gewährleisten. Der pathogene Konflikt geht dieser Sichtweise zufolge sekundär aus der Matrix eines geschwächten oder fragmentierungsanfälligen Selbst hervor. Dies ist die Antwort der Selbstpsychologie auf die Frage, weshalb gewöhnliche, normale Konflikte und Kompromißbildungen pathogen werden können und ohne Behandlung oft nicht lösbar sind: Die grundlegenden strukturellen und funktionellen Defizite des Selbst machen eine Lösung der ubiquitären, normalen Konflikte unmöglich. Primär ist es somit grundsätzlich eine Störung des Selbst, welche die Konflikte und Abwehrformen erzeugt, mit denen der Patient zu uns kommt.

Kohut hat diese Überlegungen zur Psychopathologie in seinem gesamten Werk ausgearbeitet und weiterentwickelt und eine verblüffende These formuliert: Er sagte, daß wir alle von unserer Geburt bis zum Tod in einer Matrix von Selbstobjekten leben – und leben müssen (Kohut 1978). Wir sind, wie er schrieb, auf die emotionale Zufuhr angewiesen, die wir in diesen Beziehungen finden können. Zu Beginn des Lebens sind sie für die Strukturbildung unverzichtbar, später für die Aufrechterhaltung der Integrität dieser inneren Strukturen. Sobald sich das Selbst gebildet hat, strebt das Kernselbst danach, sein inneres Programm oder seinen Lebensplan möglichst umfassend zu verwirklichen. Dieses innere Programm – der Lebensplan – geht aus der Verbindung zwischen den angeborenen Begabungen und Fähigkeiten des Individuums und ihrer angemessenen Validierung durch seine Bezugspersonen in den ersten, prägenden Entwicklungsjahren hervor. Die Entfaltung und optimale Verwirklichung dieses (im Kernselbst verkörperten) Programms setzt lebenslang das empathische Milieu reifer Selbstobjekte voraus.

Paul H. und Anna Ornstein

Durchführung und Prozeß der Psychotherapie

Wie sieht der therapeutische Prozeß aus, den wir mit diesem Verständnis der Psychopathologie konzeptualisieren? Im folgenden wollen wir die Durchführung und den Prozeß der Behandlung untersuchen, um jene Elemente der Psychotherapie zu identifizieren, die für die Linderung oder Heilung der Psychopathologie verantwortlich sind.

Unser Interesse am Prozeß psychoanalytischer Psychotherapien entwickelte sich zunächst im Rahmen der Ich-Psychologie. Später traten der erweiterte Rahmen von Michael Balints Objektbeziehungstheorie und Balints besondere Sensibilität für die Therapeut-Patient-Beziehung als Matrix des therapeutischen Prozesses hinzu. In diesem Stadium unserer beruflichen Entwicklung wurden unsere therapeutischen Bemühungen und ihre Konzeptualisierung durch Kohuts Werk und die Erfahrungen, die wir in der Supervision bei ihm sammelten, entscheidend verändert und in eine neue Richtung gelenkt. Im Zusammenhang mit diesen therapeutischen Bemühungen und ihrer Konzeptualisierung unter dem Stichwort »Der Deutungsprozeß in psychoanalytischen Psychotherapien« haben wir versucht, Kohuts Selbstpsychologie zu konsolidieren und weiterzuentwickeln (siehe z.B. A. Ornstein und P. H. Ornstein 1975; 1977; P. H. Ornstein und A. Ornstein 1980; 1985).

Im vorliegenden Beitrag stellen wir die wesentlichen Elemente einer Psychotherapie dar, die auf den durch die klinische Praxis vorgegebenen Notwendigkeiten sowie auf den Einsichten der Selbstpsychologie beruht. Wir konzentrieren uns auf die *allgemeinen Grundsätze* der Behandlung – ungeachtet der Frage, wie die spezifische Psychopathologie des Patienten beschaffen ist; selbstverständlich müssen die Grundelemente der Behandlung der individuell spezifischen Psychopathologie und der Beziehung, die sich zwischen Patient und Therapeut entwickelt, angepaßt werden.

Wir rücken die allgemeinen Prinzipien aus einem ganz beonderen Grund in den Mittelpunkt: Heutzutage wird – unter einem bestimmten Blickwinkel vielleicht zu Recht – die Behandlung *spezifischer* klinischer Zustände verlangt. Jeder ist derart versessen darauf, ein Experte zu sein – für die Behandlung von sexuellem Mißbrauch, von Phobien, Angststörungen, Eheproblemen und sexuellen Funktionsstörungen, narzißtischen und Borderline-Zuständen usw. –, daß die allgemeinen Grundsätze, die uns den Zugang zum inneren Leben

206

jener Menschen weisen, die unter ebendiesen Zuständen leiden, offenbar an Bedeutung verlieren. Dieser technizistische Ansatz, das heißt die Behandlung von Krankheiten anstelle der Behandlung kranker Menschen, hat sich sogar in der Psychotherapie etabliert; jedes Krankheitsbild scheint eine spezielle »Technik« zu erfordern. Im Gegensatz dazu stellen wir einen Ansatz vor, der an bestimmten Werten, die der Psychoanalyse seit ihren Ursprüngen innewohnen, festhält – an Werten, die innerhalb des gesamten Spektrums psychoanalytischer Psychotherapien dank der Beiträge der Selbstpsychologie fester verankert wurden.

Eine bestimmte Form der Begegnung zwischen Patient und Therapeut stellt unweigerlich eine therapeutische Beziehung her – die Selbst-Selbstobjekt-Matrix –, in der die unbefriedigten Bedürfnisse und hemmenden Ängste zum Ausdruck kommen können. Die zunehmend freiere Äußerung dieser Bedürfnisse – die gleichwohl immer mit der Angst vor einer neuerlichen Traumatisierung einhergeht – und die Responsivität, mit der sich der Therapeut solcher Bedürfnisse und Ängste annimmt (vor allem durch sein »Verstehen« und »Erklären«) bilden den innersten Kern der psychoanalytischen Psychotherapie – ungeachtet aller Besonderheiten des klinischen Bildes, das der Patient präsentiert. Statt unterschiedliche »Techniken« für verschiedene Zustände zu beschreiben, konzentrieren wir uns auf die Art der Responsivität, mit der ein Therapeut auf die verschiedenen Konstellationen der im Behandlungsprozeß auftauchenden Bedürfnisse und Ängste eingeht.

Wir halten, kurz gesagt, die *authentische Präsenz* des Therapeuten und die *empathische Responsivität*, mit der er den subjektiven Erfahrungen des Patienten begegnet, für das entscheidende Charakteristikum der psychoanalytischen Psychotherapie. Unsere Technik, das heißt die Übersetzung unseres Verständnisses in authentische Responsivität innerhalb der Selbst-Selbstobjekt-Matrix der Behandlungssituation, orientiert sich an den nach und nach auftauchenden Selbstobjekt-Übertragungen und ordnet sich ihnen unter. Daher wird die Art und Weise, wie wir auf den Patienten reagieren, vom Charakter der Beziehung und der in ihr stattfindenden Erfahrungen bestimmt. Und in diesem Sinn wenden wir nicht einfach eine Technik an, sondern lassen uns auf eine Beziehung ein und nehmen teil an einem Erleben, das unsere authentische Präsenz und Responsivität erfordert. Die Deutung (das heißt, im weitesten Sinn verstanden, das therapeutische Gespräch im Deutungsmodus[1]) ist ein zentraler Aspekt dieser Responsivität. Es geht nicht, wie ein häufiges

Mißverständnis es nahelegt, um Empathie versus Deutung, sondern um Empathie als Voraussetzung für effiziente Deutungsarbeit.

Was wir tun und wie wir es tun, können wir am besten erklären, indem wir die Hauptkomponenten des Deutungsprozesses beschreiben. Der Deutungsprozeß (das therapeutische Gespräch im Deutungsmodus) beruht auf der urteilsfreien und nicht-strafenden Akzeptanz dessen, was der Patient ins Behandlungssetting einbringt, und besteht aus zwei bekannten, miteinander zusammenhängenden Schritten: Verstehen und Erklären.

1. Das *Verstehen*, der erste Schritt in diesem zweistufigen Prozeß, trägt zur Strukturbildung bei und erfüllt spezifische Funktionen, die das Selbst bestätigen, es stärken und ihm Kohärenz vermitteln. Ein auf diese Weise gestärktes Selbst ist in der Lage, einen Teil seiner strukturellen Defekte zu reparieren und infolgedessen auch einen Teil seiner Konflikte zu lösen. Das Gefühl, verstanden zu werden, übt – so einfach dies auch klingen mag – tatsächlich einen tiefgreifenden Einfluß auf den Zustand des Selbst aus. Sich verstanden zu fühlen bedeutet für den Erwachsenen, gehalten zu werden, und dieses Gefühl bewirkt auf der Ebene des Selbsterlebens eine Stabilisierung oder Konsolidierung des Selbst. Diese Konsolidierung des Selbst ermöglicht – zuerst vorübergehend und schließlich dauerhafter – das Erleben und die Äußerung von Affekten, die aufgrund ihrer Intensität und/oder ihres spezifischen Inhalts zuvor als unerträglich empfunden wurden. Was die Abwehrmechanismen betrifft, so kann das innerhalb der Selbst-Selbstobjekt-Matrix gestärkte Selbst – wiederum zunächst nur zögernd und später entschiedener – auf habituelle Abwehrformen verzichten (P. H. Ornstein und A. Ornstein 1985).

2. Das *Erklären*, der zweite Schritt in diesem zweistufigen Prozeß, trägt insofern zu einem tieferen Verständnis bei, als es das unmittelbare Erleben in seinen historischen, genetisch-entwicklungsbezogenen Kontext einordnet. Die Erklärung vertieft das eigene empathisch-akzeptierende Gespür des Patienten für sich selbst; sie stärkt, wie Kohut (1984) sagte, das Vertrauen in die Realität der empathischen Bindung, die sich zwischen Patient und Therapeut entwickelt. Der Versuch des Therapeuten, das, was er verstanden hat, zu erklären, kann Einsicht erzeugen, aber diese Einsicht ist nicht etwas, das der Therapeut dem Patienten *geben* könnte; nur der Patient selbst kann sie erwerben.

Die *Durchführung* der Behandlung bezieht sich auf all die Arrangements, die der Therapeut trifft, und auf all seine (verbalen und nonverbalen) Verhaltensweisen, mit deren Hilfe er die erforderliche klinische Atmosphäre, das klinische

Ambiente, schafft, in dem die Arbeit fruchtbar vonstatten gehen kann. Der *Prozeß* bezeichnet das innere Erleben, das in den beiden Beteiligten durch die vom Therapeuten getroffenen Arrangements, durch die Atmosphäre sowie durch das, was beide Partner jeweils sagen und tun, geweckt wird – und das all ihre inneren Erfahrungen bestimmt. Diese inneren Erfahrungen konstituieren den sich entfaltenden therapeutischen Prozeß und spiegeln den Einfluß wider, den Patient und Therapeut aufeinander ausüben, sowie die Art und Weise, wie dieser Einfluß in der Bedeutung ihrer Transaktionen zum Ausdruck kommt.

Ein wichtiger Punkt ist in diesem Zusammenhang zu betonen. Die Begegnung zwischen Patient und Therapeut weckt in beiden automatisch und unweigerlich bestimmte Gefühle, die sich auf den anderen beziehen, und entsprechende Erlebensweisen. Es kann sich sofort ein Rapport entwickeln oder aber ein Gefühl großer Distanz, ja des Mißtrauens einstellen, ein Gefühl der Akzeptanz und Bewunderung oder ein Wunsch nach Nähe und Intimität (oder deren Gegenteil). Darüber hinaus gibt es noch eine Vielfalt anderer Erlebensweisen, die sich fast ungeachtet dessen, was die beiden tatsächlich miteinander besprechen, entwickeln werden. Man könnte diesen Prozeß auch als die latente Bedeutung der Interaktion zwischen Patient und Therapeut bezeichnen.

Ein eindrucksvolles Beispiel dafür lieferte kürzlich ein Patient, den Paul Ornstein behandelte und recht lange nicht wirklich verstand. Der Patient brachte viele Träume, an denen er eifrig arbeitete, um ihre tiefste Bedeutung zu ergründen. Der Therapeut beteiligte sich daran, so gut er konnte, um die bemerkenswerte Kreativität des Patienten und seine oft verblüffende Fähigkeit, die verschiedenen Bedeutungen seiner Träume zutage zu fördern, zu unterstützen. Und dennoch endete jede dieser Sitzungen damit, daß der Patient erklärte, der Traum habe ihm »nichts gebracht«, und das Behandlungszimmer mit einer gewissen Apathie, Niedergeschlagenheit und Hoffnungslosigkeit verließ. Später erkannten wir, daß der jeweilige Traum und seine Bedeutung gar nicht wichtig für ihn waren – auch wenn er jedesmal darauf bestand, diese Träume auf vielen Ebenen zu begreifen, und seine Deutungsarbeit vorantrieb, ohne vom Therapeuten dazu gedrängt zu werden. Eigentlich aber ging es dem Patienten darum, den Therapeuten mit der Interaktion über seine Träume zu veranlassen, ihn für seine außergewöhnliche Kreativität zu bewundern. Dies war das zentrale und für ihn wichtigste Motiv all seiner Mitteilungen. Was zählte, war einzig und allein die Bewunderung des Therapeuten. Wenn ihm diese Anerkennung nicht irgendwie vermittelt wurde (durch den Tonfall des Therapeuten, seine Gestik oder seine Art, Fragen zu stellen), fühlte sich der Patient nicht verstanden. Und wenn seine Brillianz nicht gewürdigt wurde, konnte er von den im übrigen »korrekten« (seine Bezeichnung) Deutungen seiner zahlreichen Träume nicht profitieren. Der Therapeut *mußte* anerkennen, was der Patient brauchte und ersehnte, und er mußte diese Bedürfnisse in der Übertragung als legitim akzeptieren, um einen therapeutischen Fortschritt erzielen zu können.

Die Erlebensweise in dem soeben skizzierten Prozeß bildet den Kern des therapeutischen Gesprächs. Anders formuliert: Was im therapeutischen Prozeß (vorbewußt oder unbewußt) erlebt wird, muß bewußt gemacht und sodann vom Patienten und Therapeuten gemeinsam besprochen werden.

Wie muß der Therapeut die Behandlung durchführen, um das Auftauchen solcher Erfahrungen zu gewährleisten, die für die Heilung der individuellen Psychopathologie des Patienten unabdingbar sind? Auf diese Frage gibt es eine kurze und eine ausführliche Antwort. Zunächst die kurze: Eine klar definierte therapeutische Atmosphäre ist notwendig, damit die durch den Prozeß aktivierte pathognomische Übertragung (die für die betreffende Psychopathologie charakteristisch ist) durchgearbeitet werden kann. Die ausführliche Antwort setzt eine detaillierte Beschreibung der therapeutischen Atmosphäre und der Mobilisierung der Übertragung voraus – und dieser Beschreibung wollen wir uns nun zuwenden.

Therapeutische Atmosphäre und Übertragung

Solange die Triebtheorie – ob im Kontext der Ich-Psychologie oder der Objektbeziehungstheorie – das psychoanalytische Verfahren bestimmte, wurde die Behandlung in einer besonders strengen emotionalen Atmosphäre durchgeführt. Man war sehr besorgt, den Patienten nicht unabsichtlich oder insgeheim durch die freundliche oder authentische Präsenz des Analytikers oder Therapeuten zu gratifizieren. Dieser Sorge lag die Überlegung zugrunde, daß Triebbedürfnisse oder –wünsche, die durch ganz gewöhnliche, alltägliche Freundlichkeiten gratifiziert würden, der Erforschung in der Übertragung nicht mehr zugänglich wären. Bereits Anfang der dreißiger Jahre erhob Michal Balint (1932; 1935) Einwände gegen eine derart sterile emotionale Atmosphäre, indem er sagte, daß sie eine falsche Verhaltensgrundlinie seitens des analytischen Therapeuten festlege, von der aus die intrapsychische Bedeutung des Verhaltens seines Patienten nicht geklärt werden könne. Balint hatte den Eindruck, daß diese Atmosphäre der künstlichen Versagung Reaktionen auslöse, die sich auf die reale, willkürlich eingeführte Frustration bezögen und nicht als valide klinische Daten zu betrachten seien, auf deren Grundlage sich frühere traumatische Lebenserfahrungen des Patienten rekonstruieren ließen. Zu dieser Ansicht gelangte Balint, obwohl er die Triebtheorie in seine übergreifende Objektbeziehungstheorie einbezog.

Sobald die Triebtheorie die psychoanalytisch- therapeutische Arbeit nicht länger beherrscht, ändert sich die Atmosphäre in der analytisch-therapeutischen Situation dramatisch. Wenn der Therapeut nicht befürchten muß, durch normale, alltägliche menschliche Freundlichkeiten den Erfolg der Behandlung zu untergraben – sondern davon ausgeht, daß sie ihm im Gegenteil zugute kommen können –, kann sich eine freiere und freundlichere Atmosphäre entwickeln. An die Stelle der willkürlichen Distanz, die vor offenkundiger oder insgeheimer Befriedigung der Triebbedürfnisse oder –wünsche schützen sollte, kann eine natürlichere, authentische Präsenz des Therapeuten oder Analytikers treten. Kohut (1977) charakterisierte diese notwendige und wohltuende Veränderung mit einer ungemein aussagekräftigen Metapher, als er sagte, daß im Behandlungszimmer ein Minimum an Sauerstoff vorhanden sein müsse, damit der Patient atmen könne. Die »Grundlinie« einer normalen Atmosphäre ist nicht der Sauerstoffmangel, also der emotionale Rückzug des Analytikers, denn unter diesen Umständen wird man lediglich beobachten, daß der Patient verzweifelt nach Luft ringt. In einer solch sauerstoffarmen Atmosphäre kann der analytische Therapeut weder den innerlich determinierten emotionalen Kampf des Patienten wahrnehmen noch die tatsächliche Übertragung aufdecken.

Die freundliche, urteilsfreie und nicht strafende Akzeptanz dessen, was der Patient in die Behandlungssituation einbringt, erzeugt das benötigte Sicherheitsgefühl. Der Patient muß nun weniger auf der Hut sein und kann es riskieren, nach und nach Bedürfnisse und Wünsche, deren Erfüllung ihm seit langem verwehrt blieb, ebenso zu äußern wie die gegen sie gerichteten fehlangepaßten, lebenslangen, schützenden Abwehrmechanismen. Das massivste innere Hindernis, das sich dem Voranschreiten der Remobilisierung der Übertragung entgegenstellt, ist die Angst des Patienten, erneut traumatisiert zu werden – entweder durch den Therapeuten in Reaktion auf seine offen geäußerten Bedürfnisse und Wünsche oder durch seine eigene Unfähigkeit, das empathische Verständnis des Analytikers wahrzunehmen und darauf zu reagieren. Indem der Therapeut anerkennt und akzeptiert, daß diese Angst durch die früheren Traumata gerechtfertigt wird, schafft er ein Klima, in dem die Übertragung sich immer umfassender entfalten und deutend durchgearbeitet werden kann.

Ein Kollege konsultierte uns (Paul Ornstein) wegen eines sehr schwierigen Behandlungsprozesses. Er berichtete von den häufig wiederkehrenden Vorwürfen seiner Patientin, daß er desinteressiert, distanziert und häufig gelangweilt sei und es im Grunde wahrscheinlich bedaure, sie in Behandlung genommen zu haben. Er mache, so ihr Eindruck, lediglich deshalb mit ihr weiter, weil er dem überweisenden Arzt einen Gefallen tun wolle. Manchmal fühlte sie sich von ihrem Therapeuten geradezu gehaßt und verachtet. Irgendwann fiel es diesem schwer, sich all dies weiterhin anzuhören, und so bat er um ein Beratungsgespräch. Er fühlte sich gezwungen, zu versuchen, die Situation klarzustellen und der Patientin freundlich und taktvoll aufzuzeigen, daß ihre Vorwürfe auf falschen Wahrnehmungen beruhten, die im analytischen Jargon (vielleicht defensiv?) als »Übertragungsentstellungen« bezeichnet werden. Der Berater gab zu bedenken, daß die Patientin für ihre Gefühle möglicherweise gute Gründe habe, so wie der Behandler gute Gründe für seine eigenen Gefühle habe. Es sei jedoch problematisch, diese subjektiven Erlebensweisen gewissermaßen gegeneinander auszuspielen, da ein solches Vorgehen die Patientin unter Druck setze und viele weitere, potentiell feindselige Nebenwirkungen mit sich bringe. Der Berater empfahl dem Therapeuten, die Vorwürfe der Patientin in der Übertragung anzuerkennen, ohne ihre Stichhaltigkeit in Frage zu stellen. Unter dieser Voraussetzung könne er dann im nächsten Schritt erforschen, wie er von der Patientin in den Sitzungen, die sie zu solchen Beschuldigen veranlaßten, erlebt worden war. Er könne zum Beispiel sagen, daß er verstehe, weshalb sie sich ihm nicht öffnen könne, wenn sie sich von ihm gehaßt fühle. Unter diesen Umständen müsse sie die Behandlung zwangsläufig als ebenso schmerzhaft erleben wie Situationen in ihrer Kindheit, in denen sie sich unerwünscht fühlte und den Eindruck hatte, daß ihre Mutter und ihr Vater sie haßten. Mit anderen Worten: Der Berater empfahl dem Therapeuten, nach früheren Erfahrungen der Patientin zu forschen, die ihre nun in der Übertragung auftauchende Empfindlichkeit geweckt hatten, und sein eigenes verbales und nonverbales Verhalten zu untersuchen, um herauszufinden, wodurch er diese frühen Erfahrungen – ohne es zu wollen – wiederbelebt hatte. Freud entdeckte den Kern der Wahrheit in schweren paranoiden Wahnvorstellungen – unsere Pflicht ist es, solche Wahrheitskerne in jedem einzelnen Fall und in jedem therapeutischen Prozeß zu entdecken. Nichts ist besser geeignet, eine festgefahrene Therapie wieder in

Gang zu bringen, als die Erkenntnis, in welcher Weise wir selbst, ohne es zu wollen, zu dieser Situation beigetragen haben.

In einer psychoanalytischen Psychotherapie, die in dem hier beschriebenen Sinn durchgeführt wird, enthält jeder individuelle Behandlungsprozeß potentiell eine Reihe signifikanter kurativer Faktoren, die in wechselnden Kombinationen miteinander verflochten sind und sich in ihrer therapeutischen Wirkung gegenseitig verstärken (P. H. Ornstein 1988). In keinem Behandlungsprozeß kommen sämtliche möglichen therapeutischen Faktoren zum Zuge, und dies ist auch gar nicht nötig. Welche Faktoren in der therapeutischen Dyade aktiviert werden, hängt von spezifischen, zentralen Eigenschaften beider Beteiligter ab. Was den Patienten betrifft, so bestimmen der Charakter der Psychopathologie und seine Fähigkeit, sie in der Beziehung zum Therapeuten zu mobilisieren (das heißt, nicht nur über sie zu reden), auf welcher Ebene die Behandlung stattfindet und welche therapeutischen Faktoren dabei aktiv sind. Was den Therapeuten betrifft, so bestimmt die Fähigkeit, konsequent empathisch zuzuhören und sich auf das, was der Patient in die Therapie mitbringt, einzustimmen, auf welcher Ebene die Behandlung stattfindet und welche therapeutischen Faktoren dabei aktiv sind. Das Theoriengebäude, an dem sich der Therapeut orientiert und das seine Fähigkeit, zuzuhören und die Erfahrungen des Patienten innerlich nachzuvollziehen, prägt, wird den Charakter des Behandlungsprozesses und die in ihm aktiven Heilungsfaktoren signifikant beeinflussen. Diesen kurativen Faktoren wollen wir unsere Aufmerksamkeit nun kurz zuwenden.

Die multiplen kurativen Faktoren des Behandlungsprozesses

Wir haben die wesentlichen Elemente der Behandlung in der Vergangenheit mit kurzen, höchst beziehungsreichen epigrammatischen Aussagen beschrieben. Zunächst (und recht lange) genügte zur Charakterisierung des wichtigsten Merkmals der psychoanalytischen Behandlung das Stichwort »Bewußtmachung des Unbewußten«. Die Bewußtmachung des Unbewußten, so hieß es, ermögliche jene Einsicht, die wiederum als ausschlaggebend für die Heilung betrachtet wurde. Daneben maß man anderen Faktoren einen lediglich unterstützenden Stellenwert bei – sie führten nicht zur »Heilung im eigentlichen Sinn«. Als die topographische Theorie durch die Strukturtheorie (Ich-Psychologie) ersetzt wurde, faßte man die erwünschte, auf Einsicht beruhende strukturelle Veränderung unter das Stichwort »Wo Es war, soll Ich werden«. Solche Beschreibungen werden den komplexen und vielschichtigen kurativen Prozessen, die sich nach unserem heutigen Verständnis in psychoanalytischen Psychotherapien vollziehen, offenkundig nicht länger gerecht. Es genügt auch nicht mehr, die Aufmerksamkeit auf die Veränderung eines »strengen, strafenden Über-Ichs« in ein »flexibleres und wohlwollendes« zu lenken – eine Modifizierung, die Strachey (1934) in den Mittelpunkt der psychoanalytischen Behandlung rückte. In ähnlicher Weise können wir auch den überlegenen Stellenwert der Einsicht als kurativen Faktors par excellence in Frage stellen, weil man heute in einem umfassenderen Sinn die basalere, »korrigierende emotionale Erfahrung«[2] als das Sine qua non der psychoanalytisch-psychotherapeutischen Behandlung betrachtet (P. H. Ornstein 1988).

Die Einsicht allein kann ohne die gleichzeitigen, affektintensiven Erfahrungen, die der Patient in der Übertragung macht, in den meisten Fällen keine Heilung bewirken. Selbst wenn allein die Einsicht Veränderungen herbeizuführen scheint (wie man dies für unkomplizierte Neurosen geltend macht), zeigt sich bei genauerem Hinsehen, daß die erfolgreiche Einsicht nur im Kontext eines spezifischen emotionalen Erlebens in der Übertragung möglich wird.

Kohuts Werk betonte die primäre Bedeutung der Strukturbildung (durch »umwandelnde Verinnerlichungen«) und die Erkenntnis, daß Einsicht der Strukturbildung, das heißt der »Heilung«, zeitlich vorausgehen kann, daß sie sich nachträglich einstellen oder sich gleichzeitig mit der Strukturbildung entwickeln kann. Er betrachtete dies zunächst als den eigentlichen Heilungsprozeß. Sämtliche anderen, zuvor als kurativ geltenden Faktoren sind demnach mit beteiligt, wirken aber an sich noch nicht kurativ.[3]

Nachdem Kohut erkannt hatte, daß wir lebenslang auf Selbstobjekte angewiesen sind, entwickelte er das Konzept des Heilungswertes der (Wieder)Herstellung eines empathischen Kontakts zum eigenen infantilen Selbst und Kindheitsselbst sowie der (Wieder)Herstellung eines empathischen Kontakts zu den Selbstobjekten der eigenen Kindheit. Durch diese innerlich erzeugten Veränderungen – die Schaffung einer Kontinuität zwischen Vergangenheit und Gegenwart, die infolge traumatischer Erfahrungen unterbrochen wurde – kann der Patient vielleicht zum erstenmal in seinem Leben eine Beziehung zu einem Netzwerk gegenwärtiger (reifer) Selbstobjekte aufnehmen. Dies ist der eigentliche Ausdruck seiner Heilung (A. Ornstein 1994).

Kohuts Verständnis vom Wesen der Heilung leugnete den Beitrag anderer, zuvor beschriebener Faktoren nicht, schrieb ihnen aber innerhalb des gesamten therapeutischen Prozesses eine untergeordnete Rolle zu. So betrachtet er die Strukturbildung durch umwandelnde verinnerlichung zwar weiterhin als wichtigen Bestandteil des gesunden Entwicklungsprozesses und des analytischen Prozesses, der zur Heilung führt; gleichzeitig erkannte er jedoch an, daß der allmähliche Erwerb der Fähigkeit, das Selbst in eine Matrix reifer Selbst-Selbstobjekt-Beziehungen einzubetten, d. h. *eine empathische Verbindung zu Selbstobjekten herzustellen und aufrechtzuerhalten*, das entscheidende Charakteristikum der psychoanalytischen Behandlung ausmacht.

Abschließende Bemerkungen

Wenn Therapeuten ihren Patienten unter deren subjektiven Blickwinkel zuhören und ihre Reaktion darauf beschränken, das, was sie hören, anzuerkennen und widerzuspiegeln, statt sich darauf zu konzentrieren, was der Patient *ihrer* Meinung nach vor ihnen zurückhält, wird jeder Patient seinem Therapeuten zeigen, auf welchem therapeutischen Weg seine individuellen, ureigenen Probleme am besten zugänglich werden. Fassen wir zusammen:

Die zeitgenössische Psychoanalyse erfaßt im Vergleich zur Vergangenheit eine große Vielfalt möglicher kurativer Prozesse. Die therapeutische Beziehung (in ihrer Form und Signifikanz unterschiedlich konzeptualisiert) wird heute allgemein als Matrix anerkannt, in der sich Einsicht entwickeln kann. Diese Einsicht wird allerdings nicht mehr als einziger Weg zur Heilung betrachtet. Statt an der üblichen Dichotomie zwischen struktureller Veränderung durch Einsicht einerseits und Strukturbildung durch eine therapeutische Beziehung andererseits festzuhalten, haben wir gezeigt, wie die beiden Prozesse zwangsläufig ineinandergreifen und im Grunde einen einzigen Prozeß darstellen. Sie können in unserer Konzeptualisierung der Heilung nicht willkürlich voneinander getrennt werden, da es erstens keine Einsicht ohne eine therapeutische Erfahrung in der Beziehung gibt und zweitens eine bedeutsame therapeutische Erfahrung immer Einsicht enthält. Die Notwendigkeit, »zweigleisig« zu arbeiten und beide Komponenten so einzusetzen, daß sie einander verstärken, ist für den Therapeuten die schwierigste Aufgabe, von deren Lösung der Patient indes am meisten profitieren wird (P. H. Ornstein 1988).

Anmerkungen

1   Im 10. Kapitel definieren und illustrieren wir, was wir unter dem Gespräch im »Deutungsmodus« verstehen.

2   Die »korrigierende emotionale Erfahrung« steht bei manchen psychoanalytischen Psychotherapeuten in schlechtem Ruf, und zwar weil Franz Alexander, der den Begriff prägte, empfahl, der Therapeut solle in der Beziehung zum Patienten das Gegenteil des mutmaßlichen pathogenen Verhaltens der Eltern verkörpern. Von dieser Empfehlung einmal abgesehen, sollte die Psychotherapie immer eine korrigierende emotionale Erfahrung ermöglichen, denn ohne sie können wir uns »Heilung« nicht vorstellen.

3   Unter dem Begriff »umwandelnde Verinnerlichung« verstand Kohut (1971), daß potentiell verfügbare, angeborene, archaische, aufkeimende Fähigkeiten im Laufe der Entwicklung heranreifen und sich in einer empathischen Selbst-Selbstobjekt-Matrix nach und nach in dauerhafte psychische Strukturen verwandeln. Er war der Ansicht, daß die umwandelnde Verinnerlichung durch »optimale Versagung« ausgelöst werde. Heutzutage gelten in diesem Zusammenhang »optimale Befriedigung«, »optimale Responsivität« oder »empathische Responsivität« als angemessenere Konzepte.

Literatur

Balint, M. (1932). Charakteranalyse und Neubeginn. In: ders., *Die Urformen der Liebe und die Technik der Psychoanalyse.* München (dtv) 1988, S. 65-177.
Balint, M. (1935). Zur Kritik der Lehre von den prägenitalen Libidoorganisationen. In: ders., *Die Urformen der Liebe und die Technik der Psychoanalyse.* München (dtv) 1988, S. 48-68.
Kohut, H. (1971). *The Analysis of the Self.* New York (IUP). (1973) *Narzißmus. Eine Theorie der psychoanalytischen Behandlung narzißtischer Persönlichkeitsstörungen.* Frankfurt am Main (Suhrkamp).
Kohut, H. (1977). *The Restoration of the Self.* New York (International Universities Press). (1979) *Die Heilung des Selbst.* Frankfurt am Main (Suhrkamp).
Kohut, H. (1978). Reflections on advances in self psychology. In: *Advances in Self Psychology.* Hg. von A. Goldberg. New York (IUP).
Kohut, H. (1984). *How Does Analysis Cure?* Chicago (University of Chicago Press). (1987) *Wie heilt die Psychoanalyse?* Frankfurt am Main (Suhrkamp).
Ornstein, A. (1994). Trauma, memory, and psychic continuity. In: *A Decade of Progress: Progress in Self Psychology.* Bd. 10. Hg. von A. Goldberg. Hillsdale, NJ (Analytic Press).
Ornstein, A., und P. H. Ornstein (1975). On the interpretive process in psychoanalysis. *International Journal of Psychoanalytic Psychotherapy* 4: 219-271.
Ornstein, A., und P. H. Ornstein (1977). Clinical interpretations in psychoanalysis.

International Encyclopedia of Neurology, Psychiatry and Psychology. Hg. von B. Wolman. New York (Aesculapius), S. 176-181.

Ornstein, P. H. (1988). Multiple curative factors and processes in the psychoanalytic psychotherapies. In: *How Does Treatment Help? On the Modes of Therapeutic Action of Psychoanalytic Psychotherapy.* Hg. von A. Rothstein. Madison, CT (IUP), S. 105-126. In diesem Band, Kap. 7.

Ornstein, P. H. (1998). Heinz Kohut's vision of the essence of humanness. In: *Psychoanalytic Versions of the Human Condition.* Hg. von P. Marcus und A. Rosenberg. New York (New York Universities Press). Heinz Kohuts Vision vom Wesen des Menschen.In diesem Band, S. 271f.

Ornstein, P. H., und A. Ornstein (1980). Formulating interpretations in clinical psychoanalysis. *International Journal of Psycho-Analysis* 61: 203-211.

Ornstein, P. H., und A. Ornstein (1985). Clinical understanding and explaining: The empathic vantage point. In: *Progress in Self Psychology.* Bd. 1. Hg. von A. Goldberg. New York (Guilford), S. 43-61. Klinisches Verstehen und Erklären: Der empathische Blickwinkel. In diesem Band, S. 31f.

Strachey, J. (1934). The nature of the therapeutic action in psycho-analysis. *International Journal of Psycho-Analysis* 15: 127-159. (1935) Die Grundlagen der therapeutische Wirkung der Psychoanalyse. Internationale Zeitschrift für Psychoanalyse 21: 486-516.

Das Sprechen im Deutungsmodus und das Gefühl, verstanden zu werden – zentrale Aspekte der therapeutischen Wirkung in der Psychoanalyse und Psychotherapie

Anna Ornstein und Paul H. Ornstein

Psychoanalytiker können die Faktoren, die sie für entscheidende Aspekte der therapeutischen Wirkung der Psychoanalyse halten, auf einer abstrakten, metapsychologischen Ebene formulieren oder aber auf der Ebene der Erfahrungen, die Patient und Analytiker im Schmelztiegel des therapeutischen Moments machen. Wenn der Analytiker auf metapsychologische Erklärungen zurückgreift, läßt sich schwer beurteilen, ob diese das Ergebnis klugen Theoretisierens darstellen oder ob sie sich direkt aus der klinischen Situation herleiten. Und selbst wenn wir uns größte Mühe geben und unsere Konzeptualisierungen dicht am klinischen Material orientieren, können wir nicht genau angeben, was heilend wirkt und welche Faktoren in einer bestimmten Behandlungssituation ausschlaggebend sind. Wir schließen uns Modells (1976) Meinung an, daß in einer erfolgreichen Behandlung zu viele komplexe Prozesse zusammenwirken, als daß man die therapeutische Veränderung auf irgendein spezifisches Element zurückführen könnte. Ein wichtiger Grund für diese Ungewißheit hängt zweifellos damit zusammen, daß die wesentlichen Aspekte der analytischen Arbeit – wie Kris (1950) sehr überzeugend darlegte – von den unbewußten Denkprozessen des Patienten selbst erledigt werden und Deutungen nur den Fluß der primärprozeßhaften Verknüpfungen wiederbeleben. Dies kann zu Veränderungen führen, muß aber nicht mit Einsicht einhergehen. Anders formuliert: Selbst wenn unser Verständnis der Faktoren, die möglicherweise kurativ wirken, auf klinischen Daten beruht, können wir nicht genau angeben, wie die Veränderungen im Verhalten des Patienten mit unseren Interventionen zusammenhängen.

Gleichwohl sind wir der Ansicht, daß eine Theorie der Heilung für die psychotherapeutische Behandlung, die das Leiden des Patienten lindern und ihm dabei helfen soll, seine Lebensziele zu verwirklichen, unverzichtbar ist. Wenn wir keine Vorstellung davon haben, was dem Heilungsprozeß zuträglich sein könnte, bleiben unsere Interventionen willkürlich und ohne Zusammenhang mit unserer Theorie der Psychopathogenese.[1] Unserer Ansicht nach sollten sämtliche Aspekte der Behandlung, so wie der Patient sie erlebt, am Heilungsprozeß beteiligt sein: die Atmosphäre, die Therapeut und Patient gemeinsam schaffen, die von ihnen erreichte Ebene des bedeutsamen Sich-Einlassens und der Deutungsprozeß.

Noch größere Schwierigkeiten tauchen auf, wenn man zu bestimmen versucht, welche Faktoren in der Psychotherapie und welche in der Psychoanalyse kurativ wirken. Man hat die Frage, was in der Psychotherapie heilend wirkt, zu beantworten versucht, indem man Psychotherapie und Psychoanalyse miteinander verglich und einander gegenüberstellte, um zu sehen, inwiefern sich diese beiden Behandlungsmethoden ähneln und inwiefern sie hinsichtlich ihres jeweiligen Veränderungspotentials Unterschiede aufweisen (Bibring 1954; Gill 1951; Frank 1961; Dewald 1964; Ekstein und Wallerstein 1972; Malan 1976; Kernberg 1984; Luborsky 1984; Strupp 1984).

Im Gegensatz zur Psychoanalyse fehlte es der Psychotherapie sowohl methodisch als auch in bezug auf die für sie geltenden technischen Empfehlungen an Einheitlichkeit; dauerhafte strukturelle Veränderungen erwartete man von ihr daher lediglich insofern, als sie der Psychoanalyse ähnelte.[2] Wallerstein (1969), Mitglied des Menninger Psychotherapy Research Teams, stellte die Frage, ob es neben der Psychoanalyse überhaupt eine wissenschaftliche Psychotherapie gebe. Die Antwort auf die Frage, ob Psychotherapie strukturelle Veränderungen erzielen könne oder nicht, gewann an Bedeutung, als immer mehr Psychoanalytiker Psychotherapien durchzuführen begannen – das heißt eine Behandlungsmethode praktizierten, die sie mit ihrer tiefenpsychologischen Orientierung nicht vereinbaren konnten. Unter diesen Umständen – sowie infolge des steigenden Bedarfs an Kurzzeitbehandlungen – hielten sich psychotherapeutisch arbeitende Psychoanalytiker im großen und ganzen an den aus der Ich-Psychologie übernommenen Grundsatz, daß unbewußte Kindheitswünsche in ein oder zwei Gesprächen »im Sitzen« nicht wiederbelebt werden können. Gleichzeitig betrachtete man ein »gewisses Maß« an Übertragung als Voraussetzung dafür, daß die Therapie »greifen« kann. Das heißt, daß Übertragungen durch spezifische Formen der Intervention »reguliert« werden mußten. Diese Interventionen sollten die Abwehrmechanismen des Patienten stärken; infolgedessen wurden Psychotherapiepatienten ermutigt und gelobt und erhielten »grundsätzlich narzißtische Unterstützung für jene Ich-Aktivitäten, in denen sich die Abwehr

mit adaptiver Gratifikation verbindet, während jene Aktivitäten, die fehlange-
paßte Gratifikationen darstellen, gleichgültig, ob sie mit Abwehrmechanismen
kombiniert sind oder nicht, durch subtile oder direkte Techniken mißbilligt«
wurden (Gill 1951, S. 66). Heute würden wir vor derartigen Empfehlungen
zurückschrecken und sie als hochgradig manipulativ betrachten, und Gill selbst
würde sich dieser Meinung anschließen. Freuds Voraussage gemäß fühlten sich
Psychoanalytiker gezwungen, »das reine Gold der Analyse reichlich mit dem
Kupfer der direkten Suggestion zu legieren« (Freud 1919a, S. 193).

Unserer Ansicht nach hing die Schwierigkeit dieser Forscher – zu bestimmen, welche Faktoren für die Herbeiführung von psychischer Veränderung in
der Psychotherapie ausschlaggebend sind – mit der Tatsache zusammen, daß
der traditionellen Psychoanalyse zufolge lediglich Patienten mit psychoneurotischen Symptomen, das heißt Patienten, welche die ödipale Phase erreicht
hatten, Übertragungen entwickeln können. Weil man annahm, daß solche
Übertragungen bei Psychotherapiepatienten nicht auftauchen, entschied man
je nach manifester Erkrankung, welche Behandlungsstrategien – zum Beispiel
verdrängungsfördernde, stützende, beziehungs- oder einsichtsorientierte
Verfahren – geeignet seien, und rechtfertigte dies primär mit der Geschichte des
Patienten. Jene Therapeuten, deren Techniken sich am Charakter der Psychopathologie des Patienten orientierten, übersahen die heute generell anerkannte Tatsache, daß nicht nur die Art der Psychopathologie (ihr ödipaler oder präödipaler Charakter) bestimmt, was therapeutisch verändert werden kann. Vielmehr hängt dies auch von dem Geschehen ab, das sich zwischen den beiden
Teilnehmern am Behandlungsprozeß entwickelt. Die Unfähigkeit der Psychotherapeuten, Übertragungen anzuerkennen, die für Patienten mit je unterschiedlichen strukturellen Defekten und Defiziten charakteristisch sind (das
heißt für Patienten mit relativ schweren Formen der Persönlichkeitsstörung),
verhinderte die Entwicklung eines Behandlungsprozesses[3] – eines Prozesses,
den man hätte verfolgen, systematisch lehren und erforschen können. Ohne
einen Prozeß, den man wissenschaftlich untersuchen konnte, waren Erkenntnisse über die kurativen Faktoren in der Psychotherapie nicht möglich.

Im vorliegenden Kapitel vertreten wir die These, daß die Entwicklung der
Selbstpsychologie und insbesondere die Entdeckung der Selbstobjekt-Übertragungen die *Praxis* der Psychotherapie tiefgreifend verändert haben. Die
Anerkennung spezifischer Übertragungen ermöglichte es den Therapeuten, auf
ihre Patienten im deutenden Modus einzugehen, was die Entwicklung eines

therapeutischen Prozesses erleichterte. Daher sind wir nun in der Lage, bestimmte Faktoren, die am Heilungsprozeß in der Psychotherapie beteiligt sind, präziser wahrzunehmen.

Selbstobjekt-Übertragungen und Selbstkohäsion

Die Theorie der psychoanalytischen Selbstpsychologie wurde auf der Grundlage der Analyse von Patienten mit narzißtischen Persönlichkeits- und Verhaltensstörungen formuliert. In den Analysen dieser Patienten entdeckte Kohut (1971) die Selbstobjekt-Übertragungen – Übertragungen, die nicht auf intersystemischen Konflikten beruhten, sondern mit Defekten und Defiziten in der Organisation des Selbst zusammenhingen. Zunächst hat die Wahrnehmung der Selbstobjekt-Übertragungen lediglich das Spektrum analysierbarer psychischer Zustände erweitert. Im Laufe der Zeit erst wurde uns klar, daß die Entdeckung dieser Übertragungen auch die Durchführung der Psychotherapie revolutionieren konnte. Die Anerkennung der Selbstobjekt-Übertragungen (der Verschmelzungs-, Spiegelungs- und idealisierenden Übertragungen in ihren verschiedenen Formen) ermöglichte es Psychotherapeuten, unter Beibehaltung ihrer tiefenpsychologischen Orientierung mit Deutungen als primärem Interventionsinstrument zu arbeiten.

Die Mobilisierung der Selbstobjekt-Übertragungen, die infolge von Entwicklungsarretierungen auftreten, setzt keine »analytische Regression« voraus. Vielmehr sind Patienten mit unterschiedlich schweren Defekten ihrer Selbstorganisation ständig auf der Suche nach empathischer Responsivität, nach Akzeptanz und Verständnis, um ihre Entwicklung vervollständigen und ein Gefühl der Kohäsion und Ganzheit empfinden zu können. Solche Patienten »benutzen« andere Personen ihrer Umgebung, um ihr eigenes, fragmentierungsanfälliges Selbst zu stärken oder um ihr Selbstwertgefühl besser regulieren zu können. Wenn Patienten jedoch – und sei es noch so subtil – nichttherapeutische Beziehungen zur Stabilisierung ihres Selbst benutzen, werden solche Beziehungen belastet, und Enttäuschungen sind dann unvermeidlich. Die Probleme, mit denen der Patient diese Beziehungen ursprünglich einging, werden nicht gelöst, sondern verschlimmern sich sogar noch. Psychotherapeuten aber, die sich in die subjektiven Erfahrungen ihrer Patienten hineinversetzen können und konsequent darauf achten, sich von ihren eigenen Selbstobjekt-Bedürfnissen zu distanzieren, können erkennen, in welch spezifischer Weise der Patient die verbalen und nonverbalen Kommunikationen seines Therapeuten verwendet. Empathische deutende Reaktionen, die neben Akzeptanz und Verstehen auch Erklärungen beinhalten, ermöglichen die Herstellung einer der Selbstobjekt-Übertragungen, die dann wiederum zu einer Verbesserung der Selbstkohäsion führt. Diese verbesserte Selbstkohäsion, die sich infolge der Herstellung einer Selbstobjekt-Übertragung einstellt, ermöglicht es, das Symptomverhalten durchzuarbeiten.

Was die Deutung des Symptomverhaltens betrifft, so befürworten wir ein anderes technisches Vorgehen als jene Therapeuten, die sich an der traditionellen Psychoanalyse oder der Objektbeziehungstheorie orientieren. Der Unterschied betrifft die Funktion im psychischen Leben, die den Symptomen von den verschiedenen psychoanalytischen Theorien zugeschrieben wird. Die Selbstpsychologie sieht in den Abwehrmechanismen (Verleugnung, Verdrängung, Projektion, Verneinung und das Zusammenwirken dieser Mechanismen in den verschiedenartigen Persönlichkeitsmerkmalen und symptomatischen Verhaltensweisen) keine Hindernisse, die der Patient dem Therapeuten als Widerstände gegen die Aufdeckung aggressiver und sexueller Triebregungen und der mit ihnen verbundenen unbewußten Phantasien in den Weg legt. Vielmehr werden »Widerstände« im Einklang mit dem ursprünglichen Verständnis ihrer Entwicklungsfunktion als Schutz eines verletzlichen Selbst vor weiterer Traumatisierung betrachtet (Kohut 1984). Daher werden sie nicht in Frage gestellt, sondern in einer Weise gedeutet, die anerkennt, daß sie für die Sicherung einer gewissen Funktionsfähigkeit zumindest in einigen Bereichen der Psyche wichtig sind.

Die folgende Beschreibung zeigt detailliert, wie der Therapeut durch den Deutungsprozeß in der Psychotherapie einen empathischen Kontakt mit dem subjektiven Erleben des Patienten aufrechtzuerhalten versucht.

Das Sprechen im Deutungsmodus und das Gefühl, verstanden zu werden: die Übersetzung der Theorie in die Praxis

»Sprechen im Deutungsmodus« bedeutet, daß der Therapeut nicht wartet, bis alle Teile des Puzzles an ihrem Platz liegen, sondern daß er sein Verständnis und seine Erklärungsversuche von Anfang an zum Ausdruck bringt; das Ziel besteht darin, jene Erfahrungen des Patienten, die der Therapeut empathisch wahrnehmen konnte, in Worte zu fassen. Wir sind der Ansicht, daß ein solcher Dialog seinem Wesen nach deutend ist, weil die Abwehrmechanismen nicht isoliert kommentiert werden, sondern immer so, daß auch das Motiv für eine bestimmte Abwehr oder für das Symptomverhalten berücksichtigt wird. Wenn solche Erläuterungen auf tentative, nicht endgültige, sondern in der Schwebe bleibende Weise formuliert werden, ermutigen sie den Patienten, das Verständnis des Therapeuten zu korrigieren oder das, was bislang besprochen wurde, eingehender zu erläutern. Zunächst können die Reaktionen des Therapeuten lediglich das gegenwärtige Erleben des Patienten erfassen (das Hier und Jetzt, die Ebene des Verstehens), im Laufe der Zeit aber können die aktuellen Selbsterfahrungen des Patienten zusätzlich vor dem Hintergrund seiner Vergangenheit gedeutet werden (die Ebene der Erklärung). In einer frühen Phase des Prozesses, in der das Verständnis noch sehr fragmentarisch ist, kann man eine solche »in der Schwebe bleibende« Aussage zum Beispiel folgendermaßen formulieren: »Ich habe das, was Sie gesagt haben, so und so verstanden. Vielleicht können Sie mir helfen, diesen oder jenen Punkt noch genauer zu verstehen.« Oder: »Ich glaube, daß Sie mir das und das sagen wollten; kam es Ihnen darauf an?« Diese Art zu sprechen zeigt, daß Therapeuten selten »den Nagel auf den Kopf treffen« und daß eine ganze Verhandlungsserie notwendig ist, in der beide Parteien versuchen, sich ganz auf die affektiv am stärksten aufgeladenen Probleme des Patienten zu konzentrieren.

Das Sprechen im Deutungsmodus hat gegenüber wiederholtem Nachfragen – gleichgültig, wie taktvoll man solche Erkundigungen formuliert – erhebliche Vorteile. Das Befragen des Patienten erinnert an ein diagnostisches Interview nach medizinischem Vorbild, auf dessen Grundlage der Arzt anhand des vom Patienten gelieferten Materials eine korrekte Diagnose stellt, um dann eine adäquate Behandlung in die Wege zu leiten. In der Psychotherapie aber ist eine solche Trennung zwischen Diagnose und Behandlung künstlich. Für unsere Patienten beginnt die Behandlung mit dem ersten persönlichen oder auch telephonischen Kontakt; Psychotherapeuten befinden sich immer in einem therapeutisch-diagnostischen Dialog.

Das vorsichtige Verständnis des Therapeuten und seine tentative Formulierung fördern die Behandlung und damit den Heilungsprozeß auf verschiedene Weise: 1. Die Formulierung deutender Kommentare ermöglicht es dem Patienten zu verstehen, wie der Therapeut die Bedeutung seiner Mitteilungen organisiert hat. Diese Organisation hängt immer von der theoretischen Orientierung, von persönlichen Neigungen, Gegenübertragungen und anderen unbewußten Motiven ab. 2. Indem der Patient hört, wie seine Mitteilungen verstanden werden, erhält er die Gelegenheit, die Art und Weise, wie er vom Therapeuten gehört wurde, zu korrigieren, nun kann er das, was er bislang berichtet hat, näher erläutern. 3. Das Sprechen im Deutungsmodus, das heißt die Formulierung unserer Verständnis- und Erklärungsversuche, vertieft den therapeutischen Prozeß, da immer größere Dimensionen des psychischen Lebens des Patienten von beiden Beteiligten in Worte gefaßt werden können. Aus diesem Grund wirft es auch Licht auf die unbewußten und die kaum bewußten psychischen Aspekte, welche die dauerhaftesten Merkmale der Persönlichkeit darstellen. 4. Das Bemühen um tiefes Verständnis beweist dem Patienten, daß der Therapeut sich aufrichtig für ihn interessiert. 5. Zudem wird es durch diesen Gesprächsmodus in relativ kurzen Behandlungen einfacher, bereits in einer frühen Prozeßphase den Fokus zu lokalisieren, der – wenn er wiederholt an der psychischen Realität des Patienten überprüft wird – als Orientierung für immer genauer fokussierte Interventionen dient.[4] 6. Das Sprechen im Deutungsmodus stärkt das Gefühl des Patienten, verstanden zu werden. Dieses Gefühl macht es ihm leichter, sich auf die Therapie einzulassen, und fördert die Entwicklung einer der Selbstobjekt-Übertragungen. Unserer Ansicht nach bildet es eines der wesentlichen Elemente des Heilungsprozesses. Auf die Vermittlung von Verstehen und Akzeptanz bezog sich Winnicott, als er schrieb, daß das »Halten« des Patienten durch den Therapeuten häufig so aussehe, »daß im richtigen Augenblick dem Patienten mit Worten etwas mitgeteilt wird, das zeigt, *daß der Analytiker die tiefe Angst, die erlebt wird, oder deren Erleben erwartet wird, kennt und versteht«* (Winnicott [1965] 1984, S. 317).

Die Patientin, deren Behandlung die bislang erläuterten Aspekte illustrieren soll, befand sich in einer kurzen Fokaltherapie (bei Anna Ornstein). Der relativ detaillierte Bericht zeigt, daß der Fokus durch die Formulierung deutender Kommentare bereits früh in der Behandlung gefunden werden konnte. Er demonstriert auch, daß das Sprechen im Deutungsmodus es einfacher machte, einige der problematischsten Persönlichkeitmerkmale dieser Patientin durchzuarbeiten. Follow-up-Interviews halfen Therapeutin und Patientin, die Grenzen einer solchen kurzen therapeutischen Begegnung einzuschätzen.

Klinisches Beispiel

Frau Hoyt ist einundvierzig Jahre alt. Sie ist alleinstehend und studiert Geisteswissenschaften an einem lokalen Institut. Da die Patientin dem Psychiater, der sie schließlich an mich überwies, ihre Apathie und ihre Schwierigkeiten geschildert hatte, ihre Dissertation fertigzustellen, und ihm auch von depressiven Erkrankungen in ihrer Familie erzählt hatte (ihre Mutter beging Selbstmord, als die Patientin elf Jahre alt war), hatte er ihr ein Antidepressivum verschrieben und sie gebeten, wegen der medikamentösen Behandlung mit ihm in Verbindung zu bleiben. Er hatte aber betont, daß sie eigentlich eine Psychotherapie benötige.

In der ersten Sitzung sprach Frau Hoyt sehr schnell, wie jemand, der in kurzer Zeit möglichst viele Themen abhandeln möchte; sie wirkte auch ängstlich und stellte kaum Blickkontakt her. Nachdem sie mir erklärt hatte, daß sie dem Rat, sich in psychotherapeutische Behandlung zu begeben, sehr ambivalent gegenüberstehe, begann sie, ihre gegenwärtigen Probleme und ihre eigenen Erklärungen dafür detailliert zu schildern. Zu diesen »Einsichten« war sie in den verschiedenen Therapiegruppen gelangt, an denen sie im Laufe der Jahre teilgenommen hatte: Overeaters Anonymous, EST (Erhard Systems Training), transzendentale Meditation und eine Gruppe für erwachsene Kinder von Alkoholikern. Dieser letztgenannten Gruppe hatte sie sich angeschlossen, weil ihre Mutter schmerzmittelabhängig gewesen war und weil sie selbst ihre Familie für gestört hielt. Sie hatte den Eindruck, daß die Gruppen ihr zwar halfen, sie aber zu abhängig von ihnen sei und keine selbständigen Entscheidungen mehr treffen könne. Sie wußte ihre Schwierigkeiten zu erklären – sie kannte all die korrekten Bezeichnungen –, aber die meisten ihrer Erklärungen waren Formeln, die pauschal auf Schwierigkeiten zutrafen, mit denen jeder, der in einer dysfunktionalen Familie aufgewachsen ist, zu kämpfen hat.

Frau Hoyt wurde in einer relativ wohlhabenden Vorstadt im Osten der USA geboren und wuchs dort auf. Als Erwachsene zog sie mehrmals um und ging verschiedenen Jobs nach. Sie war in die Stadt gekommen, um ihre Dissertation zu schreiben, und lebte von einem Treuhandvermögen, das ihr Vater, der im Vorjahr gestorben war, für sie eingerichtet hatte. Sie war sehr unglücklich, weil sie unter der »pseudointellektuellen« Atmosphäre an der Kunstakademie litt. Als ihr bei unserem Telefonat mein Akzent auffiel, zog sie daraus sogleich den Schluß, daß ich derselben pseudointellektuellen Szene angehören müsse. Sie schilderte mir ihre ausnahmslos von Feindseligkeit geprägten Erfahrungen mit ihren Lehrern und Studienberatern; sie selbst stand in dem Ruf, eine »spitze Zunge« zu haben und intolerant zu sein.

Aus ihrem Tonfall und ihrer Art zu sprechen hörte ich Arroganz heraus, eine Mischung aus Wut, Neid und einen Anflug von Pseudoüberlegenheit. Ich hörte auch ihre Verletzlichkeit – sie war leicht kränkbar und nahm dann impulsiv

Rache oder zog sich wütend zurück. Die Beschreibungen ihrer Beziehungen klangen zum Teil paranoid, vor allem was die anderen Frauen an der Kunstakademie anging. Mittlerweile spricht die Patientin praktisch mit niemandem mehr und verbringt lange Stunden – mitunter den ganzen Tag – allein in ihrem Zimmer vor dem Fernsehgerät. Sie steht selten vor Mittag auf, und setzt sich dann vor den Fernseher – am Ende des Tages ist sie sich selbst zuwider. Auf diese Weise hat sie etwa ein Jahr verbracht, trotz ihres bewußt empfundenen Wunsches, ihre Doktorarbeit fertigzustellen und die Stadt zu verlassen. Sie ist zutiefst verzweifelt über ihre Unfähigkeit, sich auf ihre Arbeit zu konzentrieren und ihren eigenen Verschleppungsmanövern ein Ende zu setzen.

Danach kam Frau Hoyt in ihren Assoziationen auf die Passivität ihres Vaters und vor allem auf dessen geschäftliche Inkompetenz zu sprechen; der Vater war schließlich als Einsiedler und Anhänger einer obskuren Religion gestorben. Von sich selbst hat die Patientin folgendes Bild: Auch sie wird einmal unglücklich und zurückgezogen enden, ohne jemals Anerkennung gefunden zu haben. In ihren Selbsthilfegruppen wurde ihr regelmäßig erklärt, daß sie dazu verurteilt sei, das Leben ihres Vaters zu wiederholen.

Frau Hoyt ist das mittlere von drei Kindern. Ihre Beziehungen zu beiden Geschwistern sind eher oberflächlich; mit ihrer älteren Schwester hat sie gar keine Verbindung, und ihren jüngeren Bruder sieht sie nur selten. Sie hält sich für das schwarze Schaf in der Familie. Sie hat immer mit ihrer Eifersucht auf die Schwester zu kämpfen gehabt, die das Lieblingskind ihrer Mutter war, und glaubt, daß sie im Vergleich zu ihren beliebteren und erfolgreicheren Geschwistern und Schulfreundinnen immer nur die zweite Geige spielte. Dieses Gefühl kennt sie, seit sie sich erinnern kann – sie ist überzeugt, daß jeder grundsätzlich höhere Anerkennung findet als sie selbst, fühlt sich von ihren Studienberatern und Kommilitonen schlecht behandelt und glaubt, daß sie nie in der Lage sein wird, sich selbst für einen »Star« zu halten. Frau Hoyt beschäftigt sich in ihren Gedanken unausgesetzt mit Situationen, in denen andere sie verletzt haben, und ist stets bereit, auf jeden loszugehen, der sie ihrer Meinung nach »schief ansieht«.

Als die Patientin innehielt, sagte ich, daß sie vielleicht wissen wolle, was mir während ihrer Schilderungen durch den Kopf gegangen sei. Aus ihrer Geschichte höre ich die Angst heraus, daß sie dazu verurteilt sei, das Leben ihres Vaters zu wiederholen. Ich höre auch, daß sie gegen das Gefühl ankämpfe, bei allem, was sie tue, immer nur die Zweitbeste sein zu können, und daß sie dieses Gefühl offenbar schon als Kind empfunden habe. Meinem Eindruck nach sei dieser Kampf mittlerweile so schwierig für sie geworden, daß sie sich in die Einsamkeit zurückgezogen habe, in der sie sich zwar sicher, aber emotional sehr isoliert fühle.

Frau Hoyt schien über meine Worte nachzudenken, ging aber nicht direkt auf sie ein. Statt dessen erklärte sie mir, daß sie im Grunde selbst nicht wisse, weshalb sie als Kunstwissenschaftlerin promovieren wolle. Ihrer Meinung nach besitze sie aber keine natürliche Begabung und habe Angst davor, es als Künstlerin zu nichts zu bringen – dies sei der eigentliche Grund, weshalb sie eine Dissertation in Angriff genommen habe. Sie zweifele allerdings auch daran, eine Lehrerstelle zu bekommen, und habe am Unterrichten ohnehin keine sonderliche Freude. Sie habe sich auf etwas festgelegt, das in ihren eigenen Augen keinen Sinn ergebe. Mehrmals unterbrach sie sich seufzend und meinte: »Ach, was soll's, es ist sowieso ein einziges Durcheinander!«

Die Patientin ging also nicht darauf ein, was ich über mein Verständnis ihres inneren Zustands gesagt hatte, sondern formulierte ihre eigene Erklärung für die Gründe ihrer Apathie, ihrer Verschleppungsmanöver und ihrer Schwierigkeiten mit den Lehrern und Kommilitonen an der Akademie. Sie führte diese Probleme auf ihre Unfähigkeit zurück, sich auf ihre Doktorarbeit zu konzentrieren. Dies wiederum hinge damit zusammen, daß sie eigentlich nicht motiviert sei, die Lehrbefähigung zu erwerben. Ich kam zu dem vorläufigen Schluß, daß meine Erläuterungen über ihren Gemütszustand ihren Gefühlen auf einer bestimmten Ebene vielleicht recht nahe gekommen waren, ich sie aber so allgemein formuliert hatte, daß sich die Patientin durch sie nicht verstanden fühlen konnte.

Frau Hoyt setzte ihren Bericht fort und sprach über ihre Beziehungen zu Männern. Sie hat zahlreiche kurze Beziehungen hinter sich, denn es fällt ihr leicht, Männer zu verführen – vor allem Männer, zu denen sie nicht aufschaut und die sie mühelos um den Finger wickeln kann. Sie sagte: »Dies ist nur ein weiteres Beispiel dafür, wie beschissen ich mich fühle, wenn ich über mich selbst nachdenke. Männer, die ich bewundern könnte, sind für mich unerreichbar.«

Als die Sitzung ihrem Ende zuging, sprach ich noch einmal ihre Ambivalenz bezüglich der Psychotherapie an und sagte, ich könne verstehen, daß es ihr schwerfalle, sich auf einen weiteren Behandlungsversuch einzulassen; offenkundig habe sie jede Menge Erfahrung mit der Gruppentherapie und verfüge durchaus auch über gewisse Einsichten in die Art ihrer Probleme – es müsse enttäuschend sein, trotz alledem ein Muster zu wiederholen, das sie daran hindere, sich ihrer Arbeit zu widmen und zufriedenstellende Beziehungen aufzubauen. Auch diesmal schien sie meine Erläuterungen innerlich beiseite zu schieben. Ich hörte eine gewisse Verärgerung in ihrer Stimme, als sie auf unsere finanzielle Vereinbarung zurückkam – dieses Thema hatten wir vor ihrer ersten Sitzung telefonisch eingehend besprochen. Ich erinnerte sie daran, daß ich ihr mitgeteilt hatte, den Honorarsatz ihrer Studentenversicherung nicht akzeptieren zu können. Ich hatte ihr aber in demselben Telefonat ein reduziertes Honorar angeboten, mit dem sie einverstanden gewesen war. Kalt und distanziert erklärte sie nun, daß sie erst prüfen müsse, welchen Beitrag ihr die Versicherung zurückerstatte, bevor sie einen weiteren Termin mit mir vereinbare.

Ich hatte den Eindruck, daß sie gekommen war, um mich unter die Lupe zu nehmen, und ich den Test nicht bestanden hatte. Vermutlich hatte sie meine Bemerkung über ihre Ambivalenz, die ich gegen Ende der Sitzung machte, als Infragestellung ihrer Behandlungsmotivation verstanden; sie fürchtete, von mir abgelehnt zu werden, wurde wütend und bereitete sich auf ihren Abgang vor. Dieser kurze, aber emotional signifikante Austausch über das Honorar hatte eines ihrer lebenslangen Probleme in die Behandlung eingebracht – wenn sie fürchtete, zurückgewiesen zu werden, reagierte sie unverzüglich und sehr wütend.

Vier Tage später rief mich die Patientin an und teilte mir mit, daß sie noch einmal mit Dr. Neal – dem Psychiater, der sie an mich überwiesen hatte – gesprochen habe und er ihr zugeredet habe, mir eine zweite Chance zu geben. Sie habe ihm berichtet, daß ich während der Hälfte der Sitzung nicht präsent gewesen sei und ihr überhaupt nur wegen des Geldes einen Termin gegeben hätte. Dr. Neal habe ihr erklärt, daß ich eine sehr bekannte Psychiaterin sei und das Geld nicht brauche, daß ich aber wie ein Chirurg mit einem kalten Messer arbeite, weil ich den Problemen auf den Grund gehen müsse. Er erklärte ihr auch, daß ebendies ihr Problem sei; ihre Schwierigkeit, anderen zu vertrauen, hinge damit zusammen, wie sie als Kind behandelt worden sei, und deshalb müsse sie sich in Behandlung begeben.

Ich war über Dr. Neals Beschreibung meines psychotherapeutischen Ansatzes keineswegs glücklich, sagte aber nichts dazu, weil es mir wichtig erschien, die Art und Weise, wie die Patientin mich wahrgenommen hatte, nicht in Frage zu stellen, sondern mich weiterhin ganz auf ihre psychische Realität zu konzentrieren. Daß sie dem Rat des überweisenden Arztes gefolgt war und noch einmal zu mir kommen wollte, konnte ich mir nur damit erklären, daß sie Probleme hatte und meine Kommentare – wie flüchtig auch immer – zumindest als Zeichen für mein Bemühen verstanden hatte, ihren augenblicklichen Zustand zu verstehen.

Daher sagte ich zu Frau Hoyt, daß ich mich über ihren Anruf und über ihre Schilderung des Telefonats mit Dr. Neal freue. Es erleichtere mich, daß Dr. Neal sie hinsichtlich meiner Qualifikation habe beruhigen können, ein wenig betrübt aber sei ich über ihren Eindruck, daß ich nur während eines Teils der Sitzung emotional präsent gewesen sei. Schließlich habe sie mir sehr viel von sich erzählt, das mir überaus wichtig erscheine. Daher müsse das Gefühl, daß ich ihr nicht zuhörte, schrecklich für sie gewesen sein. Die Patientin sagte, sie würde gerne verstehen, was passiert sei, und so vereinbarten wir einen Termin für den folgenden Tag.

Gleich zu Beginn unserer zweiten Sitzung sprach ich ihre Enttäuschung über die erste Begegnung an. Zu meiner Überraschung machte Frau Hoyt sich selbst dafür verantwortlich, daß sie mich als kalt und emotional distanziert erlebt hatte. Sie sei einfach »kaputt« gewesen, weil sie vor unserer Sitzung keinen Kaffee getrunken habe und mir nicht sehr aufmerksam habe zuhören können. Außerdem neige sie, wie schon gesagt, dazu, grundsätzlich jeden zu kritisieren. Ich nahm zur Kenntnis, daß sie die Verantwortung für ihr Erleben übernommen hatte, und sagte, daß es zu diesem Zeitpunkt wichtig sei, *ihre* Wahrnehmung meines Verhaltens anzuerkennen – gleichgültig, welche Gründe ihm zugrunde lagen.

Frau Hoyt kam erneut auf ihre Kindheit zu sprechen und erzählte, sie sei ein »braves Kind« gewesen, nicht streitsüchtig wie andere Familienmitglieder. Erst nachdem sie an EST und weiteren Selbsthilfegruppen teilgenommen habe, habe sie Wut auf ihre Familie empfunden und sich berechtigt gefühlt, diese auch auszudrücken. Mit dem Anflug eines Lächelns sagte sie, daß sie sich gut vorstellen könne, weshalb ihre Studienberater und Kommilitonen der Meinung seien, sie habe eine »spitze Zunge« und sei »intolerant«. Es habe ihr jedoch nicht geholfen, ihre Wut einfach nur »auszukotzen«, sondern lediglich dazu geführt, daß ihre Beziehungen nun zurückhaltender und weit schwieriger seien als früher.

Zunächst war mir die Bedeutung dieser Aussage entgangen – sie wollte mir erklären, daß sie ohne ihre Erfahrungen in EST und den anderen Selbsthilfegruppen nicht wütend auf mich geworden wäre und mich nicht so schnell abgeschrieben hätte. Meine Reaktion auf sie hing mit meinen eigenen Anliegen zusammen, nämlich damit, daß ich mir ihres therapeutischen Engagements nicht sicher war. Ich sagte, ich hätte sie dahingehend verstanden, daß ihr Bemühen um einen Behandlungsplatz diesmal darauf zurückzuführen sei, daß sich trotz der vielen Erklärungen, die man ihr über ihre Schwierigkeiten gegeben hatte, weder in ihrem beruflichen noch in ihrem privaten Leben etwas verbessert habe. Mir leuchte ein, daß die Äußerung der Wut, die sie auf ihre Kommilitonen und Studienberater empfand, ihre emotionale Isolation nur verstärkt habe. Die Patientin erwiderte, daß es für sie hilfreich gewesen sei, von der EST-Gruppe zur Äußerung ihrer Wut ermuntert zu werden. Es habe ihr allerdings immer nur kurzfristig gut getan. Trotzdem fühle sie sich der Gruppe sehr verbunden, weil die Leute dort auf ihrer Seite stünden und sie manche Mitglieder nach wie vor anrufen könne, um sich »aufbauen« zu lassen, wenn sie sehr niedergeschlagen sei. Sie mache sich Gedanken über den Unterschied zwischen Gruppen- und Einzelbehandlung; sie sei immer in großen Gruppen gewesen, in denen die Probleme aller Teilnehmer auf gleiche Weise behandelt wurden. Es sei das erste Mal, daß jemand ihre Schwierigkeiten unter einem persönlichen Blickwinkel betrachte. Unmittelbar bevor sie ging, sagte sie, sie würde gerne noch einen weiteren Termin vereinbaren. Obwohl mir bewußt war, daß die Patient diese Sitzung ganz anders erlebt hatte als unsere erste Begegnung, fragte ich sie unwillkürlich, ob sie sich vielleicht ein wenig Zeit lassen wolle, um über die Arbeit mit mir noch einmal nachzudenken. Sonst könne sie es später womöglich bedauern, unter dem Eindruck der erfolgreichen Sitzung eine Entscheidung getroffen zu haben. Wir kamen überein, daß sie mich anrufen und mir ihre Entscheidung mitteilen würde. Als sie ging, sah ich, daß sie über meinen Vorschlag enttäuscht war; gleichwohl bot ich ihr keinen weiteren Termin an.

Während des Wochenendes ging unser Abschied noch einmal durch den Kopf. Ich dachte an Frau Hoyts Verletzlichkeit gegenüber Zurückweisungen, und mir war nicht wohl dabei, ihr keinen weiteren Termin angeboten zu haben. Als ich überlegte, weshalb ich es ihr anheimgestellt hatte, mich anzurufen, mußte ich der Tatsache ins Auge sehen, daß ich ein Opfer meiner Gegenübertragung geworden war: Ich selbst hatte mich nach der ersten Sitzung von der Patientin abgelehnt gefühlt und wollte mich nun ihres Interesse vergewissern, indem ich es ihr überließ, mich *ausdrücklich* darum zu bitten, sie zu behandeln. Als ich in meine Praxis zurückkam, hörte ich erleichtert, daß sie mich am Tag nach unserer zweiten Sitzung und in der Woche darauf telefonisch zu erreichen versucht hatte.

In unserer dritten Sitzung machte Frau Hoyt einen sehr aufgeräumten Eindruck: Sie war sorgfältig frisiert, hübsch gekleidet und auch ein wenig geschminkt. Als sie Platz nahm, fragte sie seufzend: »Wo soll ich bloß anfangen?« Womöglich, so warnte sie mich vor, würde sie all die Dinge, die sie in den zahlreichen Gruppen über sich erfahren hatte, herunterrasseln. Sie begann mit einem Erlebnis, das vier Jahre zurücklag und noch immer mit intensiven Gefühlen verbunden war, einer Erfahrung, die sie sehr bedrückte: Damals hatte sie sich in einen jungen, in Künstlerkreisen ausgesprochen populären Mann verliebt. Er schenkte ihr keinerlei Beachtung, und in ihrer Verzweiflung folgte sie ihm auf seinen Reisen überallhin nach. Sie ist überzeugt, damals »wirklich verrückt« gewesen zu sein. Viele ihrer Bekannten wissen von der Geschichte und sehen sie deshalb ihrer Meinung nach schräg an. Sie fragte mich, ob ich mir erklären könne, was sie damals zu diesem Verhalten veranlaßt habe. Ich antwortete, daß ich mir nicht sicher sei, aber die Geschichte erinnere mich an eine andere Beziehung, von der sie mir erzählt habe, nämlich an die Beziehung zu einer ihrer engsten Schulfreundinnen. (Dieses Mädchen hatte sämtliche Preise in der Schule gewonnen, während die Patientin immer »die Zweitbeste« gewesen war. Vor allem gegenüber dieser Freundin hatte sich Frau Hoyt stets als »zweite Geige« gefühlt. Deren Erfolg machte sie neidisch, aber sie klebte regelrecht an ihr, und die beiden blieben noch viele Jahre lang eng befreundet.)

Ihre Beschreibung, so sagte ich, lasse mich vermuten, daß sie sich in dieser engen, fast exklusiven Beziehung zu jener sehr beliebten und erfolgreichen Schulfreundin vermutlich in deren Glanz habe sonnen können; falls dies zuträfe, würde es uns helfen, ihr anklammerndes und besitzergreifendes Verhalten sowohl gegenüber der Freundin als auch gegenüber dem jungen Mann zu verstehen. Frau Hoyt antwortete nachdenklich, sie sei erleichtert darüber, daß ihr Verhalten in meinen Augen einen Sinn ergebe; sie habe befürchtet, daß sie damals womöglich verrückt gewesen sei und jederzeit wieder verrückt werden könne. Nun folgten weitere Assoziationen, die meine Vermutung bestätigten: Sie glaubte, daß sehr viele ihrer Schwierigkeiten an der Kunstakademie damit zusammenhingen, daß sie nicht zur In-group gehöre; solange sie aber nicht als »Starmaterial« betrachtet werde, habe sie vermutlich keine Chance. »Genauso ist es mit den Männern«, erläuterte sie. »Wenn ich einmal eine Affäre habe, dann ist es mit Sicherheit ein Mann, der noch weniger Erfolg hat als ich.« Die Patientin erinnerte sich an die Atmosphäre, die in ihrer Familie herrschte, wenn die Mutter sehr depressiv war. Nach deren Suizid hatte sie sich ihrer Schwester zugewandt, die aber selbst noch ein Teenager war und keine Mutter für sie sein konnte. Dies bestätigte die Patientin in dem Gefühl, daß weder ihre Schwester noch ihre Mutter sie liebenswert fanden, und dieses Gefühl begleitet noch heute ihre Beziehungen zu allen anderen Menschen.

Möglicherweise fühlte sich Frau Hoyt durch unser Gespräch und die Ebene, auf der ich ihr mein Verständnis vermittelt hatte, ermutigt, denn sie kam nun eilends auf einen weiteren Bereich ihres augenblicklichen Lebens zu sprechen, der sie sehr beunruhigte und den sie nicht verstand – das tagelange Fernsehen, während sie doch eigentlich, bewußt, beabsichtigte, ihre Doktorarbeit zu schreiben und danach die Stadt zu verlassen. Ich antwortete, daß wir nun, nachdem wir ihre Gefühle ein wenig besser verstehen könnten, sicherlich auch dahinterkämen, welche Bedeutung das zwanghafte Fernsehen für sie hatte.

In der nächsten Sitzung konzentrierte sie sich auf dieses Thema und überlegte, weshalb sie derart selbstdestruktiv sei und ihre Tage vor dem Fernseher verbringe, während sie gleichzeitig Angst habe, daß ihr das Geld ausgehe, bevor ihre Dissertation fertig sei. Ich antwortete, daß mein Verständnis nur sehr vorläufig sei und ich es in der Hoffnung, gemeinsam mit ihr eine Antwort auf die Frage zu finden, formulieren wolle. Da sie die Menschen um sich herum als feindselig und frustrierend erlebe und ihrerseits wütend auf sie sei, weil sie ihr das Leben so schwer machten, habe sie sich zurückgezogen, um sich vor diesen Erfahrungen zu schützen. Wenn sie aber Tag für Tag allein in ihrem Apartment sitze, fühle sie sich einsam, und in dieser Situation leiste ihr der Fernseher Gesellschaft. Dies war eine einfache Erklärung, die für sie Sinn ergab. Sie hoffte nun, daß allein das Wissen um die Gründe ihres Verhaltens ihr dabei helfen würde, diese ausgesprochen selbstdestruktive Angewohnheit zu durchbrechen.

An diesem Punkt half ihr die »Erklärung« ihres Verhaltens – der Verfolgung jenes Mannes und des Rückzugs in die Einsamkeit, während sie bewußt den Wunsch hatte, ihre Dissertation zu schreiben –, ihre Selbstvorwürfe und ihre tiefe Scham zu überwinden. Die Patientin schilderte noch ein weiteres Beispiel für ihre Wut und Isolation: Am Vortag waren ihr zwei ihrer Professoren auf dem Gang begegnet. Sie gingen grußlos an ihr vorbei. Sie selbst grüßte ebenfalls nicht und dachte nachher: »Sie hassen mich, und ich hasse sie.«

Als Frau Hoyt zu ihrer nächsten Sitzung kam, war sie aufgeregt und voller Tatendrang: Sie hatte einen Computer und die gesamte Ausrüstung gekauft, die sie benötigte, um mit ihrer Dissertation zu beginnen. Überdies war es ihr gelungen, eine Gruppe von Frauen zu organisieren, denen es mit der Promotion ähnlich ging wie ihr selbst. Es schien, als könnten sie eine Art Selbsthilfe-gruppe bilden. Möglicherweise hatte Frau Hoyt ihre Gruppenerfahrungen vermißt und deshalb ihre eigene Gruppe um sich geschart – ein aktiver Schritt zur Überwindung ihres Isolationsgefühls, der sich von der Apathie, die sie noch bei unserer ersten Begegnung empfand, sehr deutlich unterschied. Sie sagte, daß es ihr viel besser gehe und daß ihr Kopf mittlerweile klarer sei. Vermutlich hinge dies mit dem Absetzen ihrer Antidepressiva zusammen; ihr seien die Medika-mente ausgegangen, und sie habe beschlossen, sich kein neues Rezept zu besor-gen. Mir war nicht klar, inwieweit die medikamentöse Behandlung dazu beige-tragen hatte, daß es der Patientin besser ging. Frau Hoyt jedenfalls war fest entschlossen, keine Medikamente mehr zu nehmen.

Ein Großteil unseres Gesprächs drehte sich in dieser Stunde um ihr zwang-haft anklammerndes Verhalten gegenüber jenem bekannten und beliebten Mann, von dem sie mir in den früheren Sitzungen erzählt hatte. Als wir die Bedeutung jener Erfahrung genau unter die Lupe nahmen, konnte sie klarer erkennen, daß dieses Erlebnis im Grunde viele wichtige Aspekte ihres zentra-len Problems in sich barg: ihren ehrgeizigen Wunsch nach Anerkennung und Bewunderung und ihr Gefühl, es niemals soweit bringen zu können und sich deshalb mit jemandem zusammentun zu müssen, der von anderen bewundert wurde.

Mein Verständnis dieser Erfahrung hing mit der Wichtigkeit zusammen, die ich dem Umstand beimaß, daß dieser jungen Frau die für die Entwicklung ganz entscheidende Erfahrung, idealisierbare Eltern zu haben, verwehrt geblieben war: Ihre Mutter war sehr depressiv gewesen und hatte sich das Leben genom-men, und ihr Vater galt als passiv und inkompetent. Das Gefühl der Patientin, von ihrer älteren Schwester »abgelehnt« zu werden, muß deshalb potentiell traumatisch gewesen sein.[5] Frau Hoyt sagte, daß sie die Demütigung, die ihr jener junge Mann durch seine völlige Mißachtung ihrer Person zufügte, nach wie vor schmerze. »Ist das eine Wunde, die ich mit mir herumtrage?« fragte sie. Ich antwortete, daß das Wort »Wunde« offenbar die Gefühle ausdrücke, die sie im Zusammenhang mit diesem Erlebnis empfinde: das Gefühl, immer nur die zweite Geige gespielt zu haben und im Schatten anderer, die als perfekt und erfolgreich angesehen wurden, vielleicht ein wenig an deren Glanz teilhaben zu können. Möglicherweise habe sie das Wort gewählt, weil mit diesen Erfahrun-gen ein so großer Schmerz verbunden war. Sie empfinde sie aus mindestens zwei Gründen als demütigend: Sie werde von der Person abgelehnt, deren

Gunst sie suchte, und überdies sähen andere dabei zu, wie sie sich verzweifelt an diese »Stars« hänge. Aufgrund meiner Aussage konnte sich Frau Hoyt ihren Groll darüber bewußt machen, daß sie im Vergleich mit anderen, erfolgreicheren Leuten immer nur die »zweite Geige« spielte: »Deshalb sind immer mehr von ihnen (ihren Kommilitonen) zu meinen Feinden geworden, so daß ich schließlich gar keine Freunde mehr hatte und bei niemandem Unterstützung mehr fand...« Ich könne, so sagte ich, verstehen, daß sie sich angesichts solcher Gefühle in die Sicherheit ihrer Wohnung zurückziehe. Frau Hoyt meinte nun, daß die Leute in den Selbsthilfegruppen, die ihr klar zu machen versuchten, daß sie mit ihrer Isolierung das Leben ihres Vaters wiederhole, nur die Spitze des Eisbergs gesehen hätte; sie hätten jedoch nicht wahrgenommen, daß ihre augenblicklichen Schwierigkeiten mit einer alten Wunde zusammenhingen. Es leuchte ihr nun ein, daß ihre aktuellen Probleme komplizierter seien und sich nicht auf eine simple Identifizierung mit ihrem passiven und unfähigen Vater zurückführen ließen. Sie wurde traurig, als sie über ihren Vater sprach. Sie könne ihn mittlerweile besser verstehen; ihr sei nie zuvor der Gedanke in den Sinn gekommen, daß seine Verletzlichkeit ihn dazu getrieben habe, sich in eine esoterische Religion zu flüchten, und daß auch er sich isoliert hatte, weil er mit all den Herausforderungen des Lebens nicht fertig wurde.

Als sich der Prozeß vertiefte, wurde mir deutlicher bewußt, daß der Patientin nicht nur Eltern verwehrt geblieben waren, die sie hätte idealisieren können, sondern daß sie auch unter den Folgen des Gefühls litt, ihrer Mutter nicht soviel bedeutet zu haben wie die Schwester. Das Wort »Wunde« war in unserem Dialog deshalb so wichtig, weil es uns half, die Bemühungen der Patientin anzuerkennen, diese lebenslange Verletzung durch die Teilnahme an verschiedenen Selbsthilfegruppen zu heilen. In ihren beruflichen und privaten Beziehungen aber wurde diese Wunde immer wieder geöffnet: Wenn sie das Bedürfnis hatte, sich an jemanden zu klammern, und mit Ablehnung rechnete, stellte sie andere Menschen sozusagen auf die Probe. Sie testete, inwieweit sie akzeptiert wurde. Weil Frau Hoyt aber sehr sensibel auf jedes vermeintliche Anzeichen für Ablehnung reagierte, brachte sie ihre Enttäuschung und Wut zum Ausdruck, indem sie sich hochmütig zurückzog oder einen verbalen Angriff startete.

Auch in der folgenden Sitzung erzählte Frau Hoyt aufgeregt von den neuen Entwicklungen in ihrem Leben und von all den Dingen, mit denen sie sich nun beschäftigte. Sie wirkte tatkräftig und schien voller Energie zu sein; sie hatte regelmäßig an ihrer Dissertation gearbeitet und außerdem eine recht stabile

Beziehung zu einem jungen Mann entwickelt. Gemeinsam mit ihm hoffte sie, ein erfolgreiches Geschäft aufziehen zu können.

Ich freute mich über diese raschen Veränderungen, war aber zugleich ein wenig verwirrt. Ich rechnete damit, daß sie nicht von Dauer sein würden, und betrachtete sie schon gar nicht als Hinweis auf eine strukturelle Veränderung. Indes war der Fortschritt im Behandlungsprozeß insofern real, als unser Dialog die Entwicklung einer idealisierenden Verschmelzungsübertragung zu erleichtern schien. Die daraus resultierende höhere Selbstkohäsion gab Frau Hoyt die Chance, frei von Selbstanklagen über sich nachzudenken und ihr eigenes früheres Verhalten in höherem Maße zu akzeptieren. Diese Entwicklung bildete einen entscheidenden Aspekt des Heilungsprozesses: Die Fähigkeit zur Empathie gegenüber dem »kranken« oder infantilen Aspekt der eigenen Persönlichkeit mindert die Scham- und Schuldgefühle, die mit dem fehlangepaßten Verhalten verbunden sind. Die Selbstakzeptanz ist auch für die erhöhte Fähigkeit verantwortlich, auf Abwehrorganisationen zu verzichten, die ein verwundbares Selbst schützen. In Frau Hoyts Fall bedeutete dies, daß sie sich aus ihrem hochmütigen Rückzug in die Sicherheit ihrer Wohnung ein wenig löste und das Bedürfnis, sich für reale oder eingebildete Verletzungen durch andere mittels verbaler Attacken zu rächen, nachließ.

Möglicherweise gingen der Patientin ähnliche Gedanken durch den Kopf, als sie sich plötzlich mit der Frage an mich wandte: »Wie funktioniert Psychotherapie?« Es überrasche sie, daß wir uns nicht intensiver mit ihrer Vergangenheit beschäftigten, denn dies habe ihr Dr. Neal in Aussicht gestellt. Ich sagte, daß sie selbst die Frage, wie Therapie funktioniere, am besten beantworten könne: Was habe sie bislang erlebt? Frau Hoyt glaubte, am meisten habe sie davon profitiert, daß wir herausfanden, weshalb sie gegenüber jenem Mann »den Verstand verloren« habe – weshalb sie ihn unbedingt auf sich aufmerksam machen wollte und weshalb dieses Erlebnis sie jahrelang beschäftigte. Sie schwieg und meinte dann, daß die Art und Weise, wie Psychotherapie funktioniere, offenbar darin bestehe, daß sie mir verschiedene Geschichten erzählte und ich mich auf diejenigen konzentrierte, die mir halfen zu verstehen, was sie in der *Gegenwart* quälte. Ich hielt dies für eine sehr gute Erklärung und sagte, daß ich tatsächlich jene Erfahrungen zu verstehen versucht hätte, die weiterhin eine Bedeutung für sie besäßen und im Laufe der Jahre zu einer großen emotionalen Belastung für sie geworden seien. Ich erwähnte noch einmal die emotionale Wunde, die sie so schmerzte, als sie dem jungen Mann auf Schritt und Tritt folgen mußte. Sie überlegte, ob ihr jene Erfahrung letztlich nicht vielleicht sogar geholfen habe: So sei sie gezwungen gewesen, sich mit der Tatsache auseinanderzusetzen, daß ihre Promotionsabsichten ein Kompromiß waren, den sie nur einging, weil sie nicht wirklich künstlerisch begabt sei und es deshalb keine andere Lösung für sie gebe, als Lehrerin zu werden. Da ihr diese Aussicht aber ein Greuel sei, fehle ihr jede Motivation, ernsthaft auf ihren Studienabschluß hinzuarbeiten. Eigentlich nämlich wolle sie selbst eine anerkannte Künstlerin werden.

Ich hatte mittlerweile den Eindruck gewonnen, daß Frau Hoyt sich auf die Therapie einließ und daß wir vorankamen. Deshalb war ich auf den Affektsturm, der in der nächsten Sitzung über mich hereinbrach und der diesen kurzen Behandlungsprozeß durchaus hätte zunichte machen können, überhaupt nicht vorbereitet.

Als Frau Hoyt das Behandlungszimmer betrat, wirkte sie weder wütend noch unglücklich. Zu meiner Verblüffung aber berichtete sie mir, daß sie nach unserer letzten Sitzung in New York gewesen sei und daß der Freund, der ihr ursprünglich so dringend zu einer Psychotherapie geraten hatte, sie dazu überredet habe, mich noch einmal aufzusuchen – eigentlich habe sie nicht mehr kommen wollen. Sehr erregt wiederholte sie nun einige der Dinge, die sie dem Freund über mich erzählt hatte: »Ich mag diese Frau nicht... es bringt mir nichts, zu ihr zu gehen... sie zieht mir nur das Geld aus der Tasche... Ich will das Geld meines Vaters nicht für Gespräche verschwenden, die zu nichts führen...«

Offensichtlich hatte ich die Fortschritte der Patientin anders eingeschätzt als sie selbst. Ich mußte auch überlegen, ob ihre Unterhaltung mit ihrem Freund mit der Dynamik jener Beziehung zusammenhing und ob die Verachtung, die sie mir gegenüber empfand, nicht nur mit dem Geschehen zwischen uns beiden, sondern auch etwas mit dieser Beziehung zu tun hatte.

Als ich sagte, daß sie sich diesem Mann offenbar irgendwie verpflichtet fühle, weil sie seinem Rat, mich wieder aufzusuchen, gefolgt sei, hörte sie meiner Stimme offenbar an, daß ich mich über ihre Einstellung zu der Behandlung bei mir ärgerte. Sie wurde wütend und erklärte, daß es mir offensichtlich lieber wäre, wenn sie die Tür hinter sich zuschlage. Meine Bemerkung beweise ihr, daß ich nur darauf wartete, daß sie gehe. »Genau dasselbe ist mir in meinem Leben immer wieder passiert. Wenn ich es wage, den Leuten zu sagen, wie ich über sie denke, kann ich darauf wetten, daß sie mich rausschmeißen.«

Mir war zwar völlig unklar, was sie so wütend gemacht oder ihr den Eindruck vermittelt hatte, daß unsere Gespräche zu nichts führten, auf jeden

Fall aber hatte sie sich nun mehrmals selbst in eine Position hineinmanövriert, die ein altes Muster wiederholte – sie provozierte meine Ablehnung. Ich erklärte ihr, daß ich keineswegs wolle, daß sie gehe. Vielmehr sei mir klar, daß genau dies der Grund sei, weshalb sie mich aufgesucht habe: Sie müsse herausfinden, ob es irgendeine Möglichkeit gebe, diesen Wiederholungskreislauf, in dem sie sich in Wutgefühle verstricke und Ablehnung provoziere, zu durchbrechen.

Meine Erläuterung beruhigte sie ein wenig, und sie erinnerte mich daran, daß Wut und Paranoia ihr großes Problem seien. Ja, antwortete ich, mir sei bewußt, wie schwierig es für sie sei, nicht wütend zu werden, wenn sie das Gefühl habe, daß man ihre Interessen nicht berücksichtige und sie ausnutze. In diesem Sinn könne ich ihre Gefühle über die Tatsache, daß ich ihr ein höheres Honorar in Rechnung stellte, als die Versicherung zu erstatten bereit war, verstehen. Es sei schwierig, die Wut zu bewältigen, die man angesichts einer großen Ungerechtigkeit empfindet. Ich fügte auch hinzu, daß wir die Frage der Finanzierung offensichtlich nicht angemessen geklärt hatten.

Ihre Feindseligkeit war verschwunden, und sie fragte ein wenig unbeholfen, wie sie mit ihrer Wut besser umgehen könne. Sie habe ihr fast all ihre Beziehungen und die Kontakte zu ihren Angehörigen zerstört. Sie dachte auch kurz darüber nach, was zwischen ihr und ihrem Freund in New York geschehen war und weshalb sie sich veranlaßt gefühlt hatte, ihm ein derart negatives Bild von unserer Arbeit zu vermitteln. Möglicherweise, so ihre Vermutung, war sie wütend auf ihn gewesen, weil er sie mit seiner Meinung, daß sie psychiatrische Hilfe benötige, entwertet hatte. Nun wolle sie ihm beweisen, daß er unrecht habe und daß die Behandlung ihr nicht weiterhelfe. Sie fügte hinzu, daß sie mit dieser Erfahrung sehr vertraut sei – ihre Wut gehöre zu den Gefühlen, auf die sie sich immer verlassen könne, wenn sie sich emotional in der Falle fühle.

Ich spürte, daß ich mit diesem Fortgang der Dinge zufrieden war. Ich fühlte mich durch ihre Assoziationen bestätigt und war überzeugt, daß wir uns in der Übertragung mit Themen auseinandersetzten, die für einige ihrer schwierigsten Persönlichkeitszüge verantwortlich waren. Statt ihr Strategien zur »Wutbewältigung« zu empfehlen, wollte ich sicherstellen, daß sie wußte, daß ich ihre Wut in der Übertragung verstand und akzeptierte. Zu diesem Zeitpunkt waren Übertragungsdeutungen nicht nur möglich, sondern auch notwendig.

Ich erinnerte Frau Hoyt an unser erstes Telefonat: Wegen meines Akzents habe sie damals geglaubt, daß ich zu dem Kreis jener Leute gehöre, von denen sie sich ungerecht behandelt fühlte und die ihr nicht halfen. Sie habe Grund zu dieser Annahme gehabt, denn schließlich gehöre ich der Universität an. Dr. Neal, dessen Meinung sie sehr schätze, habe ihrem Eindruck widersprochen, und dies müsse sie sehr verwirrt haben. Vielleicht habe mich Dr. Neals Bemerkung, daß ich sehr bekannt sei, in ihren Augen in die Kategorie der »Stars« eingereiht, was ihre Ambivalenz gegenüber der Behandlung zusätzlich verstärkt habe: Sie würde mit einer Therapeutin zu tun haben, die von anderen respektiert wurde und der sie sich unterlegen fühlen müsse. Zudem lief sie Gefahr, anklammernd und abhängig zu werden, und dies wollte sie keinesfalls noch einmal erleben. Die Honorarfrage böte sich an, um diesen Konflikt zu thematisieren – sie bestätigte ihre Erwartung, daß ich an *ihr* nicht interessiert sei, sondern nur an ihrem Geld. Frau Hoyt hörte mir aufmerksam zu, und so fuhr ich fort und erläuterte, daß ihre Wut wegen des Geldes vielleicht ihren Groll auf viele andere Leute zum Ausdruck bringe, die ihre mißliche Lage nicht anerkannt, sondern sie übervorteilt hatten.

Frau Hoyts Reaktion auf meinen ausführlichen deutenden Kommentar zeigte, daß der Kontakt, den wir nun hergestellt hatten, bedeutsamer war als jede vorangegangene gemeinsame Erfahrung. Sie hatte darüber gesprochen, wie sehr ihre Schwester sie enttäuscht habe, die ihr nach dem Tod der Mutter vermittelte, daß sie alt genug sei, um für sich selbst zu sorgen. Frau Hoyts Schwester war damals fünfzehn Jahre alt. Für das elfjährige Mädchen aber gehörte sie zu den »Erwachsenen«, und deshalb hatte meine Patientin erwartet, daß sie sich fortan anstelle der Mutter um sie kümmern werde. Ich erläuterte, daß es für sie offenbar sehr schwer sei zu verstehen, daß sie während der Krankheit und nach dem Tod ihrer Mutter ihre Wut und Traurigkeit nicht äußern (und möglicherweise nicht einmal empfinden) konnte, daß diese Gefühle aber nun viele ihrer gegenwärtigen Beziehungen beherrschten. Ich erinnerte sie daran, daß sie mir einmal erklärt habe, ihre größten Probleme seien die Wut und die Paranoia: Nun könnten wir den Ursprung dieser Gefühle vielleicht besser verstehen. »Ich bin froh«, sagte ich, »daß Sie nicht weggelaufen, sondern hiergeblieben sind. Auf diese Weise wurde es uns möglich, die Wut zu verstehen, die Sie jetzt mir gegenüber empfinden.«

Diesmal bestand ich den Test: Ich war nicht die ablehnende Schwester; ich wußte, daß sie mich brauchte. Solange sie mein Honorar als eine Form der Ausbeutung betrachtete, war ihre Wut in der Übertragung »legitim«. Diese Erfahrung zeigte der Patientin deutlicher, warum ihre Wut zu einem erfolgreichen Selbstschutz geworden war; dieser Affekt schützte sie vor der Hilflosigkeit und vor dem Gefühl, im Stich gelassen zu werden. Als ich am Ende der Sitzung nach meinem Terminkalender griff, meinte Frau Hoyt: »Ja, ich möchte einen neuen Termin haben, es war eine sehr gute Stunde.«

Die nächste Sitzung verlief ruhig; ich hatte den Eindruck, daß wir eine noch tiefere Ebene des Sich-Einlassens erreicht hatten. Frau Hoyt sprach über ihre Schwierigkeit, das Geschäft in Gang zu bringen, das sie mit dem Mann, mit dem sie zusammen war, aufziehen wollte. Sie klagte, daß sie ihre Zeit noch immer nicht optimal nutze und daß sie unbedingt Geld verdienen müsse (sie hatte ihre Rücklagen sehr rasch verbraucht). Trotzdem wolle sie ihre künstlerische Arbeit nicht völlig vernachlässigen und hoffe, gleichzeitig auch an ihrer Dissertation schreiben zu können. Offenkundig hatte sich ihr Alltagsverhalten dramatisch verändert; sie sah nicht mehr fern und erledigte jeden Tag eine Vielzahl von Aufgaben. Subjektiv aber fühlte sie sich nach wie vor unproduktiv. Ich fragte, was sich wohl hinter diesem Gefühl verberge. Frau Hoyt erklärte, daß sie mit wachsender Energie immer länger an ihrer Diplomarbeit habe schreiben können; gleichzeitig aber habe sie Panik bei dem Gedanken ergriffen, daß sie damit womöglich endgültig jede Hoffnung auf eine Zukunft als Künstlerin aufgebe. Es sei noch immer ihr Traum und ihr höchstes Ziel, als Künstlerin zu arbeiten. Aus Angst, ihre künstlerischen Fähigkeiten durch mangelnde Übung unwiderruflich einzubüßen, begann sie, mehr und mehr Zeit mit ihrer Kunst zu verbringen. »Das ist nun ein anderes Problem«, sagte ich. »Es ist schwierig, genügend Zeit zu finden, um die Dissertation zu schreiben, künstlerisch zu arbeiten und gleichzeitig auch noch Geld zu verdienen.« Mit vermutlich unüberhörbarer Zufriedenheit erklärte ich ihr, daß mir ihr Konflikt nachvollziehbar erscheine, daß er sich aber von ihrem früheren Problem deutlich unterscheide: Damals sei sie unfähig gewesen, ihr Zimmer zu verlassen, ihre Dissertation zu schreiben, künstlerisch zu arbeiten oder ihre finanzielle Situation zu verbessern. Sie stimmte zu und fragte sich verwundert, weshalb sie mit dem, was sie geleistet habe, nach wie vor nicht zufrieden sei und sich nicht wohlfühlen könne. Trotz all der Dinge, um die sie sich kümmere, werde sie das Gefühl nicht los, das, was »wirklich anliege«, nicht geschafft zu haben. Bevor sie ging, faßte Frau Hoyt unser Gespräch noch einmal zusammen, so als wolle sie angesichts der bevorstehenden langen Sommerferien etwas für sich mitnehmen. Wir vereinbarten zwei Termine für den September.

Frau Hoyt war während des Sommers sehr beschäftigt, kam mit ihrer Diplomarbeit aber nicht in dem Maße weiter, wie sie es sich vorgestellt hatte. Auch ihr Geschäft wollte nicht so recht florieren. Daher verbrachte sie immer mehr Zeit mit ihrer Kunst und fühlte sich relativ wohl. Man hatte sie zur Teilnahme an einer Ausstellung eingeladen, bei der sie sich und ihre Kunst zum erstenmal einem größeren Publikum vorstellen würde. Sie stimmte zu, daß sich ihre Selbstwahrnehmung dadurch verändere; sie spiele mit dem Gedanken, noch intensiver künstlerisch zu arbeiten, und zwar auch auf Kosten ihrer Dissertation, derentwegen sie ursprünglich in die Stadt gekommen war. Seit sie sich an der Akademie wohler fühle, empfinde sie den Studienabschluß nicht mehr als derart drängend wie zur Zeit unserer ersten Sitzung. Da sich ihre finanzielle Situation weiter verschlechtert habe, fragte sie, ob es für mich akzeptabel sei, den zweiten vorgesehenen Termin auf einen späteren Zeitpunkt zu verschieben. Sie würde ohnehin eine gewisse Zeit brauchen, um das bislang aufgelaufene Honorar zahlen zu können. Ich war einverstanden und brachte meine Hoffnung zum Ausdruck, weiterhin mit ihr in Kontakt zu bleiben.

Als ich nach zwei Monaten noch nichts von Frau Hoyt gehört hatte, rief ich sie an. Sie freute sich darüber und erzählte, daß sie mehr reise als zuvor, weil es für ihre künstlerische Entwicklung von Vorteil sei, auch wenn sich die Fertigstellung ihrer Dissertation dadurch verzögere. Ansonsten gebe es in ihrem Leben keine wichtigen Veränderungen. Sie sei nach wie vor mit jenem Mann zusammen, der sie nun heiraten wolle, aber sie fühle sich dazu noch nicht bereit. Sie habe das Gefühl, zwanzig Jahre ihres Lebens verloren zu haben, die sie nun allmählich aufzuholen beginne; sie traue sich nicht zu, überhaupt irgendeinen Mann sosehr zu lieben, daß sie ihn heiraten könne. Ich sagte, mir sei klar, daß sich ihre finanzielle Situation weiter verschlechtere; trotzdem hoffe ich, daß sie mich anriefe, wenn sie glaube, im Gespräch mit mir dies oder das klären zu können. Daraufhin fragte sie nach meiner Faxnummer. Sie werde demnächst eine längere Auslandsreise antreten und könne mich ja per Fax wissen lassen, wie es ihr gehe.

Während ihres Auslandsaufenthalts hörte ich nichts von ihr. Nach ihrer Rückkehr führten wir ein Telefonat, das ich als Follow-up-Interview betrachtete. Frau Hoyt hatte ihre Arbeit an der Dissertation wiederaufgenommen. Sie hatte ihren ursprünglichen Entwurf, der – wie sie rückblickend erkannt hatte – entschieden zu ehrgeizig gewesen war, deutlich gekürzt, so daß es ihr nun wesentlich einfacher erschien, die Arbeit innerhalb eines vertretbaren Zeitrahmens abzuschließen. Ihr größtes Problem bestand darin, daß sie kaum noch Geld hatte; aus ihren ehrgeizigen Plänen, mit ihrem Freund zusammen ein Geschäft aufzuziehen, war nie etwas geworden. Recht sachlich dankte sie mir dafür, daß ich mit ihr in Verbindung geblieben war, und dann verabschiedeten wir uns voneinander.

Diskussion der klinischen Vignette

Diese kurze Fokaltherapie, die vierzehn Sitzungen und zwei Telefonate sowie ein telefonisches Follow-up-Interview umfaßte, zeigt, daß sich eine Selbstobjekt-Übertragung sogar in einem relativ kurzen Behandlungsprozeß entwickeln kann. Durch die Übertragung fanden die wesentlichen Aspekte der Psychopathologie meiner Patientin (narzißtische Verwundbarkeit und chronische und akute Wut, die sie entweder direkt oder indirekt zum Ausdruck brachte, indem sie anderen die Schuld an ihrer mißlichen Lage gab) Eingang in die Behandlungssituation. Die Unterbrechungen der Übertragung, die bereits früh in der Behandlung auftraten, waren entscheidende Aspekte des Prozesses und hätten unter anderen Umständen auch zu einem vorzeitigen Abbruch führen können. In der beschriebenen Behandlung unterstützten sie den therapeutischen Fortschritt. Während solcher Unterbrechungen erwies sich die klinisch-theoretische Orientierung der Therapeutin (ihre konsequente Haltung des empathischen Zuhörens und das Sprechen im Deutungsmodus) als besonders wichtig. Es ist schwierig, zur Haltung des empathischen Zuhörens zurückzufinden, wenn sich die Wut des Patienten gegen einen selbst richtet. Wenn man aber in dieser Situation die eigene psychische Realität ins Spiel bringt, steigert man nicht nur die Wut des Patienten, sondern nimmt sich auch selbst jede Chance, den Charakter der Angst und der mit ihr verbundenen Abwehrmechanismen zu deuten, die sich nun in der Übertragung manifestieren. Sobald die akute Episode an Intensität verliert, stellen Unterbrechungen optimale Gelegenheiten für bedeutsame Deutungen dar, und die anschließende therapeutische Arbeit erreicht gewöhnlich eine noch tiefere Ebene des Engagements. In solchen Phasen erfolgt ein Großteil des Durcharbeitens habitueller Abwehrorganisationen; die strukturellen Veränderungen, die sich im Laufe dieses Prozesses einstellen, manifestieren sich in einer Verbesserung des Symptomverhaltens des Patienten.

Wir behaupten nicht, daß tiefverwurzelte Persönlichkeitseigenschaften in derart kurzer Zeit revidiert werden können. Eine positive Behandlungserfahrung aber kann einen Prozeß in Gang setzen, in dem die Heilungstendenz des Patienten selbst stärker aktiviert wird. Unserer Ansicht nach konnte der Wunsch der Patientin, ihre künstlerische Laufbahn fortzusetzen, reaktiviert werden, weil die Therapeutin das rachsüchtige Verhalten, das Frau Hoyt in der Behandlung ebenso wie außerhalb zeigte, akzeptierte und empathisch deutete (und es auf seine genetischen Ursprünge zurückführte). Obwohl die Abwehrstrukturen zwangsläufig nur in einem begrenzten Rahmen durchgearbeitet werden konnten, schuf diese Arbeit die Voraussetzung dafür, daß die Heilungsphantasie der Patientin, nämlich die Phantasie, Künstlerin zu werden und selbst ein »Star« zu sein, auftauchen konnte (P. H. Ornstein und A. Ornstein 1977; A. Ornstein 1992). Die Therapeutin hatte nicht damit gerechnet, daß sich Frau Hoyt durch die Behandlung bestärkt fühlen würde, die Fertigstellung ihrer Dissertation zugunsten ihre künstlerischen Karriere hintanzustellen. Die therapeutische Wirkung beruhte in diesem Fall offenbar darauf, daß die Hindernisse, die der Patientin die Realisierung ihres eigentlichen Traums bislang verwehrt hatten, beiseite geräumt wurden.

Zusammenfassung

Um die Frage zu beantworten, welche Faktoren an der therapeutischen Wirkung in der Psychotherapie beteiligt sind, haben wir die potentiell kurativen Faktoren untersucht, die dem therapeutischen Dialog selbst inhärent sind. Statt lediglich deutende Kommentare anzubieten, wenn alle Aspekte eines komplexen Falles lückenlos zusammenzupassen scheinen, empfehlen wir dem Therapeuten, im Deutungsmodus zu sprechen, das heißt, seine Erläuterungen nicht als definitive Erklärungen zu formulieren; vielmehr sollen sie Akzeptanz und Verständnis vermitteln und auch die Motivationen berücksichtigen, die dem Symptomverhalten zugrunde liegen. Das Ziel eines solchen Dialogs besteht darin, dem Patienten das Gefühl zu geben, verstanden zu werden, eine Erfahrung, welche die Entwicklung einer der Selbstobjekt-Übertragungen fördert. Solche Übertragungen wiederum stärken die Selbstkohäsion. Ein auf diese Weise relativ stabil konsolidiertes Selbst ist dann zu Selbstreflexion und zum Durcharbeiten habitueller Abwehrorganisationen in der Lage, und im Laufe dieses Prozesses können die genetischen Ursachen für die augenblicklichen Schwierigkeiten des Patienten verstanden und erklärt werden.

Es wäre indes tollkühn zu erwarten, daß eine Behandlung, selbst wenn sie in einer empathischen Perspektive durchgeführt wird, ohne Unterbrechungen und Widerstände seitens des Patienten verlaufen könnte. Sobald archaische Übertragungen mobilisiert sind, können die mit ihnen verbunden Abwehrmechanismen sehr dramatische Unterbrechungen verursachen. Solche Unterbrechungen der Übertragungsbindung bieten jedoch nicht nur Gelegenheit, habituelle Verhaltensmuster zu erkennen; vielmehr können solche Muster während dieser Phasen in der Übertragung auch besonders gewinnbringend durchgearbeitet werden.

Anmerkungen

[1] Zwischen der Theorie der Heilung und der Theorie der Pathogenese bestand immer ein Zusammenhang. Dies galt bereits, als man noch annahm, daß die Heilung die Umkehrung des pathogenen Effekts vergessener Erinnerungen voraussetze, und der Therapeut verlangte, daß sich der Patient diese Erinnerungen unter Hypnose ins Gedächtnis zurückrief. Später – infolge der Erkenntnis, daß Abwehrmechanismen (Widerstände) ebenfalls unbewußt sind – waren die Empfehlungen zur Widerstandsanalyse maßgeblich. In den vergangenen Jahren hat sich die Betonung im Einklang mit der Theorie der Pathogenese, wie sie von der Objektsbeziehungstheorie und der Selbstpsychologie formuliert wird, auf die Wichtigkeit der Therapeut-Patient-Beziehung verlagert. Immer aber bestand das Behandlungsziel darin, den Prozeß, der als Ursache der Erkrankung betrachtet wurde, rückgängig zu machen.

[2] Psychische Strukturen werden je nach theoretischem Kontext unterschiedlich definiert. Alle Definitionen aber beziehen sich auf etwas der Psyche Inhärentes, das einen dauerhaften Charakter hat und keinen rapiden Veränderungen und Schwankungen unterliegt.

[3] »Eine typische Eigenschaft der Psychoanalyse ist ihr Prozeßcharakter, mit dem wir ein – wie locker auch immer definiertes – Konzept einer im Laufe der Zeit erfolgenden progressiven Entwicklung in eine bestimmte Richtung verbinden« (Kris 1956, S. 445).

Merriam-Webster's *Third New International Dictionary* definiert »Prozeß« wie folgt: »...die progressive Vorwärtsbewegung von einem Punkt zu einem anderen auf dem Weg zur Vollendung; das Durchlaufen einer fortgesetzten Entwicklung von einem Anfangs- zu einem Endpunkt; der allmähliche

Ablauf einer Sequenz von Handlungen, Ereignissen oder Entwicklungs-stufen; eine reale, progressiv voranschreitende Entwicklung, die durch eine Serie gradueller Veränderungen gekennzeichnet ist«.

4 Der Fokus betrifft den spezifischen Bereich der Probleme des Patienten, der die vorliegenden Schwierigkeiten – die Symptome und die Persönlichkeits-merkmale –, auf deren Grundlage sich die gegenwärtigen Symptome entwickelt haben, am besten zu erklären vermag.

5 Wenn dem Kind die Möglichkeit zur Idealisierung auf traumatische Weise genommen wird, entwickelt sich im späteren Leben des Betroffenen ein unabweisbares Bedürfnis, mit mächtigen Objekten zu verschmelzen – ein charakteristisches Merkmal von Patienten mit narzißtischen Persönlich-keitsstörungen (Kohut 1971).

Literatur

Bibring, E. (1954): Psychoanalysis and the dynamic psychotherapies. Journal of the American Psychoanalytic Association 2: 745-770.

Dewald, P. (1964): Psychotherapy: A Dynamic Approach. New York (Basic Books).

Ekstein, R., und Wallerstein, R. S. (1972): The Teaching and Learning of Psychothera-py. New York (International Universities Press).

Frank, J. D. (1961): Persuasion and Healing: A Comparative Study of Psychotherapy. Baltimore, MD (Johns Hopkins University Press).

Freud, S. (1919a): Wege der psychoanalytischen Therapie. G. W., Bd. 12, S. 183-194.

Gill, M. (1951): Ego psychology and psychotherapy. Psychoanal. Quart. 20: 62-71.

Horowitz, M. (1979): States of Mind: Analysis of Change in Psychotherapy. New York (Plenum).

Kernberg, O. F. (1984): Severe Personality Disorders: Psychotherapeutic Settings. New Haven, CT (Yale University Press). (1988) Schwere Persönlichkeitsstörungen. Theorie, Diagnose, Behandlungsstrategien. Stuttgart (Klett-Cotta).

Kohut, H. (1971): The Analysis of the Self. New York (IUP). (1973) Narzißmus. Eine Theorie der psychoanalytischen Behandlung narzißtischer Persönlichkeitsstörun-gen. Frankfurt am Main (Suhrkamp).

Kohut, H. (1984): How Does Analysis Cure? Chicago (University of Chicago Press). (1987) Wie heilt die Psychoanalyse? Frankfurt am Main (Suhrkamp).

Kris, E. (1950): On preconscious mental processes. Psychoanal. Quart. 19: 540-560.

Kris, E. (1956): On some vicissitudes of insight in psychoanalysis. Intern. Journal of Psycho-Analysis 37: 445-455.

Luborsky, L. (1984): Principles of Psychoanalytic Psychotherapy: A Manual for supportive-Expressive Treatment. New York (Basic Books).

Malan, D. H. (1976): Toward the Validation of Dynamic Psychotherapy: A Replicati-on. New York (Plenum).

Modell, A. H. (1976): The holding environment and the therapeutic action in psycho-analysis. Journal of the American Psychoanalytic Association 24: 285-307.

Ornstein, A. (1992): The curative fantasy and psychic recovery. Journal of Psychotherapeutic Practice and Research 1: 16-28. (2001) Heilungsphantasie und psychische Genesung (Dt. in diesem Band, Kap. 8).

Ornstein, P. H., und Ornstein, A. (1977): On the continuing evolution of psychoanalytic psychotherapy: Reflections and predictions. The Annual of Psychoanalysis 5: 329-370.

Strupp, H., und Binder, J. L. (1982): Time limited psychotherapy: A treatment manual. Unveröff. Manuskript.

Strupp, H., und Binder, J. L. (1984): Psychotherapy in a New Key. New York (Basic Books).

Wallerstein, R. S. (1956): Concepts on the psychotherapy research project of the Menninger Foundation. Bulletin of the Menninger Clinic 20: 221-280.

Wallerstein, R. S. (1969): Introduction to panel on psychoanalytic psychotherapy. International Journal of Psycho-Analysis 50: 17-126.

Wallerstein, R. S. (1975): Psychotherapy and Psychoanalysis. New York (International Universities Press).

Winnicott, D. W. (1965): Psychiatric disorders in terms of infantile maturational processes. In: Winnicott, D. W. (1984): The Maturational Processes and the Facilitating Environment. New York (International Universities Press), S. 230-241. Störungen aus dem Bereich der Psychiatrie, bezogen auf infantile Reifungsprozesse. In: Winnicott, D. W.: Reifungsprozesse und fördernde Umwelt. Frankfurt am Main (Fischer), S. 303-319.

Der Gesundheitsbegriff der Selbstpsychologie[1]

Paul H. Ornstein

Thema dieses Beitrags ist der Gesundheitsbegriff, wie er sich bisher in der Selbstpsychologie entwickelt hat.[2] Für Psychoanalytiker mag es ungewöhnlich sein, sich mit Gesundheit, Normalität und Anpassung zu befassen, ohne vorweg die Psychopathologie zu definieren, vor deren Hintergrund die eben genannten Begriffe zu entfalten wären. In der Selbstpsychologie ist dieses Vorgehen jedoch die logische Folge einer entschiedenen Veränderung des Interesses. Der Schwerpunkt verlagerte sich von den pathologischen auf die potentiell gesunden und eher adaptiven Aspekte der Persönlichkeit.

Diese entscheidende Akzentverschiebung, deren klinische und theoretische Konsequenzen, und die mit jedem Entwicklungsschritt der Selbstpsychologie an Klarheit und Präzision gewinnende Artikulation, diese Veränderungen also bilden die wichtigsten Themen meines Beitrags. Ich werde mit einem kurzen Überblick über die Selbstpsychologie und einigen allgemeinen Bemerkungen zu der Frage beginnen, inwiefern die Selbstpsychologie ein neues Paradigma darstellt und den Kontext für eine neue Auffassung von Gesundheit und Krankheit abgibt. Danach werde ich aufzeigen, wie die Definition von Gesundheit und Anpassung im Laufe der Entwicklung der Selbstpsychologie erweitert und differenziert wurde, und mit einer Diskussion der klinischen, theoretischen und soziokulturellen Implikationen des selbstpsychologischen Gesundheitsbegriffs schließen.

Auf dem Weg zu einem neuen Begriff von Gesundheit und Krankheit

Kohuts klinisch-empirisches Vorgehen bei der Untersuchung des Narzißmus und die Theorien, die mit Hilfe dieses Ansatzes entwickelt wurden, zielten unmittelbar auf eine Korrektur der weitverbreiteten »negativ getönten Einschätzung« des Narzißmus (Kohut 1966). Kohut hob den adaptiven Wert des Narzißmus hervor und schrieb ihm einen anderen Stellenwert in der Entwicklung zu als die klassische Metapsychologie, so daß man im Narzißmus nicht mehr etwas ausschließlich oder vorwiegend Pathologisches sehen muß. Anstelle dessen konzentrierte sich Kohut von Anfang an auf die Beiträge des Narzißmus zu »Gesundheit, Anpassung und Leistung« (Kohut 1966), um unsere von Vorurteilen getrübte Einstellung zum Narzißmus in Richtung auf eine wissenschaftlich fundiertere Neutralität zu verändern. Die frühe Erkenntnis Kohuts, daß der Narzißmus eine *treibende Entwicklungskraft* darstellt – eine Entwicklungstendenz oder ein Entwicklungspotential, wie er ihn später nannte –, bereicherte deshalb nicht nur unser Verständnis der Psychopathologie narzißtischer Störungen, sondern sie zeigte auch den Weg zu einem neuen Gesundheits- und Anpassungsbegriff auf.

Die Wiederbelebung dieses Entwicklungstriebs durch die Reaktivierung des archaischen, aber doch dem Entwicklungsstand in etwa angemessenen (d. h. gesunden und adaptiven) »grandiosen Selbst« oder der archaischen und ebenfalls in etwa phasenadäquaten (d. h. gesunden und adaptiven) »idealisierten Elternimago« stellt die Kernerfahrung der Selbstobjektübertragung dar, die sich in einer Psychoanalyse einstellt. Nur mit Hilfe dieser Übertragung können Reifung und Entwicklung im psychoanalytischen Prozeß nachgeholt werden. Kohut formulierte das so:

> »Diese Übertragung beruht auf der therapeutischen Regression zu eben der Stelle, an der die *normale Entwicklung* der psychischen Strukturen des Selbst unterbrochen wurde oder an der die Konsolidierung der bislang nur unsicher etablierten Selbststrukturen nicht zu Ende geführt werden konnte. Die analytische Situation führt eine Reaktivierung der Stelle in der Entwicklung herbei, an der die Grundstörung begann. Dem unterbrochenen psychischen Wachstumsprozeß wird so Gelegenheit gegeben, seine Entwicklung an der Stelle wiederaufzunehmen, an der es zu einem Stillstand gekommen war«. (1970a, S. 554f, Hervorhebung durch P. H. O.)

Kohut betont, daß Reifung und Entwicklung nachgeholt und neue psychische Strukturen gebildet werden können. Das verdeutlicht, daß die Psychoanalyse mehr anstrebt – und immer mehr angestrebt hat – als die Beseitigung von Symptomen und die Abwesenheit von Psychopathologie. Die Psychoanalyse betont die Vollendung der Strukturalisierung des Selbst, das Streben nach Ganzheit, und kann so ihr Ziel genauer verfolgen, die Voraussetzungen für Gesundheit, Anpassung und das Erreichen anderer und höherer Leistungen herzustellen.

Aus diesen klinischen Beobachtungen folgt, daß der Narzißmus sowohl zu Gesundheit als auch zu Krankheit beitragen kann, je nachdem inwieweit die beiden wichtigsten, archaisch-narzißtischen Konstellationen einer Transformation unterzogen werden können, die dann der Stärkung der vorhandenen Selbststrukturen dient oder durch transmutierende Internalisationen die Bildung neuer Strukturen fördert.

Die Begriffe des *Selbstobjekts* und der strukturbildenden *transmutierenden Internalisation* gewannen damit in der Selbstpsychologie eine zentrale Bedeutung für das Verständnis und die Erklärung von Gesundheit und Krankheit. Die Schlüsselposition dieser beiden neuen Begriffe leitet sich daraus ab, daß sie sich gleichzeitig auf empirische Gegebenheiten des psychoanalytischen Prozesses und auf die entwicklungsbedingten, psychogenetischen Vorläufer von Gesundheit und Krankheit beziehen. Darüber hinaus stellt der weite Begriff der »Selbstobjektumgebung«, deren Rolle und Funktion bei der Strukturbildung und in der psychoanalytischen Kur, eine sinnvollere und engere Beziehung zwischen dem Einfluß der »äußeren Realität« (d. h. des soziokulturellen Milieus) und der Entwicklung von Gesundheit und Krankheit her, als das früher möglich war. Mit anderen Worten: der Begriff des Selbstobjekts dient als eine Art Brücke, die die intrapsychischen, entwicklungsbedingten, psychogenetischen und die psychosozialen Determinanten von Gesundheit und Krankheit miteinander verbindet. Damit wird auch eine klarere Unterscheidung zwischen dem Begriff einer bloßen *Anpassung* an die äußere Realität und dem metapsychologisch differenzierteren Konzept der *Adaptation* an die Realität möglich . Schließlich erlaubt uns der Begriff des Selbstobjekts, sogar dieses ichpsychologische Adaptationskonzept aufzugeben und es durch einen übergeordneten Anpassungsbegriff zu ersetzen, in dessen Mittelpunkt die Entfaltung der im Kern selbst enthaltenen kreativen Handlungsmuster steht.

Relativistische und wertende Vorstellungen von individueller Gesundheit und Krankheit können damit klinisch und theoretisch von einem wertneutraleren und wissenschaftlicheren Standpunkt aus betrachtet werden. Das läßt sich an einer aus früherer Zeit stammenden Ausführung Kohuts zeigen, in der er die spezifischen Veränderungen beschreibt, denen das Selbst in Gesundheit und Krankheit unterliegt; Kohut bezieht sich dabei auf die Relation zwischen Selbst und Ich:

> »Das sichere Gefühl eines Menschen, eine wohlabgegrenzte Einheit zu sein – d. h. die klare Vorstellung davon, wer es ist, die in dem tiefen und namenlosen Gefühl von zentraler Kohäsivität wurzelt, das in der frühen Entwicklung erworben wird – dieses Gefühl ist eine der Voraussetzungen für die Fähigkeit des Ichs, seine Funktionen zuverlässig auszuüben [...] das Selbst kann als *Organisator der Aktivitäten des Ichs* dienen. Wenn das Selbst hingegen vorübergehend oder dauernd nur schwach besetzt ist, dann können darunter auch die Ichfunktionen leiden; sie

werden ohne Schwung ausgeführt, sind voneinander isoliert und weisen einen Mangel an Absichtlichkeit und integrierter Kohäsion auf«. (Kohut 1970b, S. 587, Hervorhebung durch H. K.)

Bevor ich diesen Bericht über die Entfaltung des Gesundheitsbegriffs der Selbstpsychologie im engeren Sinn abschließe und mich der Beschreibung der systematischen Erweiterung des Gesundheitsbegriffs zuwende, die Kohut später in der Psychologie des Selbst im weiteren Sinne vorgenommen hat (Kohut 1977), möchte ich noch einmal darauf zurückkommen, daß sich der Schwerpunkt des Interesses eindeutig vom Pathologischen auf das potentiell Gesunde und Adaptive verlagert hat. Ich möchte das an der veränderten Rolle und Bedeutung der narzißtischen Widerstände und der narzißtischen Wut aufzeigen.

Als Kohut seinen neuen Ansatz zur Behandlung narzißtischer Persönlichkeitsstörungen vorstellte, bemerkte er unmißverständlich (Kohut 1966, 1968, 1970a, 1972), daß es unterschiedlich stark ausgeprägte und anhaltende Widerstände gegen die Entwicklung von Selbstobjektübertragungen gibt, die häufig ein intensives Durcharbeiten erforderlich machen.[3] Patienten dieser Art können sich die Empathie des Analytikers erst dann zur Wiederbelebung ihrer archaischen Selbstobjektübertragungen zunutze machen, wenn ihre Widerstände gründlich durchgearbeitet worden sind (A. Ornstein 1974). Bei anderen Patienten, vielleicht der Mehrheit der analysierbaren narzißtischen Störungen, kommt es jedoch am Anfang zu einer vorsichtigen und oft nur kurze Zeit dauernden Wiederbelebung archaischer Bedürfnisse, Wünsche und Forderungen. Das ist ein Anzeichen dafür, daß diese Patienten die Fähigkeit und die Bereitschaft aufweisen, den Entwicklungstrieb zur Vollendung des traumatisch unterbrochenen Wachstums und zur Weiterentwicklung des bipolaren Selbst in der Therapie zu reaktivieren. Kohut stellte in seinen Arbeiten das Wesen dieser früh auftretenden und leicht zu vereitelnden Versuche der Patienten dar, eine der archaischen Selbstobjektübertragungen wiederherzustellen und sprach von der »aufkeimenden Entfaltung des Exhibitionismus« des Patienten oder den »vorsichtig angebotenen zarten Keimen seiner Idealisierung« (1977, S. 259). Diese Ansätze zu einer Selbstobjektübertragung sind oft mißverstanden und für eine bloße Manifestation der jeweils vorliegenden Psychopathologie gehalten worden«. Sie können aber als prognostische Anzeichen dafür gelten, daß der Patient über einen Zugang zu seinem grundlegenden Entwicklungspotential verfügt, durch den psychoanalytischen Behandlungsprozeß gesund zu werden und die Fähigkeit zur Adaptation zu erwerben. Es ist zwar für den Psychoanalytiker im Behandlungsprozeß von unschätzbarem taktischem Vorteil, wenn er diese ersten Manifestationen als Reaktivierungen einer der verschiedenen Formen von Selbstobjektübertragung erkennen und empathisch mit ihnen umgehen kann, aber darüber hinaus kommt dieser Erkenntnis auch eine erhebliche klinische und theoretische Bedeutung für unseren Heilungsbegriff und damit auch ganz allgemein für unseren Gesundheits- und Anpassungsbegriff zu. Die Widerstände werden bei dieser Betrachtungsweise nicht vernachlässigt, und es wird auch nicht versäumt, die vielfältigen Symptome zu berücksichtigen, die bei den verschiedenen Formen von Selbstpathologie vorkommen können. Sie werden jedoch aus einem anderen Blickwinkel betrachtet; daneben finden die Prozesse mehr Beachtung, die zum Zwecke der Vollendung der Strukturalisierung des Selbst mobilisiert werden.[4]

Kohut hat bereits in seinen ersten Arbeiten klar dargelegt, welche wichtige Rolle er der Aggression und der Wut bei narzißtischen Störungen zuschreibt. Er stellte seine ausführlichen klinischen Befunde und die theoretischen Überlegungen zu diesem Thema aber erst später in einem gesonderten Aufsatz systematischer dar (Kohut 1972). Kohut schlug eine in klinischer und theoretischer Hinsicht radikal neue Konzeption der narzißtischen Wut vor. Er betrachtete die narzißtische Wut unabhängig von der Untersuchung der »libidinösen Besetzung des Selbst« und unterstrich, daß die narzißtische Wut, die gewöhnlich als Reaktion auf narzißtische Verletzungen eines geschwächten oder fragmentierten Selbst auftritt, eine sekundäre Erscheinung darstellt: sie ist das Resultat eines Zusammenbruchs gesunder Aggression und kein ungezähmter, primitiver Trieb, der das Selbst regelmäßig neben der Libido besetzt. Abgesehen davon, daß diese These weitreichende Konsequenzen für die spätere Formulierung der Beziehung zwischen den Trieben und dem Selbst hatte (Kohut 1974 und 1977), war sie für die Weiterentwicklung des Gesundheitskonzepts unmittelbar relevant. Das Auftreten primitiver Aggression, die bisher als primärer Trieb und als wichtiger pathogener Faktor bei der Symptombildung aufgefaßt wurde, lenkte die Aufmerksamkeit immer zuerst auf die Pathologie, d. h. auf die Form und den Inhalt der Wut. Nun aber konnte man der narzißtischen Wut eher gerecht werden und sie als sekundäres Phänomen sehen: nicht als Ursache, sondern als Folge von Selbstpathologie. Der Aggressionstrieb in Form von gesunder Selbstbehauptung wurde nun zutreffender als

Bestandteil des Selbst gesehen, d. h. als Bestandteil der primären Einheit psychischen Erlebens.

Diese veränderte Auffassung der Widerstände und der Aggression sind hervorragende Beispiele für die verschiedenen Stationen auf dem Weg zu weiteren Veränderungen des Gesundheitsbegriffs in der Selbstpsychologie im weiteren Sinn.

Weiterentwicklung und Differenzierung: Das bipolare Selbst

Kohut schrieb dem Selbst eine dem psychischen Apparat und den Trieben übergeordnete Position zu und führte damit ein neues theoretisches Paradigma ein. Dadurch wurde auch das Gesundheits- und Krankheitskonzept erweitert und differenziert. Bereits in der Selbstpsychologie im engeren Sinn war der Begriff des bipolaren Selbst von Anfang an enthalten. Die Entwicklung, die Psychogenese und die Struktur des bipolaren Selbst aber, seine elementaren Bestandteile, seine Ziele und Funktionen und deren Schicksale in Gesundheit und Krankheit, wurden in allen Einzelheiten so beschrieben, wie sie sich bei der Erforschung der bipolaren Selbstobjektübertragungen empirisch zeigten (Kohut 1966, 1968, 1970a, 1971, 1972). Auf dieser Entwicklungsstufe von Kohuts Werk war die implizite Bipolarität des Selbst aber noch in die Strukturtheorie und in das Ich-Es-Überich-Modell der Psyche eingebettet. Erst als die Wurzeln des Selbst gründlicher verstanden waren, und eine neue Relation zwischen den Strukturen des Selbst und dem psychischen Apparat, den drei psychischen Instanzen und den Trieben entdeckt worden war, veränderte und erweiterte sich der Begriff des bipolaren Selbst zum Kernbegriff des neuen Paradigmas (Kohut 1975, 1977).

Die neue Relation, die dadurch zum Ausdruck kam, daß dem bipolaren Selbst eine »übergeordnete Position« zugeschrieben wurde, ist in der Empirie begründet (ebenso wie die Annahme gesonderter Entwicklungslinien für den Narzißmus und die Objektliebe), und zwar in Beobachtungen der Folgen von Selbstobjektübertragungen und in Rekonstruktionen der entwicklungsbedingten und psychogenetischen Vorläufer dieser Übertragungen. Es stellte sich heraus, daß die Entwicklung und Reifung des grandios-exhibitionistischen Selbst im Kontext der ursprünglichen, empathischen Selbstobjektbeziehung (in der im allgemeinen die Mutter als Selbstobjekt erlebt wird) gesunde Selbstbehauptung und Ehrgeiz an einem Pol des bipolaren Selbst stärkt. Gleichermaßen zeigte sich, daß die Entwicklung und Reifung der idealisierten Elternimago in der ursprünglichen, emphatischen Selbstobjektbeziehung (in der im allgemeinen der Vater als Selbstobjekt erlebt wird) zur Förderung von weiteren Fähigkeiten beiträgt, die die Gesundheit aufrechterhalten, nämlich die Fähigkeit, innere Spannungen an einem Pol des Selbst zu regulieren, und internalisierte Werte und Ideale am anderen Pol zu unterhalten. Man fand, daß die unvermeidliche Spannung zwischen Ehrgeiz und Idealen die angeborenen Begabungen und Fertigkeiten sowie deren Umsetzung in Handlungen aktiviert, die jenen Mustern kreativen Ausdrucks entsprechen, die den Strukturen des bipolaren Selbst innewohnen und in ihnen enthalten sind.

Insofern die entwicklungsbedingte Entfaltung an beiden Polen des Kernselbst zur weiteren Reifung und Strukturalisierung dieser Fähigkeiten führt, die der Gesundheit förderlich sind, hat es die Selbstpsychologie mit *primären Strukturen* zu tun. Wenn die Entfaltung des grandiosen Selbst durch traumatische Dysfunktionen der Empathie in der spiegelnden Selbstobjektbeziehung beeinträchtigt wird, werden, wie sich zeigte, die daraus resultierenden Defekte im Selbst von *defensiven Strukturen* verdeckt. Die Defekte verhindern die weitere Entfaltung und Strukturalisierung der gesundheitsfördernden Fähigkeiten, die mit diesem Pol des Selbst verknüpft sind. Wenn das Spiegeln oder die Hinwendung zu den idealisierten Selbstobjekten in der Folgezeit günstig verläuft und sich damit eine neue Chance zur Strukturbildung an beiden Polen des Selbst bietet, hat es die Selbstpsychologie mit *kompensatorischen Strukturen* zu tun. Die jeweils spezifische Kombination von primären, defensiven und kompensatorischen Strukturen bestimmt also letztlich, welche Gestalt das Selbst annimmt. Die Vollständigkeit der Strukturalisierung von Sektoren der primären und/oder kompensatorischen Strukturen und die Festigkeit, Stärke, Einheit oder Kohärenz, die die Strukturen im Laufe der Entwicklung oder später in der Analyse gewinnen, entscheiden darüber, ob ein gesundes oder rehabilitiertes Selbst jene funktionale Freiheit erreichen kann, in der »Strebungen, Fertigkeiten und Ideale ein ungebrochenes Kontinuum bilden, das von Freude erfüllte kreative Tätigkeit ermöglicht« (Kohut 1977, S. 63) – eines der zentralen Merkmale von Gesundheit aus der Sicht der Selbstpsychologie.[5] Es muß jedoch betont werden, daß diese »freudige kreative Aktivität« nicht ungewöhnlich, sozial wertvoll oder breit anerkannt sein muß. Gemeint ist vielmehr eine Aktivität, die tief in der Struktur des Kernselbst verankert ist. Weiterhin

253

bezieht sich die Heilung, die wir meinen, im allgemeinen *nicht* auf das »ganze« Selbst, sondern nur auf einen seiner Sektoren, oft einen eng begrenzten, in dem eine bruchlose Verbindung zwischen Ambitionen, Begabungen und Idealen hergestellt werden kann.

Es ist an dieser Stelle nicht notwendig, die Entwicklung und Reifung des Selbst in allen Einzelheiten nachzuzeichnen. Wir wollen nur kurz auf eine der frühesten Stufen der Selbstentwicklung und auf den Beitrag des Ödipuskomplexes zur weiteren Konsolidierung des Selbst zu sprechen kommen.

Kohut rekonstruierte in seinen frühen Arbeiten sehr ausführlich, welche Entwicklungsvorgänge und genetischen Prozesse zu einem gesunden Selbst führen. Vor kurzem erweiterte er die bisherigen Rekonstruktionen um eine Beschreibung zweier entscheidender Schritte, die die ersten Reaktionen der Mutter auf das rudimentäre Selbst des Neugeborenen kennzeichnen. Diese beiden Schritte stellen die Vorbedingungen für die Entwicklung und Konsolidierung des Kernselbst dar (Kohut 1977, S. 85-90). Die anfängliche Entwicklung und Konsolidierung internalisierter psychischer Strukturen (im bipolaren Kernselbst) erfordern, daß die Reaktionen der Mutter auf die zunehmende Angst und Wut des Kindes sowie auf dessen Triebbedürfnisse heilsamer Art sind. Wenn die Mutter auf das »ganze« Kind reagiert (durch Berühren, Halten, Herumtragen, Reden mit dem Kind), dann stellt sie die benötigte Verschmelzung mit dem omnipotenten Selbstobjekt her. Diese Responsen stellen sicher, daß die zunehmende Angst und Wut des Kindes auf ein »Signal« begrenzt werden können und keine panischen Ausmaße annehmen. Dann kann das Kind an der Ruhe und Gelassenheit der Mutter partizipieren. Nach der Verschmelzung versorgt die Mutter die Körper- und Triebbedürfnisse des Kindes. Kohut betonte die Bedeutung dieser aus zwei Schritten bestehenden Sequenz, bei der es zuerst zur empathischen Verschmelzung mit dem Selbstobjekt kommt und danach die bedürfnisbefriedigenden Handlungen vom Selbstobjekt durchgeführt werden. Kohut schreibt über diesen Ablauf:

> » [...] *wenn er während der Kindheit optimal erlebt wird, bleibt er während des ganzen Lebens eine der Säulen psychischer Gesundheit,* und wenn umgekehrt die Selbstobjekte der Kindheit versagen, dann werden die daraus resultierenden psychologischen Defizite und Verzerrungen eine Bürde bleiben, die lebenslänglich getragen werden muß«. (1977, S. 87f, Hervorhebung durch P. H. O.)

Wenn diese »Säulen der psychischen Gesundheit« früh errichtet wurden, kann sich das Kernselbst zunehmend konsolidieren und mit relativer Festigkeit, Stärke, Kohäsion und in relativ scharf umrissener Gestalt in die ödipale Phase

eintreten. Kohuts jüngste Einschätzung der Form und des Inhalts des Ödipuskomplexes sowie der weitreichenden Bedeutung des Ödipuskomplexes für die
Entwicklung des Selbst ist deshalb auch für den erweiterten Gesundheitsbegriff
der Selbstpsychologie von zentraler Bedeutung (Kohut 1977). Im Gegensatz
zu der Auffassung jener Analytiker, die den Narzißmus als Abwehr des
Ödipuskomplexes sehen und erwarten, daß er bei jedem Patienten im Kontext
einer klassischen Übertragungsneurose reaktiviert wird, fand Kohut, daß

> »die kurze ödipale Phase trotz gleichzeitiger leichter Angst von einer warmen,
> glühenden Freude begleitet (wird) – von einer Freude, die alle Kennzeichen der
> Emotionalität besitzt, die mit einer Reifungs- oder Entwicklungsleistung einher-
> geht«. (Kohut 1977, S. 229)

Aus diesen klinischen Beobachtungen folgerte Kohut, daß die ödipale Thematik nicht als Folge einer Remobilisierung des Odipuskomplexes auftritt,
sondern *von neuem* entsteht, und zwar als Ergebnis der Rehabilitierung der
Funktionen des Selbst. Diese Beobachtungen lenkten die Aufmerksamkeit
bezeichnenderweise auf die prinzipiell gesunden und adaptiven Aspekte der
ödipalen Phase. Das stand im Gegensatz zur klassischen Theorie, in der die
positiven Qualitäten, die der psychische Apparat während der ödipalen Phase
erwirbt, als *Resultat* der ödipalen Erfahrung gesehen werden und nicht als
primärer, der ödipalen Erfahrung innewohnender Aspekt (Kohut 1977, S. 229).
Der Unterschied zwischen den beiden Theorien ist ganz offensichtlich:

> »Vom Standpunkt der klassischen Analyse aus gesehen ist die ödipale Phase *par
> excellence* der Kern der Neurose, aus der Sicht der Psychologie des Selbst im weite-
> ren Sinne des Begriffs ist der Ödipuskomplex – ob er im Individuum Schuld und
> die Neigung zur Neurose zurückläßt oder nicht – die Matrix, in der ein wichtiger
> Beitrag zur Festigung des unabhängigen Selbst stattfindet, der es befähigt, seinem
> eigenen Programm mit größerer Sicherheit als zuvor zu folgen«. (1977, S. 238f)

Die Anerkennung der positiven Aspekte der ödipalen Phase[6] – die Vorstellung, daß sie eine Entwicklungsleistung darstellt – läßt sich gut mit der Konfliktpsychologie vereinbaren, aber dort lag der Fokus eindeutig auf dem »pathogenen Kern« der ödipalen Erfahrung. Solange die normale Entwicklung auf der
Basis der therapeutisch reaktivierten Übertragungsneurose rekonstruiert
wurde, von der man annahm, sie stelle ihrerseits eine Wiederbelebung der infantilen (ödipalen) Neurose dar, schien die Betonung der pathogenen Elemente
nahezu unumgänglich. Das Konzept der infantilen Neurose hatte in der
Konfliktpsychologie eine zweifache Bedeutung (obwohl Form und Inhalt der
infantilen Neurose in den letzten Jahren häufig in Frage gestellt wurden): 1. Die

Neurose des Erwachsenen beruht immer auf einer vorangegangenen infantilen Neurose. 2. Die infantile Neurose ist universell und ubiquitär; sie hat, wie angenommen wird, auch dann vorgelegen, wenn sich im Erwachsenenalter keine manifeste oder klinische Neurose entwickelte. Wenn der Ödipuskomplex aber von vorneherein eine reguläre (»normale«) pathologische und pathogene Entwicklung darstellt, konnte die Konfliktpsychologie es nur so sehen, daß Gesundheit und Anpassungsfähigkeit aus einer Pathologie heraus entstehen, d. h. aus der Auflösung der infantilen ödipalen Konflikte. Im Gegensatz dazu ist die Selbstpsychologie der Auffassung, das Potential für Gesundheit und Anpassung sei a priori in jeder empathischen Beziehung zwischen Selbst und Selbstobjekt vorhanden. Man kann deshalb die Beziehung zwischen dem rudimentären Selbst und seinen archaischen Selbstobjekten als die erste Verkörperung jener Ganzheit betrachten, die das Selbst zu erreichen sucht, um sein Potential für Anpassung und Gesundheit zu sichern. In diesem Zusammenhang sind die Schicksale des Ödipuskomplexes nicht Hindernisse, die überwunden werden müssen, sondern Chancen zur Entwicklung eines »kreativ-produktiv-aktiven Selbst« (1977, S. 76), das sein grundlegendes Handlungsprogramm erfüllen und gleichzeitig den Anforderungen des jeweiligen soziokulturellen Kontexts gerecht werden kann. Mit anderen Worten: die ödipale, trianguläre Beziehung zu Mutter und Vater stellt für das in etwa kohäsive Selbst eine phasenadäquate Chance dar, Liebe, Haß, Rivalität, Konkurrenz und Eifersucht zu erleben, und dadurch seine Kohäsivität zu konsolidieren und zu stärken, und sich inhaltlich anzureichern. Im Kontext seines empathischen ödipalen Selbstobjektmilieus bleiben diese Strebungen als konstitutive Bestandteile des bipolaren Selbst erhalten.[7] Nur wenn das Kernselbst seine Festigkeit oder Kohäsivität nicht aufrechterhalten kann, werden ödipale Strebungen in isolierter und verstärkter Form als Produkte dieses Zusammenbruchserscheinen und die zugrundeliegende Selbstpathologie zum Ausdruck bringen.

In diesem Zusammenhang möchte ich betonen, daß die verbreitete Auffassung, der infantile Ödipuskomplex sei sehr konfliktgeladen und immer pathologisch, wahrscheinlich ein Artefakt darstellt, das auf falschen Rekonstruktionen aus der Übertragungsneurose beruht. In der Übertragungsneurose wird nicht der sogenannte »normale« infantile Vorläufer des Ödipuskomplexes reaktiviert, sondern der Ödipuskomplex, der schon in der Kindheit eine pathologische Form, pathologischen Inhalt und pathologische Intensität angenommen hatte. Die Verhältnisse liegen hier ähnlich wie bei der Wiederbelebung des grandiosen Selbst und der idealisierten Elternimago, deren Pathologie von Fall zu Fall unterschiedlich stark ausgeprägt ist. In solchen Fällen kann es nur in einer geeigneten analytischen Umgebung, die durch empathische Responsivität des Analytikers gekennzeichnet ist, zu einer tiefergehenden, spontanen, pathognomischen Regression kommen, die schließlich zur Wiederbelebung der »Stelle führt, wo die normale Entwicklung [...] unterbrochen worden [...] und [...] an der die grundlegende Störung ihren Anfang nahm« (Kohut 1970a, S. 554). Im Gefolge der tieferen therapeutischen Regression werden dann das gesunde grandiose Selbst und die gesunde idealisierte Elternimago in der Übertragung wiederbelebt. Man sollte überlegen, ob nicht das jeweilige analytische Ambiente (die sogenannte »Neutralität«) und eine Technik, die auf pathologische Konflikte eingestellt ist und die »Übertragungseinstellungen« des Patienten ziemlich direkt zu korrigieren versucht, es verhindern, daß es zu dieser tiefergehenden pathognomischen Regression und zur Remobilisierung der gesunden ödipalen Strebungen in der analytischen Situation kommt. Das ist eine empirische Frage; sollte sie bejahend beantwortet werden, so würde das unser Verständnis der Bedeutung der ödipalen Erfahrungen für unseren Gesundheits- und Anpassungsbegriff vertiefen.

Eine sehr kurze klinische Vignette soll zeigen, wie die Verstärkung der Widerstände eines Patienten die erforderliche, tiefere Regression verhindert; und wie diese Intensivierung des Widerstandes dann fälschlicherweise als Wiederbelebung der infantilen ödipalen Kämpfe in der Übertragung gedeutet wird.

Ein junger Psychiater, der sich gerade bei einem psychoanalytischen Ausbildungsinstitut bewerben wollte, äußerte wiederholt die Befürchtung, er würde nicht angenommen werden. Die Aussicht, Kandidat zu werden, war in den Träumen und Assoziationen des Patienten abwechselnd mit recht gedämpften enthusiastischen Gefühlen und mit Anzeichen von Angst vor Vergeltung und Bestrafung verbunden. Der Analytiker war der Auffassung, diese Gefühle signalisierten die Mobilisierung einer heftigen, unbewußten ödipalen Rivalität und einer Überich-Reaktion. Er deutete die Gefühle in dieser Weise. Er konzentrierte sich auf die unbewußte Absicht des Patienten, den Vater/Analytiker zu übertreffen, und auf die Vorstellung, die feindselige Rivalität des Patienten manifestiere sich nun in der Übertragung in dem Wunsch, Analytiker zu werden. Der Patient fühlte sich zunächst durch diese Deutung beleidigt, äußerte später seine Wut offener, und brachte in seinen

Träumen eine mörderische Wut auf Vater-/Analytikerpersonen zum Ausdruck. Der Analytiker war davon überzeugt, daß seine Deutungen den infantilen Ödipuskomplex des Patienten berührt hatten. Er stellte sich dann darauf ein, dem Patienten dazu zu verhelfen, seine rivalisierende Wut zu zähmen und sie mit Hilfe der Erkenntnis zu sublimieren, der Zorn auf den Analytiker wurzele in der infantilen, rivalisierenden Wut auf den Vater.

Der Analytiker kam nicht auf die Idee, daß die heftige Reaktion des Patienten in Wirklichkeit durch seine eigene Response auf die Selbstbehauptung des Patienten hervorgerufen wurde. Mit anderen Worten: der Analytiker sah nicht, daß seine Deutung das ursprüngliche Trauma wiederholte: der ödipale Vater hatte die aufkeimende Selbstbehauptung seines Sohnes nicht empathisch akzeptieren können. Da der Analytiker das übersah, kam es nicht zu der Rekonstruktion, die die geschilderte Sequenz ansonsten erlaubt hätte.

Ein Psychoanalytiker, der das vorliegende klinische Problem vom Standpunkt der Selbstpsychologie aus angegangen wäre, hätte sehr wahrscheinlich überlegt, ob der gedämpfte Enthusiasmus des Patienten in bezug auf die in Aussicht stehende Bewerbung um psychoanalytische Ausbildung nicht einen ersten zögernden Schritt in Richtung Selbstbehauptung und Ehrgeiz darstellen könnte bzw. den Versuch, über eine Identifikation mit dem Vater/Analytiker eine höhere berufliche Qualifikation anzustreben. Wenn diese ersten Ansätze zur Selbstbehauptung, die sich in der anfänglichen, kurzlebigen Begeisterung des Patienten gezeigt hatten, empathisch zur Kenntnis genommen worden wären, dann hätte sich auch erkennen lassen, welche inneren Konflikte (Angst vor Vergeltung, Bestrafung, Lächerlichmachen oder Angst vor Versagen – was immer vorgelegen haben mag) die Selbstbehauptung behinderten. Diese Vorgehensweise hätte es dem Patienten sehr wahrscheinlich möglich gemacht, selbst auf die störenden Konflikte und Kompromisse aufmerksam zu werden.

Der entscheidende Punkt ist der, daß wir den Fokus unserer Deutungen erweitern müssen. Gewöhnlich liegt der Fokus auf den Kompromißbildungen, die aufgrund ungelöster Konflikte erforderlich wurden. Wir müssen uns nun aber Gedanken darüber machen, in welcher Weise Konflikte die Realisierung von Ambitionen, Begabungen und Werten beeinträchtigen, so wie man das vom Standpunkt des bipolaren Selbst aus sieht. In diesem Sinne verhinderte im eben geschilderten Fall der isolierte Fokus auf der »Rivalität«, daß das auftauchende Potential des Patienten für gesunde Selbstbehauptung rechtzeitig erkannt wurde.

Zum Abschluß dieser Übersicht möchte ich das Wichtigste, was sich über Heilung und Gesundheit sagen läßt, in Kohuts eigenen Worten zusammenfassen. Kohut formulierte gemäß seiner Auffassung, Strukturtheorie und Selbstpsychologie stellten komplementäre Ansätze dar, zwei Definitionen von *Heilung:*

»Da psychologische Gesundheit früher durch die Lösung innerer Konflikte hergestellt wurde, wurde Heilung, ob im engen oder im weiten Sinne, ausschließlich in Begriffen der Konfliktlösung durch Ausweitung des Bewußtseins gesehen. Weil psychologische Gesundheit heute jedoch immer häufiger durch die Wiederherstellung eines vorher fragmentierten Selbst erreicht wird, muß Heilung, ob im engen oder im weiteren Sinne, jetzt auch in Begriffen der Erziehung von Selbst-Kohärenz, vor allem in Begriffen der Restitution des Selbst mit Hilfe erneut hergestellter empathischer Nähe zu Widerhall gewährenden Selbstobjekten, abgeschätzt werden«. (1977, S. 281)

In ähnlicher Weise hat Kohut eine weit gefaßte Definition der *psychischen Gesundheit* vorgeschlagen, die zwei Aspekte enthält:

»Im Rahmen der Psychologie des Selbst definieren wir psychische Gesundheit nicht nur als Freiheit von den neurotischen Symptomen und Hemmungen, die die Funktionen eines ›psychischen Apparats‹ beeinträchtigen, der am Lieben und Arbeiten beteiligt ist, sondern auch als die Fähigkeit eines stabilen Selbst, sich der Begabungen und Fertigkeiten zu bedienen, die einem Individuum zur Verfügung stehen, und den Menschen damit in die Lage zu versetzen, erfolgreich zu lieben und zu arbeiten«. (1977, S. 284)

Auf dem Hintergrund dieser klärenden Definitionen wollen wir uns nun kurz den klinischen, theoretischen und soziokulturellen Implikationen des selbstpsychologischen Gesundheitsbegriffs zuwenden.

Klinische, theoretische und soziokulturelle Implikationen

Eine der Schlußfolgerungen, zu denen Hartmann in seinem richtungsweisenden Beitrag zum Gesundheitsbegriff gelangte, eignet sich als Hintergrund für unsere Überlegungen:

»Es ist offenbar wesentlich«, sagt Hartmann, »daß wir *in rein empirischer Richtung vorgehen*, das heißt, daß wir die Persönlichkeiten derjenigen, die tatsächlich als gesund gelten, vom Standpunkt ihrer Struktur und Entwicklung untersuchen, statt unseren theoretischen Spekulationen zu erlauben, uns zu diktieren, was wir als gesund ansehen ›sollten‹«. (Hartmann 1939, S. 312, Hervorhebung durch P. H. O.)

Er fügte hinzu, daß »die theoretischen Maßstäbe der Gesundheit gewöhnlich zu eng (sind), insofern sie die große Verschiedenartigkeit der Typen, die in der

Praxis als gesund hingenommen werden, unterschätzen« (ebd.). Ferner verfügt die Psychoanalysen nach Harmanns Ansicht faktisch über »Kriterien [...] die dazu gedacht sind, als rein praktische Richtschnur zu dienen, wie etwa die so häufig angewendeten Tests auf *Leistungs- und Genußfähigkeit*« (1939, S. 312, Hervorhebung durch P. H. O.).

Auch Offer und Sabshin (1966) fordern am Ende ihrer ausführlichen Analyse des Gesundheitsbegriffs weitere *empirische Untersuchungen* von Gesundheit und Normalität, um unter anderem den Problemen gerecht zu werden, »die mit der Generalisierung von Untersuchungen der Psychopathologie auf Normalverhalten« verbunden sind (1966, S. 155). Die Autoren treten dafür ein, einen klinisch-theoretischen Begriff von Gesundheit direkt aus Untersuchungen von Gesunden abzuleiten.

Die Psychoanalyse kann das »Gesunde« oder »Normale« nicht *direkt* erforschen.[8] Die neuen empirischen Daten, die aus der Analyse narzißtischer Persönlichkeits- und Verhaltensstörungen gewonnen und von Kohut seit 1966 in seinen Arbeiten sowie jüngst in seiner Diskussion der Abschlußphase von Analysen narzißtisch gestörter Patienten dargestellt wurden (siehe insbesondere Herrn M; Kohut 1977, S. 33ff), haben jedoch neue Kenntnisse über Gesundheit, Anpassung und Reife erbracht. Die Validität dieser Erkenntnisse kann nun auch mit anderen Methoden überprüft werden.

Die Psychoanalyse hat ihre Vorstellungen von Gesundheit und Normalität immer aus dem Heilungsprozeß gewonnen sowie aus den Rekonstruktionen von Entwicklung und Psychogenese, die zur Heilung beitragen. Die Evidenz sprach eher dafür, daß die Grenzen zwischen Gesundheit und Krankheit fließend sind, und weniger für eine reliable und deutliche Dichotomie. Die Begrenztheit des Gesundheitsbegriffs, die darauf zurückzuführen ist, daß er aus der Erforschung der Psychopathologie und Fehlanpassung abgeleitet wurde, konnte zunehmend aufgehoben werden, weil sich nun genauer rekonstruieren läßt[9], welche psychogenetischen Faktoren an der Entstehung verschiedener psychopathologischer Erscheinungen und an einem normalen Verlauf der Persönlichkeitsentwicklung beteiligt sind.

Beobachtungen haben uns gezeigt, wo die *strukturellen* Mängel des bipolaren Selbst liegen und welche *dynamischen* Faktoren das Selbst an der Verwirklichung seiner kreativ-produktiven Aktivität hindern können. Das lieferte uns neue Erkenntnisse über die Voraussetzungen, die eine Selbst-Selbstobjektbeziehung erfüllen muß, um normales Wachstum und normale Reifung zu garantieren. Kohuts klinische Beobachtungen des spezifischen Versagens der Einfühlung des Analytikers in archaische Bedürfnisse von Patienten und seine Rekonstruktionen eines analogen Versagens der Einfühlung der Selbstobjekte in die phasenadäquaten Bedürfnisse des Säuglings und Kleinkindes haben zu neuen Vorstellungen darüber geführt, welche Aspekte der empathischen Responsivität der Selbstobjekte eine optimale Umgebung für die Entwicklung von Gesundheit bilden. Die klinisch-empirische Auffassung des Analytikers von Heilung, die traditionellerweise eng an die Sicht der jeweils vorliegenden Psychopathologie gebunden war, kann nun unter Berücksichtigung des Wissens über die Pathologie und die normale Entwicklung des Selbst zu einem umfassenderen Gesundheitsbegriff erweitert werden.

Für den psychoanalytischen Kliniker ist der Heilungsbegriff im allgemeinen von größerem Interesse als der umfassendere Gesundheitsbegriff. Heilung ist gemäß der pragmatischen Definition des Klinikers dann gegeben, wenn die vorliegende Psychopathologie verschwunden ist; das kann dann zu einer Zunahme an Anpassungsfähigkeit führen. Es stellt sich oft die Frage, ob dieser Heilungsbegriff es verhindern oder wenigstens die Möglichkeit gering halten kann, daß kulturelle Werte und Vorurteile in die Definition von Gesundheit und Krankheit einfließen. Hartmann (1939) brachte die Hoffnung zum Ausdruck, daß die Entwicklung einer psychoanalytischen »Normalpsychologie« letzten Endes zu einer Definition von Gesundheit führen würde, die sich nicht nur aus dem Kontrast zu den Neurosen ableitet. Hartmann war der Auffassung, daß eine derartige, neue, auf der »Normalpsychologie« beruhende Definition »sehr weitgehend noch nicht existiert« (ebd., S. 317), einen höheren Grad an Wissenschaftlichkeit aufweisen und deswegen weniger wertend sein würde. Hartmann verband diese Hoffnung mit dem Glauben, die Begriffe der »Anpassung an die Realität« und der »synthetischen Funktion des Ichs« würden zur Entwicklung eines stärker biologisch fundierten (und deshalb für ihn wissenschaftlicheren) ›evolutionären‹ Gesundheitsbegriffs beitragen (ebd., S. 320). Er stellte jedoch fest, daß ein an der biologischen Evolution orientierter Begriff »es uns sicherlich noch nicht (ermöglicht), einen Gesundheitsbegriff einfach, eindeutig und endgültig zu formulieren« (ebd., S. 321). Offer (1975) hielt nachdrücklich fest, daß

> »Normalität und Gesundheit nicht rein abstrakt definiert werden können. Sie sind vielmehr von den kulturellen Normen, den Erwartungen und Werten einer Gesellschaft abhängig, von berufsspezifischen Vorurteilen, individuellen Differenzen und dem politischen Klima der jeweiligen Zeit, das die Toleranzgrenzen für Abweichungen bestimmt«. (1975, S. 463)

Paul H. Ornstein

Das trifft zweifellos immer noch in einem gewissen Ausmaß zu. Die Selbstpsychologie hat jedoch die Definition von Gesundheit erweitert und eine viel engere Beziehung zwischen den klinisch empirischen und den theoretischen Definitionen von Gesundheit hergestellt. Damit hat die Selbstpsychologie nicht nur den
Gesundheitsbegriff beträchtlich ausgedehnt (ohne daß er biologisiert worden
wäre), sondern sie hat auch das Eindringen von zuvor unvermeidlich scheinen-
den kulturellen und berufsspezifischen Vorurteilen in den Gesundheitsbegriff
eingedämmt. Seit den Entdeckungen der Selbstpsychologie sind postödipale
Genitalität und postambivalente Objektliebe nicht mehr die einzigen Kriterien
für Reife und psychische Gesundheit. Diese Veränderung hat zur Folge, daß eine
größere Vielfalt von Typen oder Varianten von Gesundheit, die von der Gesellschaft als »Abweichungen« etikettiert werden, in die Kategorie *Formen von
Gesundheit* aufgenommen werden können. Man kann nun genauer angeben,
was die verschiedenen Formen von Gesundheit ausmacht. Zu diesem Zweck sind
die spezifische Beschaffenheit der primären und kompensatorischen Strukturen
des bipolaren Selbst sowie die jeweils vorliegende Kombination aus primären
und kompensatorischen Strukturen, die jede Form von Gesundheit determinie-
ren, in struktureller und dynamischer Hinsicht zu untersuchen.

Um es noch einmal zu betonen: die zentralen Beiträge der Selbstpsychologie zu einem klinischen und theoretischen Heilungsbegriff stützen sich auf die
empirischen Beobachtungen, die sich beim Durcharbeiten von Selbstobjektübertragungen anstellen lassen. Die klinisch-theoretischen Definitionen von
Gesundheit und Reife beruhen auf Rekonstruktionen der normalen Entwicklung, wie sie sich vom Standpunkt unseres neuen Verständnisses des Heilungsprozesses aus ergeben. Die Begriffe des Selbstobjekts und der transmutierenden Internalisation sind sowohl für den Heilungsprozeß als auch für die
normale Entwicklung relevant. Sie stellen neue und engere Verbindungen
zwischen den in der Analyse beobachtbaren Ereignissen und den Ereignissen
in der Entwicklung des Säuglings und Kleinkindes her, die in der Analyse
rekonstruiert werden können.

Was Gesundheit ist und was wir uns darunter vorstellen, wird sicherlich auch
in Zukunft von soziokulturellen Determinanten beeinflußt werden. Die Begriffe des Selbstobjekts und der Strukturbildung via transmutierender Internalisation verhelfen jedoch auch in diesem Zusammenhang zu einem besseren
Verständnis der Beziehung zwischen den intrapsychischen und soziokulturellen Determinanten von Gesundheit. Ich beziehe mich hier darauf, daß sowohl

262

der Erwerb von selbstbehauptenden Ambitionen als auch von internalisierten Werten und Idealen durch transmutierende Internalisation der Funktionen des Selbstobjekts vermittelt wird. Die erfolgreiche Internalisierung von Funktionen der Selbstobjekte (die sozusagen Verkörperungen der frühen soziokulturellen Umgebung darstellen) stattet das Selbst mit den Strukturen und Inhalten aus, die seine »funktionale Freiheit« und damit die Fähigkeit zum Gesundsein sicherstellen. In diesem Zusammenhang kann die Bedeutung erhellt werden, die der soziokulturellen Umgebung und dem Anpassungsprozeß an die Umgebung im Hinblick auf den Gesundheitsbegriff der Selbstpsychologie zukommt.

Kohut beobachtete einmal, daß die Betrachtungsweise des Psychoanalytikers »zu einer Einschränkung (neigt) durch die Tatsache, daß er Menschen in einem spezifischen therapeutischen Kontext beobachtet und in einer spezifischen Umgebung, der psychoanalytischen Situation« (1975, S. 704). Diese eingeengte Perspektive führe zu einer »medizinisch-therapeutischen Definition des psychischen Gleichgewichts, die [...] zu beschränkt ist«. Kohut forderte einen weiteren Blickwinkel und schlug vor, »die seelischen Störungen nicht als Krankheit zu betrachten – oder zumindest nicht ausschließlich –, sondern sie als *Ausdruck der Suche des Menschen nach einem neuen seelischen Gleichgewicht zu verstehen*« (1973, S. 538f, Hervorhebung durch P. H. O.).

In dem sehr phantasievollen und an vielen Stellen poetischen Aufsatz »Psychoanalysis in a troubled world«, aus dem ich gerade zitiert habe, machte Kohut deutlich, was er mit dieser Aussage meint. Er legte dar, welche einschneidenden Veränderungen der äußeren Umgebung mit dem Herannahen einer Massengesellschaft und der Überbevölkerung der Erde im Schatten der Atombombe eintreten könnten. Die Einzelheiten von Kohuts Ausführungen sind von großem Interesse, aber ich kann hier nur passager auf die adaptive Lösung hinweisen, die Kohuts Meinung nach möglicherweise nötig sein wird, um unter diesen veränderten Umständen das Überleben der Menschheit zu sichern. Eine adaptive, intrapsychische Lösung besteht nach Kohuts Auffassung in einer »Intensivierung und vor allem Bereicherung und Erweiterung des menschlichen Innenlebens« (1973, S. 540). Die Bemühung um Anpassung und um die Etablierung neuer psychischer Strukturen zur Bewältigung der neuen Aufgaben führe häufig zu psychischen Störungen. Aber diese sind, wie Kohut sagt, »in mancher Hinsicht als Versuche aufzufassen, das Innenleben zu erweitern und zu bereichern [...] und sie sollten als *Versuche gesehen werden, die mißglückt sind*«. Kohut fährt fort und wagt die Behauptung, daß »diese mißglückten Versuche mehr Mut und potentielle Kreativität offenbaren als manche andere Formen des seelischen Gleichgewichts, die als emotionale Reife oder Gesundheit bezeichnet werden« (1973, S. 541).

Ist es ein persönliches Vorurteil des Schöpfers der Selbstpsychologie, daß er die Kreativität auf der höchsten Ebene der Werthierarchie ansiedelt? Ich glaube schon. Aber ist diese Kreativität darüber hinaus nicht auch ein zentrales Phänomen, das dann auftaucht, wenn die empirisch verankerte, strukturelldynamische Konstellation des bipolaren Selbst »strukturelle Vollständigkeit« und »funktionale Freiheit« erreicht hat? Kohut schreibt der Kreativität folgende Rolle in der Heilung des Individuums zu:

»Eine gut durchgeführte [...] und zu einem richtigen Abschluß gebrachte Analyse bringt dem Analysanden mehr als nur eine Verringerung oder die Beendigung schmerzlicher und quälender Symptome – sie erzeugt in ihm eine Art seelischer Offenheit, vielleicht sogar einen Funken jener spielerischen Kreativität, die sich neuen Situationen mit freudigem Interesse zuwendet und sie mit lebensbejahender Initiative beantwortet. Ein solcher Mensch mag weiterhin stärker traumatisiert sein als derjenige, der es gelernt hat, ein verläßliches, aber beengendes psychisches, Gleichgewicht aufrechtzuerhalten. Aber er ist auch aufnahmebereiter und reaktionsfähiger als der rigide Normale«. (Kohut 1973, S. 545)

Nach dieser Vision der Zukunft kehrt Kohut in »Die Heilung des Selbst« (1977) wieder in die Gegenwart und die jüngste Vergangenheit bzw. die »Welt im Wandel« (S. 267-280) zurück und stellt seine klinische Entdeckungen in den weiteren soziokulturellen Rahmen der Gegenwart. Die soziokulturellen Veränderungen, die die vorherrschenden Persönlichkeitsstrukturen und die herrschenden Formen von Psychopathologie letzten Endes, wenn auch indirekt, erzeugt haben, bezeichnet Kohut als »psychotrope soziale Faktoren«. In diesem umfassenden psychohistorischen Sinn gehört es zu Kohuts bedeutendsten Leistungen, daß er seinen Gesichtskreis über das Verständnis der vorherrschenden Psychopathologie, ihrer Ätiologie und Pathogenese, und die Entwicklung einer psychoanalytischen Behandlungsmethode dieser Störungen hinaus erweitert hat. Kohut hat über diese Beiträge hinaus der Psychoanalyse ihre ursprüngliche Responsivität auf das umfassende soziokulturelle Milieu zurückgegeben. Wie Freud die herrschende individuelle und gesellschaftliche Psychopathologie seiner Zeit und das Wesen individueller und sozialer Gesundheit im Viktorianischen Zeitalter von Grund auf erkannte, erfaßte Kohut den Kern der gegenwärtigen, individuellen und gesellschaftlichen Psychopathologie und das Wesen individueller und sozialer Gesundheit. Damit stellte er eine umfassende und bedeutungsvolle Beziehung zwischen externer und interner Realität her.

Auf diesem Weg befreite Kohut die Psychoanalyse von den Beschränkungen, die ihr durch die Ichpsychologie auferlegt waren. Er stellte die Selbstpsychologie neben die Ichpsychologie, erklärte sie zu ihrem komplementären Gegenstück und zeigte, daß das neue Paradigma der Selbstpsychologie bestimmte Aspekte der psychischen Gesundheit und Krankheit erfassen kann, die vom ichpsychologischen Paradigma nicht adäquat berücksichtigt werden konnten. Die Selbstpsychologie ermöglichte ein neues Verständnis von gesundem Stolz, gesunder Selbstbehauptung, gesunder Bewunderung idealisierter Selbstobjekte, der Fähigkeit zur Begeisterung und bestimmter Aspekte des »kreativ-produktiv-aktiven Selbst«. Die Einführung des bipolaren Selbst als übergeordneter Konstellation und insbesondere die Unterscheidung zwischen primären, defensiven und kompensatorischen Selbststrukturen stellt uns nun vor die Aufgabe, uns ein Urteil darüber zu bilden, ob die Pathologie des Selbst, seine Heilung und Gesundheit genauer erkannt werden können und in struktureller und dynamischer Hinsicht eine größere klinische Relevanz gewonnen haben als frühere Modelle.

Anmerkungen

[1] Redaktionelle Anmerkung: Unter dem Titel »Self Psychology and the Concept of Health« zuerst veröffentlicht in »Advances of Self Psychology«, herausgegeben von Arnold Goldberg; New York (International Universities Press) 1980, S. 137-159. Ins Deutsche übersetzt von Ulrike May. Wir bedanken uns beim Autor Paul H. Ornstein (Cincinnati) und bei Martin V. Azarian, Präsident von International Universities Press (New York), für die freundliche Erlaubnis der Übersetzung und Veröffentlichung. Dank auch der Agentur Mark Paterson (and Assoc.) in Colchester, England, die durch großzügiges Entgegenkommen die deutsche Veröffentlichung dieses Textes unterstützte. Die hier vorgelegte deutsche Übersetzung wurde vom Autor vor der Drucklegung durchgesehen.

[2] Ich habe das Umfeld meiner Untersuchung des Gesundheitsbegriffs deutlich eingegrenzt. Ich bin mir dessen bewußt, daß es günstiger gewesen wäre, die selbstpsychologischen Beiträge vor dem Hintergrund eines umfassenden, ggf. auf psychoanalytische Arbeiten beschränkten Sammelreferats einzuschätzen. Aber ich habe mir weder eine vergleichende Evaluation noch eine Integration der verschiedenen psychoanalytischen Betrachtungsweisen

vorrangig zum Ziel gesetzt, sondern möchte lediglich die Beiträge der Selbstpsychologie darstellen. Die ausführlichste und umfassendste Darstellung und Integration medizinisch-psychiatrischer, psychologischer, psychoanalytischer, soziokultureller und anthropologischer Ansätze zum Gesundheits- und Normalitätsbegriff geben Offer und Sabshin (1966) und Offer (1975).

3   In seinen ersten Veröffentlichungen beschäftigte sich Kohut nicht im einzelnen mit diesen Widerständen. Er gestand ihnen ubiquitäre Existenz zu und meinte, sie seien Psychoanalytikern wohlvertraut und bedürften keiner weiteren Darstellung. Viele Kritiker Kohuts hatten jedoch den Eindruck, er schenke diesen Widerständen zuwenig Beachtung. Eine weiterführende Betrachtung des »defensiven Narzißmus« und der spezifischen und unspezifischen narzißtischen Widerstände gibt Kohut (1970a).

4   Was die angemessene Funktion des Analytikers im psychoanalytischen Behandlungsprozeß angeht, so erzeugt der empathische Umgang (d. h. Erkennen und stillschweigendes Akzeptieren anstatt bewußter, absichtlicher oder ungewollter Zurückweisung) mit solchen frühen Manifestationen der Remobilisierung des Entwicklungstriebs ein ganz anderes Bild vom Wesen und Inhalt der Widerstände und eine ganz andere analytische Atmosphäre. Zum Thema »Widerstand als gesunde Kraft« und zur Unterscheidung von Widerständen bei narzißtischen Störungen und bei strukturellen Neurosen siehe Kohut (1977, S. 136 und S. 149f); zur Veränderung der analytischen Atmosphäre siehe Kohut (1977, S. 249-266) und Wolf (1976).

5   Da sich diese Darstellung ausschließlich auf einige Beiträge der Selbstpsychologie zum Gesundheitsbegriff beschränkt und auch der Einfachheit halber habe ich nicht darauf hingewiesen, daß eine umfassende »tiefenpsychologische Erklärung psychologischer Phänomene in Gesundheit und Krankheit zwei komplementäre Ansätze erfordert: den einer Konfliktpsychologie und den einer Psychologie des Selbst« (Kohut 1977, S. 78). Wenn die Komplementarität von Konfliktpsychologie und Selbstpsychologie auch nicht im Mittelpunkt der vorliegenden Arbeit steht, scheint mir doch eine kurze Untersuchung dieser Frage angebracht. Kohut behielt die Konfliktpsychologie soweit bei, als sie uns von Nutzen ist, d. h., wo sie ihren Erklärungsanspruch noch einlösen kann und therapeutische Effektivität aufweist. Das entspricht ganz und gar der Art und Weise, wie Kohut mit Theorien umgeht und stimmt mit der von ihm häufig wiederholten Behaup-

tung überein, die Psychoanalyse sei eine empirische Wissenschaft par excellence. Kohut engte den Anwendungsbereich der Konfliktpsychologie zweifellos auf Neurosen und neurotische Charakterstörungen ein – das ursprüngliche empirische Feld, aus dem die Konfliktpsychologie hervorgegangen war –, als er die Selbstpsychologie einführte, der ein umfassenderer Erklärungswert und größere psychoanalytisch-therapeutische (nicht: psychotherapeutische) Wirksamkeit für die Behandlung von Selbststörungen zukommt. Kohut selbst brachte das unmißverständlich zum Ausdruck, als er behauptete, daß die »klassische Theorie durch ihre Konzentration auf strukturelle Konflikte und strukturelle Neurosen (begrenzt ist). Die psychoanalytische Theorie kommt der Erfüllung ihres berechtigten Wunsches, zu einer umfassenden, allgemeinen Psychologie zu werden, sicherlich näher, wenn sie jetzt ihre Grenzen weiter ausdehnt und die klassischen Funde und Erklärungen in den übergeordneten Rahmen einer Psychologie des Selbst stellt« (1977, S. 229f). Kohut betonte auch, daß die Strukturtheorie in diesem engeren Sinn nicht notwendigerweise falsch ist. Ich allerdings glaube, daß die Strukturtheorie ihr heuristisches Potential verloren hat, und zwar sowohl was ihre Fähigkeit anbelangt, Erkenntnisfortschritte zu machen, als auch in bezug auf eine Verbesserung der therapeutischen Wirksamkeit der Psychoanalyse. Wir können uns deshalb zu Recht fragen, ob wir dem Vorschlag Kohuts folgen und die Konfliktpsychologie – eventuell modifiziert und um die Selbstpsychologie im engeren Sinn erweitert – gemäß dem Prinzip der Komplementarität neben der Selbstpsychologie im weiteren Sinn beibehalten sollen. Ist es nicht das Hauptmerkmal eines neuen wissenschaftlichen Paradigmas, daß es das vorangegangene ablöst und die validen und signifikanten klinischen Befunde und Theorien des alten Paradigmas in seine Struktur integriert? Immerhin wurde an zahllosen klinischen Beispielen deutlich (Kohut 1977), daß die um die Selbstpsychologie im engeren Sinn erweiterte Konfliktpsychologie klinische Daten umfassender und auf relevantere Art und Weise versteht und erklärt, als das zuvor möglich war. Die Untersuchung einer Analyse, die Kohut vor der Entwicklung der Selbstpsychologie durchgeführt hatte und einige Jahre später fortsetzte, wobei er sich von seinen neuen Gedanken leiten ließ, hat ferner vor kurzem gezeigt (Kohut 1979), welche heuristischen und therapeutischen Vorteile es mit sich bringt, wenn man sich auf die Selbstpsychologie im weiteren Sinn stützt. Geht aus diesen zusätzlichen klinischen Beobachtungen denn nicht hervor, daß die Integration der Konfliktpsychologie in die Struktur des neuen Paradigmas der Selbstpsychologie den logischen nächsten Schritt in der Entwicklung der Psychoanalyse darstellt? Die Antwort auf diese Frage ist ein entschiedenes Nein. Die Forderung nach Integration übersieht einen sehr wichtigen methodischen Gesichtspunkt, auf den Kohut verschiedentlich hingewiesen hat. Wenn man die Integration von Theorien, die aus unterschiedlichen klinischen Erfahrungen erwachsen, nicht erzwingt, dann läßt man die Tür für weitere Entdeckungen offen, die auf jenen neuen empirischen Daten beruhen, die vom Standpunkt des neuen Paradigmas aus gesammelt werden können.

Ich möchte diesen Gesichtspunkt noch verdeutlichen und auf einen weiter zurückliegenden, ähnlich kritischen Moment in der Evolution der Selbstpsychologie hinweisen, als nämlich D. C. Levin (1969) den Vorschlag machte, das Selbst als vierte psychische Instanz aufzufassen. Kohut zog es damals vor, das Selbst weiterhin als Inhalt der Psyche zu führen, da er keine zwingende klinische Evidenz sah, die es erforderlich gemacht hätte, das Selbst in die Position einer vierten Instanz zu erheben. Kohuts Forschungstaktik und seine Art der Theoriebildung veranlaßten ihn allerdings einige Jahre später zu der unerwarteten Schlußfolgerung, dem bipolaren Selbst aufgrund neuer, nun zwingender klinischer Daten eine den drei Instanzen des psychischen Apparats übergeordnete Position einzuräumen (Kohut 1977, P. H. Ornstein 1978).

Ganz ähnlich habe ich im Augenblick den Eindruck, daß die komplementäre Verwendung von Konfliktpsychologie und Selbstpsychologie den vorliegenden klinischen Daten am ehesten gerecht wird. Wenn wir die beiden Ansätze unintegriert und damit die Dualität des »Schuldigen« und des »Tragischen Menschen« bestehen lassen, halten wir uns die Möglichkeit offen, vom Standpunkt des selbstpsychologischen Paradigmas aus Neues an den Neurosen und den neurotischen Charakterstörungen zu entdecken. Daß das tatsächlich der Fall ist, haben Kohuts jüngste Darstellungen der Ätiologie, Pathogenese und Psychopathologie von Neurosen und neurotischen Charakterstörungen, die noch nicht veröffentlicht wurden und nach der »Heilung des Selbst« (1977) verfaßt wurden, bereits hinreichend erwiesen. Anstatt eine Integration der konflikt- und selbstpsychologischen *Theorien* anzustreben, sollten wir uns weiterhin darauf konzentrieren, mit Hilfe des

Ansatzes, den uns das neue Paradigma liefert (Kohut 1977), neue klinische Daten über die strukturellen Neurosen zu sammeln. Eine verfrühte und forcierte Integration hätte den Weg zu den bisherigen Entdeckungen verschlossen und würde auch in Zukunft Entdeckungen verhindern.

6   Siehe z. B. Pellers kluge Beobachtung des kindlichen Spiels: »In der ödipalen Phase herrscht im Spiel im allgemeinen eine glückliche, sogar triumphierende Stimmungslage und ein naives Gefühl von Unbesiegbarkeit vor« (Peller 1954, S. 189).

7   Mit dieser Formulierung ist das gemeint, was in der Sprache der Strukturtheorie als »Ichdominanz« oder »Triebkontrolle« bezeichnet wurde. Bei »Ichdominanz« bleibt das Ich mit den tieferliegenden Triebbedürfnissen in Kontakt und kontrolliert sie. Die Beziehung des Ichs zu den tieferen Schichten der Psyche wird dabei nicht in dem Sinne gelockert, wie das bei »Ichautonomie« der Fall ist (siehe Kohut 1972, S. 620f).

8   Die aus dem psychoanalytischen Behandlungsprozeß hervorgehenden Beobachtungen und die daraus abgeleiteten Hypothesen können aber zur Erforschung von Gesundheit und Normalität mit Hilfe verschiedener anderer Methoden verwendet werden. Zur Beschreibung von Untersuchungen, in denen psychoanalytische Beobachtungen und Theorien verwendet wurden, siehe Offer und Sabshin (1966).

9   Man kann die Validität dieser Rekonstruktionen sowohl anhand von Kindheitserinnerungen überprüfen, die Patienten während der Analyse berichten, als auch mit Hilfe direkter und systematischer Beobachtung von Kindern durch psychoanalytisch geschulte Beobachter. Eine detaillierte Diskussion der dabei auftretenden methodischen Fragen gibt Kohut (1975).

Literatur

Hartmann, R. (1939): Psychoanalysis and the concept of health. In: Internat. J. Psycho Anal., 20, S. 308-321. – Deutsch in: Ichpsychologie. Stuttgart (Klett), S. 19-32, 1972.
Kohut, R. (1966): Forms and transformations of narcissism. In: The Search for the Self, Vol. 1, hrsg. von P. Ornstein, New York (International Universities Press) 1978, S. 427-460. – Deutsch in: Psyche, 20, S. 561-587, 1966.
Kohut, R. (1968): The psychoanalytic treatment of narcissistic personality disorders. In: The Search for the Self, Vol. 1, hrsg. von P. Ornstein, New York (International Universities Press) 1978, S. 477-509. – Deutsch in: Psyche, 23, S. 321-348, 1969.
Kohut, R. (1970a). Narcissism as a resistance and as a driving force in psychoanalysis. In.The Search for the Self, VoL 2, hrsg. von P. Orrztein, New York (International Universities Press) 1978, S. 547-561.

Kohut, R. (1970b): Discussion of »The self: A contribution to its place in theory and technique« von D.C. Levin. In: The Search for the Self, Vol. 2, hrsg. von P. Ornstein, New York (International Universities Press) 1978, S. 577-588.

Kohut, R. (1971): The Analysis of the Self. New York (International Universities Press). – Deutsch: Narzißmus. Frankfurt (Suhrkamp) 1973.

Kohut, R. (1972): Thoughts on narcissism and narcissistic rage. In: The Search for the Self, Vol.2, hrsg. von P. Ornstein. New York (International Universities Press) 1978, S. 615-658. – Deutsch in: Psyche, 27, S. 513-554, 1973.

Kohut, R. (1973): Psychoanalysis in a troubled world. In: The Search for the Self, Vol. 2, hrsg. von P. Ornstein, New York (International Universities Press) 1978, S. 511-546. – Weitgehend identisch mit: Ist das Studium des menschlichen Innenlebens heute noch relevant? In: Psyche, 25, S. 298-322, 1971.

Kohut, R. (1974): Remarks about the formation of the self. In: The Search for the Self, Vol. 2, hrsg. von P. Ornstein, New York (International Universities Press) 1978. S. 737-770. – Deutsch in: Kohut, H.: Die Zukunft der Psychoanalyse. Frankfurt (Suhrkamp) 1975, S. 252-285.

Kohut, R. (1975): The psychoanalyst in the community of scholars. In: The Search for the Self, Vol. 2, hrsg. von P. Ornstein. New York (International Universities Press) 1978, S. 685-724. – Deutsch in: Derselbe: Die Zukunft der Psychoanalyse. Frankfurt (Suhrkamp) 1975, S. 28-65.

Kohut, R. (1977): The Restoration of the Self. New York (International Universities Press). – Deutsch: Die Heilung des Selbst. Frankfurt (Suhrkamp) 1979.

Kohut, R. (1978): The Search for the Self. 2 Vols. Hrsg. von P. Ornstein. New York (International Universities Press).

Kohut, R. (1979): The two analyses of Mr. Z. In: Internat. j. Psycho-Anal, 60, S. 3-27.

Levin, D. C. (1969): The self: A contribution to its place in theory and technique. In. Internat. 1. Psycho-Anal, 50, S. 41-51.

Offer, D. (1975): Normality. In: Comprehensive Textbook of Psychiatry, Vol. 2. Hrsg. von A. M. Freedman et al. Baltimore (Williams & Wilkins), S. 459-464.

Offer, D., und Sabshin, M. (1966): Normality: Theoretical and Clinical Concepts of Mental Health. New York (Basic Books).

Ornstein. A. (1974): The dread to repeat and the new beginning. A contribution to the psychoanalysis of narcissistic personality disorders. In: The Annual of Psychoanalysis, 2, S. 231-248.

Ornstein, P. H. (1978): The evolution of Heinz Kohut's psychoanalytic psychology of the self. In: The Search for the Self, Vol. 2, hrsg. von P. Ornstein. New York (International Universities Press), S. 1-106.

Peller, L. E. (1954): Libidinal phases, ego development, and play. In: The Psychoanalytic Study of the Child, 9, S. 178-198.

Stolorow, R. D. (19 78): The restoration of psychoanalysis (Book review of Heinz Kohut's The Restoration of the Self). In: Contemporary Psychology, 23, S. 229-230.

Wolf, E. (1976): Ambience and abstinence. In: The Annual of Psychoanalysis, 4, S. 101-115.

Heinz Kohuts Bild
vom Wesen des Menschen

Paul H. Ornstein

Bislang hat die Psychoanalyse noch kaum an der Oberfläche des faszinierenden Rätsels Mensch gekratzt.

Heinz Kohut, *Introspection, empathy and the semicircle of mental health*

Jede psychoanalytische Theorie ist von dem Männer- und Frauenbild ihres Urhebers geprägt – seiner Sichtweise der Conditio humana. Dieses Bild setzt sich aus zwei verschiedenen Komponenten zusammen, die unterschiedlichen Quellen entstammen und sich zu einer tiefverwurzelten *Weltanschauung* vereinen. Eine dieser Komponenten scheint im Denken des Theoretiker bereits vorhanden zu sein, bevor er zum Theoretiker wird – sie hat sich im Laufe seines Lebens entwickelt und gehörte schon zu ihm, bevor er seine psychoanalytische Erfahrungen und Kenntnisse erwarb. Auf die Richtung seiner späteren theoretischen Arbeit übte sie einen entscheidenden Einfluß aus. Der Einfluß präexistenter Grundannahmen läßt sich für die Grundhypothesen sämtlicher Theoretiker nachweisen, ungeachtet des üblichen Beharrens auf dem rein empirischen Ursprung der klinisch-theoretischen psychoanalytischen Tätigkeit. Die erste Formulierung einer jeden Theorie trägt immer den Stempel der apriorischen und häufig verborgenen Grundannahmen, die ihr Urheber über das Wesen des Menschen vertritt. Die zweite Komponente taucht im Zuge der Weiterentwicklung und kontinuierlichen Verbesserung der Theorie selbst auf, und zwar auf der Basis wachsender klinischer Erfahrung. Diese Erfahrung erweitert und stützt jene Vorannahmen und wird ihrerseits durch diese Annahmen erweitert und bestätigt. Das bedeutet, daß jedes psychoanalytische System sowohl die präexistenten, richtungweisenden, persönlichen Ansichten seines Urhebers als auch jene Auffassungen in sich schließt, die später aus der sich entwickelnden Theorie hervorgehen.

Wenn wir uns irgendeine dieser Theorien zu eigen machen, werden wir vermutlich diejenige bevorzugen, die *unserem eigenen* Verständnis vom Wesen des Menschen am ehesten entspricht.

>»Da sich diese tief verwurzelten persönlichen Vorstellungen leicht mit unseren theoretisch gestützten Annahmen über die menschliche Natur vermischen, bleiben beide unerforscht. Wir neigen dazu, unsere persönlichen Ansichten als ›wissenschaftliche Fakten‹ zu betrachten, sobald sie mit unseren Theorien verschmelzen. Auf diese Weise konsolidieren sich unser Bild vom Menschen, unsere Weltanschauung oder Weltsicht, unsere Vorstellungen von den unveränderlichen Eigenschaften, die den Menschen in allen Kulturen und zu allen Zeiten charakterisiert haben. Und diese verfestigte Weltsicht beeinflußt zwangsläufig alles, was wir als [Psychoanalytiker] sagen und tun«. (Ornstein 1993a, S. 194)

Wenn man bedenkt, welch grundlegenden und richtungweisenden Einfluß die eigenen vorgefaßten Meinungen auf jeden Theoretiker ausgeübt haben und welch weitreichende Konsequenzen das so entstandene Menschenbild sowohl für die Theorie als auch die klinische Praxis hatte, dann muß man sich tatsächlich fragen, weshalb die Bedeutung, die solchen impliziten oder expliziten Grundannahmen über die menschliche Natur für die verschiedenen psychoanalytischen Theorien zukommt, bislang praktisch nicht untersucht worden ist.[1]

In diesem Kapitel besteht meine Aufgabe also darin, Heinz Kohuts Bild von der Natur des Menschen, wie es sich in seinen eigenen Schriften und meinen früheren Überlegungen zu diesem Thema abzeichnet, darzustellen (Kohut 1971, 1977, 1979, 1980, 1981, 1984, 1985; Ornstein 1978, 1983, 1990, 1993a). Zur näheren Erläuterung werde ich weitere einschlägige Arbeiten heranziehen (insbesondere die Beiträge von Tolpin 1980; Kriegman 1988, 1990; Kriegman und Slavin 1989, 1990; Slavin und Kriegman 1992). Zudem möchte ich dieses Bild – wie Kohut selbst es getan hat – mit der je individuellen Psychopathologie und dem ihr entsprechenden psychoanalytischen Heilungsprozeß in Verbindung bringen.

Weltanschauung in psychoanalytischen Theorien

Beginnen wir damit, daß Kohut die Psychoanalyse ebenso wie Freud für eine empirische Wissenschaft hielt.[2] Kohut trat zwar genauso wie Freud für ein wissenschaftliches Weltverständnis ein, schloß sich aber Freuds Beharren, daß die Psychoanalyse keine eigene Weltanschauung habe – oder benötige – nicht an. Er war vielmehr der Ansicht, daß Freuds Einstellung nicht anerkannte Welturteile zum Ausdruck bringe, die sich als wertneutrale, allein auf den empirischen Daten der analytischen Behandlungserfahrung basierende und von der wertneutralen »wissenschaftlichen Weltsicht« durchdrungene Theorie maskierten.

Ob die Psychoanalyse nun auf ihre eigene Weltanschauung angewiesen war oder nicht, ist unwichtig, da jede ihrer vielfältigen Varianten wohl oder übel eine zwingend determinierende – wenn auch häufig unerkannt bleibende oder verleugnete – Weltsicht in sich enthält. Das Problem ist nur, daß wir klären müssen, wie diese implizite Weltsicht beschaffen ist, damit wir sie explizit machen und ihren Einfluß auf die Theorieentwicklung und die klinische Praxis erforschen können. Kohut hat ausdrücklich anerkannt, daß seine Version der Psychoanalyse ein Verständnis der Conditio humana enthält, das sich von Freuds impliziter, wertgeladener Sicht drastisch unterscheidet. Er ging so weit zu behaupten, daß seine Vorstellung vom Mann und von der Frau eines der signifikantesten Merkmale seiner Selbstpsychologie bilde – ein Charakteristikum, das sie (neben anderen typischen Merkmalen seiner Theorie) an sich bereits von anderen psychoanalytischen Theorien unterscheide. Ebendieses Menschenbild, so erklärte er, schließt eine Integration der Selbstpsychologie mit anderen psychoanalytischen Theorien von vornherein aus (Kohut 1980, S. 474-482). Da der theoretischen Integration (und den Kontroversen, die solche Bemühungen begleiten; siehe z. B. Shane und Shane 1980; Tolpin 1980; Pine 1990) eine so große Wichtigkeit zukommt, erscheint mir eine allgemeine Bemerkung über dieses Thema und über Kohuts eigene Stellungnahme zu dieser Frage angebracht, bevor ich mich der Erläuterung seiner Sicht des Menschen und ihren klinischen und theoretischen Konsequenzen zuwende.

Hindernisse, die sich der Integration psychoanalytischer Theorien entgegenstellen

Ein entscheidendes Problem, das die Integration verschiedener psychoanalytischer Theorien erschwert, hängt unmittelbar mit dem Charakter theoretischer Systeme zusammen. Jede Theorie erhebt den Anspruch, ihre empirischen Daten erschöpfend zu erklären. Ihre spezifischen Konzepte aber sind lediglich im Kontext des gesamten Systems schlüssig, und die Daten selbst sowie die auf ihnen aufbauenden Konzepte sind methoden- und kontextgebunden. Daher ist es unmöglich, solche Konzepte (die auf unterschiedlichen Beobachtungsmethoden beruhen) in das fremde Territorium irgendeines anderen theoretischen System zu exportieren und sie in diesen neuen Kontext einzufügen, ohne ihre Bedeutung und Signifikanz ganz erheblich zu verändern. Anders formuliert:

Eine »Übersetzung zwischen verschiedenen Theorien ist unmöglich« (Goldberg 1988, S. 32).[3] Darüber hinaus stehen sich Theorien, wie Kuhn (1962) gezeigt hat, inhärent antagonistisch gegenüber, so daß ihre jeweiligen Vertreter darum kämpfen, ihre eigene Theorie als führendes Paradigma auf ihrem jeweiligen Gebiet durchzusetzen.[4]

Bereits aus diesen Gründen sind Theorien daher letztlich nicht integrierbar – auch wenn die theoretische Integration vielen wünschenswert (z. B. Shane und Shane 1980), möglich und notwendig (z. B. Pine 1990) erscheint. Versuche, eine solche Integration zu erzwingen, sind bislang ohne erkennbaren Erfolg oder nachweisbaren Nutzen geblieben. Da keine Theorie sämtliche Fakten, die auf irgendeinem Gebiet zu beobachten sind, erklären kann – Theorien sind notorisch »unterdeterminiert« (Gedo und Goldberg 1973; Goldberg 1988; Hesse 1978) –, sollten wir auf Integrationsbemühungen verzichten und statt dessen erwarten, daß jede Theorie die meisten der bislang auf dem entsprechenden Gebiet beobachteten Fakten unabhängig von anderen zu erklären vermag. Dann stellt sich die Frage, welche Theorie das umfassendere Erklärungspotential und das höhere heuristische Potential enthält. Dies zu entscheiden ist keineswegs einfach. In der Zwischenzeit wird der Fortschritt innerhalb jedes theoretischen Systems weiter vorangetrieben, indem man das, was die Theorie nicht zu erklären scheint – die sich ansammelnden »Anomalien« (Kuhn 1962) –, identifiziert und registriert, bis sich schließlich ein neues Paradigma durchsetzt.

Kohut hingegen konzentrierte sich auf eine ganz andere Kategorie von Schwierigkeiten bei einer Integration der »Erkenntnisse, Konzepte und Theorien [der Selbstpsychologie] mit jenen anderer moderner Schulen [der Psychoanalyse] [...] insbesondere mit den Theorien Mahlers und Winnicotts« (Kohut 1980, S. 474). Er hatte – aus unserer heutigen Perspektive zu Recht oder Unrecht – den Eindruck, daß sich die Erkenntnisse und Einsichten Mahlers und Winnicotts,

> »so stichhaltig und wichtig sie auch sein mögen, auf eng umgrenzte Phasen der individuellen Entwicklung konzentrieren und ihre Arbeit uns – von bestimmten Anwendungen in der Pathographie abgesehen (siehe z. B. Lynch 1979) – im Unterschied zur klassischen Analyse und zur Selbstpsychologie *kein umfassendes Konzept des Menschen* vermittelt, *das die menschlichen Strebungen und das menschliche Schicksal ›über die Grenzen der Grundregel hinaus‹* [das heißt über die der psychoanalytischen Situation inneliegenden Grenzen hinaus) *erhellen könnte«.* (Kohut 1980, S. 475; Hervorhebung P. H. O.)

Obwohl dieser Einwand an sich noch nicht jeden Integrationsversuch von vornherein vereitelt, sprach Kohut sich nicht für theoretische Integration aus, sondern für die gegenseitige Befruchtung zwischen den »genetischen Daten, die durch Rekonstruktion aus den Analysen Erwachsener gewonnen wurden, und den Erkenntnissen der psychoanalytisch orientierten Kinderbeobachter und Kinderanalytiker«. Er betonte mit Nachdruck, daß diese wechselseitige Befruchtung nur dann »Erfolg haben, das heißt zu signifikanten Ergebnissen führen kann, wenn die Grundhaltung des Kinderbeobachters und die Einstellung des Analytikers, der Kindheitserfahrungen mit Hilfe der Analyse von Übertragungen rekonstruiert, miteinander vereinbar sind« (Kohut 1980, S. 475). Kohut bezog sich hier auf die Methode der empathischen Beobachtung, durch die eine höhere Vereinbarkeit und eine erfolgreichere wechselseitige Befruchtung der Daten erzielt werden kann, wenn Psychoanalytiker und Kinderbeobachter sie gleichermaßen konsequent anwenden.

Um das seiner Meinung nach »wichtigste« oder »eigentliche« Hindernis zu erläutern, das eine Integration der Erkenntnisse der Selbstpsychologie mit den durch andere Methoden erzielten Resultaten unmöglich macht, schilderte Kohut zwei Anekdoten: Ende der 60er Jahre fragte ihn Otto Kernberg, wo er den Unterschied zwischen ihrer beider Arbeit sehe. Kohut antwortete, daß Kernberg »den Narzißmus für *grundlegend pathologisch*« halte, während er, Kohut, ihn »als *grundlegend gesund*« betrachte (Kohut 1980, S. 477; Hervorhebung P. H. O.). Etwa zur gleichen Zeit stellte Mahler in einem an Kohut gerichteten Brief eine ganz ähnliche Frage, auf die Kohut erwiderte, daß »wir aus verschiedenen Richtungen einen Tunnel in ein und denselben Bereich des Berges graben« (S. 477). Diese Antworten seien, so Kohut etwa ein Jahrzehnt später, nach wie vor zutreffend, allerdings könne er Fragen dieser Art nicht mehr so kurz und einfach beantworten, da er die Unterschiede zwischen seinen eigenen Überlegungen und den Konzepten Kernbergs wie auch Mahlers mittlerweile für weit grundsätzlicher halte.

Rückblickend war er der Ansicht, daß seine früheren Antworten auf Kernberg und Mahler nicht auf »unüberbrückbare Hindernisse« verwiesen, »die eine Integration unmöglich machten«. Der entscheidende Grund, der die Integration verhindere, das wirklich »*unüberbrückbare Hindernis*«, sei »*die fundamental unterschiedliche Auffassung über die wissenschaftlichen Evaluierung der Natur des Menschen und der Bedeutung seines sich entfaltenden Lebens*« (1980, S. 478; Hervorhebung P. H. O.). Diese prägnante Aussage unterstreicht

275

die zentrale Bedeutung, die Kohut seinem Verständnis von der »Natur des Menschen« und der Bedeutung des sich entfaltenden individuellen Lebensplans, des im Kernselbst niedergelegten Grundentwurfs oder –programms, beimaß – das heißt, dem Schicksal, das dieser innere Entwurf im Laufe des Lebens erfährt.

Kohut brachte dieses unüberbrückbare Hindernis noch einmal im Zusammenhang mit der Anregung zur Sprache, daß sich die Selbstpsychologie um eine Integration der von den Mutter-Kind-Beobachtern gewonnenen Erkenntnisse bemühen solle: »Die Unterschiede zwischen diesen beiden Sichtweisen sind grundsätzlicher Natur und [...] von solch großem Gewicht, daß wir entweder von den anderen Denkschulen oder aber von der Selbstpsychologie verlangen müßten, auf das jeweils zentrale Wertsystem zu verzichten, das den Inhalt wissenschaftlicher Beobachtung und die den Daten zugeschriebene Signifikanz determiniert« (1980, S. 481).

In diesem Kontext hat Kohut seine persönliche Sichtweise ebenso wie in all seinen anderen Schriften dargelegt. Dieser Sichtweise wollen wir uns nun zuwenden.

Kohuts Menschenbild

Die folgende Beschreibung von Kohuts Männer- und Frauenbild stützt sich auf drei in seinen Schriften enthaltene Quellen: 1. Auf explizite Aussagen zu seiner Sichtweise, 2. auf Rückschlüsse, die verschiedene Aspekte seiner Theorie zulassen, und 3. auf seine klinischen Berichte.[5]

Ich möchte zunächst Freuds und Kohuts Grundannahmen kurz miteinander vergleichen, um zu zeigen, daß jede dieser Annahmen bereits die Basis für eine umfassendere Sicht der Conditio humana bildet.[6] Wir werden diese umfassendere Sicht später im Zusammenhang mit der ausgearbeiteten Theorie kennenlernen. Eine Entscheidung für die eine oder andere dieser Prämissen ist unumgänglich (und bleibt natürlich nicht auf diese Grundannahmen beschränkt); zudem ist die Entscheidung zwingend und kann nicht allein auf wissenschaftlicher Basis getroffen werden; sie gehorcht, wie bereits erwähnt, einer impliziten, apriorischen Weltsicht, die sich ihrerseits auf nicht wahrnehmbare Weise mit der auftauchenden Theorie verbindet und dann als unauflöslicher Bestandteil ebendieser Theorie erscheint.

Die Grundannahmen

Zusammenfassend formuliert, läßt sich Freuds Grundannahme (sein Axiom) folgendermaßen beschreiben: Der Säugling hat eine angeborene Tendenz

> »zu inzestuösem Begehren, zur Suche nach Lustgewinn und zu mörderischen Wünschen. All diese Tendenzen sind primär und basal und kollidieren [von Anfang an] mit der [durch die Betreuungspersonen repräsentierten] Kultur und Gesellschaft, in die der Säugling hineinzivilisiert werden muß. [...] Diese zähmende, kontrollierende und frühzeitige Kanalisierung der Triebe erfolgt gegen den Willen und das Eigeninteresse des Säuglings und Kindes. So besteht das Ergebnis bestenfalls im Erwerb einer dünnen Zivilisationskruste, die leicht abbröckeln kann – was tatsächlich häufig geschieht – und die darunter liegende, ursprüngliche Wollust und Grausamkeit bloßlegt. [...] Theoretisch formuliert: [...] Der Säugling, der als ›Bündel von Trieben‹ geboren wird, veranlaßt seine Bezugsperson, diese Triebe zu zähmen, zu kontrollieren und zu kanalisieren. Dies führt unweigerlich zu Konflikten zwischen den Trieben und den Repräsentanten der Zivilisation. Der Konflikt ist somit von Anfang an in den psychischen Apparat eingebaut und kulminiert in dem prototypisch konfliktgeladenen Ödipuskomplex. Von nun an beeinflußt dieser Konflikt jede menschliche Aktivität in Gesundheit und Krankheit«. (Ornstein 1993a, S. 198)

Zusammenfassend formuliert, läßt sich Kohuts Grundannahme (sein Axiom) folgendermaßen beschreiben:

> »Der menschliche Säugling kommt mit der präadaptierten – wir könnten sagen, vorgegebenen – Fähigkeit auf diese Welt, seine Umwelt zu den von ihm benötigten Reaktionen zu veranlassen. Daher ist sein primäres Bedürfnis das nach Verbundenheit und Reaktion. [...] Theoretisch formuliert, wird der Säugling mit all seinen biologischen Anlagen in eine ›Selbst-Selbstobjekt-Matrix‹ hineingeboren, in der ihm ein empathisch responsives Milieu auf körperlicher, ernährungsbezogener und emotionaler Ebene das geben wird, was er für seine langfristige Entwicklung braucht. Der Säugling ist somit von Anfang an ein soziales Wesen, das aktiv eine harmonische und empfängliche Umwelt sucht, nicht jedoch eine antagonistische, zivilisierende, die ihn nötigt. Das heißt, es gibt keinen eingebauten, primären pathogenen Konflikt in der menschlichen Psyche. Trotzdem sind Konflikte unvermeidlich, weil die Umwelt nie perfekt auf die Bedürfnisse des sich entfaltenden Selbst eingehen kann. Daher wird es immer Konflikte geben. Sie werden aber nur dann pathogen oder pathologisch, wenn die Entwicklung und Konsolidierung des Selbst infolge fehlender Empathie des Selbstobjekt-Milieus vereitelt werden«. (Ornstein 1993a, S. 200)

Der Unterschied liegt auf der Hand: Freuds menschlicher Säugling wird in eine antagonistische Umgebung hineingeboren, mit der er augenblicklich in Konflikt gerät und der er Widerstand leisten muß.

> »Freuds Hypothese leitet die psychische Entwicklung aus dem Zusammenprall von primären Triebkräften mit den Sozialisierungsanforderungen der elterlichen Imagines als den frühesten Repräsentanten der sozialen Umwelt her. Eine Psyche, die sich aus einer solchen Matrix heraus entwickelt, ist *per definitionem* voller *primärer*

> *Konflikte.* So wird das von der Psychoanalyse als Konfliktpsychologie par excel-
> lence vertretene Konzept in unsere Sicht der menschlichen Entwicklung eingebaut«.
> (Ornstein 1983a, S. 357)

In radikalem Gegensatz dazu wird Kohuts menschlicher Säugling in ein potentiell harmonisches, empathisches Milieu hineingeboren; Kohut geht nicht von
einem inhärenten, von Anfang an wirksamen Antagonismus aus, sondern von
einer »Entsprechung« zwischen dem Säugling und seiner Umwelt:

> Kohuts Hypothese leitet die psychische Entwicklung aus der Selbst-Selbstobjekt-
> Matrix her, in der die primäre Einheit des psychischen Erlebens durch die Bezie-
> hung zwischen dem rudimentären Selbst und seinem empathischen Selbstobjekt
> konstituiert wird [nicht jedoch durch die Triebe und ihre Schicksale]. [...] Somit gibt
> es hier *per definitionem* keinen der Psyche von vornherein inhärenten Konflikt.
> Traumatische Unterbrechungen hingegen haben Defekte oder Defizite der Struk-
> turbildung zur Folge, die wiederum *sekundäre* Konflikte nach sich ziehen.«
> (Ornstein 1983a, S. 357f.)

Um ein vollständigeres Bild von Kohuts Verständnis der Conditio humana zu
gewinnen und die zentralen Probleme zu identifizieren, mit denen jedes Individuum innerhalb des größeren sozialen Kontextes zu kämpfen hat, betrachten wir nun, wie er seine Theorie auf der Basis dieser Grundannahme ausar-
beitete.

Die weitere Entwicklung

Seiner zentralen Entwicklungshypothese entsprechend, ist Kohut der Ansicht,
daß der menschliche Säugling aktiv nach einer Verbindung mit seiner Selbst-
objekt-Umgebung sucht, um auf der Grundlage der Responsivität, mit der
diese auf die Bedürfnisse seines in Entstehung begriffenen Selbst eingeht, ein
kohäsives, vitales und harmonisches Kernselbst zu entwickeln. Auf der Basis
des Zusammenwirkens von Anlage (angeborenen Fähigkeiten und Begabungen) und stolzen, begeisterten, bestätigenden Reaktionen der Bezugspersonen
(der spiegelnden Selbstobjekte) sowie der Verfügbarkeit anderer Menschen, zu
denen das Kind aufschauen und an deren Fähigkeiten es teilhaben kann (idealisierte Selbstobjekte), wird sich ein einzigartiges inneres Programm, ein
Lebensplan, entfalten und einen wesentlichen Teil dieses kohäsiven und vita-
len Kernselbst bilden. Eine zentrale Aufgabe der frühen Entwicklung besteht
daher im Erwerb dieser Kohäsion und Lebendigkeit und des inneren
Programms, der Blaupause fürs Leben. Sobald diese Schritte sicher bewältigt

wurden, muß das Individuum um die Aufrechterhaltung der Kohäsion und Lebendigkeit seines Selbst sowie um das Ausleben oder die Verwirklichung des inneren Kernselbst-Programms kämpfen. Kohut definiert psychische Gesundheit sogar als die Fähigkeit, die angeborenen Möglichkeiten und Begabungen (zumindest in einem Sektor der Persönlichkeit) im Einklang mit den eigenen Idealen und Werten selbst-assertiv einzusetzen. Eine zentrale (lebenslange) Aufgabe der späteren Entwicklung besteht somit darin, die Kohäsion des Selbst aufrechtzuerhalten und den Lebensplan zu realisieren – das zu werden, was wir in den tiefsten Schichten unseres Seins sind.

Da die gesamte Persönlichkeitsentwicklung wie auch das spätere Leben in einem Selbst-Selbstobjekt-Milieu stattfinden und durch dieses grundlegend beeinflußt werden, rückt die Selbstpsychologie den Zustand des Selbst (seine Kohäsion und Vitalität oder seine Fragmentierung oder Entleerung usw.) in seiner Beziehung zu anderen in den Mittelpunkt. Sie betrachtet *diese Beziehung* als das eigentliche Thema der menschlichen Existenz.[7] Kohut hat dies in einer ungemein eindringlichen metaphorischen Sprache zum Ausdruck gebracht:

»Der Selbstpsychologie zufolge lebt der Mensch von der Geburt bis zu seinem Tod in einer Matrix von Selbstobjekten. Er benötigt die Selbstobjekte für sein psychisches Überleben, so wie er für sein physiologisches Überleben lebenslang auf den Sauerstoff in seiner Umwelt angewiesen ist. Zweifellos erlebt das Individuum immer auch die mit unlösbaren Konflikten verbundenen Ängste und Schuldgefühle sowie die Qualen, die ihm der Verlust seines Selbstwertgefühls bereitet, wenn es erkennen muß, daß es seine Ziele nicht erreicht hat oder seinen Idealen nicht gerecht geworden ist. Aber solange der Mensch sich von Selbstobjekten umgeben weiß und sich durch ihre Anwesenheit bestätigt fühlt – entweder durch ihre direkten Reaktionen oder weil er ihre zuverlässige Anteilnahme früher bereits erlebt hat und weiterhin darauf vertraut –, werden Konflikte, Fehlschläge und Niederlagen, so schmerzlich sie auch sein mögen, sein Selbst nicht zerstören. Die Selbstpsychologie sieht das entscheidende Charakteristikum der menschlichen Entwicklung nicht im Wandel von Abhängigkeit zu Selbständigkeit oder von Verschmelzung zu Autonomie oder auch nur im Auftauchen des Selbst aus einem Nicht-Selbst. Wir tragen den Ängsten des Menschen und seinen Depressionen im Säuglingsalter, im Erwachsenenalter und angesichts des Todes durchaus Rechnung. Ebensowenig ignorieren wir seine Gier, sein Streben nach Lust und seine Zerstörungswut, *aber wir betrachten sie nicht als primäre Gegebenheiten, sondern als sekundäre Phänomene, die aus Störungen in der Selbst-Selbstobjekt-Einheit hervorgehen.*« (Kohut 1980, S. 478f.; Hervorhebung P. H. O.)

Natürlich baut sich Kohuts Bild des Mannes und der Frau im sozialen Kontext aus unzähligen Varianten und Details der Schwierigkeiten auf, die er hier beschreibt. Wir können ihre Fülle und Mannigfaltigkeit lediglich andeuten, indem wir Kohuts Darstellung der Entwicklung des Selbst betrachten, die er auf der Grundlage des Durcharbeitens der verschiedenen Selbstobjekt-Übertragungen rekonstruiert hat.

In einer ersten Entwicklungslinie wird das »grandiose Selbst« (eine archaische Konfiguration) progressiv durch die affirmativen, validierenden und bewundernden Reaktionen des »spiegelnden Selbstobjektes« in ein Selbst transformiert, das über eine freie, gesunde Selbstbehauptung verfügt. Sie repräsentiert einen Pol des bipolaren Selbst. In diesem Persönlichkeitssektor signalisieren das Selbstwertgefühl und seine Regulierung sowie die Freude an den eigenen körperlichen und geistigen Fähigkeiten und die ungehemmte Verfolgung der eigenen Ziele und Vorstellungen eine gelungene Strukturierung des Selbst.

In einer zweiten Entwicklungslinie wird die »idealisierte Elternimago« (eine archaische Konfiguration) progressiv, in Reaktion auf die Verfügbarkeit idealisierbarer anderer Menschen (»idealisierter Selbstobjekte«) und auf die allmähliche, phasenangemessene Desillusionierung, die sich ihnen gegenüber einstellt, in internalisierte Werte und Ideale transformiert. Sie repräsentieren den zweiten Pol des bipolaren Selbst. In diesem Persönlichkeitssektor signalisieren die Fähigkeit zur Selbstberuhigung und Selbsttröstung, die Kanalisierung der eigenen Triebbedürfnisse, die Affektkontrolle sowie die Fähigkeit, sich freudig und leidenschaftlich höheren Werten und Idealen zu verpflichten, eine gelungene Strukturierung des Selbst.

In einer dritten Entwicklungslinie schließlich schaffen die »Zwillings-« oder »Alter-ego-Selbstobjekte« (das heißt jene anderen, die wir als ähnlich empfinden oder als verwandte Seelen erleben und von denen wir uns unterstützt fühlen, wenn wir Teil der menschlichen Gemeinschaft werden) die Voraussetzungen für die Entfaltung von Begabungen und Fähigkeiten. Ihre freie funktionelle Verfügbarkeit für das Selbst gibt eine gelungene Strukturierung in diesem Sektor der Persönlichkeit zu erkennen.

Kohut hat einige der allgemeineren Implikationen seiner Entwicklungstheorie detaillierter beschrieben, indem er zunächst M. Tolpin paraphrasierte und anschließend selbst Stellung bezog:

> »Kohuts Baby‹, wie Marian Tolpin es humorvoll formuliert hat, [...] ist nicht abhängig, anklammernd oder schwach, sondern autonom, assertiv, stark – es ist psychisch vollkommen, solange es den psychischen Sauerstoff atmet, der ihm durch den Kontakt mit empathisch responsiven Selbstobjekten vermittelt wird. In dieser Hinsicht unterscheidet es sich nicht von dem Erwachsenen, der nur vollständig, autonom und stark ist, solange er das Gefühl hat, daß andere auf ihn eingehen.

Wenn wir anerkennen, daß ein Milieu responsiver Selbstobjekte eine notwendige Voraussetzung für das psychische Leben darstellt und der gesunde, normale Mensch darüber hinaus psychisch so beschaffen ist, daß er nur in einem solchen Milieu zu überleben vermag und die Fähigkeit besitzt, ein solches Milieu aktiv zu suchen und zu finden, *dann wird unser Bild des Menschen – seiner Psychopathologie und seines Verhaltens auf der sozialen und historischen Bühne – durch diese Grundannahme determiniert.*« (Kohut 1980, S. 481f.; Hervorhebung P. H. O.)

Es ist wichtig, hier festzuhalten, daß Kohut nicht länger mit der Hypothese einer (von den Schicksalen des Sexual- und später auch des Aggressionstriebs ausgehenden) »psychosexuellen Entwicklung« arbeitet, um die Entwicklung von Gesundheit oder Krankheit zu erklären. Vielmehr ersetzt er diese klassische Grundannahme durch die Überlegung, daß die Verfügbarkeit spiegelnder, idealisierter und Alter-Ego- oder Zwillings-Selbstobjekte – der notwendigen, phasenentsprechenden Erfahrungen, die das Selbst mit ihnen sammelt – das Sine qua non der normalen Entwicklung darstellen, die Grundnahrung für die Entwicklung des Selbst.[8]

Diese drastisch veränderte Entwicklungshypothese hat Kohuts Verständnis der Conditio humana ihren unverwechselbaren Stempel aufgeprägt. Dies zeigt sich besonders klar, wenn wir die Entwicklung im Anschluß an die Phase betrachten, in der das Kernselbst (das heißt, die nuklearen assertiven Strebungen, die nuklearen internalisierten Werte und Ideale sowie die nuklearen Fähigkeiten und Begabungen) seine Kohäsion erlangt und sich konsolidiert: Kohäsion und Konsolidierung sind notwendige Voraussetzungen dafür, daß das Kind mit einer weitgehend intakten Struktur in die ödipale Entwicklungsphase eintreten kann; diese Struktur wird ihm dann auch die Fähigkeit vermitteln, die ubiquitären ödipalen Konflikte zu meistern.

Der Ödipuskomplex

»Das Bestehen eines stabilen Selbst ist eine Voraussetzung für die Erfahrung des Ödipuskomplexes. Solange sich das Kind nicht als abgegrenzten, dauernden, unabhängigen Mittelpunkt von Antrieben erlebt, ist es nicht fähig, die objektgerichteten Wünsche zu erleben, die zu den Konflikten und sekundären Anpassungen der ödipalen Periode führen.« (Kohut [1977] 1981, S. 235)

Kohuts Verständnis der ödipalen Phase und des Ödipuskomplexes (ebd., S. 230-251; 1981, S. 553-556) ist, was seine Sicht der Conditio humana betrifft, höchst aufschlußreich und steht in krassem Gegensatz zu derjenigen Freuds.

»Ob [ein ödipaler] Konflikt gelöst werden kann oder nicht, hängt von der Konsolidierung des Selbst ab. Ein kohäsives, vitales, starkes Selbst vermag seine Konflikte erfolgreich zu bewältigen, ein geschwächtes, fragmentierungsanfälliges oder fragmentiertes Selbst jedoch nicht. Dies bestimmt die Art und Weise des ödipalen Erlebens. Das Kind mit einem kohäsiven Selbst wird die ödipale Phase und die mit ihr verbundenen neuen Herausforderungen trotz Schuldgefühlen, Ängsten und Konflikten begeistert in Angriff nehmen. Die normale ödipale Erfahrung ist keine gewaltgeprägte, konfliktreiche Phase, solange die ödipalen Selbstobjekte auf die ödipalen Sehnsüchte und Feindseligkeiten des Kindes nicht verführerisch oder strafend, sondern akzeptierend und mit empathischem Verständnis reagieren. Eine solche ödipale Erfahrung trägt zur Konsolidierung des männlichen und weiblichen Selbst bei. Daher ist das Resultat von der Harmonie zwischen dem Selbst und seinem Selbstobjekt-Milieu abhängig. Sowohl die dunkle als auch die helle Seite der Persönlichkeit entwickelt sich innerhalb einer empathischen oder unempathischen Selbst-Selbstobjekt-Matrix aus der angeborenen Ausstattung.

Es gibt noch einen weiteren auffallenden Unterschied [zwischen Kohuts und Freuds Konzeptualisierung]. Selbstobjekte reagieren auf die angeborenen Potentiale des Kindes, seine auftauchenden Begabungen und Fähigkeiten. Diese Reaktionen des Selbstobjekt-Milieus auf die Potentiale des Kindes selbst [im Gegensatz zu den Vorstellungen der Bezugsperson darüber, wie das Kind sein sollte] können die erfolgreiche Entfaltung seiner Begabungen und Fähigkeiten gewährleisten. Was sich entwickelt, entwickelt sich daher von innen heraus. Die Umwelt fördert diese Entwicklung [indem sie die notwendige emotionale Unterstützung zur Verfügung stellt] oder vereitelt sie [indem sie diese Unterstützung verweigert]. Persönlichkeitsmerkmale sind daher nicht in erster Linie das Resultat einer zivilisierenden Kraft, nichts, das von außen auferlegt wird – wie Freud glaubte – und vom Kind mit Zähnen und Klauen bekämpft wird; Entwicklungen gehen nicht aus einem naturgegebenen Antagonismus hervor, sondern aus einer natürlichen Übereinstimmung. Gewiß sind Antagonismen unvermeidlich, aber sie sind, selbst wenn sie extrem wichtig werden, immer sekundär.« (Ornstein 1993a, S. 200)

Die ödipale Phase und ihr Erfahrungsgehalt bleiben für Kohut zwar wichtig, spielen aber nicht die herausragende Rolle, die ihnen in Freuds Konzeptualisierung zukommt. Für Kohut sind die ödipalen *Konflikte* universal, nicht jedoch der Ödipus*komplex*, den er bereits als Manifestation einer gescheiterten Selbst-Selbstobjekt-Beziehung betrachtet. Mit anderen Worten: Der Ödipuskomplex ist Ausdruck einer zugrundeliegenden Pathologie des Selbst. Was wir als das Drama des Ödipuskomplexes wahrnehmen, nämlich die verschiedenen Formen inzestuöser Wünsche und Feindseligkeiten in der Symptom- und Charakterbildung, sind häufig verzweifelte Versuche einer Selbstheilung, keineswegs aber ein Bestreben, gegen alle Zivilisationszwänge am infantilen Lustgewinn und an infantiler Destruktivität festzuhalten.

Als Kohut sein Verständnis des Ödipuskomplexes der klassischen Auffassung gegenüberstellte, führte er das Konzept des lustsuchenden »schuldigen Menschen« zur Charakterisierung der klassischen Sichtweise und das Konzept

des nach Verwirklichung seines Selbst strebenden »tragischen Menschen« zur
Charakterisierung der selbstpsychologischen Sichtweise ein. Mit folgenden
Worten beschrieb er »die beiden Hauptaspekte der psychologischen Natur des
Menschen«:

> »Mir scheint, daß insgesamt gesehen das Wirken des Menschen als auf zwei Ziele
> gerichtet betrachtet werden sollte. Ich benenne diese, indem ich vom *Schuldigen
> Menschen* spreche, wenn die Ziele auf Triebbefriedigung gerichtet sind, und vom
> *Tragischen Menschen*, wenn die Ziele sich auf die Erfüllung des Selbst richten. [...]
> Der Schuldige Mensch lebt innerhalb des Lustprinzips; er versucht, seine lustsu-
> chenden Triebe zu befriedigen, die Spannungen zu mildern, die in seinen erogenen
> Zonen entstehen. Die Tatsache, daß der Mensch nicht nur wegen des Drucks seiner
> Umgebung, sondern vor allem infolge inneren Konflikts oft unfähig ist, seine Ziele
> auf diesem Gebiet zu erreichen, veranlaßte mich, ihn als *Schuldigen Menschen* zu
> bezeichnen, wenn er in diesem Zusammenhang gesehen wird. [...] Der *Tragische
> Mensch* dagegen sucht das Muster seines Kern-Selbst auszudrücken; seine
> Bemühungen liegen jenseits des Lustprinzips. Hier veranlaßte mich die unleugba-
> re Tatsache, daß die Niederlagen des Menschen häufiger sind als seine Erfolge,
> diesen Aspekt des Menschen negativ als Tragischen Menschen zu bezeichnen statt
> als ›sich selbst ausdrückenden‹ oder ›kreativen Menschen‹«. (Kohut [1977] 1981, S.
> 120f.)

In einem anderen Kontext schreibt Kohut, daß Freuds Konzeption

> »den Menschen als mit einem entweder gut funktionierenden oder schlecht funk-
> tionierenden psychischen Apparat ausgestattet sieht – als von seinen Trieben ange-
> spornt und von Kastrationsangst und Schuld gehemmt. Dies ist [...] ein Konzept,
> das [...] den Problemen der strukturellen Neurosen angemessen Rechnung trägt
> und auf dem weiten Feld gesellschaftlicher und historischer Entwicklung die
> Konflikte des *Schuldigen Menschen* einschließt.« (ebd., S. 240)

Kohut würdigte die klassische Metapsychologie insofern, als sie »die Psychologie von großen inneren Kräften, die miteinander kollidieren, erhellte und [...]
einen weiten Bereich menschlichen psychischen Lebens [erklärte], der bis
dahin im Dunklen gelegen hatte«. Er weist jedoch darauf hin, daß sie »eine
bedeutungsvolle und wichtige Schicht menschlicher Erfahrung im wesentlichen unberührt ließ« (ebd., S. 243). Der Versuch, mit Hilfe des Verständnisses
des Schuldigen Menschen diese andere Erfahrungsschicht, also diejenige des
Tragischen Menschen, zu erklären, scheiterte.

> »Die klassische Theorie kann die Essenz gebrochener, geschwächter, diskontinu-
> ierlicher menschlicher Erfahrung nicht erhellen: Sie kann die Essenz der Fragmen-
> tierung des Schizophrenen nicht erklären, nicht den Kampf des Patienten, der an
> einer narzißtischen Persönlichkeitsstörung leidet, um die Wiederherstellung seines
> Selbst, nicht die Verzweiflung – die schuldlose Verzweiflung, das sei betont – jener,
> die in ihren späten mittleren Jahren entdecken, daß die Grundmuster ihres Selbst,
> wie sie in ihren Kern-Strebungen und –Idealen angelegt waren, nicht verwirklicht
> worden sind. Die dynamisch-strukturelle Metapsychologie wird diesen Problemen

des Menschen nicht gerecht, kann die Probleme des Tragischen Menschen nicht einschließen.« (ebd., S. 244)

In einer weiteren vergleichenden Gegenüberstellung konzentriert sich Kohut auf die Tatsache, daß der Ödipuskomplex in der klassischen Analyse als Kern der Neurose par excellence betrachtet wird, während die ödipale Phase in der Selbstpsychologie – »ob [sie] im Individuum Schuld und die Neigung zur Neurose zurückläßt oder nicht – die Matrix [bildet], in der ein wichtiger Beitrag zur Festigung des unabhängigen Selbst stattfindet, der es befähigt, seinem eigenen Programm mit größerer Sicherheit als zuvor zu folgen« (ebd., S. 244).

Kohut weist explizit darauf hin, daß der Vergleich zwischen der klassischen und der selbstpsychologischen Auffassung nicht als Gegenüberstellung einer pessimistischen und einer optimistischen Philosophie zu verstehen sei; jede dieser beiden Positionen könne die positiven oder die negativen Aspekte betonen. Allerdings liege »die Betonung der Selbst-Psychologie – und das aus gutem Grund – mehr auf den wachstumsfördernden Aspekten dieser Periode, die der klassischen Konfliktpsychologie mehr auf den pathogenen Aspekten« (ebd., S. 245).

Kohut erläutert die Tatsache, daß sich die Selbstpsychologie tendenziell stärker auf die positiven Aspekte der ödipalen Phase konzentriert, was seine Sicht der Conditio humana um eine signifikante Dimension erweitert:

»Gewiß, die klassische Theorie läßt sich gut vereinbaren mit einer Wertschätzung der positiven Züge der ödipalen Erfahrung. Doch sie sieht die positiven Qualitäten, die der psychische Apparat in dieser Periode erwirbt, als Ergebnis der ödipalen Erfahrung an und nicht als einen primären, inneren Aspekt der Erfahrung selbst.« (ebd., S. 237)

Kohut beschreibt den »primären, inneren Aspekt« der normalen ödipalen Erfahrung mit bewegenden Worten:

»Mein Eindruck [...] ist, daß die ödipalen Erfahrungen des normalen Kindes – wie intensiv auch das Begehren nach dem andersgeschlechtlichen Elternteil sein mag und wie schwer die narzißtischen Kränkungen bei der Erkenntnis, daß es nicht erfüllt werden kann; wie intensiv der Wettbewerb mit dem gleichgeschlechtlichen Elternteil sein mag und wie lähmend die damit verbundene Kastrationsangst – von Anfang an und die ganze Zeit über eine Beimischung von tiefer Freude enthalten, die mit dem Inhalt des Ödipuskomplexes im traditionellen Sinne zwar nicht verbunden, im Rahmen der Psychologie des Selbst aber von größter entwicklungsmäßiger Bedeutung ist.« (ebd., S. 242)

Kohut ist der Ansicht, daß das Schicksal der ödipalen Konflikte aufs engste mit den Reaktionen der Eltern zusammenhängt. Die Freude, die er am ödipalen Kind beobachtete (durch Rekonstruktionen, die das Durcharbeiten der Selbstobjekt-Übertragungen seiner erwachsenen Patienten ermöglichte), wird »aus zwei Quellen gespeist«, die im subjektiven Erleben des Kindes eine »im wesentlichen einheitliche Erfahrung« konstituieren:

> »Die Quellen sind: 1. des Kindes inneres Bewußtsein einer bedeutenden Vorwärtsbewegung in ein psychologisches Reich neuer und aufregender Erfahrungen und – was noch wichtiger ist – 2. seine Teilnahme an dem Glanz von Stolz und Freude, der von den elterlichen Selbstobjekten ausgeht, obwohl – und tatsächlich auch weil – sie den Inhalt der ödipalen Wünsche ihres Kindes erkennen.« (ebd., S. 242)

Kohut war sich der Komplexitäten und der extremen Variabilität der elterlichen Reaktionen durchaus bewußt; interessant ist in diesem Zusammenhang seine Bemerkung über »optimale« Eltern oder besser: »optimal versagende« Eltern:

> »Optimale Eltern [...] sind Menschen, die trotz ihrer Stimulierung durch und ihres Wetteiferns mit der heranwachsenden Generation auch ausreichend mit dem Puls des Lebens in Berührung sind, sich selbst genügend als vorübergehende Teilnehmer am fortdauernden Strom des Lebens akzeptieren, um fähig zu sein, das Heranwachsen der nächsten Generation mit ungezwungener, nicht defensiver Freude zu erleben.« (ebd., S. 243)

Intergenerationelle Beziehungen: Odysseus versus Ödipus

Kohut erkannte die Ubiquität intergenerationellen Zwists (als Ausdruck des Ödipuskomplexes) durchaus an. Seinem neuen Verständnis der ödipalen Erfahrung und des Ödipuskomplexes entsprechend, interpretierte er die *Signifikanz* dieser Auseinandersetzungen jedoch vollkommen anders, als es die klassische Theorie tat:

> Die klassische Analyse glaubt, daß die eigentliche Natur des Menschen umfassend definiert sei, wenn er als ›*Schuldiger Mensch*‹ beschrieben werde, als Mensch, der in unlösbare Konflikte zwischen seinen in der biologischen Grundlage des Homo natura wurzelnden Trieben [Freuds Bild des Menschen in der Natur] [...] und den zivilisierenden Einflüssen verstrickt ist, die aus der sozialen Umwelt auf ihn einwirken und durch das Über-Ich verkörpert werden. Die Selbstpsychologie nimmt an, daß das innerste Wesen des Menschen erfaßt wird, wenn man es als Selbst definiert, und daß der Homo psychologicus [im Gegensatz zum Homo natura] auf tiefster Ebene ein »*Tragischer Mensch*« ist, der lebenslang und niemals restlos erfolgreich versucht, das in seinem tiefen Innern niedergelegte Programm zu verwirklichen.« (Kohut 1981, S. 558)

Kohut führt die quasi »magische«, nicht nachlassende Faszination, mit der uns die Ödipusgeschichte in Bann schlägt, auf Freuds »großartige Fähigkeit«

zurück, »die Schlüsselkonzepte seines wissenschaftlichen Systems zu mytho-
logisieren« (ebd., S. 559) und sie auf diese Weise fest in unserem westlichen
Denken zu verankern. Es gibt zwei Möglichkeiten, der eingewurzelten Überzeugung entgegenzutreten. Die eine besteht darin, einen logischen, letztlich
jedoch schwachen Gegenbeweis zu führen; die andere ist eine Art »Gegenzauber«, ein anderer Mythos – das vermutlich stärkere Argument. Der Logik
zufolge würde eine Neuinterpretation des Ödipusmythos Freuds Auffassung
insofern untergraben, als sie die Geschichte nicht mit Ödipus' Begehren seiner
Mutter und seinem Wunsch, den Vater zu ermorden, beginnen ließe, sondern
mit seiner Ablehnung und Verstoßung durch die Eltern. So nämlich sieht die
»ganze« Geschichte aus, worauf im übrigen seit langem immer wieder hingewiesen wird. An der Hartnäckigkeit aber, mit der die Freudsche Version die
Psychoanalyse und die westliche Kultur im weiteren Sinne beherrscht, hat dies
kaum etwas geändert. Kohut findet seinen »Gegenzauber« in der Odysseus-
Geschichte Homers. Odysseus erscheint hier als

> »ehrgeiziger, begabter Mann, der bestrebt ist, sein innerstes Selbst zu entwickeln,
> und dabei gegen äußere und innere Hindernisse ankämpft; überdies fühlt er sich der
> nächsten Generation, seinem Sohn, an dessen Entfaltung und Wachstum er freudig
> Anteil nimmt, mit ganzem Herzen verbunden – er kann die tiefste und innerste
> Freude des Menschen empfinden, die Freude, sich als Bindeglied in der Abfolge der
> Generationen zu fühlen.« (ebd., S. 561)

Die Geschichte, die Kohut nacherzählt, berichtet folgendes: Die Griechen
rüsteten sich für den Kampf gegen Troja und rekrutierten all ihre Heerführer
mitsamt deren Kriegern, Schiffen und ihrer gesamten Ausrüstung. Odysseus
war ein Mann in den besten Jahren, er hatte eine junge Frau und einen kleinen
Sohn und weigerte sich, am Krieg teilzunehmen. Deshalb begab sich eine Dele-
gation der griechischen Staaten zu ihm. Er gab vor, geisteskrank geworden zu
sein, pflügte sein Land mit einem Ochsen und einem Esel, die er nebeneinander ins Joch gespannt hatte, und streute Salz in die Furchen. Auf dem Kopf trug
er einen lächerlichen, konisch geformten Hut, kurz: Er verhielt sich, als habe
er den Verstand verloren. Einer der Abgesandten aber wurde mißtrauisch. Er
packte Odysseus kleinen Sohn, Telemach, und warf ihn vor den Pflug. Ohne
zu zögern pflügte Odysseus im Halbkreis um das Kind herum, damit es nicht
zu Schaden käme, und die Abgesandten erkannten sofort, daß er geistig vollkommen gesund war.

Kohut betont mit Nachdruck, daß die Geschichte von Odysseus und Telemach den innersten Wunsch eines gesunden Vaters thematisiert, der seinen

Sohn schützt, während die Geschichte des Laios und Ödipus von einer bereits gestörten, pathologischen Beziehung erzählt.[9] Wie also stellt sich die Psychopathologie in selbstpsychologischer Sicht dar?

Kohuts Verständnis der Psychopathologie

Kohut Verständnis der Psychopathologie leitet sich direkt aus den Annahmen über die normale Entwicklung her (die man auf der Basis des Durcharbeitens in der Analyse rekonstruiert und zu den Erkenntnissen der modernen Mutter-Kind-Beobachtungen in Beziehung gesetzt hat). Das Zusammenwirken zwischen den Anlagen und den unterschiedlichen Erfahrungen, die der Säugling und das Kind im Selbstobjekt-Milieu sammeln, bestimmt die Art und das Ausmaß der Psychopathologie im Erwachsenenalter. Traumatische Einwirkungen sind nicht auf das frühe Leben beschränkt, sondern treten auch im späteren Leben auf. Die Nichtverfügbarkeit oder die unzuverlässige und schwankende Verfügbarkeit der Selbstobjekt-Erfahrungen sind (gelegentlich in Verbindung mit Traumata, die dem Säugling oder Kind aktiv zugefügt werden) für die spezifischen Defekte oder Defizite des Selbst verantwortlich. Solche Defekte und Defizite sowie die massiven Abwehrstrukturen, die unweigerlich errichtet werden, um ein entsprechend geschwächtes und fragmentierungsanfälliges Selbst zu stützen, konstituieren die Grundlagen der Psychopathologie des Patienten.

Im Bereich der Selbstbehauptungsstrebungen wird das unzulänglich und unzuverlässig gespiegelte Selbst unter einem niedrigen Selbstwertgefühl leiden, unter einer mangelnden Fähigkeit zur Selbstregulierung und unter der Unfähigkeit, Freude an geistigen oder körperlichen Aktivitäten zu finden. Ein solches Selbst kann seine Ziele und Absichten nicht verfolgen, weil es blockiert ist; es fühlt sich »leer«. Eine allumfassende Abwehrhaltung führt zu massiven Hemmungen, zum emotionalen Rückzug, zu sozialer Isolation aufgrund einer extremen Empfindlichkeit gegenüber Kränkungen, zu einem Mangel an Initiative, dem die Angst vor Versagen und Kritik zugrunde liegt, und zu vielen anderen Problemen. Wenn man ständig damit rechnet, zu scheitern oder eine Abfuhr zu erleben, kann man Aktivitäten nicht zielstrebig verfolgen.

In den Bereichen der Werte und Ideale hat die fehlende Verfügbarkeit idealisierbarer Selbstobjekte oder ihre massive und traumatische Entidealisierung zur Folge, daß der Mensch die Fähigkeit, den mit alltäglichen Verletzungen des Selbstwertgefühls verbundenen Schlägen standzuhalten, nicht entwickeln kann. Er ist kaum imstande, sich von solchen Erfahrungen zu erholen, und bleibt daher in chronischer Angst und Depression gefangen. Die Regulierung der Affekte ist beeinträchtigt, und zwar sowohl in bezug auf ihre freie Äußerung als auch hinsichtlich ihrer angemessenen Kontrolle; der Mensch leidet unter einer ausgeprägten Unfähigkeit, sich selbst zu trösten und zu beruhigen; die Fähigkeit, Außenkontakte zu suchen, höhere Ideale zu verfolgen, kann sich nicht entfalten, wenn das Selbst ständig um sein eigenes Überleben ringen muß. Die Desintegrationsangst ist die tiefste zentrale Bedrohung des Selbst.

Wenn Begabungen und Talente nicht die Chance haben, sich im Laufe der Entwicklung zu entfalten, oder wenn sie traumatisch gehemmt werden, fehlen dem Individuum die Ressourcen, die es braucht, um sein Selbstwertgefühl mit Hilfe von körperlichen oder geistigen Funktionen wiederherzustellen, die ihm Selbstachtung vermitteln und als Ausdruck seiner Kreativität dienen können. Solche Individuen betrachten die Situation, in der sie sich befinden, als Beweis für ihre Wertlosigkeit und Minderwertigkeit.

Der entscheidende Punkt ist hier, daß diese verschiedenen Gruppierungen von Störungen unweigerlich weitere Konflikte nach sich ziehen werden, die das Selbst zusätzlich hemmen und häufig lähmen. Manifeste Passivität, schwere Hemmungen und Initiativlosigkeit beruhen oft auf den soeben beschriebenen Defiziten. Nur wenn sich eine der Selbstobjekt-Übertragungen entwickeln kann, sind der spezifische Charakter des Defizits, seine Pathogenese und Behandelbarkeit zu klären.

Diesem Verständnis zufolge liegen »reale Ereignisse« (wie sie vom Kind wahrgenommen werden), das heißt gelebte Erfahrungen und nicht triebdeterminierte Phantasien, der Psychopathologie zugrunde. Natürlich lösen diese Erfahrungen Phantasien aus, die dann ihrerseits die Manifestationen der Psychopathologie beeinflussen. Die psychoanalytischen Behandlungsgrundsätze und die Prozesse, die sich im Laufe der Analyse entwickeln, können nie auf die »realen Ereignisse« fokussiert bleiben. Sie müssen weitergehen und erfassen, wie der Patient diese Ereignisse subjektiv erlebt hat. Was auch immer ihm als Säugling oder Kind widerfahren ist, kann aus seiner Vergangenheit nicht getilgt werden; gemeinsam aber können Analytiker und Patient das Erleben dieser Vergangenheit in der Gegenwart bearbeiten und angemessener in Worte fassen.

Wie ist der psychoanalytische Heilungsprozeß beschaffen, den Kohut für diese Störungen des Selbst, die nicht auf primären Konflikten, sondern auf Defiziten beruhen, konzeptualisierte?

Kohuts Verständnis des Heilungsprozesses in der Psychoanalyse

Kohuts Darstellungen geben einen engen, logischen Zusammenhang zwischen gesunder Entwicklung und Psychopathologie sowie einen gleichermaßen engen und logischen Zusammenhang zwischen der gesunden Entwicklung und der Psychopathologie und dem Heilungsprozeß zu erkennen. Eine Entgleisung oder ein Stillstand der gesunden Entwicklung kann an zwei Punkten auftreten. Der erste betrifft das Erlangen von Kohäsion und Vitalität des Kernselbst und den damit einhergehenden Erwerb des Grundprogramms oder Lebensplans dieses Kernselbst (siehe oben). Wenn die Spiegelung in der frühen Lebensphase ausbleibt und dem Kind idealisierbare Bezugspersonen und gesunde Zwillingserfahrungen verwehrt bleiben, sind basale Strukturdefizite im bipolaren Selbst oder in der Entwicklung von Fähigkeiten und Begabungen die Folge. Das bedeutet zugleich, daß sich das Kernprogramm nicht hinreichend konsolidieren kann. Der zweite Punkt betrifft den Erwerb einer basalen Strukturbildung, die es dem Selbst ermöglicht, seine frühere Schwächungs- und Fragmentierungsanfälligkeit zu überwinden. An diesem Punkt aber kann das Selbst in seiner Fähigkeit behindert werden, seinen Grundentwurf oder sein Kernprogramm zu verwirklichen, denn dessen Realisierung ist auf ein zuverlässig empathisches Milieu angewiesen. Verführerische und/oder strafende Reaktionen der Eltern auf die nach und nach zutrage tretenden ödipalen Wünsche des Kindes können die Bewältigung ödipaler Konflikte an diesem Punkt unmöglich machen. Ein unaufgelöster Ödipuskomplex, der die weitere freie und ungehinderte Entfaltung der Persönlichkeit beeinträchtigt, ist dann die Folge. Aber selbst diese unbewältigten ödipalen Schwierigkeiten enthalten immer auch die ubiquitären Selbstheilungsversuche in sich, die die Selbstpsychologie in jedem Menschen wahrnimmt.

Kohuts Beschreibung der psychoanalytischen Behandlung entspricht seinem Verständnis von psychischer Gesundheit und Psychopathologie:

> »Die Selbstpsychologie vertritt die Auffassung, daß Selbst-Selbstobjekt-Beziehungen das Wesen des psychologischen Lebens von der Geburt bis zum Tode bilden, daß ein Schritt von Abhängigkeit (Symbiose) zu Unabhängigkeit (Autonomie) in der psychologischen Sphäre ebensowenig möglich und wünschenswert ist wie ein entsprechender Schritt von einem Leben, das vom Sauerstoff abhängig ist, zu einem davon unabhängigen Leben in der biologischen Sphäre. Die Entwicklungen, die normales psychologisches Leben kennzeichnen, müssen unserer Meinung nach in der sich wandelnden Natur der Beziehung zwischen dem Selbst und seinen Selbstobjekten gesehen werden und nicht darin, daß das Selbst die Selbstobjekte aufgibt.

289

> Besonders Entwicklungsfortschritte können nicht in Begriffen der Ersetzung der Selbstobjekte durch Liebesobjekte oder als Schritte auf dem Weg vom Narzißmus zur Objektliebe verstanden werden.« (Kohut [1984] 1987, S. 79)

Im Einklang mit diesen Überlegungen beruht der analytische Prozeß auf der Remobilisierung von zuvor unbefriedigt gebliebenen Bedürfnissen in den verschiedenen Selbstobjekt-Übertragungen. Diese Remobilisierung ist grundsätzlich mit inneren Widerständen verbunden – mit der Angst vor erneuter Traumatisierung. Dennoch bringt die Psychopathologie des Patienten immer, sogar in Form massiver Symptome und Fehlanpassungen, das Streben zum Ausdruck, diese Fähigkeiten, deren Entwicklung und Entfaltung auf traumatische Weise vereitelt wurden, nachträglich zu erwerben. Der Patient sucht immer nach Selbstobjekt-Erfahrungen, auch wenn seine Suche aufgrund der oft schwer zu durchdringenden Abwehrschichten häufig kaum als solche erkennbar ist. Dies kann den irrtümlichen Eindruck wecken, daß der Patient einer Beziehung Widerstand leistet und sie ablehnt. Die Akzeptanz der in der Übertragung remobilisierten archaischen Bedürfnisse (die zum Zweck des Selbstschutzes unter Umständen in einer sehr entstellten Form geäußert werden) sowie die beiden Schritte des Deutungsprozesses, Verstehen und Erklären, dienen als Vehikel der Heilung. Optimale Frustration[10] – Versagung ist ein unvermeidbarer Bestandteil des Behandlungsprozesses – führt zur nachträglichen Strukturbildung durch »umwandelnde Verinnerlichung«. Dieser Begriff bezeichnet die nachträgliche Reifung archaischer innerer Bedürfnisse und Potentiale und ihre Umwandlung in dauerhafte psychische Funktionen (psychische Strukturen).[11] »Einsicht« kann einen solchen Prozeß begleiten, sie kann ihm vorausgehen oder auf ihn folgen – sie wird aber nicht länger als der entscheidende Heilungsfaktor betrachtet. Vielmehr wird »Heilung« durch die nachträgliche Strukturbildung ermöglicht. Kohut ging schließlich über die Strukturbildung als ausschlaggebendes Merkmal der Heilung hinaus und erklärte, daß die Fähigkeit, postanalytisch ein empathisch responsives Selbstobjekt-Milieu zu finden, das wesentliche Charakteristikum der durch die psychoanalytische Behandlung erzielten Heilung bilde.[12]

Nachdem wir Kohuts Verständnis von Entwicklung, Gesundheit, Krankheit und Heilungsprozeß beschrieben und gezeigt haben, inwiefern es zugleich Aufschluß über sein Verständnis der Conditio humana gibt, sollten wir uns nun den Faktoren zuwenden, die unseren Blickwinkel seiner Meinung nach verzerren.

Wodurch wird das psychoanalytische Verständnis der Conditio humana verzerrt?

Kohut (1959 und vor allem 1981) machte das biologisch verstandene Konzept des »Triebes« und die sozialpsychologisch verstandenen Konzepte der »Abhängigkeit« und »Anpassung« für einen bedauernswerten, grundlegenden Perspektivenwechsel in der Psychoanalyse – als Theorie wie auch als Behandlungsmethode – verantwortlich. Seiner Ansicht nach wurden diese Konzepte zu einer »nicht anerkannten und nicht hinterfragten Gesamtsicht des Wesens des Menschen und des Lebens« erhoben (Kohut 1981, S. 549). Infolgedessen hat die Psychoanalyse

> »ihren wissenschaftlichen Charakter verloren und sich tendenziell in ein Moralsystem verwandelt, während die Psychoanalyse als Therapie gleichzeitig [...] ihren Charakter als wissenschaftliches, auf der Erhellung dynamischer und genetischer Beziehungen beruhendes Verfahren einbüßte und immer stärker zu einer Erziehungsmethode mit apriorischen und daher äußerlichen – ebenfalls weder anerkannten noch hinterfragten – Zielen wurde, zu denen der Patient hingeführt werden soll und die er selbst auf der Grundlage einer nicht anerkannten und nicht hinterfragten Dimension seiner Übertragung zu erreichen versucht.« (ebd., S. 549)

Kohut fügte hinzu, daß uneingestandene Normen des »Wahrheit« und der »Autonomie« die wissenschaftliche Wahrnehmung des Analytikers ebenfalls verzerren und es ihm erschweren, Analysanden den nötigen Raum zu geben, um sich ihrem eigenen Kernprogramm und Lebensentwurf gemäß zu entwickeln:

> »Was den Menschen unserer Zeit und seine zeitspezifische Psychopathologie betrifft, so vertrete ich die Ansicht, daß diese beiden Normen uns daran gehindert haben, die zentrale Position des Selbst und seiner Schicksale anzuerkennen, die sie in der psychischen Konstitution des Menschen einnehmen. Sie haben uns, anders formuliert, daran gehindert, die Signifikanz des innersten Programms des Selbst und die Wichtigkeit anzuerkennen, die der Verwirklichung oder Nichtverwirklichung seines Potentials für die Frage zukommt, ob sich das Individuum psychisch krank fühlt oder ob es den Eindruck hat, gesund zu sein.« (ebd., S. 551)

Kohuts Auffassung zufolge ging aus der freudianischen Psychoanalyse kein – wie Freud glaubte – »homo natura« hervor, das heißt »eine biologische Einheit, die mit ihrer Umgebung interagiert«, sondern vielmehr der »schuldige Mensch«, der »ein psychologisches und moralisches Menschenbild widerspiegelt«. Innerhalb »bestimmter, strenger Grenzen« hielt Kohut diesen Erklärungsrahmen durchaus für nützlich. »Wenn er aber nicht durch die selbst-

Paul H. Ornstein

psychologische Perspektive, die das Selbst ins Zentrum eines psychologischen
Verständnisses des Menschen zu rücken vermag, ergänzt und ihr untergeordnet wird, dann wird uns die traditionelle Sichtweise in die Irre führen«. Kohut
erklärt, daß sich die Selbstpsychologie

> »von dem verzerrten Bild des psychischen Menschen, wie es sie die traditionelle
> Analyse vertrat, befreit [habe]. Da sie nämlich anerkennt, daß die Beobachtungs-
> haltung der Introspektion und Empathie *absolut*, ja *axiomatisch* ist und das Feld
> definiert, gibt sie sich nicht als Biologie oder Psychobiologie aus, sondern versteht
> sich als reine Psychologie.

> Die »biologisierte« Version der Psychoanalyse vermittelt uns eine verzerrte psycho-
> logische Perspektive, die deshalb irreführend ist, weil sie eine häufig zu beobach-
> tende Konfiguration pathologischer Phänomene [den Ödipuskomplex] als Bestand-
> teil der »Normalität« ausgibt und auf diese Weise zu einem gravierenden Mißver-
> ständnis des Menschen im therapeutischen Setting und des Menschen auf dem
> Schauplatz der Geschichte führt.« (ebd., S. 556)

Eine ernsthafte Debatte über Kohuts Verständnis der Conditio humana und die
Unterschiede zu Freuds Sichtweise hat in der psychoanalytischen Literatur
bisher nicht stattgefunden. Evolutionsbiologen hingegen haben in ihren Schriften eine Reihe gründlicher Untersuchungen über Kohuts beziehungsweise
Freuds Verständnis der menschlichen Natur durchgeführt (Kriegman 1988,
1990; Kriegman und Slavin 1989, 1990; Slavin und Kriegman 1992). Sie halten
die Evolutionsbiologie für eine geeignete äußere Plattform zur Überprüfung
psychoanalytischer Grundannahmen, da sich die Biologie ebenso wie die
Psychoanalyse der »Erforschung des Lebens« widmet. Die Validität bestimmter Auffassungen, die Kohut über die menschliche Natur vertreten hat, konnte von dieser Plattform aus, das heißt unter dem eigenständigen Blickwinkel der
Evolutionsbiologen, bestätigt werden. Kriegman zum Beispiel erkennt die
Validität von »konfliktfreien motivationalen Quellen für die menschliche
Tendenz zu empathischer Einheit mit anderen« an (Kriegman 1988, S. 271) und
bestätigt so die von der Selbstpsychologie postulierte »tiefe emotionale Quelle [...] des Mitleids, die altruistisches Verhalten auslösen kann und nicht innerhalb des Kontextes einer auf den Trieben gründenden Konfliktpsychologie
verstanden werden muß – Kohut (1984) zufolge in diesem Kontext auch nicht
verstanden werden kann«.

Wichtig ist die Tatsache, daß auch Kohuts Konzeption einer stolzen und
freudigen Elternschaft von der Evolutionsbiologie bestätigt wird. Kriegman
meint, daß die »menschlichen Fähigkeiten zu tiefer Anteilnahme und freudi-
ger empathischer Einheit durch die Selektionszwänge geprägt wurden, die den

Altruismus (Verwandtschaftsaltruismus und reziproken Altruismus) entstehen ließen« (ebd.).

> »Die angeborene Sehnsucht nach empathischer Einheit mit anderen, die natürliche Tendenz der Eltern, dem Kind beizustehen, und die spontane, mitleidige Fürsorge erklären, weshalb wir es als befriedigend empfinden, uns empathisch in die Psyche eines anderen hineinzuversetzen und so an seiner Reifung und Heilung Anteil zu nehmen.«

Die moderne Evolutionstheorie legt nahe, daß das von Kohut beschriebene und gedeutete klinische Material im menschlichen Motivationssystem möglicherweise zum gleichen Grad biologisch angelegt ist wie die Triebe. Vielleicht verkörpert der von Konflikten gequälte »schuldige Mensch«, wie Kohut ihn sah, tatsächlich das Scheitern der menschlichen Tendenz, nach empathischen Selbst-Selbstobjekt-Beziehungen zu suchen und sie aufrechtzuerhalten. Die Evolutionstheorie läßt auf eine direkte, wegen der mit ihr verbundenen Anpassungsvorteile selektierte biologische Grundlage für diese menschliche Tendenz schließen.

Dies ist lediglich ein Beispiel für die weitreichenden und faszinierenden Schlußfolgerungen, die von den hier zitierten Evolutionsbiologen in ihrem eingehenden Diskurs mit der traditionellen Psychoanalyse und der Selbstpsychologie formuliert wurden und den weiteren Dialog ungemein bereichert haben. Die Selbstpsychologie muß ihre Suche mit ihren eigenen Methoden der Introspektion und der Empathie fortsetzen und ihre Erkenntnisse dann mit den Resultaten vergleichen und korrelieren, zu denen andere Disziplinen bei der Erforschung des Lebens gelangen.

Anmerkungen

[1] Meines Wissens ist Kohut der einzige psychoanalytische Kliniker und Theoretiker, der sein Bild der menschlichen Natur systematisch formuliert und es als untrennbaren Bestandteil seiner Selbstpsychologie verstanden hat. Darüber hinaus hat er seine Ansichten wiederholt mit den Theorien Freuds verglichen und sie ihnen gegenübergestellt. Weitere bemerkenswerte Ausnahmen bilden z. B. Becker 1969; Dilman 1983; Kriegman 1988, 1990; Slavin und Kriegman 1992; Kriegman und Knight 1988; Kriegman und Slavin 1989, 1990; Greenberg und Mitchell 1983.

[2] Kohut war kein »radikaler Empirist«, und sein Ansatz steht durchaus im Einklang mit der modernen, konstruktivistischen Sicht der Realität. Zu

weiteren Ausführungen über die Selbstpsychologie als empirische Wissenschaft siehe Ornstein 1993b, S. 9f.

3   Goldberg hat dies nachgewiesen, indem er die Konzepte »Partialobjekte«, »Übergangsobjekte« und »Selbstobjekte« im Hinblick auf ihre Bedeutung und jeweilige theoretische Position untersuchte. Er gelangte zu dem Schluß, daß sie unterschiedlichen theoretischen Kontexten angehören und sich auf derart unterschiedliche Beobachtungsdaten beziehen, daß sie auch nicht entfernt miteinander zu vergleichen sind und es unmöglich ist, sie quasi ineinander zu »übersetzen«, wie dies recht häufig unbekümmert versucht wird (Goldberg 1988, S. 33-36).

4   Es gibt zahlreiche soziokulturelle, soziopolitische sowie individual- und gruppennarzißtische Gründe für die mangelnde Bereitschaft oder die Unfähigkeit, eigene Theorien aufzugeben, selbst wenn sie gewissermaßen mit dem Rücken an die Wand gedrängt wurden. Die hartnäckige Forderung, neue *Erkenntnisse, Konzepte und Theorien* mit den älteren zu integrieren (eine Forderung, die sich als löbliche Toleranz ausgibt), könnte zu einem nicht geringen Grad auch auf die spezifische, unerforschte und daher vielleicht unflexible Weltsicht zurückgehen, die jeder Theorie, so die These dieses Essays, eingebaut ist.

5   Am Rande sei hier erwähnt, daß Kohut in seinen späteren Schriften von dem »Menschenbild« und der »Conditio humana« oder dem »Wesen des Menschen« sprach und nur gelegentlich von der »menschlichen Natur«. Wahrscheinlich wollte er auf keinen Fall den Anschein erwecken, daß er seine Psychologie biologisiere oder der häufig vertretenen Schlußfolgerung zustimme, daß die menschliche Natur universal, unwandelbar und unveränderlich sei.

6   Wenn ich mich von den Grundannahmen zu den detaillierter ausgearbeiteten Theorien und dem, was sie über das jeweilige Menschenbild offenbaren, vorarbeite, bedeutet dies nicht, daß die Theorien deduktiv entwickelt worden seien. Gleichgültig aber, in welcher Weise und Abfolge sie letztlich entstanden sind, ist es rückblickend angemessen, ihre Struktur und innere Logik im Zusammenhang mit ihrem jeweiligen Ausgangspunkt zu betrachten.

7   Weil Verbindung und Verbundenheit Voraussetzungen dafür sind, daß die für die Entwicklung des Selbst erforderlichen Reaktionen ausgelöst werden können, pflegt man die Selbstpsychologie der Gruppe der »relationalen

Theorien« zuzuordnen. Im großen und ganzen ist dies unter einem gewissen Blickwinkel zwar richtig, gleichzeitig aber ist eine solche Kategorisierung zur Charakterisierung der Selbstpsychologie irreführend und unangemessen. In ihrem Kern ist die Selbstpsychologie eine »strukturelle Psychologie«. Entwicklungsbezogen steht die Verbundenheit mit archaischen Selbstobjekten – die Beziehung zu ihnen – im Dienste der »Strukturbildung«, das heißt, des Erwerbs der verschiedenen Fähigkeiten des bipolaren Selbst. Später dienen die Verbundenheit mit »reifen Selbstobjekten« und die Beziehung zu ihnen der Aufrechterhaltung der Selbstkohäsion und der Verwirklichung des Kernprogramms des Selbst, seiner »Blaupause fürs Leben«. Der zentrale Gegenstand der Selbstpsychologie ist die strukturelle Intaktheit oder Defizienz des Selbst, und diesem Faktum wird der Begriff »relationale Psychologie« nicht adäquat gerecht.

[8] Kohut sprach von Selbstobjekten – ein Neologismus, der ein intrapsychisches Konzept bezeichnet. Der Begriff bezieht sich auf die »Objekte des Selbst«, die Art und Weise, wie das Selbst seine Objekte erlebt. Somit verweist er eindeutig auf die Vielfalt der phasenangemessenen Erfahrungen, bewundert und bestätigt zu werden, mit ähnlich gesinnten anderen, mit verwandten Seelen, verschmelzen oder sich an sie binden zu dürfen. Zweifellos benötigen wir sowohl den Begriff »Selbstobjekte« als auch den Terminus »Selbstobjekt-Erfahrungen«, wenn wir beschreiben wollen, daß sich das Selbst an andere »bindet« beziehungsweise sie veranlaßt, ihm das zu geben, was es benötigt. Häufig sprechen wir in verkürzter Form von Selbstobjekten, wenn wir eigentlich die entsprechenden Erfahrungen meinen. Deshalb stellt der in der heutigen Literatur geläufigere Begriff »Selbstobjekt-Erfahrungen« keine konzeptuelle Neuerung dar. Er spiegelt lediglich eine höhere sprachliche Präzision und Folgerichtigkeit wider.

[9] Es war Kohut aber auch bewußt, daß Freuds mythologisch untermauerte Erklärungen nicht ohne weiteres durch den weniger dramatischen Odysseus-Mythos zu korrigieren sind, der anders als der Ödipus-Mythos, den Sophokles und spätere Dichter popularisiert haben, (meines Wissens) nie für die Bühne bearbeitet wurde. Daher scheint der Ödipus-Mythos die für die Rezeptionshaltung westlicher Menschen bestimmende *Weltanschauung* auch nach seiner Adaptierung und charakteristischen Interpretation durch Freud weiterhin geprägt und fester verankert zu haben.

[10] Heutige Selbstpsychologen ziehen den Begriff »optimale Responsivität«

vor. Solange wir aber das Adjektiv »optimal« beibehalten, konfrontiert uns die eine wie auch die andere Formulierung mit dem Problem, zu definieren, was tatsächlich »optimal« ist; der Begriff fordert zur Beurteilung durch den äußeren Beobachter heraus und veranlaßt uns oft, jegliche Form der Intervention als notwendig zu rechtfertigen. Mir erschien es daher immer angemessener, von »empathischer Responsivität« zu sprechen; dieser Begriff erkennt nämlich an, daß wir einzig aus der Innenperspektive des Patienten beurteilen können, was notwendig ist, damit sich ein analytischer Prozeß entwickeln kann.

[11] Der Erwerb psychischer Strukturen durch umwandelnde Verinnerlichung steht in krassem Gegensatz zur Strukturbildung durch Identifizierung. Im letzteren Fall muß das Subjekt die Eigenschaften der elterlichen und anderer Imagines (durch Introjektion) übernehmen, während der Begriff »umwandelnde Verinnerlichung« beschreibt, daß die eigenen, angeborenen Potentiale des Kindes auf angemessene Reaktionen treffen müssen, damit sie reifen und in gereifter Form internalisiert werden können. Das Konzept der Identifizierung ist heute unscharf und verwirrend; im vorliegenden Kontext aber signalisiert es eine unzulängliche Spiegelung der angeborenen Fähigkeiten des Kindes selbst – es kommt der »Identifizierung mit dem Angreifer« näher als dem normalen Prozeß der Strukturbildung.

[12] Um einem häufigen Mißverständnis vorzubeugen, möchte ich nachdrücklich betonen, daß diese analytische Arbeit grundsätzlich das Bemühen um Verständnis und Erklären, also um Einsicht, beinhaltet. Es gibt kein anderes analytisches Verfahren als den Deutungsprozeß, um diese notwendigen, zentralen Elemente des Heilungsprozesses zu vermitteln, die von der spezifischen Beziehung zwischen Patient und Analytiker »getragen« werden.

Literatur

Becker, E. (1969): Angel in Armor: A Post-Freudian Perspective on the Nature of Man. New York (George Braziller).

Dilman, I. (1983): Freud and Human Nature. Oxford (Blackwell).

Gedo, J., und Goldberg, A. (1973): Models of the Mind. Chicago (University of Chicago Press).

Gedo, J., und Goldberg, A. (Hg.) (1980): Advances in Self Psychology. New York (International University Press).

Goldberg, A. (1988): A Fresh Look at Psychoanalysis: The View from Self Psychology. Hillsdale, NJ (Analytic Press).

Greenberg, J., und Mitchell, S. (1983): Object Relations in Psychoanalytic Theory.

Cambridge (Harvard University Press).

Hesse, M. (1978): Theory and value in the social sciences. In: Action and Interpretation. Hg. von C. Hookeway und P. Petit. Cambidge (Cambridge University Press).

Kohut, H. (1959): Introspection, empathy, and psychoanalysis. Journal of the American Psychoanalytic Association 8: 567-583. (1977) Introspektion, Empathie und Psychoanalyse. Zur Beziehung zwischen Beobachtungsmethode und Theorie. In: ders., Introspektion, Empathie und Psychoanalyse. Aufsätze zur psychoanalytischen Theorie, zu Pädagogik und Forschung und zur Psychologie der Kunst. Frankfurt am Main (Suhrkamp).

Kohut, H. (1971): The Analysis of the Self. New York (IUP). (1973) Narzißmus. Eine Theorie der psychoanalytischen Behandlung narzißtischer Persönlichkeitsstörungen. Frankfurt am Main (Suhrkamp).

Kohut, H. (1977): The Restoration of the Self. New York (International Universities Press). (1979) Die Heilung des Selbst. Frankfurt am Main (Suhrkamp).

Kohut, H. (1979): The two analyses of Mr. Z. International Journal of Psycho-Analysis 60: 3-27.

Kohut, H. (1980): Reflections on advances in self psychology. In: Advances in Self Psychology. Hg. von A. Goldberg. New York (IUP).

Kohut, H. (1981): Introspection, empathy and the semicircle of mental health. In: The Search for the Self. Hg. von P. H. Ornstein. Madison, CT (International Universities Press) 1991. Bd. 4, S. 537-567.

Kohut, H. (1984): How Does Analysis Cure? Chicago (University of Chicago Press). (1987) Wie heilt die Psychoanalyse? Frankfurt am Main (Suhrkamp).

Kohut, H. (1985): Self Psychology and the Humanities: Reflections on a New Psychoanalytic Approach. Hg. und mit einer Einleitung von C. B. Strozier. New York (Norton & Company).

Kriegman, D. (1988): Self psychology from the perspective of evolutionary biology: Toward a biological foundation for self psychology. In: Progress in Self Psychology. Hg. von A. Goldberg. Hillsdale, NJ (Analytic Press). Bd. 3, S. 253-274.

Kriegman, D. (1990): Compassion and altruism in psychoanalytic theory: An evolutionary analysis of self psychology. Journal of the American Academy of Psychoanalysis 18: 342-367.

Kriegman, D., und Knight, C. (1988): Social evolution, psychoanalysis, and human nature. Social Policy 19: 49-55.

Kriegman, D., und Slavin, M. O. (1989): The myth of the repetition compulsion: An evolutionary biological analysis. In: Progress in Self Psychology. Hg. von A. Goldberg. Hillsdale, NJ (Analytic Press). Bd. 5, S. 209-252.

Kriegman, D., und Slavin, M. O. (1990): On the resistance to self psychology: Clues from evolutionary biology. In: Progress in Self Psychology. Hg. von A. Goldberg. Hillsdale, NJ (Analytic Press). Bd. 6, S. 217-250.

Kuhn, T. (1962): The Structure of Scientific Revolutions. Chicago (University of Chicago Press). (1967) Die Struktur wissenschaftlicher Revolutionen. Frankfurt am Main (Suhrkamp).

Lynch, D. (1979): Yeats: The Poetics of the Self. Chicago (University of Chicago Press).

Ornstein, P. H. (1978): The evolution of Heinz Kohut's psychoanalytic psychology of the self. In: The Search for the Self: Selected Writings of Heinz Kohut, 1950-1978. Hg. von P. H. Ornstein. New York (International Universities Press). Bd. 1, S. 1-106.

Ornstein, P. H. (1983): Discussion of papers by Drs. Goldberg, Stolorow and Wallerstein. In: Reflections on Self Psychology. Hg. von J. D. Lichtenberg und S. Kaplan.

Hillsdale, NJ (Analytic Press), S. 339-384.

Ornstein, P. H. (1989): The fate of the nuclear self in the middle years. In: New Psycho-analytic Perspectives – The Middle Years. Hg. von J. M. Oldham und R. S. Liebert. New Haven (Yale University Press), S. 27-39.

Ornstein, P. H. (1990): The unfolding and completion of Heinz Kohut's paradigm of psychoanalysis. In: The Search for the Self. Selected Writings of Heinz Kohut, 1978-1981. Hg. von P. H. Ornstein. Madison, CT (International Universities Press). Bd. 4, S. 1-82.

Ornstein, P. H. (1993a): The clinical impact of the psychotherapist's view of human nature. Journal of Psychotherapy Practice and Research 2: 193-204.

Ornstein, P. H. (1993b): Introduction: Is self psychology on a promising trajectory? In: The Widening Scope of Self Psychology: Progress in Self Psychology. Hg. von A. Goldberg. Hillsdale, NJ (Analytic Press). Bd. 9, S. 1-11.

Pine, F. (1990): Drive, Ego, Object, and Self: A Synthesis for Clinical Work. New York (Basic Books).

Shane, M., und Shane, E. (1980): Psychoanalytic developmental theories of the self: An integration. In: Advances in Self Psychology. Hg. von A. Goldberg. New York (International Universities Press), S. 23-46.

Slavin, M. O., und Kriegman, D. (1992): The Adaptive Design of the Human Psyche: Psychoanalysis, Evolutionary Biology, and the Therapeutic Process. New York (Guilford).

Tolpin, M. (1980): Discussion of »Psychoanalytic Developmental Theories of the Self: An Integration«, by Morton Shane and Estelle Shane. In: Advances in Self Psycho-logy. Hg. von A. Goldberg. New York (International Universities Press), S. 47-68.

Quellenverzeichnis

Kapitel 1: Ornstein, A., u. Ornstein, P. H. (1984): Empathy and the therapeutic dialogue. The Lydia Rappaport Lecture Series, No. 11. Northampton, MA, Smith School of Social Work.

Kapitel 2: Ornstein, P. H., u. Ornstein, A. (1985): Clinical understanding and explaining. In: Goldberg (Ed.): Progress in Self Psychology, Vol. 1, New York (Guilford Press), S. 43-61.

Kapitel 3: Ornstein, A. (1983): An idealizing transference of the oedipal phase. In: J. D. Lichtenberg, S. Kaplan: Reflections on Self-Psychology. Hillsdale, NJ (Analytic Press), S. 135-161.

Kapitel 4: Ornstein, A. (1996): Die Angst vor der Wiederholung. Bemerkungen zum Prozeß des Durcharbeitens in der Psychoanalyse. Psyche 50: 444-462.

Kapitel 5: Ornstein, P. H. (1997): Englisch: Omnipotence in Health and Illness: A perspective from everyday life and from the psychoanalytic treatment process. In: C. Ellman, J. Reppen (Eds.): Omnipotent fantasies and the vulnerable self. New Jersey (Jason Arronson).

Kapitel 6: Ornstein, P. H., u. Ornstein, A. (1997): Selbstbehauptung, Ärger, Wut und zerstörerische Aggression: Perspektiven des Behandlungsprozesses. Psyche 51: 289-310.

Kapitel 7: Ornstein, P. H. (1988): Multiple curative factors and processes in the psychoanalytic psychotherapies. In: A. Rothstein (Ed.): How does treatment help? On modes of therapeutic action of psychoanalytic psychotherapy. Monograph series of the American Psychoanalytic Association, Monog. 4. Madison, CT (International Universities Press), S. 105-126.

Kapitel 8: Ornstein, A. (1992): The curative fantasy and pychic recovery. J. Psychother. Practice and Res., 1: 16-28.

Kapitel 9: Ornstein, P. H., u. Ornstein, A. (1996): Some general principles of psychoanalytic psychotherapy. In: Lifson, L. E. (Ed.): Understanding therapeutic action: psychodynamic concepts of cure. Hillsdale, NJ (Analytic Press), S. 8-101.

Kapitel 10: Ornstein, A., u. Ornstein, P. H. (1996): Speaking in the interpretive mode and feeling understood. In: Lifson, L. E. (Ed.): Understanding therapeutic action: psychodynamic concepts of cure. Hillsdale, NJ (Analytic Press), S. 103-125.

Kapitel 11: Ornstein, P. H. (1982): Der Gesundheitsbegriff in der Selbstpsychologie. Psychoanalyse 3: 266-289.

Kapitel 12: Ornstein, P. H. (1998): Heinz Kohut's vision of the essence of humaness. In: P. Marcus, A. Rosenberg (Eds.): Psychoanalytic versions of the human condition. New York (New York University Press), S. 206-232.

HANS-PETER HARTMANN UND
WOLFGANG E. MILCH (HG.)
ÜBERTRAGUNG UND
GEGENÜBERTRAGUNG
Weiterentwicklungen
der psychoanalytischen
Selbstpsychologie

BIBLIOTHEK
DER PSYCHOANALYSE
PSYCHOSOZIAL-
VERLAG

2001 · 174 Seiten
Broschur
DM 48,– · öS 350,–
Sfr 44,50 · EUR 24,54
ISBN 3-89806-059-4

Das Konzept von Übertragung und Gegenübertragung hat sich seit Freud gewandelt. Die psychoanalytische Selbstpsychologie hat gerade dadurch, dass sie den Schwerpunkt auf das Erleben beider am therapeutischen Prozess beteiligten Personen legte, eine neue Klasse von Übertragungen, sogenannte Selbstobjektübertragungen, entdeckt. Übertragungswiderstände werden unter dem Gesichtspunkt befürchteter Retraumatisierung betrachtet. Dadurch entsteht eine weniger negative Wirkung auf das intersubjektive Beziehungsklima. Der Analytiker trägt durch die von ihm mit erzeugte Atmosphäre in der Behandlung wesentlich zu der sich entwickelnden Übertragung bei.

P☒V
Psychosozial-Verlag

Gerhard J. Suess, Hermann Scheuerer-
Englisch und Walter-Karl P. Pfeifer (Hg.)

Bindungstheorie und Familiendynamik

Anwendung der Bindungstheorie
in Beratung und Therapie

edition
psychosozial

2001 · ca. 290 Seiten
Broschur
DM 69,– · öS 504,–
SFr 62,50 · EUR 35,28
ISBN 3-89806-045-4

Die Bindungsforschung hat die engen Grenzen der Grundlagenforschung hinter sich gelassen: Ausweitungen der Mutter-Kind-Dyade
auf Beziehungen im gesamten Familiensystem, von der frühen Kindheit auf
die gesamte Lebensspanne, von der Grundlagenforschung zur Anwendung
in Beratung und Therapie kennzeichnen die fachliche Entwicklung. Die
Chance auf Integration unterschiedlicher therapeutischer Methoden führt
zur Anwendung der Bindungstheorie innerhalb des Gesundheits- und des
Jugendhilfebereiches. In theoretischen und praktisch orientierten
Ausführungen werden die Entwicklung der Bindungsforschung, neue
Befunde und wesentliche Konzepte ihrer Anwendung in Beratung und
Therapie von Kindern, Jugendlichen und Eltern vorgestellt und diskutiert.

P V
Psychosozial-Verlag

Gerhard J. Suess,
Walter-Karl P. Pfeifer (Hg.)

Frühe Hilfen

Die Anwendung
von Bindungs-
und Kleinkindforschung
in Erziehung, Beratung
und Therapie

edition ■ psychosozial

2000 · 199 Seiten
Broschur
DM 49,90 · öS 364,–
SFr 46,– · EUR 25,51
ISBN 3-89806-031-4

Die Berücksichtigung der Psychosomatik in der Frauenheilkunde ist eigentlich zwingend, denn wesentliche Lebensphasen der Frau wie Pubertät, Schwangerschaft, Geburt, Mutterschaft und später das Klimakterium sind neben den rein körperlichen und hormonellen Veränderungen auch mit psychischen Reaktionen verbunden. Die Beiträge kreisen um die Frage, wie sich unbewusste Konflikte und Beziehungsstörungen der Frau in psychosomatischen Störungen und Erkrankungen in der Gynäkologie und Geburtshilfe manifestieren können. Es geht unter anderem um die Rolle des Unbewußten beim Umgang mit der Fruchtbarkeit oder Empfängnisverhütung; um psychoanalytische Theorien bei der Entstehung von psychosomatischen Störungen der Schwangerschaft und der Geburt; und die Einbeziehung der Psychoanalyse bei der Genese psychosomatischer Symptome oder Erkrankungen in der Gynäkologie.

Der Band versammelt die wesentlichen Aufsätze von Peter Diederichs zur Gynäkologischen Psychosomatik. Der Beitrag von Viola Frick-Bruder behandelt die »Herausforderungen jenseits der Lebensmitte« und setzt sich mit der Zeit bzw. dem Altern und unserer Endlichkeit auseinander.

P🔲V
Psychosozial-Verlag

Wolfgang E. Milch und
Hans-Jürgen Wirth (Hg.)
Psychosomatik und Kleinkindforschung

edition psychosozial

2001 · ca. 220 Seiten
Broschur
DM 59,– · öS 431,–
SFr 53,50 · EUR 30,17
ISBN 3-89806-062-4

Pathogene Einflüsse der frühesten Lebenszeit, insbesondere der frühen Mutter-Kind-Beziehung, sind ein wesentlicher Faktor für das spätere Auftreten psychosomatischer Erkrankungen. Der averbale »Dialog« (Spitz) zwischen Mutter und Kind bildet die Grundlage für die weitere psychische Entwicklung, auf der sich u.a. die Objektbeziehungen, die Realitätsprüfung und die Möglichkeit einer befriedigenden narzisstischen Regulation aufbauen.

Die Säuglings- und Kleinkindforschung hat eine Fülle empirisch begründeter Ergebnisse geliefert, die eine mangelnde psychophysische Belastbarkeit im späteren Leben und eine Anfälligkeit für psychosomatische Symptome erklären können. Auf dem Hintergrund der älteren Arbeiten von René Spitz, Hans Müller-Braunschweig u. a. werden die wichtigsten neuen Ergebnisse aus der Säuglings- und Kleinkindforschung aufgenommen und in ihrer Relevanz für die Entstehung psychosomatischer Erkrankungen diskutiert.

P🔲V
Psychosozial-Verlag

www.ingramcontent.com/pod-product-compliance
Lightning Source LLC
Chambersburg PA
CBHW021810270326
41932CB00007B/124